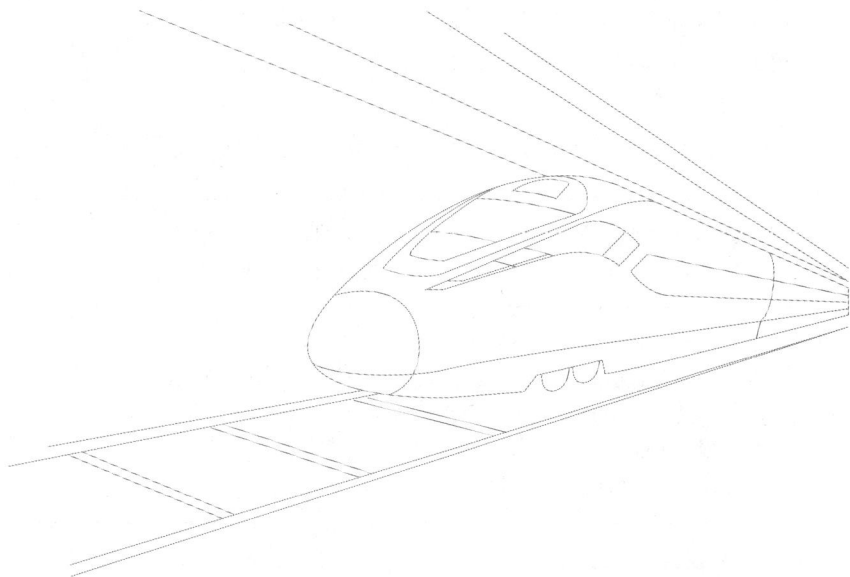

化学工业出版社"十四五"普通高等教育规划教材

国家级一流本科专业建设成果教材

兰州交通大学教材建设项目

U0739147

铁道线路工程

TIEDAO XIANLU
GONGCHENG

王保成　主编
李建强　审

化学工业出版社

·北京·

内 容 简 介

《铁道线路工程》为国家级一流本科专业建设成果教材。全书共 11 章。第 1~5 章以铁路选线设计为主线，讲述了铁路发展概况，铁路选线设计的基本原则，铁路能力与牵引计算，铁路线路平、纵断面设计，铁路定线等内容。第 6~10 章以铁路轨道为主线，讲述了轨道结构、轨道几何形位、道岔、无砟轨道、无缝线路等内容。第 11 章为铁路路基，讲述了路基设计、防排水设施、防护与支挡工程等内容。本书配有在线视频、在线习题、参考答案、教学课件等数字资源，读者可扫二维码获取。

本书采用现行铁路设计规范，结构层次清晰，内容新颖，案例丰富，由简而繁，由易到难，系统性强，非常适合土木工程、道路桥梁与渡河工程、交通工程、测绘工程、采矿工程等专业的学生从零学起，也适合铁路设计、施工、维养等专业人员自学使用，同时也可作为从业人员的培训教材。

图书在版编目（CIP）数据

铁道线路工程 / 王保成主编. -- 北京：化学工业出版社，2025.8. --（国家级一流本科专业建设成果教材）. -- ISBN 978-7-122-48625-7

Ⅰ. U21

中国国家版本馆 CIP 数据核字第 2025WN0962 号

责任编辑：刘丽菲   文字编辑：罗　锦
责任校对：王鹏飞   装帧设计：刘丽华

出版发行：化学工业出版社
　　　　　（北京市东城区青年湖南街 13 号　邮政编码 100011）
印　　装：三河市君旺印务有限公司
787mm×1092mm　1/16　印张 16¾　字数 430 千字
2025 年 9 月北京第 1 版第 1 次印刷

购书咨询：010-64518888　　　　　　售后服务：010-64518899
网　　址：http://www.cip.com.cn
凡购买本书，如有缺损质量问题，本社销售中心负责调换。

定　价：49.80 元

编写人员名单

主编：王保成

参编：韩　峰　段晓峰　赵文辉　窦杨阳

序

作为具有鲜明轨道交通特色的院校，兰州交通大学十分重视行业特色专业、行业特色核心课程的建设工作，其中土木工程、铁道工程、道路桥梁与渡河工程专业均入选"国家级一流本科专业建设点"，也有多门课程获评、参评国家级一流本科课程，其中作者团队负责的"铁路选线设计"课程，获推参评第三批线上线下混合式国家级一流本科课程。为适应多专业人才培养需求，兰州交通大学在多个专业开设"线路工程"课程，经过二十多年的持续建设，积累了课程内容、实践育人、教师团队等多方面的成果，建成了 SPOC 课程，实现了线下线上教学的深度融合。

根据全国教育工作会议精神、工程教育专业认证及审核评估要求、高等教育发展热点及创新人才培养模式改革等，新时代高等教育对本科人才培养提出了更高要求。为更好地适应行业新技术发展需求，提升人才培养与行业需求的契合度，经作者团队的不断努力，《铁道线路工程》教材即将在化学工业出版社出版。该教材具有结构体系新颖、内容符合现行铁路规范、采用最新铁路成果数据、算例围绕行业主流形势、案例分析与国家重点工程结合紧密、课程思政与教学内容融合深入等特点，是多个国家级一流本科专业建设的成果教材，在如下方面独具特色。

内容专业性。教材对标一流本科课程建设要求进行内容重塑，以现行铁路行业规范为依据，充分挖掘经典工程案例的特点和创新，蕴含价值体现、工匠精神和科学态度。教材编写注重内容的科学性和专业性，使学生在掌握专业知识的同时体会工匠精神，彰显"立德树人"的目标。

结构紧密性。该教材结构遵循铁路建设规律，采用了先总体、后细部、再拓展的编写模式。针对学生学习的特点，教材将知识点进行细致拆解，划分为基础、进阶、提高和综合应用四个阶段。通过深入的案例分析，使学生能够深刻体会到理论与实践的紧密结合，从而达到学以致用的目标。

教学适用性。教材重点突出，版式灵活多样，把学生学习过程中遇到的工程计算问题，通过算例将学习中的重点、难点、技巧等呈现给读者；融入了编者团队多年教学实践经验；教材既适合教师"教"，更适合学生"学"。

该教材适应新形势下传统专业与课程升级改造的需要，从学生角度出发，按照一流本科课程"创新性、高阶性、挑战度"的要求进行教材设计，结构体系新颖、内容专业实用、注重工程实践。本教材非常适合铁路工程院校轨道交通类及相关专业师生教学使用。

国家级教学名师、"教育部铁道工程课程群虚拟教研室"负责人
西南交通大学（成都）

2025 年 7 月

前言

党的二十大报告对交通运输相关工作作出部署安排，强调加快建设交通强国，提出了一系列交通运输发展的新要求。铁路作为国家战略性、先导性、关键性重大基础设施，是国民经济大动脉、重大民生工程和综合交通运输体系骨干，在经济社会发展中的地位和作用至关重要。根据《新时代交通强国铁路先行规划纲要》，到 2035 年，将率先建成服务安全优质、保障坚强有力、实力国际领先的现代化铁路强国。到 2050 年，全面建成更高水平的现代化铁路强国，全面服务和保障社会主义现代化强国建设。

铁道线路工程（railway track engineering），是以铁路线路中关于铁路线路、铁路轨道、铁路路基的设计及维护为主要内容的系统工程。铁道线路工程课程又称"铁道工程""线路工程"，是土木类、测绘工程、交通运输等专业的必、选修专业课程。本书编写组成员从教铁路选线、轨道等课程二十多年，主持的《铁路选线设计》获甘肃省省级一流本科课程，《铁路选线设计》入选国家级第三批一流本科课程评选，主编的《铁路线路设计》（第 2 版）入选首批"十四五"职业教育国家规划教材。主编团队按照教育部一流本科课程的建设要求，以学生为中心，按照"两性一度"的标准进行课程设计和教材的编写。

一、教材内容

本书从世界铁路及我国铁路建设情况讲起，分三大版块内容，铁路选线设计、铁路轨道与铁路路基，帮助读者快速掌握铁道线路工程设计与计算。本书尽力突破传统的编写方式，通过案例解构教学内容，帮助读者轻松掌握铁路选线设计流程、主要技术标准选定、列车牵引质量和能力计算、线路平纵断面设计方法、不同条件下的铁路定线方法、轨道结构、轨道几何形位、铁路道岔、无缝线路、铁路路基等工程设计及维护工作。完成本书学习，读者可以迅速从铁路线路的"路盲"进阶为"行家"。

二、教材特色

1. 简单易学，快速上手

以学生为中心，充分考虑初学者的学习特点和学习规律，解构设计思路，详解计算步骤，帮助读者快速掌握铁道线路设计的技巧和能力。

2. 图文并茂，案例解析

创新编写模式，根据三大版块内容的特点，采用图文、例题讲解，每一个案例均有工程背景并设计课程思政元素，配有详细讲解和现场实景图片，方便读者学习。

3. 遵守规范，引入创新

本书采用了最新的铁路建设数据、相关规范和建设资料。除引用经典内容外，将创新科技成果引入书中，使读者既能掌握基本铁路规范与标准，又能了解铁路建设成就。

4. 重点解析，高效实用

读者应当获得解决复杂工程问题的能力，本书通过重点内容的案例解析，帮助读者提高实用能力和技巧，积累工程应用中的"妙招"，拓宽设计思路，解决复杂问题。

三、课程资源

为了方便读者学习，教材配备了丰富的线上资源。

1. 教学视频：200 余分钟的高清教学视频，读者可登陆中国大学 MOOC 查看，跟随教师的思路，同步学习。

2. 教学课件：11 个 PPT，按章对应完整教学环节。

3. 自学检测：本书每章都有复习思考题，读者可在每章学习后自学练习，对照参考答案自测学习效果。每章设计有在线习题，读者可扫码线上自测，教师也可利用本书提供的"班级工具"创建班级对学生进行线上管理。

4. 教师资源：请至 www. cipedu. com. cn 获取。

四、编者团队

本书由兰州交通大学王保成主编，兰州交通大学韩峰、段晓峰、赵文辉，甘肃交通职业技术学院窦杨阳参编。其中王保成编写第 1～4、6 章，段晓峰编写第 5 章，赵文辉编写第 7、9 章，韩峰编写第 8、10 章，窦杨阳编写第 11 章。王保成负责全书的统稿。在本书的创作和编写过程中，作者团队得到了很多专家和同行的帮助，以及兰州交通大学教务处、土木工程学院的大力支持，在此一并表示感谢。

由于时间紧迫，加之作者水平有限，书中难免出现疏漏之处，敬请读者批评指正，可以发送邮件至 853286237@qq. com 反馈。

王保成

2025 年 6 月

目录

231 | 第 11 章　路基

256 | 参考文献

第1章
绪论

1.1 世界铁路基本状况

1.1.1 以铁路为骨干的交通多样化时代

目前，世界上比较成熟的现代化运输方式有铁路、公路、水运、航空和管道运输五种。截至 2021 年公路约为 3900 万 km，铁路约为 110 万 km，内河水运约为 66 万 km，管道约为 202 万 km。五种运输方式都是随着工农业生产和科学技术的发展先后出现和发展起来的。

水运是最早出现的运输方式。在 19 世纪以前，工农业和城镇大都是沿着水系发展的。美国的工业首先是在五大湖流域兴起的，德国内河沿岸的工业总产值占全国的三分之一以上。同样，我国的工农业也是沿着长江、黄河两大水系和东南沿海发展的。

1825 年英国修建了世界上第一条铁路，开创了铁路运输方式，从而使工农业布局摆脱了水系与沿海的限制，深入到腹地。此后，工业发达的国家出现了修建铁路的高潮，一直持续到 20 世纪 20 年代末，世界铁路营业里程总长曾达到 127 万 km。

在第三次工业革命浪潮的推动下，世界交通运输领域发生了革命性变化，传统的陆路运输格局被彻底改变。公路、航空、管道等现代交通运输方式迅速兴起，综合交通运输体系逐步形成。特别是 20 世纪 50 年代末到 80 年代末，由于公路运输的机动灵活与门到门及航空运输的高速便捷等优势，公路和航空运输快速发展，铁路几乎垄断陆上客货运输的时代结束，铁路的地位和作用逐步弱化。在其他运输方式的激烈竞争下，铁路运量大幅度下降，经营出现大面积亏损，有些国家甚至拆除了部分运量不大的铁路。

然而，公路、航空业的迅速发展，在给人们出行提供更多便利的同时，也给人类社会的可持续发展带来负面影响。近年来，随着以石油为代表的化石能源日益枯竭，人类社会开始思考和探索建设一个绿色环保交通运输体系，铁路运输以其绿色的优势重新焕发了青春。

在高新技术的推动下，高速铁路技术与货运重载技术快速发展，铁路运量大、节能、环保、快捷、安全的优势更加突出。按照完成单位运输周转量造成的环境成本测算，航空、公路客运分别是铁路客运的 2.3 倍、3.3 倍，货运分别是铁路的 15.2 倍、4.9 倍。同时，在完成同样运输任务的情况下，铁路的占地和二氧化碳、氮氧化物等排放量远小于公路和航空等交通方式。由于铁路具有降耗和减排的显著优势，从各国的交通运输发展情况来看，世界已经进入了以铁路为骨干的交通多样化时代。

1.1.2 世界铁路发展现状

2021 年，世界银行统计，世界铁路营业里程约 110 万 km，其中亚洲占 32.0%，欧洲占 30.8%，美洲占 26.7%，非洲占 7.1%，大洋洲占 3.4%。其中铁路营业里程最长的十个国家是：中国 15.07 万 km，美国 14.86 万 km，俄罗斯 8.55 万 km，印度 6.81 万 km，加拿大 4.81 万 km，德国 3.34 万 km，澳大利亚 3.3 万 km，巴西 3.04 万 km，法国 2.77 万

km，墨西哥 2.67 万 km。

总体来看，世界铁路里程在 2021 年比 20 世纪 90 年代末减少了 22 万 km，主要是因为北美铁路在路网优化中大幅关闭铁路，欧洲铁路里程也有小幅减少。进入 21 世纪，亚洲国家、非洲国家、拉美国家和部分欧洲国家的铁路又处在建设和发展之中，世界铁路营业里程呈缓慢增长态势，但发展中国家的铁路路网密度仍低于欧美发达国家水平。部分国家铁路按国土面积和人口计算的路网密度见图 1-1 和图 1-2。

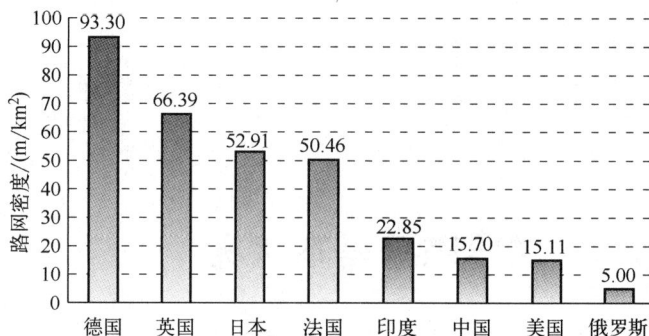

图 1-1　2021 年部分国家铁路路网密度（面积）

随着各国经济的发展和世界经济一体化的趋势，世界各国对外贸易迅速增长，铁路在国际贸易货运方面将起重要作用。国际铁路联盟倡导和组织一系列的国际工程，提高铁路运输竞争力；与有关国家政府共同组织"洲际走廊"工程，通过铁路-海路联运将美洲、亚洲、中东、欧洲联系在一起，简化运输手续，提高运输能力和运输速度，增加铁路收益。

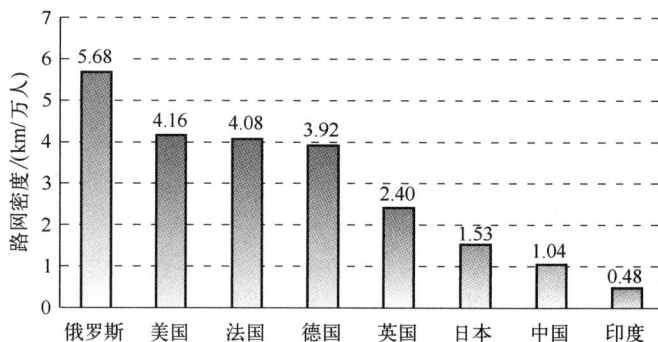

图 1-2　2021 年部分国家铁路路网密度（人口）

2013 年习近平主席提出共建"一带一路"倡议。10 年来，我国携手各方高质量共建"一带一路"，搭建了世界上范围最广、规模最大的国际合作平台。中老铁路、雅万高铁、蒙内铁路、亚吉铁路、匈塞铁路等一大批标志性工程有力促进共建国家和区域互联互通。

中欧班列现已形成经六大口岸出境的西、中、东三条通道。截至 2023 年底，中欧班列已有 86 条运行线路，连通我国境内 112 个城市，通达欧洲 25 个国家的 217 个城市，以及沿线 11 个亚洲国家超过 100 个城市。10 年来，中欧班列累计开行 7.7 万列，运送货物 731 万标箱，货值超 3400 亿美元。中欧班列在稳定全球产业链供应链、保障物流畅通等方面发挥了巨大作用。

2019 年《西部陆海新通道总体规划》实施，标志着通道建设成为国家战略。通道有铁海联运班列、国际铁路联运班列、跨境公路班车 3 种物流组织方式。截至 2024 年 8 月，西部陆海新通道现已覆盖 124 个国家和地区的 523 个港口；铁海联运班列已覆盖国内 152 个铁路站点，累计运输货物超 310 万标箱，通道货物品类达 1150 种。西部陆海新通道铁海联运班列已从最初的"一条线"延展成"一张网"，并与中欧班列实现无缝衔接，有效衔接"一带一路"，助力构建新发展格局。

1.1.3　高速旅客列车的发展

铁路技术的发展是牵引能力与车速提高过程的历史。各国铁路都把提高速度作为技术发展的目标和提高竞争能力的重要手段。1825 年世界第一条铁路在英国出现时，时速为 24km。1829 年 10 月 6 日在利物浦—曼彻斯特线上"火箭"号蒸汽机车首创 47km/h 的世界纪录。20 年后法国的车速已经超过了 100km/h，在 1890 年"克洛伯顿"号蒸汽机车时速达143.5km。1901 年德国首先使用西门子-哈尔斯克和通用电气公司共同制造的电力机车，试验速度为 160km/h 以上。1931 年 6 月 21 日德国费兰茨·克鲁肯贝格设计的流线型"铁路齐柏林"号机车创 230km/h 纪录。1936 年 2 月 17 日柴油机车"莱比锡"号在德国的帝国铁路线上运行速度 205km/h。1955 年 5 月 29 日法国波尔多—达克斯线上"BB9004"号机车创 331km/h 纪录。1981 年 2 月 26 日法国巴黎—里昂线 TGV 高速机车时速达 380km。1988 年 5 月 1 日德国 ICE 高速列车，在富尔达—维尔茨堡区段上时速达 409km。1990 年 5 月 18 日法国 TGV-A 高速列车创试验速度 515.3km/h 纪录。1996 年 7 月 26 日日本 X300 系列高速列车时速达 443km。2007 年 4 月 3 日，法国进行了超高速列车最新型"V150"列车的行驶试验，时速达 574.8km。2015 年 4 月 21 日，日本 L0 型磁悬浮列车在山梨县的磁悬浮线上运行时速达 603km。

1964 年 10 月 1 日日本建成世界第一条高速铁路——东京到大阪的东海道高速铁路新干线，全长 515.4km，最高运行速度 210km/h。东海道新干线创造了世界上铁路与航空竞争中首次取胜的实例，日本誉之为"经济起飞的脊骨"。日本东海道新干线和法国 TGV 东南线的运营，在技术、商业、财政以及政治上都获得了极大的成功。东海道新干线在财务收支上已经成为日本铁路客运的主要支柱，TGV 东南线也在运营 10 年的期限里完全收回了投资。高速铁路建设在日本和法国所取得的成就影响了很多国家，为亏损严重的各国铁路，提供了解脱困境和可以借鉴的出路。于是，从 20 世纪 80 年代末期开始，许多资金充裕、科技先进的国家，纷纷兴建新线和改建既有线路，实现 250～300km 的最高时速。据不完全统计，截至 2023 年底，全世界运营中的高速铁路营业里程总长达 6.4 万 km，这些线路分布在中国、日本、韩国、土耳其、乌兹别克斯坦、沙特阿拉伯、印度尼西亚、西班牙、法国、意大利、希腊、德国、俄罗斯、英国、比利时、瑞士、芬兰、奥地利、丹麦、葡萄牙、荷兰、瑞典、摩洛哥、美国等国家。

我国于 1994 年开通了时速 160km 的广深准高速铁路。2003 年全长 404.641km 的秦沈客运专线正式运营，设计速度为 200km/h，基础设施预留提速至 250km/h。2008 年 8 月 1 日京津城际铁路投入运营，运营时速为 350km，当时成为世界上运营中的列车速度之最。"和谐号"CRH380A 新一代高速动车组更于 2010 年 12 月 3 日跑出 486.1km 的时速，再次刷新世界铁路运营试验最高速。2024 年 12 月 29 日，世界最快高铁列车 CR450 动车组样车发布，标志着中国铁路坚定不移走自主创新之路，自主研发了以复兴号动车组为代表的一大批科技创新成果，中国高铁实现了从追赶到领跑的历史性进步，高铁技术树起国际标杆。

截至 2024 年底，我国高铁总运营里程达 4.7 万 km，占世界高铁营业里程的 70% 以上，在建高铁规模超过其他国家的总和。2024 年底我国高铁部分运营线路统计见表 1-1（扫码查看）。

表 1-1　中国高铁部分运营线路统计

1.2　我国铁路建设概况

1.2.1　我国铁路建设回顾

1881 年，我国建成第 1 条自主修建的铁路——唐胥铁路，不久，又制造出第 1 台蒸汽机车——"龙号"。从此，拉开了中国铁路建设的序幕。如今，铁路已成为我国最重要的基础设施之一，在国土开发、区域经济发展、促进国民经济整体水平提高以及形成全国统一市场等方面发挥了重要推动作用，在国家综合运输体系中始终处于骨干地位。

1881—1949 年的 68 年间，我国仅修建了 21810km 铁路，其中复线只有 867km，电气化铁路为 0。相当一部分铁路因年久失修和战争破坏无法运营。铁路网的分布也极不平衡，东北地区铁路占全国铁路总营业里程的 40%，而国土面积占全国 55% 的西南和西北地区铁路仅占全国总营业里程的 5%。

1949 年中华人民共和国成立后，我国铁路建设步入了加速发展的快车道。党中央、国务院把铁路摆在基础设施的重要位置，对铁路建设给予高度重视，一方面大力加强既有线改造，另一方面加快新线建设步伐，铁路建设高潮迭起，在路网建设、线路状况、技术装备和运输效率上，都取得了巨大的成就。

1909 年，詹天佑用"人字形"铁路，开启了中国人自建铁路的历史。2019 年，京张高铁从"人字形"线路下方穿行而过，用一个"大"字实现两条京张铁路跨越百年的历史交会，引领中国铁路又一次飞跃。以京张铁路为起点，中国人自己的路，不再由他人摆布。以京张高铁为原点，中国人坚持走自己的路，成为世界高铁的"引领者"。

（1）路网建设

新中国成立后，铁路建设坚持新线建设与旧线改造并举方针，新建了一大批干线铁路，加快了复线建设和电气化铁路建设，路网规模不断扩大，综合运输能力迅速提高，对加快国民经济发展起到了积极的促进作用。1949—2024 年，我国（未计入台湾省和香港特别行政区）共修建了 13.9 万 km 新线，是新中国成立前的 6.37 倍，修建了 9.67 万 km 复线，是新中国成立前的 111 倍，修建了 12.33 万 km 电气化铁路，结束了没有电气化铁路的历史。铁路建设者克服重重困难，在崇山峻岭的西南地区，修建了成渝、宝成、黔桂、川黔、襄渝、阳安、来睦、黎湛、内宜、达成、南昆、青藏、拉日、拉林等干线，构成了大西南的路网骨架。在西北地区，建成了天兰、兰新、兰青、青藏、南疆、包兰、干武、宝中、北疆、太中银、兰渝、西平、敦格、格库、喀和、和若等干线，加强了大西北与东、中部地区的联系。在华北地区，建成了丰沙、京承、京原、京通、通坨、京秦、大秦、太焦、邯长、新菏、侯西等干线，以及纵贯南北的京九大干线，首都北京已形成 18 条干线及高铁接入的大型枢纽。在东南沿海，建成了兰烟、兖石、萧甬、鹰厦、外福、皖赣、阜淮、广梅汕、三戋等干线；在华中地区，建成了焦枝、枝柳、汉丹、武大、大沙、合九等干线；在东北地区，修建了沟海、通让等联络线，汤林、牙林、长林、林碧等森林线，以及霍林河、伊敏河等煤矿支线。在沿海各大港口地区修建了疏港通道；在沿边与俄罗斯、朝鲜和越南等国接轨的基础上，又先后打通了与蒙古、哈萨克斯坦、老挝等国联系的通道，为我国对外开放创造了良好的条件。

目前，铁路覆盖了我国全部省、自治区、直辖市。已形成京哈、京通、京包、京沪、京九、京广、焦柳、包兰、兰新、青藏、陇海、成昆、宝成、沪昆、沿江铁路和沿海铁路等重要铁路干线为基础的一个庞大的铁路网络。一个横贯东西、连接南北、干支结合、连接亚欧的具有相当规模的铁路运输网已经形成并加快完善。以"八纵八横"高速铁路主通道为基础的高速客运网络也正逐渐形成。中国铁路部分主要客运线路线名见表 1-2（扫码查看）。

截至 2024 年底，铁路营业里程为 16.18 万 km（不含台湾地区），其中高铁营业里程达到 4.7 万 km，复线里程 9.84 万 km，复线率为 60.8%，电气化里程 12.33 万 km，电化率为 76.2%，西部地区铁路营业里程 6.6 万 km。全国铁路路网密度 168.5km/万 km^2。2008—2024 年我国高速铁路基本情况见表 1-3。我国铁路运输安全质量各项指标稳居世界前列，客运周转量、货运发送量、货运周转量、运输密度等主要铁路运输指标稳居世界第一。党的十八大以来铁路建设成就（扫码查看）

表 1-2　中国铁路部分主要客运线路线名

党的十八大以来铁路建设成就

表 1-3 我国高速铁路基本情况

年份	营业里程/km	占铁路营业里程比重/%	客运量/万人	占铁路客运量比重/%	旅客周转量/万人公里	占铁路客运周转量比重/%
2008	672	0.8	734	0.5	15.6	0.2
2009	2699	3.2	4651	3.1	162.2	2.1
2010	5133	5.6	13323	8.0	463.2	5.3
2011	6601	7.1	28552	15.8	1058.4	11.0
2012	9356	9.6	38815	20.5	1446.1	14.7
2013	11028	10.7	52962	25.1	2141.1	20.2
2014	16456	14.7	70378	30.5	2825	25.1
2015	19838	16.4	96139	37.9	3863.4	32.3
2016	22980	18.5	122128	43.4	4641	36.9
2017	25164	19.8	175216	56.8	5875.6	43.7
2018	29904	22.7	205430	60.9	6871.9	48.6
2019	35388	25.3	235833	64.4	7746.7	52.7
2020	37929	25.9	155707	70.7	4844.9	58.6
2021	40139	26.6	192236	73.6	6064.2	63.4
2022	42241	27.3	127533	76.2	4386.1	66.7
2023	45036	28.4	289788	75.2	9834.1	66.8
2024	47493	29.3	327200	75.9	10845.5	68.6

（2）轨道结构

截至 2021 年底，全路钢轨平均轨重 58.1kg/m。Ⅲ型钢筋混凝土轨枕占 43.0%，Ⅱ型钢筋混凝土轨枕占 37.8%。全路无砟轨道铺设长度 51172.7km，其中Ⅰ型板式占 9.2%，Ⅱ型板式占 17.1%，Ⅲ型板式占 20.0%，双块式占 52.6%。全路正线无缝线路延长 229208.4km。全路正线道岔 85368 组，其中 12 号道岔占 71.3%，18 号及以上道岔占 19.3%。

（3）闭塞方式

截至 2021 年底，全路半自动闭塞里程 37269km，占管辖里程的 25.23%；自动闭塞 92584km，占管辖里程的 62.68%。

（4）桥梁

截至 2021 年底，国家铁路及合资铁路有桥梁 92137 座（30919km）。其中，500m 以上的特大桥 9224 座（22772km），100～500m 的大桥 18638 座（4657km），20～100m 的中桥 26832 座（1703km），小桥 37443 座（1787km）。

（5）隧道

截至 2021 年底，国家铁路及合资铁路有隧道 16237 座（20247km）。其中，万米以上的特长隧道 273 座（3884km），3000～10000m 的长隧道 1420 座（7363km），500～3000m 的中隧道 5704 座（7006km），小于 500m 的短隧道 8840 座（1993km）。

（6）车站

截至 2022 年底，全路车站共 8232 个，线路所 441 个。其中特等站 52 个，一等站 295 个。全路计算机联锁车站占集中联锁车站的 80.13%。

（7）机车车辆

2024 年底，全国铁路机车拥有量为 2.25 万台，内燃机车占 34.6%，电力机车占 65.3%。全国铁路客车拥有量为 8.1 万辆，动车组 4806 标准组、38448 辆。全国铁路货车拥有量为 101.9 万辆。

（8）运输效率

随着我国复线、电气化和内燃化水平的提高，铁路运输效率也随之提高，有的技术指标已进入世界先进行列。2023 年国家铁路客、货运主要技术指标见表 1-4。

表 1-4　2023 年国家铁路客、货运主要技术指标

主要指标	客运	货运
周转量	14729 亿人·km	36460 亿 t·km
客、货运密度	928 万人·km/km	2296 万 t·km/km
运输平均运距	382km/人	724km/t
平均技术速度	125.8km/h[①]	57.5km/h[①]
平均旅行速度	111km/h[①]	44.0km/h[②]
货运机车日产量	—	154.8 万 t·km/台[②]
货物列车平均牵引质量	—	3276t[②]

① 表示 2019 年数据。
② 表示 2021 年数据。

1.2.2　铁路网规划

铁路是国民经济大动脉、关键基础设施和重大民生工程，是综合交通运输体系的骨干和主要交通方式之一，是我国构建新发展格局的重要支撑和服务人民美好生活、促进共同富裕的坚实保障。加快铁路建设特别是中西部地区铁路建设，是稳增长、调结构，增加有效投资，扩大消费，既利当前、更惠长远的重大举措。2016 年国务院批准了《中长期铁路网规划》、2021 年批准了《国家综合立体交通网规划纲要》《"十四五"现代综合交通运输体系发展规划》，为加快建设交通强国，构建现代化高质量国家综合立体交通网，全面建设社会主义现代化国家提供了有力支撑。100 多年前，孙中山先生在《建国方略》中绘就了中国现代化第一份蓝图，其中提到建设约 16 万 km 铁路，2024 年这一目标已经实现。

到 2025 年，铁路网规模将达到 16.5 万 km 左右，其中高速铁路 5 万 km 左右。到 2035 年，铁路网规模将达到 20 万 km 左右，其中高速铁路 7 万 km 左右（含部分城际铁路）。

上述规划实施完成后，铁路网将连接 20 万人口以上城市、资源富集区、货物主要集散地、主要港口及口岸，基本覆盖县级以上行政区。高速铁路网连接主要城市群，基本连接省会城市和其他 50 万人口以上的大中城市，形成以特大城市为中心覆盖全国、以省会城市为支点覆盖周边的高速铁路网。实现相邻大中城市间 1~4h 交通圈，城市群内 0.5~2h 交通圈。与其他交通方式高效衔接，形成系统配套、一体便捷、站城融合的铁路枢纽，实现客运换乘"零距离"、物流衔接"无缝化"、运输服务"一体化"。

1.2.2.1　高速铁路网

为满足快速增长的客运需求，优化拓展区域发展空间，在"四纵四横"高速铁路的基础上，增加客流支撑、标准适宜、发展需要的高速铁路，部分利用时速 200km 铁路，形成以"八纵八横"主通道为骨架、高速铁路区域连接线衔接、部分兼顾干线功能的城际铁路为补充的高速铁路网，实现省会城市高速铁路通达、区际之间高效便捷相连。

高速铁路主通道规划新增项目主要采用时速 250km 及以上标准，其中沿线人口城镇稠密、经济比较发达、贯通特大城市的铁路可采用时速 350km 标准。区域连接线原则采用时速 250km 及以下标准。城际铁路原则采用时速 200km 及以下标准。

(1) "八纵八横" 高速铁路主通道

"八纵"通道分为沿海通道、京沪通道、京港（台）通道、京哈—京港澳通道、呼南通道、京昆通道、包（银）海通道、兰（西）广通道。"八横"通道分为绥满通道、京兰通道、青银通道、陆桥通道、沿江通道、沪昆通道、厦渝通道、广昆通道。

🌐 **【相关链接】**

"八纵八横"高速铁路主通道的线路安排。

（2）区域连接线

在"八纵八横"主通道的基础上，规划建设高速铁路区域连接线，进一步完善路网、扩大覆盖。

【相关链接】

区域连接线的布置。

（3）城际客运铁路

在优先利用高速铁路、普速铁路开行城际列车服务城际功能的同时，规划建设支撑和引领新型城镇化发展、有效连接大中城市与中心城镇、服务通勤功能的城市群城际客运铁路。

京津冀、长三角、粤港澳大湾区、成渝、长江中游等城市群，建成城际铁路网；提升山东半岛、粤闽浙沿海、中原、关中中原、北部湾等城市群内的城际铁路主通道功能；推进哈尔滨—长春、辽中南、山西中部、黔中、滇中、呼包鄂榆、兰州—西宁、宁夏沿黄、天山北坡等城市群内的城际铁路主通道建设。

1.2.2.2 普速铁路网

坚持客货并重、新建改建并举、高速普速协调发展，加快普速铁路建设和既有铁路扩能改造，着力消除干线通道瓶颈，优化集装箱、快捷、重载等运输网，强化沿江等重点区域货运能力。推进既有铁路运能紧张路段能力补强，加快提高中西部地区铁路网覆盖水平。加强资源富集区、人口相对密集脱贫地区的开发性铁路和支线铁路建设。到2035年，普速规模达13万km左右，形成由若干条纵横普速铁路主通道为骨架、区域性普速铁路衔接的普速铁路网。

（1）区际快捷大能力通道

推进普速干线通道瓶颈路段、卡脖子路段及关键环节建设，形成跨区域、多径路、便捷化大能力区际通道。结合新线建设和既有铁路扩能，强化集装箱、快捷、重载等运输网络，形成高效率的货运物流网，提高路网整体服务效率，扩大有效供给。

① 京津冀—东北通道。利用京哈、津山、沈山、哈大、集通等铁路，实施京通、平齐等铁路扩能，构建北京（天津）—沈阳—哈尔滨—绥芬河（同江）、北京（天津）—通辽—齐齐哈尔—满洲里等进出关通道，连接京津冀、辽中南、哈长城市群。

② 京津冀—长三角、海峡西岸通道。利用京沪、京九、华东二通道、皖赣、金温、赣龙等铁路，建设阜阳—六安—景德镇、兴国—永安—泉州等铁路，实施皖赣等铁路改造，构建北京（天津）—济南—上海（杭州、宁波）、北京（天津）—商丘—南昌—福州（厦门）通道，连接京津冀、长三角、长江中游及海峡西岸城市群。

③ 京津冀—珠三角、北部湾通道。利用京广、京九、湘桂、焦柳、大湛等铁路，建设龙川—汕尾等铁路，实施焦柳、洛湛南段扩能改造，构建北京—武汉—广州（南宁）、北京—南昌—深圳通道，连接京津冀、中原、长江中游、珠三角及北部湾等城市群。

④ 京津冀—西北（西藏）通道。利用京包兰、临哈、南疆以及京广、石太、太中银、兰青、青藏等铁路，实施青藏铁路格拉段等扩能改造，建设柳沟—三塘湖—将军庙铁路，构建北京（天津）—呼和浩特—乌鲁木齐—喀什、北京（天津）—石家庄—太原—兰州—西宁—拉萨通道，连接京津冀、兰西城市群及西藏地区。

⑤ 京津冀—西南通道。利用京广、沪昆、南北同蒲、西康、襄渝、成昆、内昆等铁路，构建北京—西安（长沙）—川、渝、黔、滇通道，连接京津冀与滇中城市群。

⑥ 长三角—西北通道。利用京沪、陆桥以及宁西铁路等，实施西平铁路、宝中铁路平凉至中卫段扩能、三门峡经禹州至江苏沿海港口铁路，构建长三角—西安—乌鲁木齐—阿拉

山口（霍尔果斯）通道，连接长三角、中原、关中平原、兰西城市群。

⑦ 长三角—成渝通道。利用京沪、宁西、宁启、铜九、武九、武襄渝、达成、成渝等铁路，实施南京—芜湖—铜陵—九江铁路等扩能改造，建设九江—岳阳—常德、黔江—遵义—昭通—攀枝花—大理铁路，规划研究沿江货运铁路，构建上海—南京（合肥）—武汉—重庆—成都沿江通道，连接长三角、长江中游、成渝城市群。

⑧ 长三角—云贵通道。利用沪昆、金温铁路等，建设温州—武夷山—吉安、赣州—郴州—永州—兴义铁路，实施衡茶吉铁路扩能，构建长三角、长江中游至云贵地区通道。

⑨ 长三角—珠三角通道。利用沪昆、京九、京广等铁路，实施赣韶铁路扩能，连接长三角、珠三角城市群。

⑩ 珠三角—西南通道。利用京广、沪昆、渝黔、广茂、黎湛铁路等，建设柳州—梧州—广州、韶关—贺州—柳州—百色铁路，实施渝怀、黔桂、南昆铁路扩能，构建珠三角至西南地区通道。

⑪ 山东半岛—西北通道。利用胶济、石德、石太、太中银、兰新铁路等，建设平凉经固原至定西等铁路，构建山东半岛西向联系通道。

⑫ 西北—西南通道。利用兰新、陇海、宝成、包西、兰渝、西康、襄渝、渝黔、成昆、内昆等铁路，建设格尔木—成都等铁路，构建西北（含呼包鄂榆）至西南地区通道。

同时，利用大秦、神朔、朔黄、张唐、新菏兖日、山西中南部、宁西、红淖等铁路，建设蒙西至华中地区、将军庙—淖毛湖、庆阳—黄陵、庆阳—平凉、神木—瓦塘等铁路，构建西煤东运、北煤南运、海（江）铁联运大通道，完善煤炭集疏运系统，提升煤运通道能力。

(2)"一带一路"国际通道

推进我国与周边国家互联互通，完善口岸配套设施，强化沿海港口后方通道。实施满洲里、二连浩特、阿拉山口、霍尔果斯等铁路口岸站扩能改造。积极推进与周边国家铁路基础设施互联互通，构建互联周边、联通亚欧、辐射"一带一路"的铁路国际运输大通道。加强与其他国家铁路规划建设对接，注重分类施策，推进重点项目共商共建共享。加快西部陆海新通道建设，高效衔接"一带一路"，提升内联外通水平，助力陆海双向开放。

① 西北方向。规划建设克拉玛依—塔城（巴克图）、喀什—吐尔尕特、喀什—伊尔克什坦、喀什—红其拉甫、阿勒泰—喀纳斯（吉克普林）、阿勒泰—吉木乃等铁路及满都拉、乌力吉、老爷庙等口岸铁路。

② 西南方向。实施南宁—凭祥铁路、隆黄铁路隆昌—叙永段扩能，规划建设芒市—猴桥、临沧—清水河、日喀则—吉隆、日喀则—亚东、靖西—龙邦、大理—瑞丽、防城港—东兴等铁路。

③ 东北方向。实施集宁—二连浩特、佳木斯—同江（抚远）铁路扩能，规划建设伊尔施—阿日哈沙特、海拉尔—黑山头、莫尔道嘎—室韦、古莲—洛古河、虎林—吉祥、密山—当壁镇、南坪—茂山、开山屯—三峰、长白山—惠山、盘古—连崟等铁路。

④ 沿海方向。以大连、秦皇岛、天津、烟台、青岛、连云港、上海、宁波、舟山、福州、泉州、厦门、汕头、深圳、广州、茂名、湛江、海口等沿海城市及重要港口为支点，畅通港口城市后方铁路通道及集疏运体系，构建连接内陆、铁海联运的国际交通走廊。

(3) 脱贫攻坚和国土开发铁路

推动革命老区、民族地区、边疆地区及中西部欠发达地区对外铁路通道建设，完善资源富集、人口相对密集地区具有扶贫减贫、国土开发及沿边开发开放功能的铁路规划建设，扩大铁路网络覆盖通达，提升铁路公共服务水平，为巩固脱贫攻坚成果、服务乡村振兴战略发挥支撑作用。

扩大路网覆盖面。建设安康—恩施—张家界、赣州—郴州—永州—兴义、阜阳—六安—景德镇、温州—武夷山—吉安—兴国—永安—泉州、黔江—遵义—昭通—攀枝花—大理、宁德—南平、瑞金—梅州、建宁—冠豸山、韶关—贺州—柳州—百色、黄陵—庆阳—平凉—固原—定西、额济纳—酒泉、汉中—巴中—南充、贵阳—兴义、黄桶—百色、涪陵—柳州、泸州—遵义、师宗—文山、临沧—普洱等铁路。

完善进出西藏、新疆通道。建设川藏铁路雅安—昌都—林芝段、滇藏铁路香格里拉—邦达段、罗布泊—若羌、伊宁—阿克苏、雅安—林芝、成都—格尔木、柳沟—三塘湖—将军庙、西宁—玉树—昌都铁路，研究建设新藏铁路和田—日喀则段，形成进出西藏、新疆、青海及四省藏区的便捷通道。

促进沿边开发开放。建设韩家园—黑河、孙吴—逊克—乌伊岭、鹤岗—富锦、创业—饶河—东方红、东宁—珲春等东北沿边铁路，芒市—临沧—文山—靖西—防城港等西南沿边铁路。

（4）强化铁路集疏运系统

以资源富集区、主要港口及物流园区为重点，规划建设地区开发性铁路以及疏港型、园区型等支线铁路，形成干支有效衔接、促进多式联运的现代铁路集疏运系统，畅通铁路运输的"最先一公里"和"最后一公里"。

1.2.2.3 综合交通枢纽

统筹运输网络格局，按照"客内货外"的原则，优化铁路枢纽布局，完善系统配套设施，修编铁路枢纽总图。创新体制机制，统筹建设运营，促进同步建设、协同管理，形成系统配套、一体便捷、站城融合的现代化综合枢纽。研究制订综合枢纽建设、运营、服务等标准规范。构建北京、上海、广州、重庆、武汉、成都、沈阳、西安、郑州、天津、南京、深圳、合肥、贵阳、杭州、福州、南宁、昆明、乌鲁木齐等综合铁路枢纽。

（1）客运枢纽

按照"零距离"换乘要求，同站规划建设以铁路客站为中心，与其他交通方式有机衔接的综合交通体，特大城市要强化铁路客运枢纽、机场、城市轨道交通的便捷联结。实施站区地上地下立体综合开发，打造高效便捷的综合客运枢纽和产城融合发展的临站经济区。同步强化客运枢纽场站设施，完善动车段（所）、客运机车车辆以及维修设施，完善客运枢纽（高铁车站）快件集散等快捷货物服务功能设施。

（2）货运枢纽

合理布局铁路物流中心、铁路集装箱中心站及末端配送服务设施，扩大货物集散服务网络。按照"无缝化"衔接要求，完善货运枢纽多式联运、集装箱运输、邮政快递运输、国际联运以及集疏运等"一站式"服务设施，提升枢纽集散能力和服务效率。优化货运枢纽编组站，完善货运机车车辆设施。布局建设综合维修基地、应急救援基地以及配套完善铁路战备设施等。以发展枢纽型园区经济为导向，推进传统货运场站向城市物流配送中心、现代物流园区转型发展。

复习思考题

1-1 目前成熟的交通运输方式有哪几种？

1-2 铁路与其他交通运输方式比较有哪些优势？

1-3 各大洲有哪些铁路大陆桥建设项目？

1-4 我国铁路提速经过哪些时间节点？

1-5 我国中长期铁路网规划的发展目标是什么？

在线习题

第 2 章
铁路选线设计的基本原则

2.1　铁路总体设计

2.1.1　我国铁路设计工作的发展过程

我国铁路兴建之初，管理权为外人把持，设计工作也为外人包办。但是，中国人民是勤劳智慧的人民，在铁路修建的实践中，也涌现出许多有成就的中国铁路工程师。1905—1909年勘测设计京张铁路并领导施工的詹天佑，就是一个杰出的代表。

我国第一条完全由中国人自主设计、建造并投入运营的干线铁路是京张铁路，由"中国铁路之父"詹天佑主持修建。詹天佑坚持在京张铁路采用1435mm的标准轨距，并建议将其作为全国统一轨距，这一决策极具前瞻性，奠定了中国铁路标准化发展的基础。此外，詹天佑还主持编定了《京张铁路标准图》及《行车、养路、机车、电报》等33章规程，系统规范了铁路设计、施工、运营和维护标准，成为我国最早的铁路技术规范与管理体系，对后世铁路建设影响深远。

【相关链接】

京张铁路的勘测抉择与工程奇迹。

辛亥革命后，我国的铁路工程师勘测设计了不少铁路，其中粤汉路株（洲）韶（关）段的选线和浙赣路钱塘江大桥的修建，誉满中外。

中华人民共和国成立以后，我国铁路勘测设计工作面貌一新，原铁道部成立了专门的勘测设计总队，后来逐步发展为地区性和专业性的设计院。

为了统一全路的设计标准，提高勘测设计质量，铁路部门颁布并多次修订了铁路设计规范，编制了一系列指导勘测设计的基本文件，建立了各个设计阶段鉴定审批的工作程序。在有关规定和勘测设计的实践中，制订了总体设计负责人和专业负责人的岗位责任制，体现了总体设计和综合选线精神，强调勘测中要重视地质、水文、环境条件，要针对国家运输要求设计铁路能力。设计方案的选定，要经过技术经济比较。在科研技术方面，航空勘测、遥感技术、数字化三维综合选线技术、BIM等现代信息技术手段已在勘测设计中广泛采用。在线路设计方面，无论是山区铁路、电气化铁路、内燃铁路，还是重载高速铁路，以及既有线改建和第二线设计，都积累了丰富经验，取得了长足进步。在高填深挖、风沙、冻土、软土、膨胀土的路基设计，以及轻型挡土墙、抗滑桩等支挡建筑物的设计方面，都取得了突破和创新。在对新型混凝土轨枕、整体道床、焊接长钢轨、可动心轨道岔以及钢轨扣件等轨道结构条件的改善方面，都取得了可喜的成就。我国铁道工程勘测设计技术已具备了自己的特色。

2.1.2　铁路选线设计的基本任务

铁路设计的基本任务是提交质量可靠的设计文件，使铁路能力满足运量要求，以保证铁路投资的经济效益。铁路设计是一项涉及面广、技术比较复杂的工作，必须按照规定的程序进行勘测，提供设计所需要的资料。因此，铁路勘测与设计是一项综合性的整体工作。

铁路设计所需要的资料包括经济资料（如设计线的客运量、货运量、地方运量与直通运量的比重、车站装卸量等）与技术资料（如铁路沿线的地形、地质、气象等）两类。经济资料与技术资料分别通过经济勘察（即经济调查）与技术勘测获得。

铁路选线设计是整个铁路设计中一项关系全局的总体性工作，它的基本任务是：

（1）规划线路的基本走向，选定主要技术标准

在宏观层面上，根据国家政治、经济、国防的需要及设计线在交通运输系统中和在铁路网中的地位和作用，依据经济调查得到的客货运量资料并结合线路经过地区的自然条件、资源分布、工农业发展等情况，规划线路的基本走向，选定设计线的主要技术标准。

（2）设计线路的空间位置

根据沿线的地形、地质、水文等自然条件和村镇、交通、农田、水利设施等具体情况，设计线路的空间位置（平面、纵断面、横断面）。在保证行车安全的前提下，力争提高线路质量，降低工程造价，节约运营支出。

（3）布置线路上各种铁路建筑物

与其他各专业共同研究，合理布置线路上各种建筑物，如车站、桥梁、隧道、涵洞、路基、挡土墙等，确定其位置、类型及规模，使其总体上互相配合，全局上经济合理，为进一步单项设计提供依据。

铁路选线设计工作必须从国家的全局出发，统筹兼顾，正确处理铁路与工农业的关系，近期与远期的关系。要做好铁路建设与水利、公路、航运以及城乡建设的配合；要贯彻"以农业为基础"的方针，节约用地，少占良田，保证农村灌溉，方便农村交通，并结合工程改地造田。

铁路选线设计工作要坚持勤俭节约的原则，既要防止标准过高，又要照顾到将来的发展。要因地制宜，就地取材，力求节约人力、物力和财力。要加速实现铁路现代化，积极而慎重地采用新技术、新结构、新设备、新材料。

铁路选线设计必须讲究经济效益，既要考虑铁路的部门效益，又要考虑全局的社会效益，在拟定设计决策和评选原则方案时，更应着眼于社会效益。

铁路选线设计中，要认真进行调查研究工作，切实做好经济调查和地形、地质、水文的勘测工作。要从大面积着手，由面到带、由带到线、由线到段、由段到点，逐步接近，实事求是地评选比较方案，选定合理的线路位置。

2.1.3　铁路基本建设程序

建设程序是指国家按照项目建设的客观规律制定的，在项目立项、决策、设计、工程施工、竣工验收并交付使用的整个建设过程中，各项工作必须遵循的先后次序。2018 年 12 月发布的《铁路建设项目预可行性研究、可行性研究和设计文件编制办法》（TB 10504—2018）规定：铁路大中型建设项目应在项目决策阶段开展预可行性研究和可行性研究，在项目实施阶段开展初步设计和施工图设计。小型项目或工程简易的项目可适当简化，在决策阶段开展可行性研究，实施阶段开展施工图设计，其文件内容和深度应满足项目决策及实施的要求。

（1）预可行性研究

预可行性研究文件是项目立项的依据，应按照国家批准的铁路发展规划和区域发展规划，收集社会、经济相关资料，经运量调查及现场踏勘后编制。其内容和深度主要包括：客货运量预测；系统研究项目在路网、综合交通运输体系及社会经济发展中的作用；提出线路起讫点及线路走向方案和建设规模（改建铁路应对其运能与运量不相适应的薄弱环节拟定改建的初步方案，铁路枢纽则应结合总图规划拟定研究年度的建设方案，技术复杂的重点桥渡、重点隧道应结合地形地貌、地质及水文等条件初拟桥址、隧址方案和桥式方案，大型站房应结合城市规划及站房规模初拟站区规划设计原则和站房建筑方案初步意见）；初步提出铁路主要技术标准、各项主要技术设备设计原则及主要工作内容；对主要工程、相关工程、外部环境（包括邻近或穿越特殊环境敏感区）、土地利用、协作条件做初步分析；提出建设工期、投资预估算及初步融资方案；进行经济初步评价；从宏观上分析对自然生态、社会人文环境的主要影响；论证项目建设的必要性、可能性。

预可行性研究中，对影响线路走向方案选择的长距离、大面积地质条件复杂的地区，应开展遥感工作，编制遥感地质报告，对线路走向方案区域工程地质条件作出地质评价。地形地质特别复杂，线路走向比选方案较多的地区，应在预可行性研究中提出加深地质工作的具体意见，经审查后，在初测前安排加深地质工作，以确定初测方案，指导后续地质工作。

新建（改建）铁路预可行性研究文件一般应包括以下主要内容：概述；区域路网概况；经济与运量；建设必要性研究；建设方案研究；铁路主要技术标准；运输组织；主要技术设备设计原则和主要工程内容；相关工程及外部协作条件；工程实施对环境的影响；建设工期、预估算及资金筹措；经济评价；研究结论；省、自治区、直辖市，军区及有关部门的意见；有待进一步解决的问题。

（2）可行性研究

可行性研究是项目决策的依据，应根据国家批准的铁路发展规划、区域发展规划或项目建议书，进行社会、经济和运量调查，综合考虑运输能力和运输质量，从技术、经济、环保、节能、土地利用等方面进行全面深入的论证，采用初测资料进行基础性设计。其内容和深度主要包括：落实各研究年度的客货运量；确定铁路主要技术标准，稳定建设方案（包括邻近或穿越特殊环境敏感区的线路方案）和主要技术设备的设计原则（改建铁路应解决改建方案及重大施工过渡方案，铁路枢纽应解决主要站段方案和规模、枢纽内线路方案及其铁路主要技术标准、重大施工过渡方案，重点桥渡、重点隧道应选定桥址及隧址方案、初步拟定桥式方案，大型站房应结合城市总体规划、交通规划初拟站区规划及站房建筑设计方案）；提出主要工程数量、主要设备概数、主要材料概数、拆迁概数、用地概数、施工组织方案、建设工期、投资估算、融资方案；提出满足项目用地预审要求的土地利用资料；提出建设及运营管理体制的建议；阐明对环境与水土保持的影响和防治的初步方案以及节约能源的措施；进行财务分析和经济费用效益分析等；论证建设项目的可行性。

可行性研究的工程数量和投资估算要有较高的准确度；主要技术标准和线路方案研究，环境保护、水土保持和土地利用的设计工作，应达到规定的深度。

新建（改建）铁路可行性研究文件一般应包括以下主要内容：总说明书；经济与运量；运输组织；地质；线路与轨道；路基与土地利用；桥涵；隧道；站场；机务、车辆与动车组设备；通信、信号、信息与灾害检测；牵引供电与电力；给水排水；房屋建筑与基础设施维修；环境保护、水土保持与节约能源；施工组织方案意见与投资估算；融资方案与经济评价。

（3）初步设计

初步设计文件是项目建设的依据，应根据可行性研究进行现场调查，对局部方案进行比选，采用定测资料，依据批准的规划选址报告，环境影响报告书（表），水土保持方案，节约能源报告，社会稳定风险分析评估、地质灾害危险性评估、压覆矿产资源评估、地震安全性评价、防洪影响评价报告及航道通航条件影响评价报告等，进行比较详细的设计。其内容和深度主要包括：确定各项工程设计原则，落实设计方案和工程措施；提出工程数量、主要设备数量、主要材料数量、用地及拆迁数量、施工组织设计及总概算；确定环境保护和水土保持、节约能源以及施工安全风险防范措施。初步设计文件经审查、修改、批准后，作为控制建设规模和总预算的依据。

新建（改建）铁路初步设计文件一般应包括以下主要内容：总说明书；经济与运量；运输组织；地质；线路与轨道；路基与土地利用；桥涵；隧道；站场；机务设备；车辆设备；动车组设备；通信；信号；信息；灾害监测；牵引供电；电力；给水排水；房屋建筑与基础设施维修；环境保护与水土保持；施工安全风险防范；施工组织设计意见；总概算。

（4）施工图

施工图文件是工程实施和验收的依据，应根据初步设计的审批意见，采用定测及补充定测进行资料编制，为施工提供需要的图表和必要的设计说明，并依据施工图工程数量和相关规定编制施工图预算。施工图文件应详细说明施工注意事项和施工安全风险防范措施，说明运营维护应注意的事项。

（5）工程施工和设备安装

依据批准的建设规模、技术标准、建设工期和投资，施工单位按照施工图和施工组织设计文件组织工程施工和设备安装。

（6）验交投产

由建设单位会同设计、施工和有关单位组织验收；验收合格后，铁路交管理单位投入运营，基本建设阶段结束。

（7）后评估

在铁路运营若干年后，由建设单位会同有关部门对项目实施过程、结果及影响进行调查研究和全面系统回顾，与项目决策时确定的目标以及技术、经济、环境、社会指标进行对比，找出差别和变化，分析原因，总结经验，汲取教训，提出对策建议，通过信息反馈，改善投资管理和决策，达到提高投资效益的目的。

2.1.4　总体设计负责制

铁路建设是国家基本建设的重要组成部分。按照设计程序，设计单位根据业主下达的任务，首先指派专人对建设项目进行调查研究，编制《预可行性研究报告》作为业主编制建设项目计划任务书（或设计任务书）的基础资料。设计单位以下达的计划任务书为依据，任命总体设计负责人（简称"总体"）负责设计的总体性管理工作。同时，任命专册负责人（简称"专册"）。专册包括的专业有：经济与运量、行车组织、地质、线路、路基与轨道、桥涵、隧道、站场、机务设备、车辆设备、给水排水、通信、信号、电力、房屋建筑、施工组织及概算等。

总体设计负责人主要负责事项：编写《可行性研究报告》；进行勘测设计的准备工作，拟定必要的勘测设计阶段；对建设项目的主要技术标准、线路主要方案的比选、车站分布等技术问题直接负责，并对设计文件的总体性、完整性和统一性负责；施工阶段亲临现场，领导现场设计组配合施工，直到完工交付运营为止。

专册负责人在勘测设计过程中，对专业设计方案、设计原则推荐的正确性、经济合理性以及专册文件的总体性、完整性和统一性负直接责任。

铁路勘测设计是一个涉及多个专业的系统工程。一般把经济与运量（经调）、行车组织、线路、桥梁、地质、路基、隧道、站场和工程经济（工经）专业称为站前专业，这些专业对线路的走向、开行方案、主体工程规模、土建技术标准等进行设计，其中工经专业负责整个工程的概预算编制及施工组织设计，行车组织专业综合研究各种运输设备及其能力，提出满足运输能力的行车组织方法。除了经调、行车专业以外，其他站前专业都要参加勘测工作。

机务、车辆、机械、房建、暖通、给排水、环保、通信、信号、信息、电力、供变电、接触网等专业一般称为站后专业，其中除了给排水、环保专业要参加外业勘测外，其他专业则根据不同阶段要求，自行安排现场调查。大部分站后专业负责项目的配套设施及各类设备系统的设计，环保专业负责对项目进行环保设计及说明，并对工程环境影响进行评价。

就土建类设计而言，主要涉及地质、测绘、线路、路基、桥梁、隧道、站场等专业。其中线路设计在整个设计中处于核心地位。

2.1.5　铁路线路勘测新技术

随着计算机技术的发展，铁路勘测中引入了许多新技术。

① 机载激光雷达系统。传统 GPS 手段测量地形，需要测量人员扛着仪器在野外逐一跑点，如果遇到植被茂密的高山，不仅信号差、精度低，且爬山困难，工作效率低。机载激光雷达测量系统能够直接获取摄影光束的空间位置、姿态和高精度的三维点云数据（含三维坐标和激光反射强度等），实现地面三维坐标和影像数据同步、快速、高精度地获取，直接生成三维地形及地物三维实时及真实形态的测绘。

② 航飞技术。通过建立的航飞正射影像、倾斜三维实景模型，既可在正式勘测前开展虚拟踏勘，也可高效判析线路沿线高层建筑、市政道路、高压走廊等地物，还可利用航飞的鸟瞰视角了解经过密林高山的线路的周边情况。

③ 三维选线系统。铁路选线以往主要依托二维地形资料，而利用三维选线系统，设计人员可清晰直观地观察沿线的地形地貌、各类控制要素；还可直接对平面线位进行拖动，系统会自动生成纵向和横向地面线，重要工点一目了然，供研究判别。

④ 智能勘测技术。外业中使用智能扫描技术，可对勘测人员不能进入的场地进行扫描，获取三维模型；利用集成了无线通信、卫星定位导航及测深系统等技术的无人船可准确测量水底高程；根据激光点云以及倾斜摄影三维模型，还可在内业中实现中线测量、控制断面测量等传统外业工作。通过内业点云模型提取各专业所需设计资料，仅使用少量控制点即可实现外业实际勘测，大大节约了外业人力。

⑤ 智能线调技术。传统线调（线路调查）的前期准备阶段需打印每日调查房屋图纸及表格；现场调查阶段需有纸化记录相关信息，同时配备测量人员、测距仪或皮尺；内业处理阶段需将调查成果录入数据库。相比传统线调，智能线调在前期准备、现场调查两个阶段，可利用倾斜摄影成果，由内业测量替代外业皮尺，外业只需收集户主信息，核实结构类型等，减少了外业工作时间，提高了测量精度。此时，还可利用全线移动视频巡查系统还原现场，在地图上加载带线位的无人机视频，清晰获取房屋、果树、耕地等数据。

2.1.6　铁路设计中应遵循的规程与规范

《铁路技术管理规程》（简称《技规》）是为铁路各部门和各工种安全、迅速、准确、协调地进行生产活动而制定的基本法规，所有铁路工作人员都必须严格遵守并执行。《技规》内容包括：技术设备、行车组织和信号显示三大部分。《技规》是我国铁路职工长期生产实践经验的总结，随着技术装备的更新和科学技术的发展，其内容也在不断更新和完善。

《铁路线路设计规范》（TB 10098—2017）（以下简称《线规》）是线路设计的依据，适用于铁路网中标准轨距高速铁路、城际铁路、客货共线Ⅰ级和Ⅱ级铁路、重载铁路线路设计，与本课程有密切关系。内容包括：总则、术语和符号、主要技术标准、综合选线、线路平面、线路纵断面、车站分布、铁路交叉、附属设施及其他。《线规》随着铁路技术装备的更新和行车组织方式的改进，而不断地修订和完善。从事铁路选线设计工作的人员应掌握制定标准的理论基础，创造性地运用《线规》。

《城际铁路设计规范》（TB 10623—2014）是我国第一部城际铁路建设的行业标准。它是在全面总结我国高速铁路、普速铁路和珠三角、武汉城市圈等城际铁路建设、运营的实践经验和科研成果的基础上编制而成的，适用于城市间或城市群，旅客列车设计时速 200km 及以下的快速、便捷、高密度的客运专线铁路。内容包括：总则、术语和符号、总体设计、运输组织、线路、路基、桥涵、隧道、地下车站结构、轨道、站场、电力牵引供电、电力、通信、信号、信息灾害监测、动车组设备、维修设施、给水排水、房屋建筑、采暖通风与空调、综合接地、环境保护等。

《重载铁路设计规范》（TB 10625—2017）是我国第一部重载铁路行业标准，也是世界上首部系统完整、内容全面的重载铁路设计规范，适用于铁路网中货物列车机车车辆轴重大于等于 250kN 和牵引质量大于等于 10000t、设计速度不大于 100km/h 的标准轨距重载铁路。内容包括：总则、术语和符号、总体设计、运输组织、线路、路基、桥涵、隧道、轨道、站场、电力牵引供电、电力、通信、信号、信息、机务设备、车辆设备、给水排水、维修设施、环境保护等。

《铁路车站及枢纽设计规范》（TB 10099—2017）适用于标准轨距高速铁路、城际铁路、客货共线Ⅰ级和Ⅱ级铁路、重载铁路的车站及枢纽设计。主要内容包括：总则、术语、基本规定、枢纽、编组站、区段站、中间站、组合分解站、会让站、越行站、客运站、客运设备和客车段所、铁路物流中心、驼峰、工业站、港湾站、口岸站、集运站、疏运站、站场路基和排水、站线轨道等。

《高速铁路设计规范》（TB 10621—2014）（简称《高规》），其内容包括：总则、术语和符号、总体设计、运输组织、线路、路基、桥涵、隧道、轨道、站场、电力牵引供电、电力、通信、信号、信息、灾害监测、动车组设备、维修设施、给水排水、房屋建筑、综合接地、环境保护等，另有 4 个附录。

此外，还有国家铁路局颁布的信号、桥涵、隧道、路基工程等一系列设计规范，以及《列车牵引计算　第 1 部分：机车牵引式列车》（TB/T 1407.1—2018）（以下简称《列车牵引计算》），在设计工作中均应遵守。

2.2　铁路运量

2.2.1　客货运量

新建与改建铁路，设计前都必须进行经济调查，以明确设计线的政治、国防和经济意义，确定设计线在铁路网中的地位和作用，并提供铁路总体设计和各种设施设计所需要的客货运量资料。

铁路客运量或货运量是指铁路运输的旅客人数或货物量，可分为发送量、到达量和通过量。例如，就全国铁路而言，货运量按货物发送吨数或到达吨数计算；就某个铁路局而言，货运量按本局发送的货物吨数与从邻局接运的货物吨数之和计算，或按本局到达的货物吨数与向邻局交出的货物吨数之和计算。铁路局客运量是指始发、接运到达、接入通过的旅客人数。客货运量的重要意义如下：

① 客货运量是设计铁路能力的依据。为满足国家要求的运输任务，客货运量是选定铁路主要技术标准的依据，而主要技术标准又决定着客货运输装备的能力，它不应小于调查或

预测的客货运量。

② 客货运量是评价铁路经济效益的基础。客货运量决定铁路的运营收入、运输成本、投资偿还期等经济效益指标。客货运量大，则收入多、成本低、投资偿还期短。修建铁路要讲究经济效益，就应当十分重视客货运量的调查和预测。

③ 客货运量是影响线路方案取舍的重要因素。铁路选线设计中，会出现大量的线路方案经济比较。若运量大、投资大的方案，因运营支出低于投资小的线路方案，故投资大的方案中选的可能性增加；若运量小，则投资大的方案中选的可能性降低。可见，客货运量大小是影响线路方案取舍的重要因素。

总之，客货运量在铁路设计中具有重要作用。若调查或预测的客货运量偏大，则铁路标准偏高，技术装备能力也偏高，因此投资较大的方案中选可能性较大，增大投资。但铁路运营后，若实际运量偏小，则铁路能力闲置，投资浪费，而运营收入偏少，铁路投资效益必然降低；若调查或预测的运量偏小，虽初期投资省，但铁路运营后，能力会很快饱和，引起铁路过早改建，追加投资增大，也不经济合理。因此，铁路设计必须十分重视客货运量的调查和预测工作。

2.2.2　客货运量的调查和预测

设计线客货运量的确定，首先要划定设计线的吸引范围，然后在吸引范围内进行经济调查，以确定近期的客货运量，并根据吸引范围的建设规划和经济统计资料，预测远期的客货运量。

(1) 划定吸引范围

设计线的吸引范围是设计线吸引客货运量的区域界限，设计线客货运量的调查和预测，都是在吸引范围内进行的。吸引范围按运量性质划分为直通吸引范围和地方吸引范围两种。

① 直通吸引范围。直通吸引范围是路网中客货运量通过本设计线运送有利的区域范围。因为铁路运价是按里程计算的，所以直通吸引范围可按等距离的原则划定吸引范围，即在直通吸引范围内的运量，通过设计线要比其他径路运程短。直通吸引范围需按上、下行分别勾画，如图 2-1 所示。

初步勾画出直通吸引范围后，需根据以下具体情况加以修正。如充分利用铁路能力富余的线路，绕过限制区段；充分利用线路平纵断面条件较好的线路，以降低运输成本；考虑直通列车牵引定数统一，力争中途不换重；充分利用空车，减少排空运输等。

② 地方吸引范围。地方吸引范围是在设计线经行地区内，客货运量由设计线运送有利的区域范围。

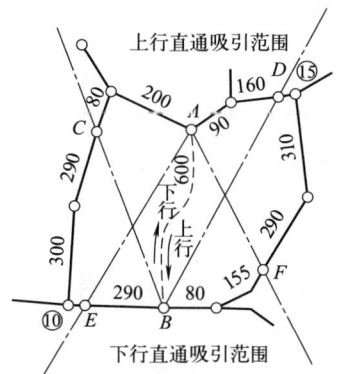

图 2-1　直通吸引范围

地方吸引范围可按运量由设计线运送运价最低（运距最短）的原则来确定。可先作设计线经济据点（城市、工矿区等）与邻接铁路经济据点的连线，再连接各连线的中点，即可粗略画出吸引范围，然后再考虑公路、水运的布局与运价情况，山脉、河流等自然条件及行政区划等具体情况加以修正。若某线吸引范围边界附近的经济据点，不能确定是否属于设计线吸引范围时，可根据货流方向计算不同径路的运价（包括公路、铁路运费与装卸费用），并考虑倒装次数、运送时间等利弊加以确定。图 2-2 中的虚线内部即为设计线 AB 的地方吸引范围示意图。

(2) 货运量的调查和预测

设计线的直通货运量包括合理分流的运量和强制分流的运量。前者是指由于设计线的新建缩短了运输里程而吸引过来的运量；后者是指设计线的新建或扩建，增加了运输能力，而相邻线路又因为能力限制而被本线吸引过来的运量。一般确定货流量时，先列出合理分流的通过量，再结合相关线路能力和限制条件列出合理绕行（即强制分流）的通过量。直通货运量分上、下行汇总得到。

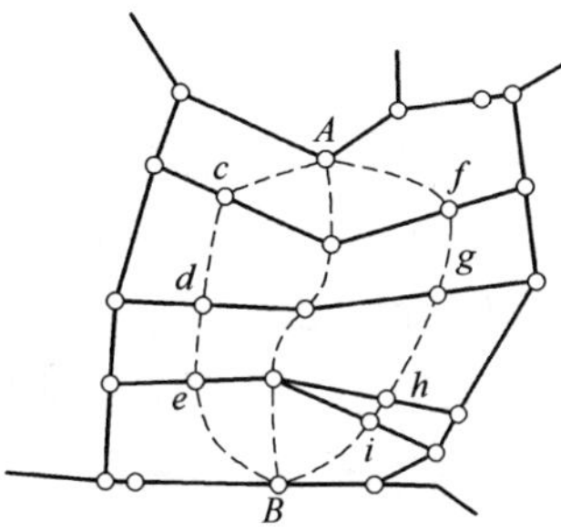

图 2-2　地方吸引范围

地方货运量可按产、销、运平衡法估算各运品的铁路运量。如粮食的运量，可根据播种面积乘平均亩产量得到总产量，将总产量分为口粮、饲料粮、种子粮、酿造业用粮、食品加工用粮和储备粮等，总运量为总产量与销售量之差（正值为运出量，负值为运入量），再从总运量中扣除公路、水运等其他运输方式承担的运量，即可得到铁路的粮食运量。将各运品的运量汇总，即可得到铁路上、下行的货运量。

设计线远期运量的预测尚缺乏成熟经验，一般多比照条件接近的既有铁路，用曲线拟合办法或多元回归等办法，结合设计线近期的调查运量来预测。

通过调查和预测，将直通货运量和地方货运量汇总，可绘出货流图，如图 2-3 所示。从货流图中可以看出各路段的货物品类、数量和流向，以及各大站的货物装卸量。

（3）客运量的调查和预测

直通客运量占客运总量的比重并不很大，可进行客运的典型调查，找出直通客运量和地方客运量的比值，根据地方客运量估算直通客运量。

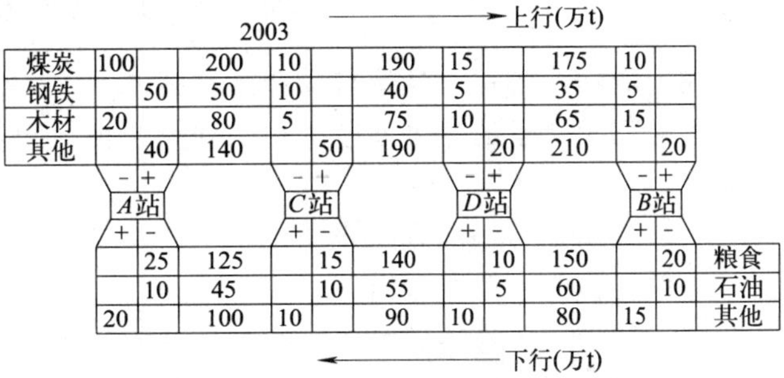

地方客运量与吸引范围内的人口总数、工矿企业职工人数比重、人均收入、内迁工厂数量、早期移民数量、旅游地数量等因素有关。可用乘车率（每人每年的平均乘车次数）或多元回归法和时间序列法预测。

图 2-3　货流示意图

将客运量汇总后，可按每列车定员估算旅客列车数；亦可比照和设计线条件相近的既有线，拟定设计线的旅客列车数。

2.2.3　铁路选线设计所需要的运量参数

（1）货运量

货运量 C 是设计线（或区段）一年内单方向需要运输的货物吨数，应按设计线（或区段）上、下行分别由下式计算：

$$C = \sum C_i \tag{2-1}$$

式中　C_i——某种货物的年货运量，万 t/a。

（2）货物周转量

货物周转量 C_{HZ}（万 t·km/a）是设计线（或区段）一年内所完成的货运工作量，可由单方向一年内各种货运量 C_i（万 t/a）与相应的运输距离 L_i（km）按下式计算：

$$C_{HZ} = \sum (C_i L_i) \tag{2-2}$$

（3）货运密度

货运密度 C_M 是设计线（或区段）单位长度的平均货物周转量：

$$C_M = \frac{C_{HZ}}{L} \tag{2-3}$$

式中　C_{HZ}——设计线或各区段的货物周转量，万 t·km/a；

　　　L——设计线（或区段）的长度，km。

(4) 货流比

设计线上、下行方向的货运量不均衡时，应区分为轻车方向和重车方向。货流比 λ_{QZ} 是轻车方向货运量 C_Q 与重车方向货运量 C_Z 的比值，即

$$\lambda_{QZ} = \frac{C_Q}{C_Z} \tag{2-4}$$

(5) 货运波动系数

由于生产和消费的季节性等原因，设计线的货运量在一年内各月份并不相等。一年内最大的月货运量和全年月平均货运量的比值称为货运波动系数，以 β 表示，如式（2-5）所示。设计线必须完成运量最大月份的运输任务，所以在计算铁路能力时，应考虑货运波动系数的影响。

$$\beta = \frac{\text{一年内最大的月货运量}}{\text{全年月平均货运量}} \tag{2-5}$$

(6) 零担、摘挂、快运货物和旅客列车

零担列车是运送地方零散货物的列车，在中间站办理零担货物的装卸，一般运行于一个区段内。

摘挂列车是运送地方整车货物的列车，在中间站办理货车甩挂和到物流中心取送车作业，一般运行于一个区段内。

快运货物列车是运送鲜活或易腐货物的列车，为缩短旅途时间，这种列车很少停站，其他普通货物列车要停站待避，使其不停车通过。

旅客列车是运送旅客的列车。

这些列车的对数，应根据经济调查资料分析确定。

2.2.4　设计年度

设计线交付运营后，客货运量是随着国民经济的发展逐年增长的，设计线的能力必须与之适应。上述运量参数，也需分设计年度提供。铁路的设计年度一般分为近、远两期，近期、远期分别为铁路交付运营后第 10 年和第 20 年，各期运量均应通过经济调查采用预测运量。

铁路建设属大型建设工程，投资大，建设工期长，为节约近期投资和避免一些后期才使用的设备长期闲置，对于可分期建设的工程和配备的设备，应按运输需求分期实施。但铁路基础设施尤其是线下工程，如线路的平面和纵断面、桥梁、隧道、路基工程等，一旦建成后，若要再提高标准，则工程投资巨大，不仅可能会造成大量的废弃工程，而且对运营干扰大，影响铁路的运输效益。因此，为体现强本简末、适应长远发展要求的原则，铁路线下基础设施和不易改、扩建的建筑物和设备，应按远期运量和运输性质设计，并适应长远发展的要求；对于易改、扩建的建筑物和设备，宜按近期运量和运输性质设计，并考虑预留远期发展条件；动车组、机车、车辆等运营设备的配置数量，可按交付运营后第 5 年的预测运量进行设计。同时，设计中对相关的配套设备采用同一设计年度。

2.3　铁路等级与主要技术标准

　　铁路主要技术标准体现了铁路线路在路网中的作用、性质和功能定位。在选用主要技术标准时，应考虑运输性质、运量、动力资源分布、地形、与邻线协调、安全、经济和编组站分布等多种外在因素的影响。表 2-1 列举了不同铁路的主要技术标准。

表 2-1　铁路主要技术标准

高速铁路、城际铁路	客货共线铁路	重载铁路
铁路等级 设计速度 正线数目 正线线间距 最小曲线半径 最大坡度 动车组编组辆数（城际铁路） 到发线有效长度 列车运行控制方式 调度指挥方式 最小行车间隔	铁路等级 旅客列车设计速度 正线数目 最小曲线半径 限制坡度 牵引种类 机车类型 牵引质量 到发线有效长度 闭塞类型	铁路等级 货物列车设计速度 正线数目 设计轴重 最小曲线半径 限制坡度 牵引种类 机车类型 牵引质量 到发线有效长度 闭塞类型

2.3.1　铁路等级

　　铁路等级是区分铁路在铁路网中的作用、性质、设计速度和客货运量等条件的标志。

　　(1) 铁路等级划分的重要性

　　我国疆域辽阔、地形复杂，人口、资源分布和工农业生产布局不均衡，各地区间经济、文化发展水平差异甚大。不同设计线的经济、文化和国防意义及其在运输系统中的地位和作用不同，运输需求和运量各异，划分铁路等级的重要性在于有区别地规划各级铁路的运输能力，并制订相应的技术标准和装备类型，以满足不同等级铁路的运输功能需要。

　　(2) 铁路等级划分的规定

　　我国铁路按运输性质可分为客运专线铁路、客货共线铁路、重载铁路三种类型。

　　① 客运专线铁路。客运专线铁路是专供旅客列车行驶的铁路。根据线路作用和设计速度又分为高速铁路和城际铁路。

　　高速铁路是设计速度 250km/h（含预留）及以上、运行动车组列车、初期运营速度不小于 200km/h 的客运专线铁路。

　　城际铁路是专门服务于相邻城市间或城市群，设计速度 200km/h 及以下的快速、便捷、高密度的客运专线铁路。

　　② 客货共线铁路。客货共线铁路是指旅客列车与货物列车共线运营、旅客列车设计速度 200km/h 及以下的铁路。新建和改建客货共线铁路（或区段），根据其在铁路网中的作用、性质、旅客列车设计速度和运量又分为下列 2 个等级。

　　a. Ⅰ级铁路。在铁路网中起骨干作用的铁路，或近期年客货运量大于或等于 20Mt 者。

　　b. Ⅱ级铁路。铁路网中起联络、辅助作用的铁路，或近期年客货运量小于 20Mt 且大于或等于 10Mt 者。

　　以上年客货运量为重车方向的货运量与由客车对数折算的货运量之和。1 对/d 旅客列车按 1.0Mt 年货运量折算。

　　铁路的等级可以全线一致，也可以按区段确定。如线路较长，经行地区的自然、经济条件及运量差别很大时，便可按区段确定等级。但应避免同一条线上等级过多或同一等级的区段长度过短，使线路技术标准频繁变更。

③ 重载铁路。重载铁路是指满足列车牵引质量 8000t 及以上、轴重为 27t 及以上、在至少 150km 线路区段上年运量大于 4000 万 t 三项条件中两项的铁路。

货运专线重载铁路往往货运量巨大，铁路基础设施均按较高标准设计，但由于重载铁路有明显的轻重车方向，重载铁路可以分方向确定相应技术标准。

2.3.2　设计速度

设计速度是铁路运输质量的重要标志之一，关系到铁路的运输能力、动车组和机车车辆运用等一系列运营指标，也关系到工程投资、机车车辆购置费、客货在途损失、列车能时消耗、运输成本、投资效益等一系列经济指标。行车速度受移动设备，线路平、纵断面与轨道标准，信联闭及列控系统设备水平，运输调度，行车组织等一系列因素的制约，也对这些设备的标准产生一定影响。

高速铁路、城际铁路、客货共线 I 级和 II 级铁路、重载铁路的设计速度应根据运输需求、工程条件等因素进行综合技术经济比选确定，按表 2-2 规定的数值选用。

表 2-2　设计速度　　　　　　　　　　　　　　　　单位：km/h

铁路等级	高速铁路	城际铁路	客货共线 I 级	客货共线 II 级	重载铁路
设计速度	350、300、250	200、160、120	200、160、120	120、100、80	100、80

当沿线运输需求或地形差异较大，并有充分的技术经济依据时，可分路段选定设计速度，路段长度不宜过短。高速铁路在绕避不良地质区、环境敏感区、大量拆迁区等地段时，线路设计可分路段采用不同的设计速度。设计速度采用 350km/h、300km/h、250km/h 时，对应的路段设计速度分别不宜低于 250km/h、200km/h、160km/h。

改建既有线和增建第二线的路段设计速度，应根据运输需要并结合既有线特征等因素经技术经济比选确定。

2.3.3　正线数目

正线数目是指连接并贯穿车站线路的数目。按正线数目可把铁路分为单线铁路、双线铁路和多线铁路。单线铁路是区间只有一条正线的铁路，在同一区间或同一闭塞分区内，同一时间只允许一列列车运行，对向列车的交会和同向列车的越行只能在车站上进行。双线铁路是区间有两条正线的铁路，分为上行线及下行线，在正常情况下，上下行列车分别在上下行线上行驶，但在同一区间或同一闭塞分区的一条正线上，同时只允许一列列车运行。多线铁路是区间有多于两条正线的铁路。

单线和双线铁路的通过能力悬殊。单线半自动闭塞铁路的通过能力为 42～48 对/d；双线自动闭塞则为 144～180 对/d。双线自动闭塞的通过能力远远超过两条单线半自动闭塞的通过能力，而双线的投资比两条平行单线少约 30%，双线旅行速度比单线高约 30%，运输费用低约 20%。可见，运量大的线路修建双线是经济的。

高速铁路、城际铁路一般修建在具有较大客运量的地区和城市间，列车开行方式要求高密度、安全、准时、快速，这一开行特点决定了高速铁路、城际铁路应按双线设计。

客货共线铁路的旅客列车设计速度为 200km/h 时，应一次修建双线；旅客列车设计速度大于或等于 160km/h 时，宜一次修建双线。客货共线铁路平原、丘陵地区和山区的新建铁路近期年客货运量分别大于或等于 35Mt 和 30Mt 时，宜一次修建双线；远期年客货运量达到上述标准者，其正线数目宜按双线设计，分期实施。

重载铁路近期年运量大于或等于 60Mt 时，宜一次修建双线；远期年运量达到上述标准时，宜按双线设计，分期实施。

2.3.4　最小曲线半径

最小曲线半径是设计线采用的曲线半径最小值。最小曲线半径不仅影响行车安全、旅客舒适等行车质量指标，而且影响行车速度、运行时间等运营技术指标和工程投资、运营支出和经济效益等经济指标。

最小曲线半径应根据设计速度、工程条件、运输组织模式、列车运行安全和旅客舒适度要求等因素确定，且不得小于《线规》规定值。

2.3.5　最大坡度（限制坡度）

坡度大小对线路的走向、长度、工程投资、运营费用、牵引质量及输送能力都有较大的影响。

高速铁路、城际铁路采用大功率、轻型动车组，牵引和制动性能优良，能适应大坡度运行，一般用最大坡度表示铁路纵断面主要技术标准。

客货共线铁路、重载铁路大多采用机车牵引，线路最大坡度应满足运输需求和列车运行安全，并要与铁路等级、工程条件、相邻线所采用的技术标准相适应，还要与牵引种类、机车类型和台数、牵引质量等因素相协调。一般情况下用限制坡度或加力牵引坡度表示。

设计线（或区段）的最大坡度（限制坡度）应根据铁路等级、地形类别、牵引种类和运输需求比选确定，不得大于《线规》规定的数值。

2.3.6　到发线有效长度

到发线有效长度是车站到发线能停放列车而不影响相邻股道作业的最大长度。一般指股道一端信号机至另一端警冲标间（或对向道岔基本轨端部或道岔基本轨端部前绝缘节）的线路长度。

高速铁路到发线有效长度由有效停车长度（站台长度）、安全防护距离、警冲标至绝缘节的距离组成，如图 2-4 所示到发线有效长度应采用 650m。尽端式车站和单方向接发列车的到发线有效长度可按列车编组长度和列控系统要求计算确定。

城际铁路到发线有效长度应按远期列车编组长度和列控系统要求计算确定。

客货共线铁路到发线有效长度直接影响货物列车的牵引质量，从而影响列车对

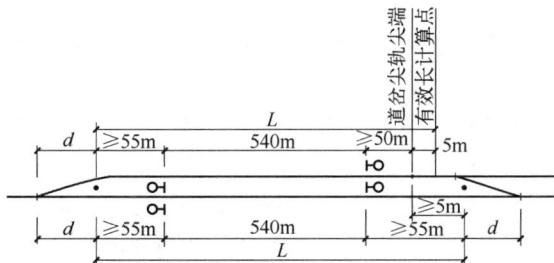

图 2-4　高速铁路双方向使用到发线有效长度示意图
L—到发线有效长度≥650m；d—岔心
至警冲标距离，按限界计算确定

数、运能和运行指标，并对工程投资、运输成本等经济指标有较大影响，安全停车附加距离不足时，还影响行车安全。应根据运输需求和货物列车长度确定，且宜与邻接线路的到发线有效长度相协调，并应采用《线规》规定的 1050m、850m、750m、650m 等系列值。改建既有线和增建第二线到发线有效长度采用上述系列值引起较大工程时，可根据实际需要计算确定。

重载铁路到发线有效长度直接影响重载货物列车的牵引质量，从而影响列车对数、运能和运行指标，并对线路平、纵断面，工程投资产生较大影响，应根据牵引质量、机车车辆类型等因素计算确定。一般牵引质量为 20000t 时，到发线有效长度应采用 2800m；牵引质量为 10000t 时，到发线有效长度应采用 1700m。与相邻路网衔接的重载铁路组合分解站，到

发线有效长度除满足重载列车作业外，尚应与衔接线路的货物列车到发线有效长度相协调，以便减少车站的作业时间。

2.3.7　牵引种类

牵引种类是指机车牵引动力的类别。我国铁路目前的牵引种类有电力、内燃、蒸汽三种，不同的牵引种类具有不同的特点，对铁路运输能力、行车速度、运营条件及工程与运输经济具有重要的影响。我国干线铁路已不再使用蒸汽机车，今后牵引动力的发展方向为大功率电力和内燃机车。

（1）电力牵引

电力机车热效率高，整备一次走行距离长，不需燃料供应和中途给水，机车利用率高。机车功率大、速度高、牵引力大，可显著增大铁路运输能力。除噪声外，不污染环境，且乘务人员工作条件好。与内燃机车相比，机车造价低，但需用接触网供电，机车独立性稍差，且投资大。我国电力机车有不同轴数和轴式的韶山型、和谐型和复兴型机车系列，可根据不同运营条件选用。

（2）内燃牵引

内燃机车热效率高达 22%～28%。机车不需供电设备，独立性好。缺点是需要消耗贵重的液体燃料，且机车构造复杂、造价较高。高温、高海拔地区牵引功率降低，使用效率低。中国内燃机车有不同轴数和轴式的东风型、和谐型和复兴型机车系列，可根据不同运营条件选用。

（3）蒸汽牵引（扫二维码查看）

蒸汽牵引

牵引种类应根据路网与牵引动力规划、线路特征和沿线自然条件以及动力资源分布情况、结合机车类型合理选定。高速铁路、城际铁路应采用电力牵引。客货共线铁路、重载铁路宜采用电力牵引。

2.3.8　机车类型

机车类型系指同一牵引种类中机车的不同型号。它对铁路运输能力、行车速度、运营条件及工程与运输经济具有重要的影响。20 世纪 80 年代以来，我国机车工业有很大发展，蒸汽机车停产，大功率电力、内燃机车发展迅速，已形成了 4、6、8、12 轴数系列和 B-B、Bo-Bo、Bo-Bo-Bo、Co-Co、2（Bo-Bo）、2（Co-Co）轴式系列（B、C 分别表示二轴和三轴转向架，o 表示电力传动），客、货运分别达到机车轴功率电力 900kW 和 800kW，内燃分别达 613kW 和 532kW，机车的牵引性能和动力制动性能大大提高。我国电力与内燃部分主型机车的主要技术参数见表 2-3。

表 2-3　我国电力与内燃部分主型机车技术参数

牵引种类	机车类型	用途	轴式	轴距/m	功率/kW	持续速度/(km/h)	最高速度/(km/h)	持续牵引力/kN	起动牵引力/kN
电力	SS$_1$	客货	Co-Co	4.60	3780	43	95	301.2	487.3
	SS$_3$	客货	Co-Co	2.3+2.0	4350	48	100	317.8	470
	SS$_4$	货	2(Bo-Bo)	3.00	6400	51.5	100	431.6	649.8
	SS$_{4B}$	货	2(Bo-Bo)	2.90	6400	50	100	449.3	628
	SS$_{6B}$	客货	Co-Co	2.3+2.0	4800	50	100	337.5	485
	SS$_7$	客货	Bo-Bo-Bo	2.88	4800	48	100	351	485
	SS$_{7E}$	客	Co-Co	4.30	4800	96	170	171	245
	SS$_8$	客	Bo-Bo	2.90	3600	99.7	177	127	230
	SS$_9$	客	Co-Co	4.30	4800	99	170	169	286
	HXD$_1$	货	2(Bo-Bo)	2.80	9600	70(23t)	120	494	700
	HXD$_2$	货	2(Bo-Bo)	2.60	9600	70.6(23t)	120	510	700
	HXD$_3$	货	Co-Co	2.25+2.0	7200	65(25t)	120	400	570

续表

牵引种类	机车类型	用途	轴式	轴距/m	功率/kW	持续速度/(km/h)	最高速度/(km/h)	持续牵引力/kN	起动牵引力/kN
内燃	DF$_4$	客	Co-Co	3.60	2426	26.3	120	302	362.4
		货				21.9	100		434.9
	DF$_{4E}$	货	2(Co-Co)	3.60	4860	22	100	630	850
	DF$_6$	货	Co-Co	3.60	2425	23.9	118	349	435
	DF$_8$	货	Co-Co	3.60	2720	31.2	100	307.3	442.2
	DF$_{8B}$	货	Co-Co	3.60	3100	31.2	100	340	480.7
	DF$_{11}$	客	Co-Co	4.00	3040	65.5	170	160	253
	NJ$_2$	客货	Co-Co	3.70	4270	20.4	120	427	533.9
	HXN$_3$	货	Co-Co	1.925+1.755	4400	20	120	598	620
	HXN$_5$	货	Co-Co	3.70	4003	25	120	565	620

机车类型应根据牵引种类、牵引质量、设计速度等运输需求，按照与线路平、纵断面技术标准相协调的原则，结合车站分布，经技术经济比选确定。

2.3.9　牵引质量

客货共线铁路、重载铁路的牵引质量与机车类型、限制坡度、车站到发线有效长度等指标密切相关，直接影响铁路的输送能力，并对工程投资、运营成本、运输效率等技术经济指标有很大影响。应根据运输需求、限制坡度及机车类型等因素，经技术经济比选确定，并宜与相邻线牵引质量相协调。

2.3.10　闭塞类型

铁路为了保证行车安全、提高运输效率，利用信号设备等来管理列车在区间运行的方法，称为闭塞类型。闭塞类型决定车站作业间隔时分，从而影响通过能力。我国的基本闭塞类型有电气路签闭塞、半自动闭塞、自动站间闭塞、自动闭塞和电话闭塞五种。我国目前电气路签闭塞仅在个别的支线、专用线上使用，主要干线上已不用。电话闭塞是当主要闭塞设备不能使用时的临时闭塞方式。故闭塞方式主要是自动闭塞、自动站间闭塞和半自动闭塞。

(1) 半自动闭塞

半自动闭塞是在区间两端车站各装设一台具有相互电气锁闭关系的半自动闭塞机，并以出站信号机显示绿灯为行车凭证的闭塞方法。此时，在车站进站信号机内侧设有一小段专用轨道电路，它和闭塞机、出站信号机间也具有电气锁闭关系。其特点是：出站信号机不能任意开放，它受闭塞机控制，只有区间空间时，双方办理闭塞手续后（双线半自动闭塞为前次列车的到达复原信号）才能开放。列车出发离开车站时，出站信号机自动关闭，并使双方闭塞机处于"区间闭塞"状态，直到列车到达接车站办理到达复原时止。

半自动闭塞法办理手续简便，效率高，列车进入区间的凭证是信号机的显示，省去了向司机递交路签的时间，从而缩短了列车在车站的接发车作业时分，改善了劳动条件。但区间轨道是否完整，到达列车是否完整，仍须通过人工检查才能确定。

(2) 自动站间闭塞

自动站间闭塞是在半自动闭塞基础上发展起来的新型闭塞方法，是区间两端车站的出站信号机和轨道检查装置构成联锁关系，采用轨道检查装置自动检查区间空闲，自动办理闭塞手续，列车凭信号显示发车后，出站信号机自动关闭的闭塞方法。其特征为：有区间占用检查设备；站间或所在区间只准走行一列车；办理发车进路时自动办理闭塞手续；自动确认列车到达和自动恢复闭塞。

(3) 自动闭塞

自动闭塞是利用通过信号机把区间划分为若干个装设轨道电路的闭塞分区，通过轨道电路将列车和通过信号机的显示联系起来，使信号机的显示随着列车运行位置而自动变换的一种闭塞方式。

如图 2-5 所示四显示自动闭塞，将区间分成若干个闭塞分区，在每个闭塞分区始端都设

图 2-5　四显示自动闭塞

置一架防护该分区的通过信号机，这些信号机平时显示绿灯，称为"定位开放式"；只有当列车占用该闭塞分区（或发生断轨故障）时，才自动显示红灯，要求后续列车停车。列车运行完全根据通过信号机的显示，绿色灯光表示前方至少有三个闭塞分区空闲，列车可以按规定速度运行；绿黄灯光表示前方有两个闭塞分区空闲，要求列车按规定速度运行，要求注意准备减速；黄色灯光表示前方只有一个闭塞分区空闲，要求列车减速，按规定限速要求通过该信号机；红色灯光表示前方的闭塞分区被占用，列车应在该信号机前停车。在四显示区段，能预告列车前方三个闭塞分区状态，分三个速度等级，两个闭塞分区的长度满足从规定速度到零的制动距离，故四显示自动闭塞又称作速差式自动闭塞。

自动闭塞的优点：由于划分成闭塞分区，可用最小运行间隔时间开行追踪列车，从而大大提高区间通过能力；整个区间装设了连续的轨道电路，可以自动检查轨道的完整性，提高了行车安全的程度。

自动站间闭塞及半自动闭塞与单线铁路的能力比较适应，投资也较省。单线采用自动闭塞如不采用追踪运行图，则投资较高而增加能力不多，不能发挥自动闭塞的作用；采用追踪运行图要增铺站线，同时又会降低旅行速度，影响机车、车辆周转。因此，一般情况下单线宜采用自动站间闭塞或半自动闭塞。

双线铁路采用自动闭塞，列车可追踪运行，大大提高通过能力，充分发挥双线铁路的效益。但有的双线铁路近期运量较低且增长缓慢，采用半自动闭塞也能满足能力要求时，可采用半自动闭塞，根据需要再过渡到自动闭塞。

为确保行车安全，避免行车人员办理区间闭塞作业复杂化，有利于司机确认信号，防止对信号显示产生混淆和误认，在一个区段内，一般采用同一闭塞类型。

2.3.11　动车组编组辆数（城际铁路）

列车编组辆数是城际铁路设计的主要参数之一，由此可匹配车站长度、供电和通风设备的容量、系统运输能力以及检修车库的长度等。编组的辆数是由客流量、列车运行密度、单车载客量决定的，目前我国使用的 CRH 系列动车组，8 辆编组平均定员为 600 人/列。城际铁路的高峰小时客流量在 12000 人次以下，8 辆编组能够满足城际线路客流输送的需求。因此，动车组编组辆数应根据各年度预测的客流量、结合车辆选型、列车组织方案，经技术经济比选后确定，编组数不宜大于 8 辆。

2.3.12　列车运行控制方式

列车运行控制系统是根据列车在铁路线路上运行的客观条件和实际情况，对列车运行速度及制动方式等状态进行监督、控制和调整的技术装备。我国采用的是 CTCS 列控系统，划分为 5 级。CTCS-0 级是由通用机车信号和列车运行监控记录装置组成，为既有铁路系统。CTCS-1 级是由机车信号和安全型运行监控记录装置组成，采用点式信息作为连续信息的补充，可实现点连式超速防护功能。CTCS-2 级是基于轨道电路和点式应答器传输信息，并采用车地一体化设计的列车运行控制系统。采用 CTCS-2 级系统，地面可不设通过信号

机。CTCS-3、CTCS-4 级是基于无线通信的列车运行控制系统，列车按移动闭塞或虚拟闭塞方式运行。

高速铁路旅客列车设计速度 300km/h 及以上时应采用 CTCS-3 级列控系统，250km/h 时宜采用 CTCS-3 级列控系统。

城际铁路旅客列车设计速度 200km/h 时应采用 CTCS-2 级列控系统，小于或等于 160km/h 时采用 CTCS-2 或 CTCS-0/1 级列控系统。

客货共线铁路旅客列车设计速度 200km/h 时应采用 CTCS-2 级列控系统，并满足以地面信号为行车凭证的列车运行控制；旅客列车设计速度 160km/h 及以下时宜采用 CTCS-0/1 级列控系统。

2.3.13　调度指挥方式

列车调度指挥系统是实现铁路各级运输调度对列车运行实行透明指挥、实时调整、集中控制的现代化信息系统。调度集中系统是指行车调度员在调度中心集中控制和监视所管辖区段内各车站信号设备，统一调度和指挥列车运行的遥控、遥信系统。它将计算机、通信、控制技术融为一体，依靠指挥行车控制信息和有关行车表示信息的正确、实时传送，统一调度和指挥列车安全、有效地运行。

《线规》规定：高速铁路、城际铁路、客货共线铁路旅客列车设计速度 200km/h 及以上的线路，行车指挥方式应采用调度集中系统。客货共线铁路旅客列车设计速度 160km/h 及以下的线路和重载铁路，行车指挥方式宜采用调度集中系统。

2.3.14　设计轴重与最小行车间隔

(1) 设计轴重

轴重是机车车辆在载重状况下，每条轮轴分担的载重量。重载铁路设计轴重应根据大宗货物品类和流向、运输组织方案、相邻线条件、工程经济性等因素，经技术经济比选确定。

(2) 最小行车间隔

高速铁路、城际铁路缩短最小行车间隔有利于提高服务质量，增大对乘客的吸引力，也有利于提高通过能力和输送能力。最小行车间隔受到行车指挥方式、列车控制系统、列车运行速度、折返能力、停站时间等诸多因素的制约。高速铁路、城际铁路的最小行车间隔应按照运输需求研究确定，宜采用 3min。

复习思考题

2-1　简述大中型建设项目的铁路基本建设程序。在决策和设计阶段，应进行哪些测量工作？

在线习题

2-2　铁路选线设计的基本任务是什么？

2-3　简述铁路总体设计负责制的概念。

2-4　铁路设计使用的主要规程规范有哪些？

2-5　什么是吸引范围？吸引范围按运量性质划分为哪几种类型，其各自划定的原则是什么？

2-6　解释货运量、货物周转量、直通吸引范围、地方吸引范围、正线数目、到发线有效长度、闭塞类型。

2-7　怎样划分设计年度？其作用是什么？

2-8　我国铁路等级划分的标准和作用是什么？

2-9　客运专线、客货共线、重载铁路其各自的主要技术标准有哪些？

第 3 章
铁路能力与牵引计算

3.1 铁路通过能力与输送能力

铁路能力指通过能力和输送能力。通过能力与输送能力是铁路本身具备的设计能力。要求铁路完成的运输任务，称为需要的能力。设计能力应匹配需要的能力，否则，要么能力浪费，要么铁路运输能力不足。

3.1.1 列车运行图

列车运行图是表示列车运行情况的示意图，它是组织铁路各部门共同完成国家运输任务的基础。列车运行图如图 3-1 所示，横轴表示时间，每 10min 画一竖线；纵轴表示距离，每一车站中心画一横线。两站的斜线为列车在该区间的运行线，斜率越大，说明列车走行速度越高，走行时分越短。斜线与相邻两横线的交点分别表示列车发车和到达时间；斜线与相邻两横线交点间的时段表示列车在该区间的走行时分。例如图 3-1 中的 27028 次列车通过 C 站的时间是 0 时 06 分，到达 B 站的时间是 0 时 20 分，其间走行时分为 14min。在运行图上还显示列车在站停留时间，例如 27028 次列车在 B 站从 0 时 20 分到达至 0 时 27 分发车，共停站 7min。

运行图中列车上、下行和车次的规定：进京方向或是支线开往干线、干线开往枢纽则称为上行方向，相应的上行列车车次为偶数（双数）；反之离京方向或是从干线开往支线、枢纽开往干线被称为下行方向，相应的下行列车车次为奇数（单数）；枢纽地区的列车运行方向和车次由铁路局规定。

在铁路运营中，采用的是非平行运行图（图 3-1）。因为铁路上开行的旅客列车、直通货物列车、摘挂列车和零担列车的速度各不相同，所以在运行图上各种列车在同一区间的运行线互不平行。非平行运行图只在实际运营中使用。

在铁路设计中，采用的是平行成对运行图（图 3-2）。这种运行图假定在线路上运行的都是直通货物列车，往返成对且同一区间同一方向的列车运行速度相同，故其运行线相互平行。采用平行成对运行图，便于直接计算通过能力。

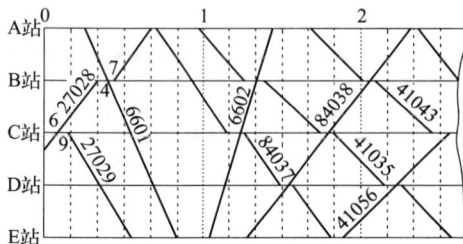

图 3-1　单线非平行运行图

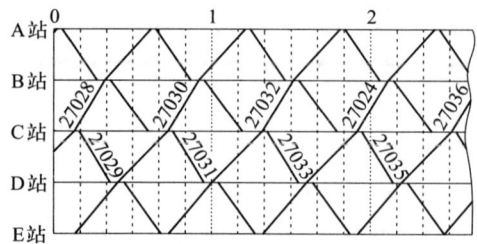

图 3-2　单线平行成对运行图

3.1.2　列车运行速度

（1）路段设计速度

路段设计速度是根据设计路段的运输需求、铁路等级、地形条件、机车类型、线路平纵断面与轨道标准、通信信号水平、运输调度、行车组织并考虑远期发展条件等因素所确定的列车行车速度。高速铁路、城际铁路、客货共线铁路的路段设计速度为旅客列车设计速度，重载铁路的路段设计速度为货物列车设计速度。

（2）走行速度 V_Z

走行速度是指普通货物（旅客）列车在区段内运行，按所有中间车站不停车通过所计算的区段平均速度，可由牵引计算得到。

（3）技术速度 V_S

技术速度指普通货物（旅客）列车在区段内运行，计入中间车站停车的起停附加时分所计算的区段平均速度，也可由牵引计算得到。

（4）旅行（区段）速度 V_L

普通货物（旅客）列车在区段内运行，计入中间车站停车的起停附加时分和中间车站停车时分所计算的区段平均速度。旅行速度在选线设计中用途广泛。运营部门可根据绘出的非平行运行图，用区段内普通货物（旅客）列车的旅行时分推算旅行速度，设计部门则用旅速系数推算旅行速度。

旅速系数 β_L 是旅行速度 V_L 和走行速度 V_Z 的比值，故 $V_L = \beta_L V_Z$。在选线设计时，β_L 可采用如下经验数据：单线铁路，内燃与电力牵引均取 0.70；双线铁路，内燃与电力牵引分别取 0.80 和 0.85。

3.1.3　通过能力计算

铁路每昼夜可以通过的列车对数（双线为每一方向的列车数）称为通过能力。

铁路的通过能力受区间（站间）、车站、机务设备、给水设备和供电设备的限制。铁路能实现的通过能力，取决于上述设备中最薄弱环节限制的通过能力。设计铁路时，一般根据区间通过能力来设计其他各种设备的能力，使之相互协调，且不小于区间通过能力。

（1）单线铁路通过能力

单线铁路通过能力按平行成对运行图考虑，用一对普通货物列车占用区间的总时分（称运行图周期 T_Z）来计算，如图 3-3 所示。它包括一对列车在区间的往、返走行时分 t_W、t_F 和两端车站接发列车的车站作业间隔时分 t_B、t_H。单线平行成对运行图的通过能力 N（单位：对/d）可用下式计算：

$$N = \frac{1440 - T_T}{T_Z} = \frac{1440 - T_T}{t_W + t_F + t_B + t_H} \qquad (3-1)$$

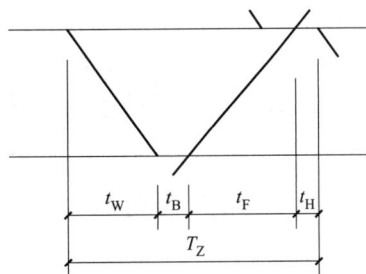

图 3-3　平行成对运行图周期

式中　1440——每一昼夜的分钟数；

$\quad\quad$ T_T——日均综合维修"天窗"时间，min，不小于 90min；

$\quad\quad$ t_W、t_F——站（区）间往、返走行时分，min，与站间距离、平纵断面情况、牵引质量以及机车类型和制动条件等因素有关，可通过牵引计算获得；

$\quad\quad$ t_B——对向列车不同时到达的间隔时分，min，即一列车到达车站中心起到对向列车到达或通过车站中心的最小间隔时分；

t_H——车站会车间隔时分，min，即一列车到达或通过车站中心起到该车站向原区间发出另一列车时的最小间隔时分。

t_B 和 t_H 与车站信联闭类型、股道数目和作业性质等因素有关，选线设计时，可采用表 3-1 中的数据。

表 3-1　车站作业间隔时分　　　　单位：min

闭塞方式	电气路签（牌）	半自动闭塞	自动闭塞	自动闭塞与调度集中
t_B	5～6	4～6	3～5	3～5
t_H	3～4	2～3	1～2	0.5～1.0

全线（或区段）的各个站间，其站间距离、行车速度各不相同，车站间隔时分也不相同，故一对直通货物列车在各站间的运行图周期也互有差异，各站间的通过能力也有大有小。运行图周期值最大的站间，通过能力最小，全线（或区段）的通过能力要受到它的控制，称为控制站间。全线（或区段）的通过能力，应按控制站间的运行图周期计算。

（2）双线铁路通过能力

双线铁路通过能力按平行运行图考虑，因上、下行的列车分线单向运行，所以通过能力应分方向计算，单位为列/d。

① 半自动闭塞

采用半自动闭塞时，同向列车可连发运行，如图 3-4（a）所示，通过能力 N 为

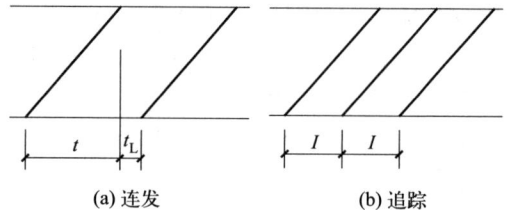

（a）连发　　　　（b）追踪

图 3-4　双线平行运行图

$$N = \frac{1440 - T_T}{t + t_L} \tag{3-2}$$

式中　T_T——日均综合维修"天窗"时间，min，不小于 120min。

　　　t——普通货物列车站间单方向走行时分，min。

　　　t_L——同向列车连发间隔时分，min，若前后列车都通过前方邻接车站，则 $t_L = 4～6min$；若前一列车通过，后一列车停站，则 $t_L = 2～3min$。

② 自动闭塞

采用自动闭塞时，同向列车可追踪运行，如图 3-4（b）所示，通过能力 N 为

$$N = \frac{1440 - T_T}{I} \tag{3-3}$$

式中　I——同向列车追踪间隔时分，其数值根据运营条件决定，一般采用 $I = 8～10min$；

　　　T_T——意义及取值同式（3-2）。

通过能力 N 计算取值到小数点后一位。以列数表示时，不足 1 列者舍去；以对数表示时，不足 0.5 对者舍去，大于等于 0.5 对者按 0.5 对取值。

3.1.4　铁路输送能力

铁路输送能力是铁路单方向每年能运送的货物吨数。设计线各设计年度的输送能力不应小于经济调查得到的相应年度的货运量。

客货共线铁路输送能力 C（单位：Mt/a）可用下式计算：

$$C = \frac{365 N_H G_j}{10^6 \beta} \tag{3-4}$$

式中　N_H——折算的普通货物列车对数，对/d；

G_j——普通货物列车净载，t；

β——货运波动系数，由经济调查确定，通常可取 1.15。

快运货物列车、零担列车、摘挂列车的牵引吨数通常较普通货物列车小，需要将这些列车的对数按装载的货物质量折算为普通货物列车对数，折算的普通货物列车对数 N_H 为：

$$N_H = N_{PT} + \mu_{KH} N_{KH} + \mu_L N_L + \mu_Z N_Z \quad （对/d） \tag{3-5}$$

式中　　μ_{KH}、μ_L、μ_Z——快运货物、零担、摘挂列车的货物质量与普通货物列车的货物质量的比值，称为满轴系数，一般取 $\mu_{KH} = 0.75$，$\mu_L = 0.5$，$\mu_Z = 0.75$；

N_{PT}、N_{KH}、N_L、N_Z——普通货物、快运货物、零担、摘挂列车对数，对/d。

每天可能通过的普通货物列车对数 N_{PT}（单位：对/d），应在站间通过能力 N 的基础上考虑一定的通过能力储备量，再扣除旅客列车、快运货物列车、零担和摘挂列车占用的通过能力，可用下式求得

$$N_{PT} = \frac{N}{1+\alpha} - (\varepsilon_K N_K + \varepsilon_{KH} N_{KH} + \varepsilon_L N_L + \varepsilon_Z N_Z) \tag{3-6}$$

式中　　　　　　　N——通过能力，对/d；

α——通过能力储备系数，单线 $\alpha = 0.20$，双线 $\alpha = 0.15$；

N_K、N_{KH}、N_L、N_Z——旅客、快货、零担、摘挂列车对数，对/d；

ε_K、ε_{KH}、ε_L、ε_Z——旅客、快货、零担、摘挂列车的扣除系数。

扣除系数是开行 1 对（或 1 列）旅客、快货、零担、摘挂列车在平行运行图上占用的时间与 1 对（或 1 列）普通货物列车占用时间的比值。因旅客列车与快运货物列车速度较快，且停站次数少，普通货物列车要停站待避让其越行或交会；而零担和摘挂列车停站次数多、停站时间长，故扣除系数值均大于 1。其值主要取决于正线数目和闭塞方式，也与各种列车的数量、运行图铺画方式、各种列车的速度差及区间不均等程度等因素有关。一般采用表 3-2 所列数值。

表 3-2　扣除系数

正线数目	闭塞方式		旅客列车	快货列车	零担列车	摘挂列车	附注
单线	自动		1.0	1.0	1.5~2.0	1.3~1.5	
	半自动		1.1~1.3	1.2	1.5~2.0	1.3~1.5	3 对以上取 1.3
双线	自动	$I=10$	2.0~2.3	2.0	3.0~4.0	2.0~3.0	$N_Z > 3$ 时，取相应的低限值
		$I=8$	2.3~2.5	2.3	3.5~4.5	2.5~3.5	
	半自动		1.3~1.5	1.4	2.0~3.0	1.5~2.0	

注：其他闭塞方法，可参照半自动闭塞的扣除系数。

将式（3-6）代入式（3-5）得

$$N_H = \frac{N}{1+\alpha} - [\varepsilon_K N_K + (\varepsilon_{KH} - \mu_{KH}) N_{KH} + (\varepsilon_L - \mu_L) N_L + (\varepsilon_Z - \mu_Z) N_Z] \tag{3-7}$$

3.2　牵引计算

3.2.1　作用于列车上的力

3.2.1.1　机车牵引力

(1) 机车牵引力的形成

机车牵引力是依靠轮轨间的黏着产生由钢轨作用于动轮轮周上的反作用力。我国《列车牵引计算》中规定：机车牵引力以轮周牵引力为计算标准，即以轮周牵引力来衡量和表示机

车牵引力的大小。机车车钩牵引力（或称挽钩牵引力）是指机车用来牵引列车的牵引力，其值等于轮周牵引力减去机车全部运行阻力。

（2）黏着牵引力的限制

牵引力的大小可由司机通过变换操纵方式改变转矩来调节。但牵引力是动轮压在钢轨上产生的黏着力，其最大值为动轮荷载的重力乘轮轨间的黏着系数。在牵引计算中，根据机车类型可知机车的黏着质量 P_μ，但轮轨间黏着系数 μ_j 则受很多因素影响，包括动轮轮踏面和钢轨材质与表面状况、行车速度、机车有关部件状态等，一般由试验确定。

机车黏着牵引力 F_μ（单位：N）可表示为

$$F_\mu = 1000 P_\mu g \mu_j \tag{3-8}$$

式中　P_μ——机车黏着质量，t，常用机车的黏着质量见表3-3；

　　　　g——重力加速度，m/s^2；

　　　　μ_j——机车的计算黏着系数。

各种机车的计算黏着系数 μ_j 的试验公式为

韶山型电力机车　　　　$\mu_j = 0.24 + \dfrac{12}{100 + 8V}$ (3-9)

国产各型直流电传动内燃机车 $\mu_j = 0.248 + \dfrac{5.9}{75 + 20V}$ (3-10)

式中　V——行车速度，km/h。

机车的轮用牵引力不能大于机车所能产生的黏着牵引力，称为黏着牵引力限制。

表 3-3　常用机车牵引性能参数表

机型	轴重 /t	持续速度 V_c /(km/h)	持续牵引力 F_c/kN	最大起动牵引力 F_q/kN	计算重量 P、黏着重量 P_μ/t	最高速度 V_g/(km/h)	全长 L_J /m
SS₁	23	43.0	301.2	487.3	138	95	20.4
SS₃	23	48.0	317.8	470	138	100	21.4
SS₄	23	51.5	431.6	649.8	184	100	32.8
SS₇	23	48.0	353.3	487.3	138	100	22.0
SS₈	22	99.7	127.0	230.0	88	177	17.5
SS₉	21	99	169.0	286.0	126	170	22.2
HXD₁	23	70.0	493.7	700.0	184	120	35.2
	25	65.0	531.7	760.0	200		
HXD₁ᵦ	25	81.9	422.0	570.0	150	120	22.7
HXD₁ᶜ	23	70.0	370.3	520.0	138	120	22.7
	25	65.0	398.8	570.0	150		
HXD₂	25	62.4	554.0	760.0	200	120	38.2
HXD₂ᵦ	25	76.0	454.7	584.0	150	120	22.9
HXD₃	23	70.0	370.3	520.0	138	120	20.8
	25	65.0	398.8	570.0	150		
HXD₃ᵦ	25	68.2	506.7	570.0	150	120	22.8
HXD₃ᶜ	23	68.2	371.6	520.0	138	120	20.8
DF₄（货）	22.5	20.0	302.1	401.7	135	100	21.1
DF₄（客）	22.5	24.0	251.6	346.3	135	120	21.1
DF₈	23	31.2	307.3	432.6	135	100	22.0
DF₈ᵦ（高原）	23	22.3	339.0	442.2	138	100	22.0
DF₁₁	23	65.6	160.0	253.0	138	170	21.3
NJ₂	23	20.4	427.0	533.9	138	120	20.9
HXN₃	25	20.0	598.0	620.0	150	120	22.3
HXN₅	25	25.0	565.0	620.0	150	120	22.3

（3）机车牵引特性曲线

机车牵引特性曲线是表示机车轮周牵引力（纵轴）与运行速度（横轴）相互关系的曲线，通常由试验得到。机车牵引特性曲线因牵引种类而异，牵引种类相同时，多种机车类型的牵引特性曲线大同小异。我国《列车牵引计算》附录中，列有各类常用机车的牵引特性资料及牵引特性曲线图。以下按电力、内燃机车分述如下。

① 电力机车

电力机车系由接触网取得电能。我国铁路电力牵引采用工频单相交流电，接触网的高压交流电经机车受电弓进入机车的变压器变为低压交流电，再经整流器整流后变为直流电，供给牵引电动机。牵引电动机与机车动轮轮轴之间用齿轮啮合，使动轮得到产生牵引力所必需的旋转力矩。最后通过轮轨间的黏着作用产生机车牵引力。

电力机车上的牵引电动机，目前均采用直流串激电动机。因为这种电动机的机械特性曲线与双曲线相近，适合机车牵引特性的需要。

a. 电力机车的牵引特性曲线分析。图 3-5 为 SS_4 型电力机车的牵引特性曲线图。电力机车的电能由发电厂供应，所以对每一台机车来说不会受到供电能力的限制。因此，电力机车的牵引力主要受牵引电动机功率和轮轨黏着力的限制。

（a）黏着牵引力：图中 CD 线为 SS_4 型电力机车轮轨间黏着力限制的牵引力曲线，是根据式（3-8）和式（3-9）计算得出。

（b）电动机牵引力：图中注有 4、8、…、32-Ⅲ 的类似双曲线的一组曲线，表示电力机车牵引电动机功率所决定的牵引力。由牵引电动机机械特性换算到机车动轮轮周后求出。

机车运行中，根据运行需要，希望机车牵引力和速度能在相当大的范围内变化。仅有一条 $F=f(V)$ 曲线是不够的。干线机车一般采用改变电动机端电压和磁通量（削弱磁场）来进行速度调节。SS_4 型机车有 8 个调压级，故有 8 条 $F=f(V)$ 曲线。在 32 级位上又有 32-Ⅰ、32-Ⅱ、32-Ⅲ 共 3 个削弱磁场级，分别称Ⅰ、Ⅱ、Ⅲ级削弱磁场。

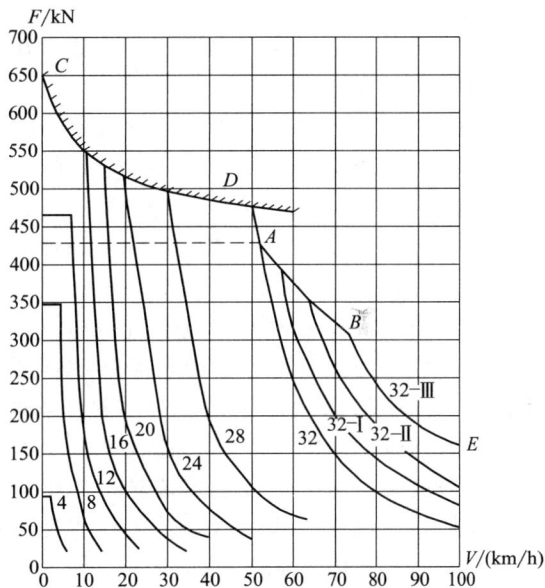

图 3-5　SS_4 型电力机车牵引特性曲线

（c）电动机允许电流限制的牵引力：图中斜线 AB 表示受电机持续电流发热条件限制（允许电流）的牵引力曲线。持续电流是电机在此电流下长时间运转不致使电机发热温度超过允许值的电流限制值。

b. 牵引力取值及有关参数。《列车牵引计算》规定电力机车牵引力取持续制。对于 SS_4 型机车，自起动至机车构造速度，牵引力分别取黏着牵引力（CD 段）、电动机牵引力（DA 段、BE 段）和电动机持续电流限制的牵引力（AB 段）。

（a）持续速度与持续牵引力：图 3-5 中 A 点对应的速度与牵引力称为持续速度（V_c）与持续牵引力（F_c）。

（b）起动牵引力：SS_4 型机车进行起动检算时，取速度为零时的黏着牵引力为最大起动牵引力（F_q）。少数机型则取起动电流限制的牵引力为计算起动牵引力。

此外，牵引计算中还用到机车质量 P 和机车长度 L_J，见表 3-3。

② 内燃机车

内燃机车的动力是机车上的内燃机（柴油机）提供的。因为用内燃机直接驱动机车动轮转动方式的 $F=f(V)$ 曲线不是理想的恒功双曲线形式，不能适应机车牵引特性要求，所以要将内燃机发出的功率经传动装置传给机车动轮，并通过轮轨间黏着作用产生机车牵引力。因此，内燃机车的牵引力受内燃机功率、传动装置及轮轨间黏着力的限制。传动装置有机械传动、电传动、液力传动三种方式。我国铁路干线机车多采用电传动。

电传动内燃机车是机车上的内燃机带动主发电机，主发电机产生的电流驱动动轮轮轴上的牵引电动机，牵引电动机与轮轴齿轮啮合，使动轮轮对得到产生牵引力必需的旋转力矩。

主发电机可用直流式或交流式，而牵引电动机目前多为直流式。图 3-6 为 DF$_{4B}$（货）型电传动内燃机车的牵引特性曲线图。该机型为交-直流电力传动方式，用以说明电传动内燃机车牵引特性曲线的基本概念。

a. 黏着牵引力：图中带有阴影的曲线。按式（3-8）和式（3-10）计算。

b. 机车柴油机和传动装置的牵引力：柴油机功率随燃料供入量变化，柴油机功率（转速）决定着发电机功率，一种转速就有一条 $F=f(V)$ 牵引力曲线。DF$_{4B}$（货）型机车柴油机有 4 种转速、相应就有 4 条 $F=f(V)$ 曲线。

电传动内燃机车上的牵引电动机也是直流串激电动机，像电力机车那样，也可采用削弱磁场方法调节。图中的每一条 $F=f(V)$ 曲线均由 3 段组成：低速范围是满磁场；中速范围是一级削弱磁场；速度更高时为二级削弱磁场。图中没有表示出磁场转换过程，而是将其转换过程速度范围内的牵引力平均值绘成圆滑曲线。

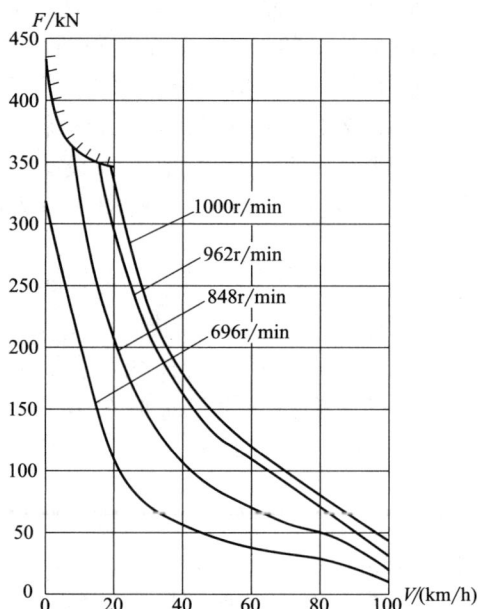

图 3-6   DE$_{4B}$（货）型电传动内燃机车牵引特性曲线

c. 起动电流限制的牵引力：列车起动是由静态向动态的转变过程，列车是逐辆起动，在尾车起动时，机车的速度约为 2.5km/h。内燃机车的起动牵引力按此计算。有的机型受黏着力限制，有的机型受起动电流限制。

内燃机车一般取持续速度与持续牵引力。

内燃机车的柴油机有效功率与进入汽缸的空气量有关。当在大气压力较低的高原或高温地区运用内燃机车时，机车功率会有所降低。此时，应对机车牵引力进行修正，修正系数由试验确定。修正后的机车牵引力 F_x 按下式计算：

$$F_x = \lambda_h \lambda_p \lambda_s F \tag{3-11}$$

式中　λ_h——周围空气温度修正系数，见表 3-4；

　　　λ_p——海拔修正系数，见表 3-5；

　　　λ_s——隧道影响的牵引力修正系数：DF$_{4B}$ 型客、货运机车，在长度大于 1000m 时，单机或双机重联的第一台机车取 0.88，双机重联的第二台机车取 0.85。

表 3-4　周围空气温度修正系数 λ_h

周围空气温度/℃	30	32	34	36	38	40
DF_4（货、客）	0.979	0.950	0.921	0.891	0.862	0.833
DF_{4B}（货、客）	1.000	0.978	0.950	0.922	0.894	0.866
DF_{4C}（货）	1.000	1.000	1.000	1.000	0.988	0.950
DF_8、DF_{11}	1.000	1.000	1.000	1.000	1.000	1.000

表 3-5　海拔修正系数 λ_p

海拔/m		700	1000	1500	2000	2500	3000	3500	4000	4500	5100
DF_4（货、客）		1.000	1.000	0.929	0.852	0.775	0.698	0.621	0.544	—	—
DF_{4B}（货、客）	45GP802-A 增压器	1.000	0.940	0.880	—	—	—	—	—	—	—
	ZN310 增压器	—	—	0.885	0.823	0.758	0.697	0.634	0.569	—	—
DF_{8B}（高原）		—	—	—	—	1.000	0.969	0.917	0.865	0.813	0.751
NJ_2		—	—	1.000	1.000	0.997	0.987	0.976	0.943	0.899	

3.2.1.2　列车运行的各种阻力

(1) 基本阻力

一台机车牵引一定质量的列车在线路上运行，即使在平直坡道上，轮轨之间、机车车辆各活动部分之间，以及车体与四周空气之间的摩擦、冲击、振动必然会产生一定的阻力，这种阻力称为列车运行的基本阻力。这种阻力的大小与列车运行速度，线路及机车车辆的构造有关，影响因素非常复杂，一般以试验公式计算。以 w_0 表示单位基本阻力（单位：N/t），单位基本阻力即单位机车或车辆质量所受的阻力，它乘以机车或车辆的质量（单位：t），即得机车或车辆所受总阻力。其中属于机车的称为机车单位基本阻力 w_0'，属于车辆的称为车辆单位基本阻力 w_0''。

① 机车单位基本阻力 w_0'

各型机车单位基本阻力 w_0'（单位：N/t）可按式（3-12）计算，各次项系数见表 3-6。

$$w_0' = (A + BV + CV^2)g \tag{3-12}$$

表 3-6　各型机车单位基本阻力公式系数

机型	A	B	C
SS_1、SS_3、SS_4、SS_4（改）	2.25	0.0190	0.000320
SS_{4B}	2.16	0.0012	0.000401
SS_7	1.40	0.0038	0.000348
SS_{7D}、SS_{7E}	1.23	0.0179	0.000233
SS_8	1.02	0.0035	0.000426
SS_9、SS_9（改）	1.75	0.0234	0.000184
HXD_1、HXD_{1B}、HXD_{1C}、HXD_2、HXD_{2B}、HXD_{2C}、HXD_3、HXD_{3A}（25t）、HXD_{3B}、HXD_{3C}、HXD_{3CA}	1.20	0.0065	0.000279
HXD_{1D}、HXD_{3D}	1.48	0.0018	0.000304
HXD_{1F}（27t）、HXD_{2F}（27t）、HXD_{1F}（30t）、HXD_{2F}（30t）	1.61	0.0177	0.000192
DF_4（货、客）、DF_{4B}（货、客）、DF_{4C}（货）、DF_{4DF}、DF_{4E}、DF_{7D}、DF_{10F}	2.28	0.0293	0.000178
DF_8、DF_{8B}、DF_{8B}（高原）	2.40	0.0022	0.000391
DF_{11}、DF_{4D}（准高速）	0.86	0.0054	0.000218
NJ_2	1.87	0.0052	0.000344
HXN_3	0.82	0.0026	0.000499
HXN_5	0.95	0.0023	0.000497

② 车辆单位基本阻力 w_0''

客车、货车单位基本阻力 w_0''（单位：N/t）可按式（3-13）计算，各次项系数见表 3-7。

$$w_0'' = (A + BV + CV^2)g \tag{3-13}$$

表 3-7   各型车辆单位基本阻力公式系数

车型	A	B	C
120km/h 速度级客车(如 21 型、22 型)	1.66	0.0075	0.000155
140km/h 速度级客车(如 25B 型、25G 型、25Z 型)	1.82	0.0100	0.000145
160km/h 速度级客车(单层)(如 25T 型、25Z 型)	1.61	0.0040	0.000187
160km/h 速度级客车(双层)(如 25B 型、25G 型)	1.24	0.0035	0.000157
货车重车	0.92	0.0048	0.000125
油罐重车专列	0.53	0.00121	0.000080
货车空车	2.23	0.0053	0.000675

③ 列车基本阻力与列车平均单位基本阻力

列车基本阻力 W_0（单位：N）为机车基本阻力 W_0' 与车辆基本阻力 W_0'' 之和，即：

$$W_0 = W_0' + W_0'' = Pw_0' + Gw_0'' \tag{3-14}$$

式中 P、G——机车质量、牵引质量，t。

列车平均单位基本阻力 w_0（单位：N/t）是列车基本阻力 W_0 与列车质量（$P+G$）的比值，即单位列车质量的列车基本阻力：

$$w_0 = \frac{W_0}{P+G} = \frac{Pw_0' + Gw_0''}{P+G} \tag{3-15}$$

(2) 附加阻力

当列车在坡道上、曲线上、隧道内运行时，还会产生一定的附加阻力，称为坡道附加阻力、曲线附加阻力、隧道空气附加阻力。

① 坡道附加阻力

列车在坡道上运行时，其重力产生垂直于轨道和平行于轨道的两个分力，如图 3-7 所示，平行于轨道的分力 F_2（单位：kN）即为坡道附加阻力。

$$F_2 = Qg\sin\alpha$$

因为 α 角一般都很小（线路坡度 $i = 34.9‰$ 时，$\alpha = 2°$），可令 $\sin\alpha \approx \tan\alpha$，并考虑机车或车辆质量 Q 的单位换算，于是得

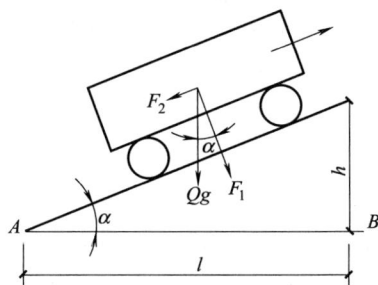

图 3-7   坡道附加阻力

$$F_2 = 1000Qg\tan\alpha$$

线路坡度 i 系数用千分率表示（‰），$i = \dfrac{h}{l} \times 1000‰ = 1000\tan\alpha$，即 $\tan\alpha = \dfrac{i}{1000}$，故

$$F_2 = Qgi$$

因单位阻力的定义为单位质量阻力，故单位坡道附加阻力（单位：N/t）w_i 为

$$w_i = \frac{Qgi}{Q} = gi \tag{3-16}$$

式中 i——坡度值，‰，上坡为正值，下坡为负值。

② 曲线附加阻力

a. 引起曲线附加阻力的因素。列车在曲线上运行，车轮与钢轨之间产生纵向和横向的滑动，加剧了轮缘与钢轨之间的摩擦，同时，又由于侧向力的作用，上、下心盘之间以及轴承有关部分摩擦加剧。由这些原因增加的阻力，其大小和曲线半径 R（单位：m）直接相关，但由于影响因素复杂，一般用试验公式来计算。

b. 曲线附加阻力计算式。根据试验，单位曲线附加阻力（单位：N/t）的计算公式为

$$w_r = \frac{600}{R}g \tag{3-17}$$

如果用圆曲线长度 L_y（单位：m）与曲线转角 α ［单位：(°)］来表示半径，则 $R = \frac{180L_y}{\pi\alpha}$，上式可写成

$$w_r = \frac{10.5\alpha}{L_y}g \tag{3-18}$$

c. 列车平均单位曲线附加阻力。设列车长度为 L_L（单位：m），列车每延米的质量为 q（单位：t/m），则列车的质量为 $L_L q$（单位：t），则有：

（a）$L_y \geqslant L_L$ 时，列车全长均受到曲线附加阻力，列车受到的总的曲线附加阻力（单位：N）为

$$W_r = \frac{600}{R}gL_L q \tag{3-19}$$

列车平均单位曲线附加阻力为

$$w_r = \frac{W_r}{L_L q} = \frac{600}{R}g \tag{3-20a}$$

或

$$w_r = \frac{10.5\alpha}{L_y}g \tag{3-20b}$$

（b）$L_y < L_L$ 时，列车仅有 L_y 长的一部分受到曲线附加阻力的作用，所以列车全长平均单位曲线附加阻力为

$$w_r = \frac{W_r}{L_L q} = \frac{600}{R}g\frac{L_y}{L_L} \tag{3-21a}$$

或

$$w_r = \frac{10.5\alpha}{L_L}g \tag{3-21b}$$

（c）如果列车处于多个曲线上，则列车平均单位曲线附加阻力 w_r 为

$$w_r = \frac{10.5\sum\alpha}{L_L}g \tag{3-22}$$

③ 隧道空气附加阻力

列车在隧道内运行时，由于空气受隧道约束，不能向四周扩散，前面的空气压力增大，尾部空气稀薄，空气与列车表面及隧道表面产生摩擦。作用于列车上的空气阻力远较空旷地段大，增加的空气阻力称为隧道附加空气阻力。影响隧道空气阻力的主要因素有行车速度、列车长度、列车迎风面积、隧道长度、隧道净空面积、列车及隧道表面粗糙度等，难于理论计算。单位隧道空气附加阻力以 w_s 表示，计算式由试验确定。

④ 附加阻力换算坡度及加算坡度

a. 附加阻力换算坡度。因为坡道附加阻力 $w_i = ig$（单位：N/t），可以认为列车在曲线上行驶所产生的曲线附加阻力或隧道附加阻力是在一个坡度为 i_r 或 i_s 的坡道上行驶时产生的，即

$$w_r = i_r g, \ w_s = i_s g \tag{3-23}$$

式中　i_r、i_s——曲线、隧道附加阻力换算坡度，或称为曲线、隧道当量坡度。

b. 加算坡度及列车平均单位阻力。线路纵断面上每一坡段的坡度 i 与该坡道上的曲线、隧道等附加阻力换算坡度之和称为加算坡度 i_j（单位：‰），即

$$i_j = i + i_r + i_s \tag{3-24}$$

对应的单位加算阻力（单位：N/t）为

$$w_j = w_i + w_r + w_s \tag{3-25}$$

列车平均单位阻力（单位：N/t）为

$$w = w_0 + w_j = \frac{Pw_0' + Gw_0''}{P+G} + w_i + w_r + w_s \tag{3-26}$$

(3) 起动阻力

普通货物列车的机车、车辆停留时，轴颈和轴承之间润滑油被挤出，油膜减薄；同时，轴箱内温度降低，油的黏度增大，故起动时，轴颈和轴承之间的摩擦阻力增大。此外，车辆停留时车轮压在钢轨上产生的凹形变形比运行时大，增加了滚动阻力。同时，列车起动时，要求有较大的加速力以克服列车的静态惯性力。《列车牵引计算》将起动加速力也包括在起动阻力中考虑，因此，应另行计算列车起动时的阻力。

我国采用如下的试验公式来计算列车、车辆的起动阻力，其中已包括了起动时的基本阻力和起动附加阻力。

机车单位起动阻力 w_q'（单位：N/t）　　　　$w_q' = 5g$ 　　　　　　(3-27)

货车的单位起动阻力 w_q''（单位：N/t）　　　　$w_q'' = 3.5g$ 　　　　(3-28)

3.2.1.3　列车制动力

(1) 制动方式

为了使列车减速或停车，必须施行制动。制动力是由司机操纵制动装置产生的与列车运行方向相反的力。制动方式可根据制动时列车动能的转移方式和制动力的形成方式划分。目前我国使用的制动方式主要有机车车辆闸瓦摩擦制动（空气制动）和机车动力制动。

① 空气制动

以机车上装置的空气压缩机产生的压缩空气为动力，推动机车车辆上的制动闸瓦压紧车轮轮箍，由摩擦产生制动。这种方式可以产生较大的制动力，因其利用压缩空气为动力，故称空气制动。为避免车轮踏面磨耗及提高制动力，目前许多机车、车辆采用盘形制动，是在车轴或车轮辐板侧面安装制动盘，利用制动夹钳使闸片紧压制动盘侧面，从而通过摩擦产生制动作用。

空气制动是由机车车辆上装置的制动机实现的。其原理如图3-8所示。

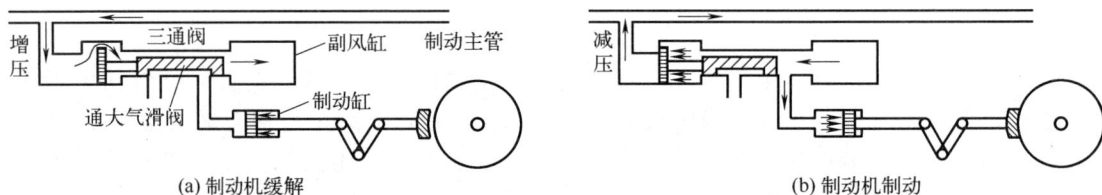

图 3-8　自动制动机工作原理

缓解时，司机将制动阀置于缓解位，使压缩空气由总风缸经过制动主管、三通阀至副风缸储存。此时制动缸内无压缩空气，闸瓦不接触车轮，故称为充风缓解状态。

制动时，司机操纵制动阀遮断总风缸通路，同时列车制动主管与大气连通放气减压，此时副风缸内储存的压缩空气进入制动缸，驱使活塞杠杆，使闸瓦压紧车轮，故称减压制动。闸瓦压力的大小与制动主管减压量大小有关。

② 动力制动

动力制动是由机车产生制动力的一类制动方式，包括电阻制动、再生制动、液力制动。

a. 电阻制动与再生制动。利用电机的可逆原理，将电力机车或电传动内燃机车动轴上的电动机转换为发电机使用，动轮在列车惯性力作用下，带动传动齿轮，使电动机转子旋转而发电，从而产生反转力矩，阻止车轮转动以达到制动目的。因电机发出的电能消耗在机车特设的电阻中，故称电阻制动；如将电能反馈给电网加以利用时，则称再生制动。

b. 液力制动。在液力传动的内燃机车上，利用机车动轮惯性运动，通过传动齿轮带动制动器内的转子在工作油中旋转，工作油在转子中被加速而在定子中被减速，产生对转子的反扭矩。这个反扭矩传递到机车动轮上，形成液力制动力。

电阻制动力受牵引电动机最大制动电流等的限制，液力制动力受制动功率等的限制。在机车运行速度较高时，制动力都随速度增大而降低；当运行速度低于最小发电速度或低于产生反扭矩速度时，动力制动不起作用；当运行速度趋于零时，制动力即消失。因此《列车牵引计算》规定，动力制动仅作为列车运行时的调速制动使用；当检算列车在下坡道运行的最高允许速度或计算列车进站制动时，均不应将动力制动计算在内。

(2) 空气制动力计算

空气制动力是制动闸瓦压紧车轮轮箍产生摩擦后，在轮轨接触点处产生的阻碍车轮前进的反作用力。空气制动力的大小是由闸瓦压力及闸瓦与轮箍间的摩擦系数决定的，并受到轮轨间黏着力的限制。若闸瓦压力过大，制动力大于黏着允许的最大值时，车轮将被闸瓦抱死，车辆沿轨道滑行，引起轮轨剧烈磨耗和擦伤。故制动力不得大于轮轨间的黏着力。

列车紧急制动时，单位制动力 b（即平均单位列车质量的制动力，单位：N/t）新线设计时可按下式计算：

$$b = 1000\varphi_h\theta_h \tag{3-29}$$

式中 θ_h——列车换算制动率，kN/t，其物理意义是列车换算闸瓦压力与列车质量的比值，即平均分配到每 1t 列车质量上的闸瓦压力；

φ_h——闸瓦与轮箍间的换算摩擦系数。

按每块闸瓦的实算闸瓦压力 $K = 25$kN 计算得铸铁闸瓦和机车低摩合成闸瓦的换算摩擦系数：

铸铁闸瓦 $\quad\quad \varphi_h = 0.372\dfrac{17V+100}{60V+100} + 0.0012(120-V_0) \tag{3-30}$

机车低摩合成闸瓦 $\quad \varphi_h = 0.202\dfrac{4V+150}{10V+150} + 0.0006(100-V_0) \tag{3-31}$

式中 V、V_0——列车速度、制动初速，km/h。

高摩合成闸瓦的换算摩擦系数按每块闸瓦的实算闸瓦压力 $K = 20$kN 计算，即

机车 $\quad\quad\quad\quad \varphi_h = 0.307\dfrac{2V+150}{3V+150} \tag{3-32}$

货车 $\quad\quad\quad\quad \varphi_h = 0.378\dfrac{2V+150}{3V+150} \tag{3-33}$

盘形制动合成闸片的换算摩擦系数按每块闸片的实算闸片压力 $K' = 21$kN 折算到车轮踏面的 K 值计算有：

$$\varphi_h = 0.382\dfrac{2V+150}{3V+150} \tag{3-34}$$

选线设计中进行牵引计算时，为简化计算，可将列车换算制动率 θ_h 暂取值为 1.5kN/t（相当于高摩闸瓦的货物列车管压力 500kPa，或新高摩闸瓦列车管压力 600kPa 时的制动率）。

列车换算制动率 θ_h 在不同情况下的取值：列车常用制动及进站制动时一般取全值的 0.5；计算固定信号机间的距离时取全值的 0.8；紧急制动时，取全值。

3.2.2 列车运动方程式

(1) 列车运行状况

列车在平道及上坡道牵引运行时，是用机车的牵引力克服列车的各种阻力而运行的，牵

引力大于总阻力时，列车呈加速度运行；牵引力小于总阻力时，列车呈减速度运行；牵引力等于总阻力时，列车呈等速度运行。

机车在牵引运行时称牵引工况。当列车在下坡道运行，机车可以关闭牵引电动机，靠坡道的下滑力（坡道阻力）使列车运行，这时称惰行工况。当列车的下滑力小于列车其他阻力总和时，列车呈减速运行；当列车的下滑力等于列车其他阻力总和时，列车呈等速运行；当列车的下滑力大于列车其他阻力总和时，列车呈加速运行。在下坡道上，当列车速度达到为保证安全所限制的速度时，列车必须施行制动，使列车减速或保持恒速。当列车需要减速或停车时，也需要施加制动。列车在运行中施加制动称为制动工况。

（2）列车运动方程式

列车运动方程式是根据牛顿第二定律并假设列车的质量集中于列车中心推导出来的。

① 列车运动状态分析

列车的运动状态（静止、匀速、加速、减速）取决于作用在列车上的合力 C，合力大小与机车工况及线路平、纵断面条件有关。列车有三种工况：

a. 牵引运行：$C = F - W$。

b. 惰力运行：$C = -W$。

c. 制动运行：$C = -(W + B)$。

因牵引力 F、阻力 W、制动力 B 均随速度而变化，故合力 C 也随速度变化。$C > 0$ 时，列车加速运行；$C = 0$ 时，列车等速运行；$C < 0$ 时，列车减速运行。

② 运动方程式的推导

列车运动由两部分组成：全部质量集中于质心的平移运动和某些部分（如轮对等）的回转运动。所以列车的动能 E_d 由两部分组成：

$$E_d = \frac{1}{2}MV^2 + \frac{1}{2}\sum J\omega_h^2 = \frac{1}{2}MV^2 + \sum \frac{JV^2}{2R_h^2}$$

$$= \frac{1}{2}MV^2 \left(1 + \sum \frac{J}{MR_h^2}\right) = \frac{1}{2}MV^2(1+\gamma) \tag{3-35}$$

式中 M——列车全部质量，t；

　　　　V——列车运行速度，m/s；

　　　　J——回转部分的转动惯量；

　　　　ω_h——回转部分角速度，rad/s，$\omega_h = V/R_h$，R_h 为回转部分的回转半径；

　　　　γ——回转质量系数，一般取 0.06。

如视列车为刚性系统，则其动能增量为：$dE_d = M(1+\gamma)VdV$。

根据动能定理，刚性系统动能的增量等于所有作用于该系统的力在这段时间中所做的功。而这段时间内作用于列车的合力 C 所做的功为 $CVdt$，故：

$$M(1+\gamma)VdV = CVdt$$

$$\frac{dV}{dt} = \frac{C}{(1+\gamma)M}$$

将列车质量 $M = (P+G) \times 1000$（单位：kg），$\gamma = 0.06$ 代入上式后，得：

$$\frac{dV}{dt} = \frac{C}{1060(P+G)} \ (\text{m/s}^2) = \frac{12.226C}{P+G} \ (\text{km/h}^2) = 12.226c \ (\text{km/h}^2)$$

$$c = \frac{C}{P+G}$$

式中，c 称为单位合力，N/t。为计算方便，近似取

$$\frac{\mathrm{d}V}{\mathrm{d}t}=12c$$

上式即为列车运动方程式的一般形式。对该式积分，得列车运行时分为

$$t=\int\frac{\mathrm{d}V}{12c}(\mathrm{h})=\int\frac{5\mathrm{d}V}{c}(\mathrm{min})=\int\frac{300\mathrm{d}V}{c}(\mathrm{s})=\sum\frac{5(V_{i+1}-V_i)}{c}(\mathrm{min}) \tag{3-36}$$

运行距离为

$$S=\int\mathrm{d}S=\int V\cdot\mathrm{d}t=\int\frac{V\mathrm{d}V}{12c}(\mathrm{km})=\int\frac{83.33V\mathrm{d}V}{c}(\mathrm{m})=\sum\frac{41.7(V_{i+1}^2-V_i^2)}{c}(\mathrm{m}) \tag{3-37}$$

单位合力 c 与工况、线路条件（曲线阻力、坡道阻力等）有关。合力中的牵引力、基本阻力、制动力虽然是速度的函数，但曲线和坡道等附加阻力值仅与列车某时段所处位置有关，并非速度的函数。因此，单位合力 $c=f(V)$ 是因时、因地而异的。求解式（3-36）及式（3-37）的方法有：

a. 直接积分法：当曲线、坡道等附加阻力为定值时，如果机车牵引力 F 和列车制动力 B 拟合为速度的函数，则可使合力 c 也表达为速度的函数，从而可求出式（3-36）和式（3-37）的积分结果，作为计算运行时分 t 和运行距离 S 的计算式。

b. 近似积分法：这是目前广泛采用的方法，可用于数解或图解。例如，式（3-36）、式（3-37）即是取 $[V_i，V_{i+1}]$ （$i=0，1，\cdots$）速度间隔的近似积分，手算时，一般要求，$|V_{i+1}-V_i|\leqslant10\mathrm{km/h}$。

3.2.3　牵引质量及其检算

牵引质量就是机车牵引的车列质量，也称牵引吨数、牵引定数。在新线设计以及运营线上，一般情况下均是按列车在限制上坡道上，以机车的持续速度作等速运行为条件来确定牵引质量。

3.2.3.1　牵引质量计算

根据列车运动方程式，列车作等速运行时合力为零，即 $F-W=0$。

设机车持续速度为 V_c，对应的持续牵引力为 F_c，则列车在限制坡道 i_x 上的总阻力为

$$W=P(w_0'+gi_x)+G(w_0''+gi_x) \tag{3-38}$$

对应的持续牵引力为 F_c，得

$$\lambda_y F_c=P(w_0'+gi_x)+G(w_0''+gi_x) \tag{3-39a}$$

即

$$G=\frac{\lambda_y F_c-P(w_0'+gi_x)}{w_0''+gi_x} \tag{3-39b}$$

在多机牵引或补机推送时

$$G_{JL}=\frac{\displaystyle\sum_{k=1}^{n}\lambda_k\lambda_y F_{ck}-\sum_{k=1}^{n}P_k(w_{0k}'+gi_{JL})}{w_0''+gi_{JL}} \tag{3-40}$$

式中　G、G_{JL}——单机和加力牵引质量，t；

　　　P、P_k——机车计算质量，第 k 台机车的质量，t；

　　　F_c、F_{ck}——机车持续牵引力，第 k 台机车的持续牵引力，N，常用机车查表3-3；

　　　　λ_y——机车牵引力使用系数，取 0.9；

　　　i_x、i_{JL}——限制坡度、加力牵引坡度，‰；

　　　w_0'、w_0''——持续速度 V_c 下的机车、车辆单位基本阻力，N/t；

w'_{0k}——持续速度 V_c 下第 k 台机车的机车单位基本阻力，N/t；

λ_k——第 k 台机车的牵引力取值系数：重联牵引线操纵时取 1，分别操纵时取 0.98，推送补机取 0.95。

计算所得的牵引质量以 t 为单位并化整为 10 的整数倍（不足 10 者舍去）。

【例 3-1】 SS_4 型电力机车，牵引重车货车，求线路限制坡度 $i_x = 9‰$ 时的单机牵引质量。

解　查表 3-3 得 $V_c = 51.5\text{km/h}$，$F_c = 431600\text{N}$，$P = 184\text{t}$。有

$$w'_0 = (2.25 + 0.019 \times 51.5 + 0.00032 \times 51.5^2) \times 9.81 = 39.998 \ (\text{N/t})$$

$$w''_0 = (0.92 + 0.0048 \times 51.5 + 0.000125 \times 51.5^2) \times 9.81 = 14.703 \ (\text{N/t})$$

$$G = \frac{0.9 \times 431600 - 184 \times (39.998 + 9.81 \times 9)}{14.703 + 9.81 \times 9} = 3542 \ (\text{t})$$

取 $G = 3540\text{t}$。

3.2.3.2　牵引质量检算

应检算所计算的牵引质量是否受下列条件限制：①起动条件的限制；②车站到发线有效长度的限制。

如果受到上述某一条件限制，应采用降低牵引质量或其他技术措施。

(1) 起动检算

列车起动时，起动阻力较大，故应检算所求牵引质量，是否能正常起动。

受起动条件限制的牵引质量 G_q（单位：t），可按机车计算起动牵引力 F_q 等于列车起动时总阻力 W_q 的条件求出，即由 $\lambda_y F_q = P(w'_q + gi_q) + G_q(w''_q + gi_q)$ 得

$$G_q = \frac{\lambda_y F_q - P(w'_q + gi_q)}{w''_q + gi_q} \tag{3-41}$$

式中　F_q——机车计算起动牵引力，N，常用机车查表 3-3；

w'_q——机车单位起动阻力，N/t，电力、内燃机车为 $5g$（N/t）；

w''_q——货车的单位起动阻力，N/t，取 $3.5g$（N/t）；

i_q——起动地点的加算坡度值，‰。

当 $G_q \geqslant G$ 时，列车可以起动；如 $G_q < G$，列车不能起动，应根据具体情况降低牵引质量 G，或减小起动地段坡度 i_q。

【例 3-2】　接例 3-1，已知 $G = 3540\text{t}$，起动地段加算坡度 $i_q = 9.0‰$，试检算列车在该地段能否起动。

解　查表 3-3 得计算起动牵引力 $F_q = 649800\text{N}$，电力机车取 $w'_q = 5g = 49.05$（N/t），货车取 $w''_q = 3.5g = 34.34$（N/t），由式（3-41）得：

$$G_q = \frac{0.9 \times 649800 - 184 \times (49.05 + 9.0 \times 9.81)}{34.34 + 9.0 \times 9.81} = 4562 \ (\text{t})$$

因 $G_q \geqslant G$，故列车在该地段能起动。

(2) 车站到发线有效长度检算

已知车站到发线有效长度为 L_{yx}，可按下式检算到发线长度允许的牵引质量 G_{yx}（单位：t）：

$$G_{yx} = (L_{yx} - L_a - N_J L_J)q \tag{3-42}$$

式中　L_a——安全距离，m，一般取 30m，重载线路可酌情增大；

L_{yx}——到发线有效长度，m；

L_J——机车长度，m，可查表 3-3；

N_J——列车中机车数量；

q——列车延米质量，t/m，取 5.677t/m。

如果 $G_{yx} \geqslant G$，则牵引质量不受到发线有效长度限制。

【例 3-3】 接例 3-1，已知车站到发线有效长度为 750m，检算牵引质量是否受列车到发线有效长度限制。

解 由式 (3-42) 知：$G_{yx} = (L_{yx} - L_a - N_J L_J)q$

$$= (750 - 30 - 32.8) \times 5.677 = 3901 \, (t) > 3540 \, (t)$$

所以，牵引质量不受列车到发线有效长度限制。

【例 3-4】 根据例 3-1 计算结果，保持牵引质量 $G = 3540t$ 不变，检算在双机坡度 $i_{JL} = 18.5‰$ 的坡度上，能否采用双机分别操作重联牵引。

解 由式 (3-40) 得：

$$G_{JL} = \frac{(1 + 0.98) \times 0.9 \times 431600 - 2 \times 184 \times (39.998 + 18.5 \times 9.81)}{14.703 + 18.5 \times 9.81} = 3500 \, (t)$$

因 $G_{JL} < G$ 将会导致列车换重，可重新设计 i_{JL} 以保证牵引质量不变。

3.2.3.3 牵引辆数、牵引净载及列车长度计算

在确定了列车牵引质量后，可进一步计算牵引辆数、牵引净载和列车长度。

(1) 一般计算

① 货物列车牵引辆数 n（单位：辆）

$$n = \frac{G}{q_p} \tag{3-43}$$

式中　q_p——每辆货车平均总质量，t，取 78.998t。

② 货物列车牵引净载 G_J（单位：t）

$$G_J = n q_J \tag{3-44}$$

式中　q_J——每辆货车平均净载，t，取 56.865t。

③ 货物列车长度 L_L（单位：m）

$$L_L = L_J + n L_P \tag{3-45}$$

式中　L_J——机车长度，m，见表 3-3；

　　　L_P——每辆货车平均长度，m，取 13.914m。

(2) 新线设计中简化公式

货物列车牵引净载（单位：t）

$$G_J = K_J G \tag{3-46}$$

式中　K_J——货物列车净载系数，取 0.72。

货物列车长度（单位：m）

$$L_L = L_J + \frac{G}{q} \tag{3-47}$$

3.3 运行速度与运行时分

列车在区间的运行速度和运行时分，是铁路的重要运营指标之一，也是评价线路设计优劣及估算运营支出的一项重要指标。解算列车运行速度及运行时分的方法，实际上就是结合线路情况解算列车运动方程式。

3.3.1 合力图及其应用

合力图是表示机车在各种工况下作用在列车上的单位合力与速度关系的坐标图。

3.3.1.1　单位合力图

因坡道、曲线、隧道等阻力是因地而异的，绘制单位合力图时，可先不计入这类附加阻力，而按列车在空旷平直道上运行考虑；待具体应用时，再根据列车运行地段的线路具体情况，计入加算坡道阻力值。

通常先列表计算出列车在三种工况下各种速度时的单位合力，再绘成单位合力图，以便使用。计算单位合力时，必须给出机车类型、机车数量及牵引方式、牵引质量、列车单位闸瓦压力等条件。

(1) 单位合力的计算

表 3-8 为一具体算例，列出了计算内容及顺序，其计算要点说明如下：

① 速度 V：由零开始，列至平坡限制速度，每隔 10km/h 取值，并将机车牵引特性曲线及动力制动曲线上各转折点的对应速度列入。$V=0$ 时的 F、w_0'、w_0'' 按 $V=10$km/h 计算。

② 机车牵引力 F：与各栏速度 V 相应的 F 值可先从机车牵引特性曲线图或表上查出，采用外包线时，应乘以牵引力使用系数 λ_y（0.9）。内燃牵引时应先按式（3-11）计算，再乘以 λ_y。

③ 空气制动时的单位制动力 b：单独使用空气制动时，按常用制动取 $0.5b$。

(2) 下坡限制速度计算

在列车制动距离、换算制动率和坡度等条件确定时，列车运行速度不能超过一个最大值，称为制动限速。列车最高速度如果超过此限速，将不能保证列车在规定的制动距离内停车。制动限速的解算，实际上需要用计算制动距离试凑，这可以很方便地用电算完成。

司机施行制动，从移动闸柄到列车完全停车为止，列车所走行的一段距离为制动距离 S_b。紧急制动时，对于时速 120km 及以下列车，我国目前规定允许的最大制动距离为 800m。计算下坡限速即求制动距离为 800m 时的制动初速。线路条件一定时，制动能力愈高，允许的限速愈高。

《铁路技术管理规程》（普速铁路部分）根据计算制动距离 800m，制定了列车制动限速受每百吨列车质量换算闸瓦压力及下坡道坡度限制表，见表 3-9。工作中可根据列车的换算闸瓦压力直接查得下坡限速，也可近似按式（3-48）计算 V_x（单位：km/h）

$$V_x = 90.4 - 1.14i \tag{3-48}$$

例如：平坡时 $i=0$，限速 $V_x=90$km/h；12‰下坡的限速 $V_x=77$km/h。

(3) 单位合力图绘制

根据表 3-8 的计算结果，按一定比例尺绘制如图 3-9 所示的单位合力图。取纵轴为速度轴，取横轴为单位合力轴，原点左侧为正，右侧为负。按表 3-8 中第 5 栏数值绘出牵引运行的单位合力曲线 $f-w_0=f(V)$；按第 6 栏数值绘出惰力运行单位合力曲线 $w_0=f(V)$；按第 9 栏绘出空气制动 $0.5b+w_0=f(V)$ 曲线。这些曲线统称单位合力曲线。

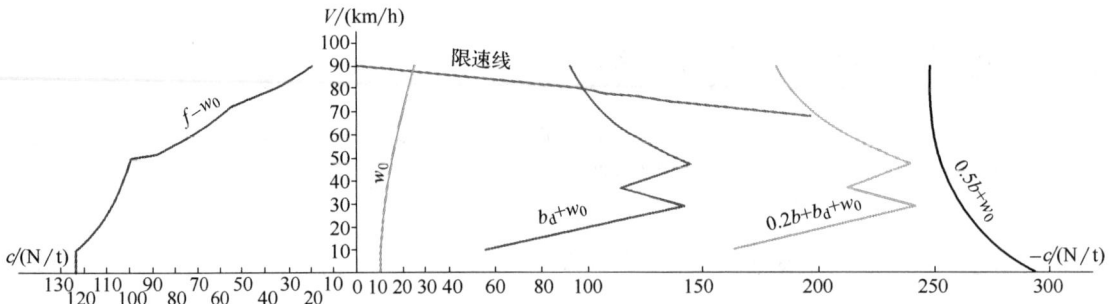

图 3-9　单位合力图

表 3-8　SS$_4$ 型电力机车单机牵引货物列车的单位合力曲线计算表

运行工况	栏别	速度	0	10	20	28.7	30	36.7	40	47	50	51.5	57	60	63.6	70	73.2	80	90
牵引运行	1	F（单位：N）	498600	498600	465300		447300		436320		428850	388440	355320		318420		277020	218250	167850
	2	w'_0（单位：N/t）	24.25	24.25	27.06	30.01	30.49	33.14	34.55	37.77	39.24	40.00	42.90	44.56	46.62	50.50	52.54	57.07	64.28
	3	w''_0（单位：N/t）	9.62	9.62	10.46	11.39	11.54	12.40	12.87	13.95	14.45	14.70	15.69	16.26	16.98	18.33	19.04	20.64	23.20
	4	W_0（单位：N）	38512	38512	41998	45830	46467	50012	51920	56322	58356	59407	63447	65777	68689	74180	77078	83568	93940
	5	$c=\dfrac{F-W_0}{P+G}$（单位：N/t）	123.55	123.55	113.67		107.64		103.22		99.49	88.35	78.38		67.06		53.69	36.17	19.85
惰行	6	$c=w_0=\dfrac{W_0}{P+G}$（单位：N/t）	10.34	10.34	11.28	12.31	12.48	13.43	13.94	15.12	15.67	15.95	17.04	17.66	18.44	19.92	20.70	22.44	25.23
空气制动	7	φ_h	0.378	0.357	0.342	0.332	0.331	0.325	0.322	0.317	0.315	0.314	0.311	0.309	0.307	0.305	0.303	0.300	0.297
	8	$b=1000\varphi_h\theta_h$	567.0	535.5	513.0	498.1	496.1	487.0	483.0	475.4	472.5	471.1	466.3	463.9	461.2	456.8	454.7	450.7	445.5
	9	$c=0.5b+w_0$（单位：N/t）	293.84	278.09	267.78	261.34	260.54	256.93	255.44	252.84	251.92	251.50	250.20	249.62	249.04	248.29	248.05	247.79	247.98
电阻制动	10	B_d（单位：N）		168700	333500	482700		376700		482700				374700		321800		280700	250200
	11	$c=\dfrac{B_d+W_0}{P+G}$（单位：N/t）		55.64	100.83	141.93		114.58		144.74				118.28		106.33		97.82	92.41
空气制动与电阻制动	12	$c=0.2b+b_d+w_0$（单位：N/t）		162.74	203.43	241.54		211.98		239.83				211.06		197.68		187.95	181.51

注：1. w''_0 按重车货车计算。

2. φ_h 按《列车牵引计算》高磨合成闸瓦计算公式 $\varphi_h=0.378\dfrac{2V+150}{3V+150}$ 计算。

3. $i_x=9‰$，$P=184t$，$G=3540t$，$V_c=51.5km/h$，$F_c=431600N$，$\theta_h=1.5kN/t$。

第3章

在图 3-9 的单位合力图上还绘有列车在下坡道上的限速线,供解算下坡道上列车运行速度及运行时分时应用。

表 3-9 普通货物列车制动限速表　　　　　单位:km/h

下坡度 /‰	每百吨列车质量(机车除外)的换算闸瓦压力/kN								
	100	120	140	150	160	180	200	220	240
0	78	83	88	90	94				
1	76	81	87	89	93				
2	75	80	86	88	92				
3	74	79	85	87	91				
4	73	78	84	86	90	95			
5	72	77	83	85	89	94			
6	71	76	82	84	88	93			
7	70	75	81	83	87	92			
8	69	74	80	82	86	91			
9	68	73	79	81	85	90			
10	67	72	78	80	84	89	95		
11	65	70	76	78	82	87	93		
12	64	69	75	77	81	86	92		
13	63	68	74	76	80	85	91		
14	61	67	72	74	78	84	90		
15	60	66	71	73	77	83	89	95	
16	59	65	70	72	76	82	88	94	
17	58	64	69	71	75	81	87	93	
18	56	62	68	70	74	80	86	92	
19	55	61	67	69	73	79	85	91	
20	54	60	66	68	72	78	84	90	95

注:1. 普通货物列车最高速度为 90km/h 时,每百吨列车重量按高摩合成闸瓦换算闸瓦压力不得低于 150kN。

2. 适用计长 88.0 及以下、速度 90km/h 及以下的货物列车 (快速货物班列除外)。

3. 计算制动距离 800m,高摩合成闸瓦。

3.3.1.2 单位合力曲线特性

(1) 有加算坡道时的应用

单位合力图是按列车在空旷地段平直道上的运行情况计算的,即 $i_j = 0$,如果有加算坡道时,单位合力应扣除加算坡道的阻力,即 $c = f(V) - gi_j$,故只需将图 3-9 合力曲线图的纵轴移动一个 gi_j 值即可。i_j 为正值时,纵轴向左移动;i_j 为负值时,纵轴向右移动。这时原来各条 $c = f(V)$ 曲线对新坐标轴的关系,就是列车在 i_j 坡道上运行时的单位合力曲线。

(2) 均衡速度的确定

在合力图上,考虑加算坡道纵轴移动后,速度轴与各工况 $c = f(V)$ 曲线相交处单位合力 $c = 0$,这时列车就以该点所对应的速度作等速运行,该速度称为该加算坡道的均衡速度 V_{jh};线路情况不同 (即加算坡道 i_j 不同),则均衡速度不同。机车操作有不同工况,也有相应的均衡速度。例如,在图 3-9 中,列车在 $i = 5$‰ 的上坡道运行,此时纵轴左移数值为 49.05(N/t),$c = 0$ 时 $V_{jh} = 75$km/h。

(3) 判断列车运行状况

在任何坡道上,列车运行速度低于所采用工况在该坡道上的均衡速度时,列车受到的单位合力为正值,列车将加速运行,直到均衡速度为止;如列车运行速度大于均衡速度,列车受到的单位合力为负值,列车将减速运行,直到达到均衡速度。

① 牵引运行时

如图 3-9 所示，例如：列车以速度 $V=60\text{km/h}$ 牵引运行，到达 $i=5‰$ 的上坡道后，因列车在该坡道的均衡速度应为 $V_{jh}=75\text{km/h}$，所以列车应加速运行。

② 惰力运行时

例如：列车以速度 $V=60\text{km/h}$ 惰力运行，到达 $i=-2‰$ 的下坡道后，因列车在该坡道上惰力运行的均衡速度 $V_{jh}=68\text{km/h}$，故列车要加速运行。同样情况下，列车到达 $i=-1.5‰$ 的下坡道，因列车在该坡道上的惰力运行均衡速度为 $V_{jh}=44\text{km/h}$，所以列车要减速运行。

3.3.2　均衡速度法运行速度与运行时分计算

解算列车运行速度及站间运行时间的方法，从计算精度上可分为基于列车运动方程式的精确解法和基于均衡速度的粗略解法两类；从计算手段上可分为图解法和电算法（数值法）。随着计算机的普及，无论是精确解法还是均衡速度法，均已利用数值解法并采用计算机求解。建设项目前期工作阶段或精度要求不高的概略计算时，可先化简线路纵断面坡度。

(1) 线路纵断面坡度化简

① 化简坡度 i_h

化简坡度 i_h（单位：‰）按式（3-49）计算：

$$i_h=\frac{H_2-H_1}{l_h}\times1000 \tag{3-49}$$

式中　H_1、H_2——化简坡段的始、终点高程，m；

$\quad\quad\quad l_h$——化简坡段的长度，m，$l_h=\sum l_i$，l_i 为化简坡段中各坡段的坡长，m。

② 化简坡度的检查

化简坡段中任一坡道的坡长 l_i（单位：m）必须符合下列经验公式：

$$l_i\leqslant\frac{2000}{\Delta i} \tag{3-50}$$

式中　2000——经验常数，m；

$\quad\quad\quad \Delta i$——化简坡度与化简坡段中任一坡道坡度差的绝对值，即 $\Delta i=|i_h-i_i|$，‰。

③ 化简坡度注意事项

为减小因化简坡度造成的计算误差，站坪坡、动能坡或需校验牵引质量的坡道，不得与其他坡道一并化简，逆坡也不应一并化简。

④ 化简后的加算坡度 i_{hj}

化简后的加算坡度的按式（3-51）计算：

$$i_{hj}=i_h+i_r+i_s \tag{3-51}$$

$$i_r=\frac{10.5\sum\alpha}{l_h}\ (‰)$$

$$i_s=\frac{\sum(w_sl_s)_i}{gl_h}\ (‰)$$

式中　i_r、i_s——曲线附加阻力和隧道空气附加阻力的折算坡度，‰；

$\quad\quad\quad \sum\alpha$——化简坡段范围内曲线转角之和，(°)；

$\quad\quad\quad \sum(w_sl_s)_i$——化简坡段范围内，各隧道的单位空气附加阻力及隧道长度乘积之和。

加算坡度应分方向分别计算。

（2）运行速度与时分计算

均衡速度法是假定列车在每一个坡段上运行时，不论坡段长短，也不论进入坡段时的初速高低，都按该坡道的均衡速度（或限制速度）作等速运行考虑。按这样的速度来计算列车运行能时消耗的方法称为均衡速度法。图 3-10 表示甲站至乙站的速度-距离曲线：虚线表示实际运行速度曲线，实线表示均衡速度法绘的速度曲线〔每个坡段上均按均衡速度等速运行，$V=f(s)$ 曲线均为水平线〕，两者的走行时分是不同的。坡度变化不大时，均衡速度法中速度的超过部分（垂直影线部分）与其不足部分（水平影

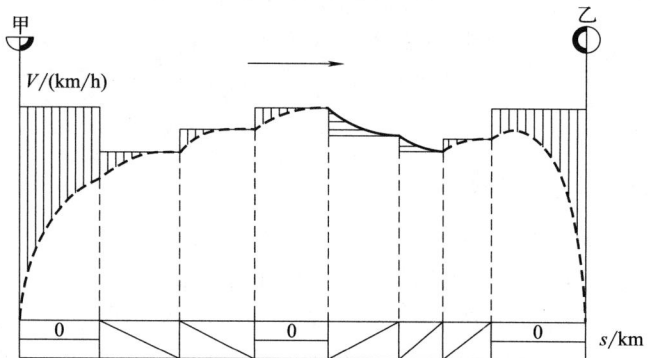

图 3-10　均衡速度法的 $V=f(s)$ 曲线

线部分）大体上可以抵消。只是在车站起动及进站停车时相差较大。所以，用均衡速度法计算时，要加起停车附加时分 t_q+t_t。如果线路纵断面坡段很多，相邻坡段坡度差较大时，误差更大。故均衡速度法一般多用于概略计算。

图 3-10 中，甲站至乙站运行时，因考虑甲、乙两站均停车，运行时分（单位：min）为

$$T_{甲-乙}=\sum(t_iL_i)+t_q+t_t \tag{3-52}$$

式中　t_q、t_t——起车、停车附加时分，min，与牵引种类、牵引质量及进出站线路纵断面情况有关。一般电力、内燃牵引时取 $t_q=1\sim3min$，$t_t=1\sim2min$。

　　　　L_i——某一坡段的长度，km。

　　　　t_i——某一坡段上的每千米的运行时分，min/km。上坡时 $t_i=60/V_{jh}$，V_{jh} 为在合力图上查得的均衡速度，km/h；下坡时 $t_i=60/V_x$，V_x 为下坡限速，km/h，货物列车可按式（3-48）计算。

计算应分方向进行，是否附加 t_q+t_t，应根据是否在该站停车而定。

复习思考题

在线习题

3-1　用什么表示铁路能力？

3-2　什么是平行成对运行图？什么是非平行运行图？

3-3　列车上、下行和车次的规定是什么？

3-4　简述设计速度、走行速度、技术速度、旅行速度的概念，并比较各速度值的大小。

3-5　双线铁路通过能力为什么不是单线铁路通过能力的两倍？

3-6　列车运行阻力有哪些？各用什么符号表示？有具体公式的请写出。

3-7　列车运行工况有哪几种？列车平均单位阻力如何计算，写出其计算公式。

3-8　均衡速度法的主要思路是什么？为什么采用均衡速度法计算时要加上起停车附加时分？

3-9　单位合力曲线资料是按什么情况计算和绘制的？当有曲线、坡道、隧道时为什么可以使用？

3-10　某电力机车牵引的单线铁路，采用半自动闭塞方式，各站间普通货物列车往返走行时间如表 3-10 所示。$G_j = 2880t$，折算的普通货物列车对数是通过能力的 70%，$\beta = 1.2$，请计算该线路的输送能力。

表 3-10　各站间普通货物列车往返走行时间

站间	A	B	C	D	E	F
t_w/min	16	17	17	18	16	15
t_F/min	18	16	15	18	15	18

3-11　SS_7 型电力机车牵引货车，计算线路加力牵引坡度 $i_{JL} = 13‰$ 时的双机重联分别操纵的牵引质量，并估算牵引净载和列车长度。

3-12　根据本章表 3-8 或图 3-9 的单位合力曲线资料，试计算：

(1) 牵引运行 $i = 6‰$、惰力运行 $i = -2.5‰$ 的均衡速度，$i = -8‰$ 的限制速度。

(2) 在下列条件下，列车是加速、等速还是减速运行？

① 牵引状态，以 60km/h 速度进入 6‰ 的上坡道；

② 牵引状态，以 75km/h 速度进入 5‰ 的上坡道；

③ 惰性状态，以 75km/h 速度进入 2‰ 的下坡道；

④ 空气制动，以 65km/h 速度进入 6‰ 的下坡道。

3-13　根据本章表 3-8 或图 3-9 的单位合力曲线资料，甲乙两站平纵断面见图 3-11，列车长度 680m，圆曲线长度均小于列车长度。请用均衡速度法，求甲乙两站间的往返走行时分，并计算两站之间的通过能力（$t_q + t_t = 3min$，$t_B + t_H = 8min$，$T_T = 90min$）。

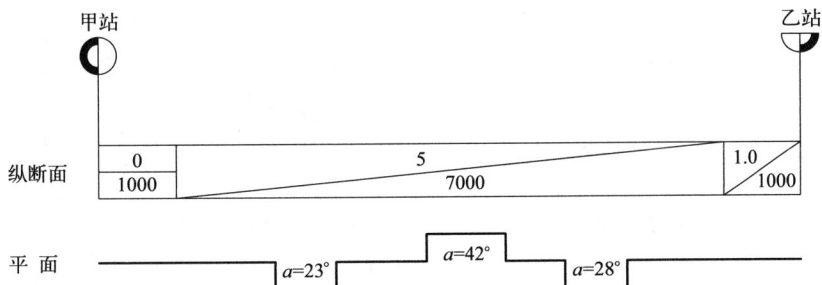

图 3-11　甲乙两站平纵断面图

第 4 章
铁路线路平面及纵断面设计

4.1 设计的基本要求

铁路设计时，铁路用线路中心线（中线）表示。如图 4-1 所示，路基横断面上距外轨半个轨距的铅垂线 AB 与路肩水平线 CD 的交点 O 在纵向上的连线，称为线路中心线。实际测量时，线路中心 O 点对于直线段来说是两根钢轨之间连线的中间位置，对于曲线段而言，是从外轨顶面下 16mm 处向中线方向量半个标准轨距的位置（由于部分曲线存在加宽）。

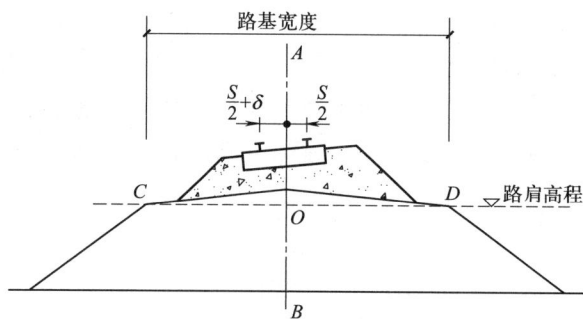

图 4-1 路基横断面

S—标准轨距，mm；δ—小半径曲线轨距加宽值，mm

线路的空间是由它的平面、纵断面和横断面表示的，其中控制线路位置的是平面和纵断面。所谓线路平面是指线路中心线在水平面上的投影，表示线路平面状况；而线路纵断面是指沿线路中心线所作的铅垂剖面展直后，线路中线在立面的投影，表示线路起伏情况。一般新线设计时，纵断面的设计高程采用路肩处的高程。

线路平面图和纵断面图是线路设计中各个设计阶段必须编制的基本文件。各设计阶段的定线要求不同，平面图和纵断面图的详细程度也各有区别。例如，在可行性研究阶段，由于其主要目的并不在于确定最终的线路位置，因此，其平纵面图为概略平面和纵断面，无须同详细定线一样地详细。

图 4-2 所示的简明平面图中，等高线表示地形和地貌特征，村镇、道路等表示地物特征。图中粗线表示线路平面、标出里程、曲线要素（转角 α、曲线半径 R）、车站、桥隧特征等资料。

简明断面图的上半部为线路纵断面示意图，下半部为线路基础数据。自下而上依次为：线路平面、里程、设计坡度、路肩设计高程、工程地质概况等栏目。

线路平面和纵断面设计必须满足以下三方面的基本要求：

① 必须保证行车安全和平顺。主要指：不脱钩、不断钩、不脱轨、不途停、不运缓及满足旅客乘车舒适等，这些要求反映在《线规》规定的技术标准中，设计要遵守《线规》规定。

② 应力争节约资金。既要力争减少工程数量、降低工程造价；又要考虑为施工、运营、维修提供有利条件，节约运营支出。从降低工程造价考虑，线路最好顺地面爬行，但因起伏弯曲太大，给运营造成困难，导致运营支出增大；从节约运营支出考虑，线路最好又平又直，但势必增大工程数量，提高工程造价。因此，设计时必须根据设计线的特点，分析设计路段的具体情况，综合考虑工程和运营的要求、通过方案比较，正确处理两者之间的矛盾。

③ 满足各类建筑物的技术要求、协调配合和总体布置合理。铁路上要修建车站、桥涵、

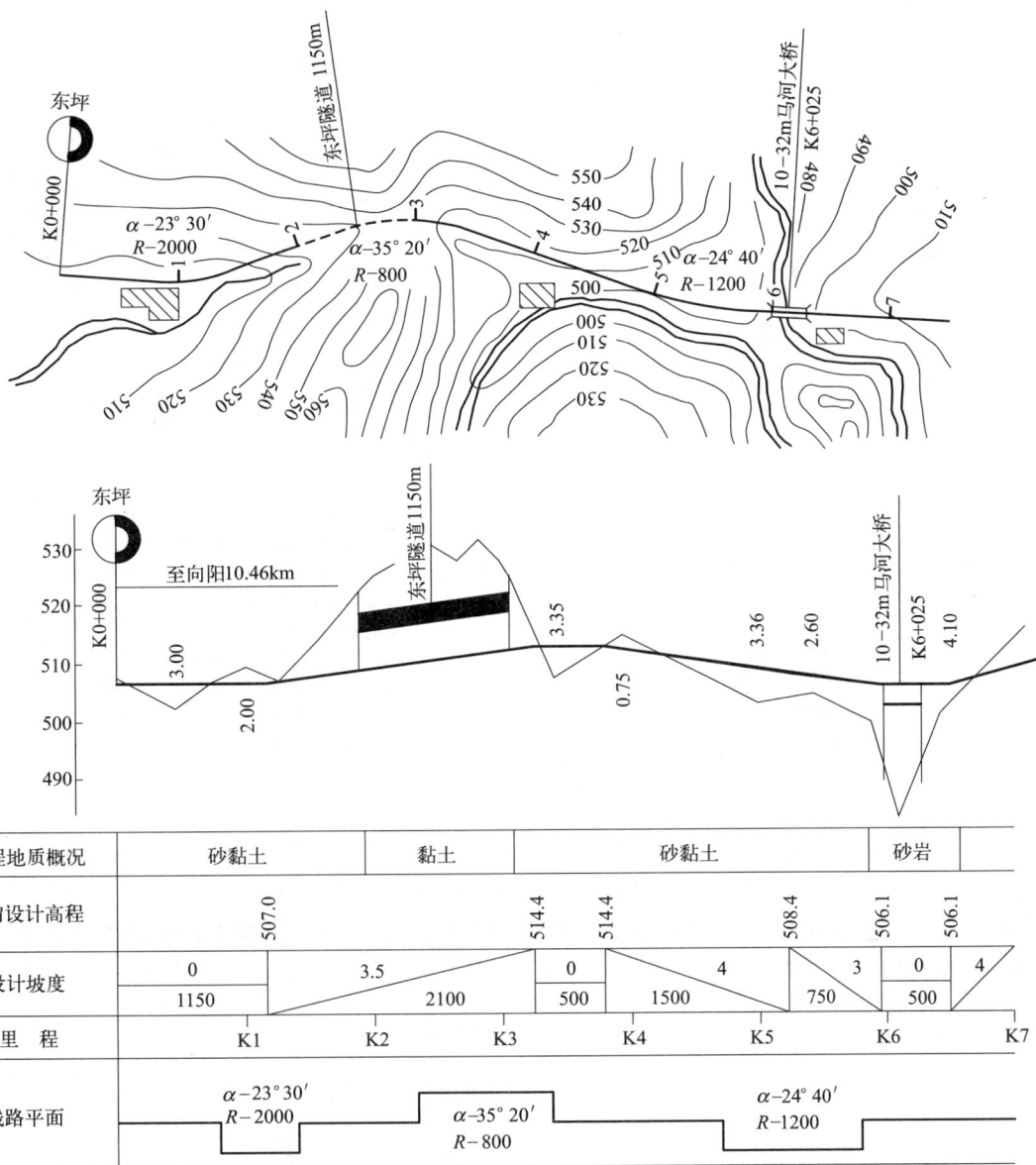

图 4-2　概略定线时的简明线路平面图和纵断面图

隧道、路基、道口和支挡、防护等大量建筑物，线路平面和纵断面设计不但关系到这些建筑物的类型选择和工程数量，并且影响其安全稳定和运营条件。因此，设计时不仅要考虑各类建筑物对线路的技术要求，还要从总体上保证这些建筑物相互协调、布置合理。

4.2　区间线路平面设计

4.2.1　平面组成和曲线要素

线路平面由直线和曲线（均指的是铁路中心线）组成，铁路曲线由圆曲线和缓和曲线构成，但概略定线时，缓和曲线并不表示出来，仅绘出未加设缓和曲线的圆曲线，如图 4-3（a）所示。

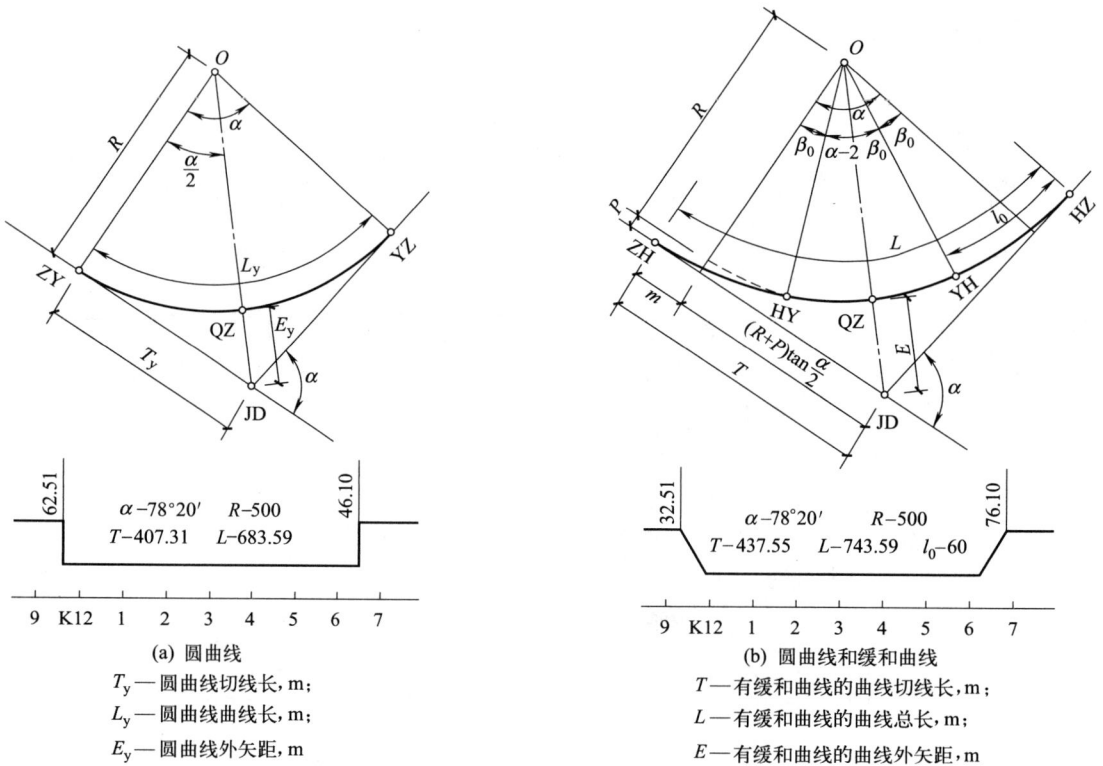

(a) 圆曲线

T_y —— 圆曲线切线长,m;

L_y —— 圆曲线曲线长,m;

E_y —— 圆曲线外矢距,m

(b) 圆曲线和缓和曲线

T —— 有缓和曲线的曲线切线长,m;

L —— 有缓和曲线的曲线总长,m;

E —— 有缓和曲线的曲线外矢距,m

图 4-3　铁路曲线

(1) 无缓和曲线的曲线

在纸上进行的概略定线,简明平面图和纵断面图上可以不画出缓和曲线,如图 4-3 (a) 所示。设计时,偏角由曲线两侧的直线形成的交角直接量出,曲线半径由曲线板选配得到。确定曲线的是圆曲线的半径 R 和曲线偏角 α,曲线要素(单位:m)由下列公式计算:

$$T_y = R\tan\frac{\alpha}{2} \tag{4-1}$$

$$L_y = \frac{\pi\alpha R}{180} \tag{4-2}$$

$$E_y = R\left(\sec\frac{\alpha}{2} - 1\right) \tag{4-3}$$

(2) 有缓和曲线的曲线

详细定线时,平、纵面图中要绘出加设缓和曲线后的曲线,铁路的缓和曲线一般情况下是对称的,如图 4-3 (b) 所示。曲线由圆曲线半径 R、缓和曲线的长度 l_0 及曲线转角 α 确定。曲线要素(单位:m)由下列公式计算:

$$T = (R+P)\tan\frac{\alpha}{2} + m \tag{4-4}$$

$$L = \frac{\pi(\alpha - 2\beta_0)R}{180} + 2l_0 = \frac{\pi\alpha R}{180} + l_0 \tag{4-5}$$

$$E = (R+P)\sec\frac{\alpha}{2} - R \tag{4-6}$$

式中　P —— 内移距,$P = \dfrac{l_0^2}{24R} - \dfrac{l_0^4}{2688R^3} \approx \dfrac{l_0^2}{24R}$,m;

$$m \text{——切垂距，} m = \frac{l_0}{2} - \frac{l_0^3}{240R^2} \approx \frac{l_0}{2} \text{，m；}$$

$$\beta_0 \text{——缓和曲线角，} \beta_0 = \frac{90 l_0}{\pi R} \text{，(°)。}$$

上式中，m 和 P 反映了加设缓和曲线后的圆曲线与未加缓和曲线前的圆曲线之间的变化情况，P 表示圆曲线向圆心移动的距离，m 表示曲线起点在切线上移动的距离。通常情况，线路设计行车速度 $V \leqslant 160$km/h 时，m 和 P 取公式第一项即能满足精度要求；设计行车速度 $V \geqslant 200$km/h 时，m 和 P 应取公式前两项。

(3) 曲线主点里程推算

ZH（或 ZY）里程，在平面图上量得或通过坐标计算得出：

$$HZ(\text{或 YZ}) \text{里程} = ZH \text{ 里程} + L$$
$$HY \text{ 里程} = ZH \text{ 里程} + l_0$$
$$YH \text{ 里程} = HZ \text{ 里程} - l_0$$

纸上定线时，在相邻两直线之间需用一定半径的圆曲线连接。圆曲线半径的选配，可使用与地形图比例尺相同的曲线板，根据地形、地质与地物条件，由大到小选用合适的曲线板，确定合理的半径。若地势开阔，可先绘出两相邻的直线段，然后选配中间的曲线半径，如图 4-4 (a) 所示；若曲线毗连，则先在需要转弯处绘出恰当的圆弧，然后用切于两圆弧的直线连接，如图 4-4 (b) 所示。选定曲线半径后，量出偏角，再计算曲线要素和起讫点（或曲线主点）里程。

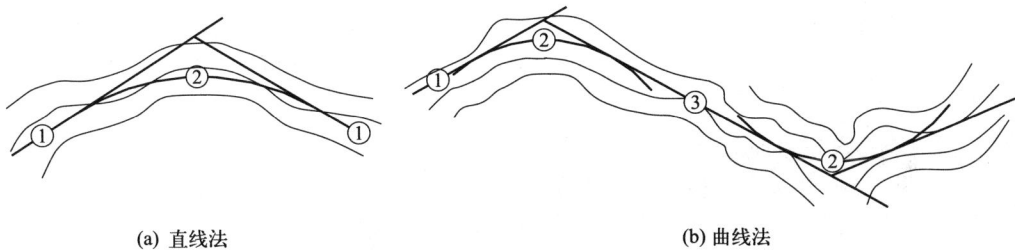

(a) 直线法　　　　　　　　　　　　　　(b) 曲线法

图 4-4　纸上定线时曲线和直线的设置方法

线路平面设计涉及的主要技术指标包括最小曲线半径、缓和曲线长度、夹直线最小长度、最小圆曲线长度等。

4.2.2　直线

线路平面设计应力争设置较长的直线段，减少交点个数，以缩短线路长度、改善运营条件。只有因遇到地形、地质或地物等局部障碍而引起较大工程时，才设置交点绕避障碍。

在地形困难、曲线毗连地段，两相邻曲线间的直线段，即前一曲线终点（HZ_1 或 YZ_1）与后一曲线起点（ZH_2 或 ZY_2）间的直线，称为夹直线，如图 4-5 所示。两相邻曲线，转向相同者称为同向曲线，转向相反者称为反向曲线。

(1) 夹直线长度的确定

夹直线长度应力争长一些，为行车和维修创造有利条件。但为适应地形节省工程，需要设置较短的夹直线时，其最小长度受下列条件控制：

① 线路养护要求。为正确保持直线方向，夹直线长度不宜短于 $50 \sim 75$m，困难时不短于 25m。对圆曲线而言，为保持曲线圆顺，圆曲线上至少应有两个正矢桩，以满足绳正法

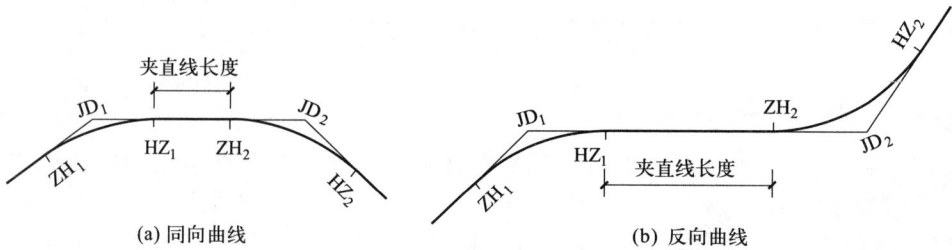

图 4-5　夹直线

拨正曲线的需要，故不应小于 25m。

② 行车平稳要求。车辆通过圆曲线或夹直线两端缓和曲线时，为避免车辆后轴在缓和曲线终点（指圆缓点或缓直点）产生的振动，与车辆前轴在另一缓和曲线起点（指直缓点或缓圆点）产生的振动相叠加，圆曲线或夹直线应有足够长度，使旅客列车通过圆曲线或夹直线的时间不小于振动衰竭时间（取 1.5~2s）。

综合上述因素，圆曲线及夹直线的最小长度如表 4-1 所示。

表 4-1　圆曲线及夹直线最小长度　　　　　　　　　　　　　　　单位：m

铁路等级		高速铁路			城际铁路			客货共线铁路、重载铁路				
设计速度/(km/h)		350	300	250	200	160	120	200	160	120	100	80
工程条件	一般	280	240	200	120	100	80	160	130	80	60	50
	困难	210	180	150	80	70	50	120	80	50	40	30

改建既有线和增建第二线的并行地段，特殊困难条件下，对旅客列车设计速度小于 100km/h 的地段有充分的技术经济依据时，圆曲线和夹直线长度可不受表 4-1 的限制，但不得小于 25m。

(2) 夹直线长度的保证

纸上定线时，通常仅绘出圆曲线而不绘出缓和曲线。因此，为了保证有足够长度的夹直线，相邻两圆曲线端点（YZ_1 与 ZY_2）间夹直线长度 L_J 应满足下列条件：

$$L_J \geq \frac{l_{01}}{2} + L_{Jmin} + \frac{l_{02}}{2} \tag{4-7}$$

式中　L_{Jmin}——夹直线最小长度，m，按表 4-1 取值；

　　　l_{01}、l_{02}——相邻两圆曲线所选配的缓和曲线长度，m。

夹直线长度不够时，应修改线路平面。可以减小曲线半径或选用较短的缓和曲线长度，如图 4-6（a）；对于反向夹直线，另外可改移夹直线的位置，以延长两端点间的直线长度和减小曲线偏角，如图 4-6（b）；当同向曲线间夹直线长度不够时，可采用一个较长的单曲线代替两个同向曲线，如图 4-6（c）。

4.2.3　圆曲线

4.2.3.1　曲线超高

(1) 曲线超高的作用及设置方法

曲线超高是曲线外轨与内轨顶面的水平高度之差。

列车在曲线上行驶时，由于离心力作用，加大了外轨的压力，也会使旅客感到不适、货物产生移位等，因此需要将曲线外轨适当抬高，使列车自身重力产生一个向心的水平分力，以抵消离心力的作用。这种处理方式使内外两股钢轨受力均匀和垂直磨耗均等，满足旅客舒

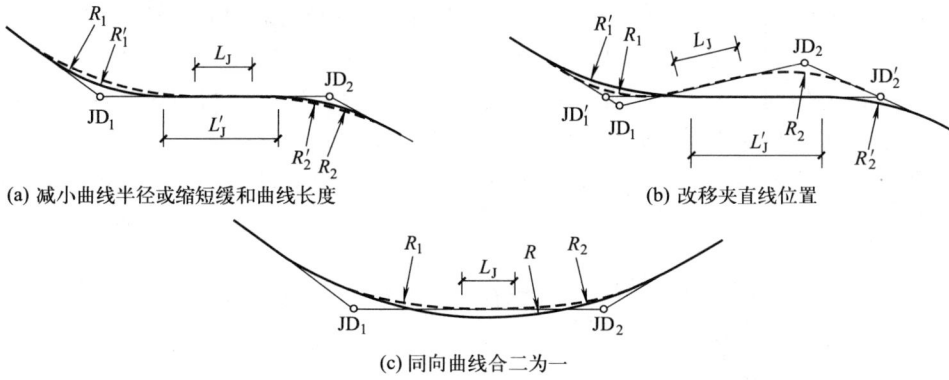

(a) 减小曲线半径或缩短缓和曲线长度　　(b) 改移夹直线位置

(c) 同向曲线合二为一

图 4-6　夹直线长度不够时的修正

- - - - 初定线路；——— 修正线路

适感需求，提高线路的稳定性和列车运行的安全性。同时，曲线超高还是确定缓和曲线长度及曲线线间距加宽值等相关平面标准的重要参数。

曲线超高的设置方法有外轨提高法和线路中心高度不变法两种。外轨提高法是保持内轨高程不变而只抬高外轨的方法，为世界各国普遍采用。线路中心高度不变法是内轨降低和外轨抬高各为曲线超高值的一半，从而保证线路中心高程不变的方法，在城市轨道交通中使用较普遍，或仅在建筑限界受到限制时才在铁路设计中采用。

（2）曲线超高值的计算

曲线超高的大小由列车通过时离心力的大小确定。曲线半径越小，行车速度越高，则离心力越大，所需设置的超高就越大（图 4-7）。

列车通过曲线时产生的离心力为

$$F = m\frac{V^2}{R} = \frac{G}{g} \times \frac{V^2}{R}$$

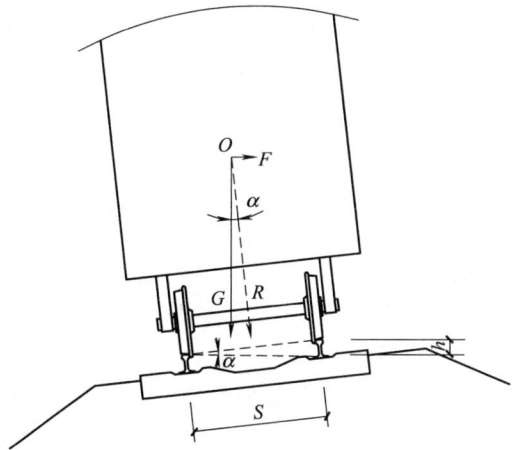

图 4-7　曲线超高

式中　G——列车重力，N；

m——列车质量，kg；

V——列车通过速度，m/s；

R——圆曲线半径，m；

g——重力加速度，取 9.81m/s^2。

曲线上设置外轨超高 h，使列车重力 G 与离心力 F 的合力 R 恰好通过轨道中心，此时内外两股钢轨所受的垂直压力相等，钢轨的支承反力相等，列车的运动状态处于最理想的状态。由图 4-7 可知：$\tan\alpha = F/G$，$\sin\alpha = h/S$，因为横坡角 α 很小，可近似认为 $\tan\alpha = \sin\alpha$，于是有：$F/G = h/S$，则平衡离心力所需要的外轨超高 h 为

$$h = \frac{FS}{G} = \frac{GV^2S}{gRG} = \frac{SV^2}{gR} \tag{4-8}$$

式中　h——外轨超高，mm。

S——两根钢轨轨头中心线之间的距离，mm。对于 1435mm 标准轨距，$S \approx 1500\text{mm}$。

将 V 的单位由 m/s 转换成 km/h，代入 S、g 值，则式（4-8）为：

$$h = \frac{1500\left(\dfrac{V}{3.6}\right)^2}{9.81R} = 11.8\frac{V^2}{R} \tag{4-9}$$

　　按上述公式确定的 h 取整为 5mm 作为实设超高。当列车以速度 V 通过曲线时，可达到最佳舒适度、内外轨磨耗均等和受力均衡状态。但实际线路上运行的列车种类不同，各种列车的运行速度也不相同，为了反映不同行驶速度和不同牵引质量的列车对外轨超高值的不同要求，实际中，曲线外轨设计超高是根据均方根速度确定的。

　　在既有线上，各类列车的数目、质量和速度可经过实测求得。均方根速度（单位：km/h）按式（4-10）确定：

$$V_{JF} = \sqrt{\frac{\sum NGV^2}{\sum NG}} \tag{4-10}$$

式中　N——每昼夜通过的各类列车数；

　　　　G——各类列车质量，t。

　　在新线设计时，均方根速度可根据最大速度乘以速度系数概略确定：

$$V_{JF} = \beta V_{max} \tag{4-11}$$

式中　V_{max}——通过曲线的最大行车速度，km/h；

　　　　β——速度系数，一般地段采用 0.80，单线上、下行速度悬殊地段可采用 0.65。

（3）未被平衡超高及其允许值

① 未被平衡超高值

　　外轨超高是一个定值，它所产生的向心力只能平衡一种速度的离心力。当实际通过速度 $V > V_{JF}$ 时，会产生未被平衡离心力；当实际通过速度 $V < V_{JF}$ 时，会产生未被平衡的向心力。未被平衡的离心力和向心力可以理解为由外轨超高不足或外轨超高过大所产生。当列车以 V_{max}（或 V_{min}）通过时，可以用欠超高和过超高的形式表示，其值为

$$h_q = 11.8 \frac{V_{max}^2}{R} - h \tag{4-12}$$

$$h_g = h - 11.8 \frac{V_{min}^2}{R} \tag{4-13}$$

式中　h_q、h_g——欠、过超高值，mm。

② 未被平衡超高允许值

　　未被平衡的超高使内外轨产生偏载，引起内外轨不均匀磨耗，影响旅客的舒适度。此外，过大的未被平衡超高值还可能导致列车倾覆，因此必须对未被平衡的超高加以限制。

　　欠超高允许值 $[h_q]$，反映旅客舒适度情况，也反映外股钢轨磨耗，它与客车结构、转向架构造及其悬挂方式有关。行车速度越大，要求舒适度越高，允许欠超高越小。《线规》中客货共线铁路允许欠超高的取值为：一般 70mm，困难 90mm。《普速铁路线路修理规则》（以下简称《修规》）采用值：一般不应大于 75mm，困难情况下不应大于 90mm。

　　过超高允许值 $[h_g]$ 反映内轨偏磨程度，与货车结构、转向架构造和悬挂方式及货运量有关。客货共线运行线路，货运量较大时，过超高不宜过大，《线规》及《修规》中允许过超高限值：一般 30mm，困难 50mm。

　　对于重载铁路一般不考虑开行客运列车，内外轨均匀磨耗的要求一致，因此欠、过超高允许值一般取 30mm、困难取 50mm。

　　高速铁路列车的车辆走行性能比货物列车要好，因而过超高引起的对内轨磨耗和对线路破坏作用要小，高速铁路侧重旅客乘坐舒适度，而欠超高允许值 $[h_q]$ 和过超高允许值 $[h_g]$ 对旅客乘坐舒适度的影响是同等的。因此过超高允许值与欠超高允许值相同，并符合表 4-2 的规定。

表 4-2　高速铁路欠、过超高允许值　　　　　　　　　　　单位：mm

舒适度条件	优秀	良好	一般
欠超高允许值$[h_q]$、过超高允许值$[h_g]$	40	60	90

高速铁路高、低速列车共线运行在某一曲线上，需满足 $[h_q+h_g]\leqslant[h_q]+[h_g]$，以保证规定的舒适度要求，《线规》采用的欠、过超高之和允许值如表 4-3 所示。

表 4-3　高速铁路欠、过超高之和允许值　　　　　　　　单位：mm

舒适度条件	优秀	良好	一般
欠、过超高之和允许值$[h_q+h_g]$	100	140	180

高速列车在确定设计超高时，还应满足 $[h+h_q]\leqslant[h]+[h_q]$，《线规》采用的实设超高与欠超高之和的允许值如表 4-4 所示。

表 4-4　高速铁路设计超高与欠超高之和允许值　　　　单位：mm

舒适度条件		优秀	良好	一般
设计超高与欠超高之和允许值$[h+h_q]$	有砟轨道	200	220	250
	无砟轨道	210	235	265

城际铁路的运输组织模式与高速铁路类似，存在高速与低速列车共线运行的情况。曲线超高同样考虑实设超高、欠超高允许值、过超高允许值、欠过超高之和的允许值、设计超高与欠超高之和允许值等因素，并且满足表 4-5 的规定。

表 4-5　城际铁路欠、过超高允许值　　　　　　　　　　单位：mm

舒适度条件	优秀	良好	一般
欠超高允许值$[h_q]$、过超高允许值$[h_g]$	40	80	110
欠、过超高之和允许值$[h_q+h_g]$	100	140	180
设计超高与欠超高之和允许值$[h+h_q]$	180	210	240

（4）最大超高允许值

低速列车行驶于（或列车停车）超高很大的曲线轨道时，存在倾覆的风险。为了保证行车安全，必须限制外轨超高的最大值。

设曲线外轨最大超高度为 h_{max}，与之相适应的行车速度为 V，产生的离心惯性力为 J，车辆的重力为 G，J 与 G 的合力为 R，它通过轨道中心点 O，如图 4-8 所示。当某一车辆以 $V_1<V$ 的速度通过该曲线时，相应的离心力为 J_1，J_1 与 G 的合力为 R_1，其与轨面连线的交点为 O_1，偏离轨道中心距离为 e，随着 e 值的增大，车辆在曲线运行的稳定性降低，其稳定程度可采用稳定系数 n 来表示。

令
$$n=\frac{S_1}{2e}\qquad(4-14)$$

当 $n=1$，即 $e=S_1/2$ 时，R_1 指向内轨断面中心线，属于临界状态；当 $n<1$，即 $e>S_1/2$ 时，车辆丧失稳定而倾覆；当 $n>1$ 时，车辆处于稳定状态。由此可知 n 值愈大，稳定性愈好。

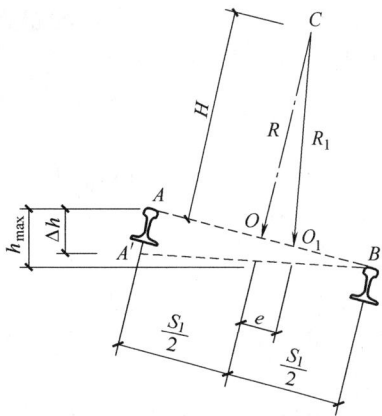

图 4-8　外轨最大超高计算图

由以上分析可知，e 值与未被平衡超高 Δh 存在一定的关系，由图 4-8 可得过超高 $\triangle BAA'$ 与力 $\triangle COO_1$ 有以下近似关系：

$$\frac{OO_1}{OC} = \frac{AA'}{S_1}$$

设车辆重心到轨面的高度为 H，则上式可变换为

$$e = \frac{H}{S_1} \Delta h \tag{4-15}$$

式中　e——合力偏心距；

　　　H——车体重心至轨顶面高，货车为 2220mm（超限重车），客车为 2057.5mm；

　　　Δh——未被平衡超高度；

　　　S_1——两轨头中心线距离。

将式（4-15）代入式（4-14），得

$$n = \frac{S_1^2}{2H \Delta h} \tag{4-16}$$

根据我国铁路运营经验，为保证行车安全，n 值不应小于 3。最大外轨超高度应达到这一指标的要求。我国《线规》规定有砟轨道最大超高度为 150mm，若以最不利情况（曲线上停车，即速度 $v=0$）来校核其稳定系数 n，并考虑 4mm 的水平误差在内，即过超高 $\Delta h = 154$mm，可计算得到

$$n = \frac{S_1^2}{2H \Delta h} = \frac{1.5^2}{2 \times 2.22 \times 0.154} = 3.3$$

稳定系数大于 3，满足要求。由以上分析可知，在单线铁路上，上下行列车速度悬殊的地段，如设置过大的超高，将使低速列车对内轨产生很大的偏压并降低稳定系数。《线规》和《铁路轨道设计规范》（TB 10082—2017）规定，客货共线铁路、重载铁路、城际铁路有砟轨道最大超高为 150mm，单线铁路有砟轨道最大超高为 125mm；高速铁路有砟轨道最大超高为 150mm，困难条件下为 170mm，无砟轨道最大超高为 175mm。

(5) 曲线超高的允许设置范围

① 客货共线铁路

客货列车共线运行线路的曲线实设超高取决于客货列车通过曲线的速度及最大超高和欠、过超高允许值等参数，这些参数影响行车速度、旅客舒适度和钢轨磨耗，甚至影响行车安全。在新线设计及缓和曲线长度和双线铁路曲线线间距加宽标准制订时，需要在曲线超高的允许设置范围内确定合理的超高值。当客货列车速度及曲线半径一定时，客货列车共线运行铁路的曲线超高（单位：mm）设置应满足下列条件：

a. 应不大于最大超高且不小于最小超高，即

$$h_{\min} \leqslant h \leqslant h_{\max} \tag{4-17}$$

b. 使客车不产生过超高和货车不产生欠超高，即

$$11.8 \frac{V_H^2}{R} \leqslant h \leqslant 11.8 \frac{V_K^2}{R} \tag{4-18}$$

c. 使客车产生的欠超高和货车产生的过超高不超过其相应的允许值，即

$$11.8 \frac{V_K^2}{R} - [h_q] \leqslant h \leqslant 11.8 \frac{V_H^2}{R} + [h_g] \tag{4-19}$$

保证式（4-19）能够成立的必要条件是曲线半径（单位：m）应满足下列不等式：

$$R \geqslant 11.8 \frac{V_K^2 - V_H^2}{[h_q] + [h_g]} \tag{4-20}$$

式中　h——曲线实设超高，mm；

V_K——旅客列车行车速度，km/h；

V_H——货物列车行车速度，km/h；

h_{max}——曲线允许的最大超高，mm；

h_{min}——曲线允许的最小超高，为 15mm。

② 高速铁路、城际铁路

高速铁路、城际铁路的曲线超高（单位：mm）设置应满足下列条件：

a. 满足设计速度要求，即

$$[h+h_q] \geqslant 11.8 \frac{V_{max}^2}{R} \tag{4-21}$$

b. 高低速列车共线运行时，实设超高与相应的欠、过超高及其允许值之间满足下式：

$$h = 11.8 \frac{V_{max}^2}{R} - h_q \geqslant 11.8 \frac{V_{max}^2}{R} - [h_q] \tag{4-22}$$

$$h = 11.8 \frac{V_{min}^2}{R} + h_g \leqslant 11.8 \frac{V_{min}^2}{R} + [h_g] \tag{4-23}$$

保证式 (4-22)、式 (4-23) 能够成立的必要条件是曲线半径（单位：m）应满足下列不等式：

$$R \geqslant 11.8 \frac{V_{max}^2 - V_{min}^2}{[h_q + h_g]} \tag{4-24}$$

式中　h——曲线实设超高，mm；

V_{max}——设计最高速度，km/h；

V_{min}——低速旅客列车设计速度，km/h。

③ 重载铁路

a. 在重载铁路线路上，要满足列车以最高速度通过曲线时所产生的欠超高不大于允许值，即

$$h \geqslant 11.8 \frac{V_{max}^2}{R} - [h_q] \tag{4-25}$$

b. 要满足内外轨磨耗均匀条件，即

$$[h_q + h_g] \geqslant 11.8 \left(\frac{V_{max}^2}{R} - \frac{V_{min}^2}{R} \right) \tag{4-26}$$

式中　V_{max}——设计最高速度，km/h，取 100km/h、80km/h；

V_{min}——列车通过曲线的最低速度，km/h，取 70km/h、50km/h；

$[h_q + h_g]$——欠、过超高之和允许值，一般取 80mm，困难取 100mm。

4.2.3.2　曲线限速

根据列车以较高速度通过曲线时所产生的欠超高不超过允许欠超高值，可推导出列车通过曲线时的运行速度与曲线半径、曲线超高及允许欠超高的关系：

$$V_R = \sqrt{\frac{h + [h_q]}{11.8} R} \tag{4-27}$$

式中　V_R——曲线限制速度，即列车通过曲线时的允许速度，km/h；

h——曲线实设超高，mm；

$[h_q]$——允许欠超高，mm；

R——曲线半径，m。

在曲线半径较小的路段，若考虑重载铁路 $h_{\max}=150\text{mm}$、$[h_q]=50\text{mm}$；客货共线单线铁路取 $h_{\max}=125\text{mm}$、$[h_q]=90\text{mm}$，双线铁路取 $h_{\max}=150\text{mm}$、$[h_q]=70\text{mm}$；城际铁路取 $[h+h_q]=240\text{mm}$；高速铁路有砟轨道取 $[h+h_q]=250\text{mm}$、无砟轨道取 $[h+h_q]=265\text{mm}$，得曲线限制速度（单位：km/h）的计算公式为

$$V_R \approx \begin{cases} 4.1\sqrt{R} & \text{重载铁路} \\ 4.3\sqrt{R} & \text{客货共线铁路} \\ 4.5\sqrt{R} & \text{城际铁路} \\ 4.6\sqrt{R} & \text{高速铁路有砟轨道} \\ 4.7\sqrt{R} & \text{高速铁路无砟轨道} \end{cases} \tag{4-28}$$

4.2.3.3 曲线半径对工程和运营的影响

(1) 曲线半径对工程的影响

地形困难地段，采用较小的曲线半径一般能更好地适应地形变化，减少路基、桥涵、隧道、挡土墙的工程数量，对降低工程造价有显著效果，但也会由于下列原因引起工程费用增加。

① 增加线路长度

对单个曲线来说，当曲线偏角一定时，小半径曲线的线路长度较采用大半径曲线增加，如图 4-9，其增长的线路长度 ΔL_r（单位：m）为

$$\Delta L_r = 2(T_D - T_X) + K_X - K_D \tag{4-29}$$

式中 T_D、T_X——大、小半径曲线切线长，m；

K_D、K_X——大、小半径曲线圆曲线长度，m。

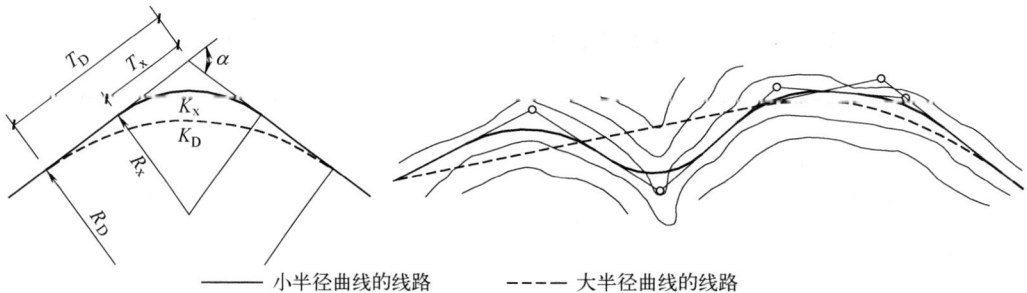

—— 小半径曲线的线路   - - - - 大半径曲线的线路

图 4-9 小半径曲线增长线路

对一段线路来说，在困难地段采用小半径曲线，便于随地形曲折定线，但会增加曲线数目和增大曲线偏角，使线路增长。

② 降低黏着系数

机车在小半径曲线上运行，车轮在钢轨上的纵向和横向滑动加剧，引起轮轨间黏着系数的降低，从而导致机车黏着牵引力的降低。

在用足最大坡度的持续上坡道上，若受黏着系数降低（黏降）后机车黏着牵引力的限制，则必须在曲线范围内额外减缓坡度，因而引起线路的额外展长。

③ 轨道需要加强

小半径曲线上，车轮对钢轨的横向冲击力加大。为了防止钢轨被挤动而引起轨距扩大，甚至整个轨道的横向移动，轨道需要加强。加强的方法是装设轨撑、轨距杆、防脱护轨、加固桩，加铺轨枕，增加曲线外侧道床宽度，增铺道砟，但也会增大工程投资。

④ 增加接触导线的支柱数量

电力牵引时，接触导线对受电弓中心的最大容许偏移量为 500mm。曲线地段，若接触导线的支柱间距不变，则曲线半径越小，中心弧线与接触导线的矢度越大。为防止受电弓与接触导线脱离，接触导线的支柱间距应随曲线半径的减小而缩短，见表 4-6，这样会增加导线支柱的数量。

表 4-6　导线支柱的最大间距

曲线半径 R/m	300	400	500	600	800	$\geqslant$1000
导线支柱的最大间距/m	42	47	52	57	62	65

(2) 曲线半径对运营的影响

① 增加轮轨磨耗

列车经行曲线时，轮轨间产生纵向滑动、横向滑动和横向挤压，使轮轨磨耗增加。曲线半径越小，磨耗增加越大。钢轨磨耗用磨耗指数（每通过兆吨总质量产生的平方毫米磨耗量）表示。实测的磨耗指数与曲线半径的关系曲线如图 4-10 所示。从图中可以看出，当曲线半径 $R<400$m 时，钢轨磨耗急剧加大；$R>800$m 时，磨耗显著减轻；$R\geqslant1200$m 时，磨耗水平与直线接近。车轮轮箍的磨耗，大致和钢轨磨耗规律相近，也随曲线半径的减小而增大。

为了减少钢轨磨耗，可采取在小半径曲线上铺设耐磨钢轨以及在钢轨头部内侧涂油等措施有效地减轻轮轨磨耗。

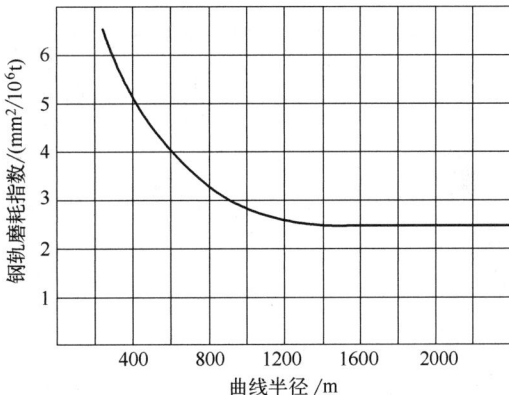

图 4-10　钢轨磨耗与曲线半径关系曲线

② 维修工作量加大

小半径曲线地段，轨距、方向容易错动，钢轨磨耗严重，需要打磨轨面、倒轨、换轨。这样，必将增加维修工作量和维修费用。

③ 行车费用增高

列车经过小半径曲线时要制动减速，限速运行，通过曲线后又要加速，如图 4-11 所示。这样，必然使机车额外做功，且增加运行时分和行车费用。采用小半径曲线，因线路加长、总转角增大，使要克服的曲线阻力功加大，也会增加行车费用。

4.2.3.4　最小曲线半径的选定

最小曲线半径是铁路主要技术标准之一，应在可行性研究阶段比选确定。

(1) 最小曲线半径的计算式

客货共线铁路、重载铁路的最小曲线半径的计算，主要满足列车最高行车速度、旅客舒适度及轮轨磨耗均匀两个条件。其数值应采用其中的较大者，并取为 50m 的整倍数。

① 列车最高行车速度要求的最小曲线半径

最小曲线半径应保证列车以最高速度 V_{max} 通过时，欠超高 h_q 不超过允许值 $[h_q]$。当

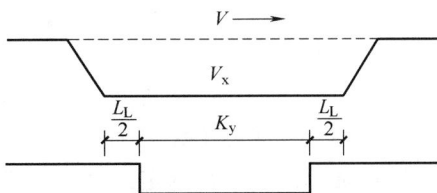

图 4-11　曲线限速示意图
V—列车走行速度，km/h；V_x—曲线限制速度，km/h；L_L—列车长度，m；K_y—限速地段圆曲线长度，m，即 HY—YH 距离

曲线设置最大超高，即 $h=h_{\max}$ 时，可得满足列车最高行车速度的最小曲线半径 R_K 为

$$R_K = \frac{11.8V_{\max}^2}{h_{\max}+[h_q]} \qquad (4\text{-}30)$$

式中　R_K——列车最高行车速度要求的曲线半径，m。

　　　$V_{\max}$——列车最高行车速度，km/h，采用路段设计速度，对于客货共线铁路指旅客列车设计速度分别取 200km/h、160km/h、120km/h、100km/h、80km/h；对于重载铁路指货物列车设计速度分别取 100km/h、80km/h。

　　② 旅客舒适度与内外轨均磨（轮轨磨耗均匀）条件要求的最小曲线半径

　　客货共线铁路最小曲线半径既要满足旅客舒适条件，又要满足内外轨磨耗均匀条件。满足舒适与均磨条件的曲线半径应符合下列不等式：

$$R_{sj} \geqslant 11.8 \frac{V_{\max}^2 - V_H^2}{[h_q]+[h_g]} \qquad (4\text{-}31)$$

式中　R_{sj}——舒适与均磨半径，m；

　　　V_H——货物列车设计速度，km/h，与路段设计速度相对应，分别取 100km/h、90km/h、70km/h、60km/h、50km/h；

　　$[h_g]$——允许过超高值，mm，一般取 30mm、困难取 50mm。

　　重载铁路最小曲线半径要满足内外轨磨耗均匀条件。满足均磨条件的曲线半径应满足下式：

$$R_j \geqslant 11.8 \frac{V_{\max}^2 - V_{\min}^2}{[h_q+h_g]} \ (\text{m}) \qquad (4\text{-}32)$$

式中　R_j——均磨半径，m；

　　　$V_{\max}$——设计最高速度，分别取 100km/h，80km/h；

　　　$V_{\min}$——列车通过曲线时的最低速度，分别取 70km/h，50km/h；

　　$[h_q+h_g]$——欠、过超高之和的允许值，mm，一般地段取 80mm；困难地段取 100mm。

　　高速铁路、城际铁路的最小曲线半径（单位：m）按照最高速度、高低速匹配两种条件来计算，并按以下公式来计算：

$$R_{\min} = \frac{11.8V_{\max}^2}{[h+h_q]} \qquad (4\text{-}33)$$

$$R_{\min} \geqslant 11.8 \frac{V_{\max}^2 - V_{\min}^2}{[h_q+h_g]} \qquad (4\text{-}34)$$

式中　$V_{\max}$——设计最高速度，km/h；

　　　$V_{\min}$——低速旅客列车设计速度，km/h。

（2）最小曲线半径选定的影响因素

　　① 设计线的运输性质。客运专线主要追求旅客舒适度，重载运输线路重视轮轨磨耗均匀，客货列车共线运行线路则需两者兼顾。

　　② 运行安全。提高列车抗倾覆安全系数的重要因素是保证足够的半径，若半径太小，一旦列车限制速度被疏忽时，具有一定速度的列车的安全运营将得不到保障。

　　③ 地形条件。在保证运营安全的前提下，曲线设计时总是考虑半径与地形相适应。困难地段，为了适应地形，设计时往往选择最小曲线半径作为设计半径，最小半径的选择直接决定了设计线的工程量。

　　④ 经济因素。小半径曲线可更大程度地适应地形，从而减少工程投资，但增大运营支

出。在一定的地形条件和运输需求下，存在经济合理的最小曲线半径（经济半径），故应全面权衡得失，经技术经济比选确定最小曲线半径标准。

（3）规范拟定的最小曲线半径

线路最小曲线半径，应根据路段设计速度及上述因素比选后确定，并不得小于表 4-7 规定值。必要时，可拟定两个以上的最小曲线半径，选取设计线的代表性地段，分别进行平面和纵断面设计，通过技术经济比较，并结合上述因素分析评价，来确定采用的最小曲线半径。

表 4-7　最小曲线半径　　　　　　　　　单位：m

铁路等级		高速铁路						城际铁路			客货共线铁路					重载铁路
设计速度/(km/h)		350		300		250		200	160	120	200	160	120	100	80	100、80
轨道类型		有砟	无砟	有砟	无砟	有砟	无砟									
工程条件	一般	7000	7000	5000	5000	3500	3200	2200	1500	900	3500	2000	1200	600		800
	困难	6000	5500	4500	4000	3000	2800	2000	1300	800	2800	1600	800	600	500	600

当高速铁路、城际铁路列车运行在加、减速地段或受环境、地质等条件控制采用低于设计速度的限速地段时，最小曲线半径由单一速度条件控制，并不应小于表 4-8 规定值。

表 4-8　高速铁路、城际铁路限速地段最小曲线半径　　　　　　　　　单位：m

铁路等级		高速铁路				城际铁路		
设计速度/(km/h)		200	160	120	80	100	80	60
工程条件	一般	2200	1600	1000	600	600	500	400
	困难	2000	1400	800	400	500	400	300

4.2.3.5　曲线半径的选用

曲线半径不仅影响行车安全、旅客乘坐舒适等行车质量指标，而且影响行车速度、运行时分等技术指标和工程费、运营费等经济指标。

（1）符合曲线半径系列

为了测设、施工和养护的方便，曲线半径一般应取 50m、100m 的整倍数，即 12000m、10000m、8000m、7000m、6000m、5000m、4000m、3500m、3000m、2800m、2500m、2000m、1800m、1600m、1200m、1000m、800m、700m、600m、550m、500m；困难条件下，可采用上述半径间 10m 整倍数的曲线半径。

（2）因地制宜，由大到小合理选用

各曲线选用的曲线半径值不得小于设计线选定的最小曲线半径。在适应地形的条件下，《线规》制订了优先半径取值范围，见表 4-9，以实现线路"少维修"，提高动车组、客运列车通过曲线的运行品质，基础设施预留长远发展条件的目标。

表 4-9　客货共线铁路平面曲线优先半径取值范围

路段设计速度/(km/h)	200	160	120	100	80
货车设计速度/(km/h)	100	90	70	60	50
h_{max}/mm	150	150	150	150	150
平面曲线半径取值范围/m	4500~8000	2500~5000	1600~3000	1200~2500	800~2000

但当遇到车站、特殊桥梁、重大建筑物障碍、环保敏感点等控制因素时，半径的选择则应根据控制因素，综合考虑相关专业设计要求分析研究后确定。应遵循"慎用最小曲线半径"及由大到小、宁大勿小的原则，以适应地形、地质、地物条件，少占农田、减少路基、挡土墙、桥隧工程量。

（3）应与线路纵断面设计配合

坡道平缓地段与凹形纵断面坡底地段，行车速度较高，应选配不限制行车速度的较大半径。

在长大坡道地段、凸形纵断面的坡顶地段和双方向均需停车的大站两端引线地段，行车速度较低，若地形困难，在不引起较大工程量时，可选用较小曲线半径。

足坡的长大坡道坡顶地段和车站前要用足坡度上坡的地段，虽然行车速度较低，但不宜选用 600m 或 550m 以下过小的曲线半径，以免因轮轨间黏着系数降低，而使坡度减缓，额外展长路线。

（4）小曲线半径集中使用

在地形困难、工程艰巨地段，小曲线半径宜集中使用，以免列车频繁限速，损失列车动能，增大能量消耗，恶化运营条件。

（5）最大曲线半径

曲线半径的最大值确定为 12000m，是考虑到如再增大曲线半径，因行车速度不高，行车条件的改善并不显著；而过大的半径导致曲线过长，采用正矢法整正曲线时正矢很小，不利于日常的检修，造成维修工作加大，曲线也不易保持圆顺。

4.2.4　缓和曲线

缓和曲线是设置在直线与圆曲线间或不同半径同向圆曲线之间的曲率和外轨超高连续变化的曲线。为使列车安全、平顺、舒适地由直线过渡到圆曲线，或改善复曲线，应在这些过渡段设置缓和曲线。

缓和曲线的作用是：在缓和曲线范围内，其曲率半径由无限大渐变到圆曲线半径，从而使车辆产生的离心力逐渐增加，有利于行车平稳；在缓和曲线范围内，外轨超高由零递增到圆曲线上的超高量，使向心力逐渐增加，与离心力的增加相配合；当曲线半径小于 295m、轨距需要加宽时，在缓和曲线范围内，由标准轨距逐步加宽到圆曲线上的加宽量。

设计缓和曲线时，有线形选择、长度计算和保证缓和曲线间圆曲线必要长度即最小长度三个问题。

（1）线形选择

缓和曲线线形近似于缓和曲线曲率的二次定积分，而曲率又和超高具有一定的比例关系，所以缓和曲线线形可以形象地用外轨超高的顺坡形式表示。

我国铁路大多是客货列车共线运行，行车速度不高，一直采用直线形超高顺坡的三次抛物线缓和曲线线形。这种缓和曲线的优点是线形简单，长度较短，计算方便，易于铺设养护。外股钢轨在缓和曲线起终点处自然弯曲，维修中又规定起点加 2mm，终点减 1mm，以维持其曲度；再加上轨道本身的弹性和车辆弹簧的缓冲作用，轮轨冲击和车辆振动大大减轻。运营实践表明，这种线形基本上是适用的，今后仍应当采用这种线形。

如图 4-12 所示，三次抛物线形缓和曲线的参数方程、直角坐标方程和外轨超高顺坡坡度按下列计算式分别计算。

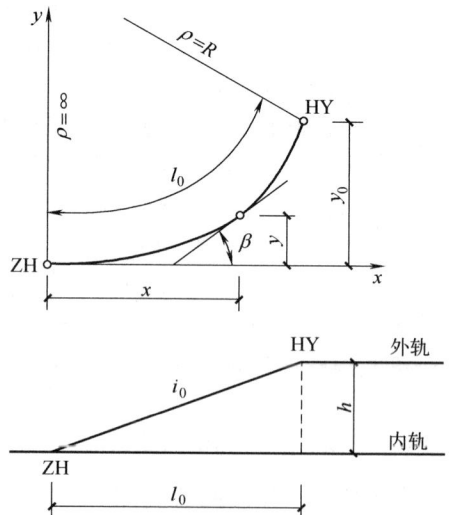

图 4-12　缓和曲线与外轨超高

ρ—缓和曲线上任意点的曲率半径，m；

β—缓和曲线上任意点的缓和曲线角，（°）

参数方程：

$$\begin{cases} x = l\left(1 - \dfrac{l^4}{40R^2 l_0^2} + \cdots\right) \approx l \\ y = \dfrac{l^3}{6Rl_0}\left(1 - \dfrac{l^4}{56R^2 l_0^2} + \cdots\right) \approx \dfrac{l^3}{6Rl_0} \end{cases} \tag{4-35}$$

直角坐标方程：

$$y = \frac{x^3}{6Rl_0}\left(1 + \frac{2x^4}{35R^2 l_0^2} + \cdots\right) \approx \frac{x^3}{6Rl_0} \tag{4-36}$$

超高顺坡坡度：

$$i_0 = \frac{h}{l_0} \tag{4-37}$$

式中　x、y——缓和曲线上任意点的横坐标、纵坐标；

　　　　l——缓和曲线上任意点距 ZH（HZ）点的长度，m；

　　　　l_0——缓和曲线全长，m；

　　　　R——圆曲线半径，m；

　　　　h——圆曲线上的外轨超高，mm。

(2) 缓和曲线长度计算

缓和曲线长度影响行车安全和旅客舒适，拟定标准时，应根据下列条件计算并取其中较长者。

① 超高顺坡不致使车轮脱轨。满足不使车轮脱轨的缓和曲线长度为：

$$l_{01} \geqslant \frac{h}{i_{\max}} = \frac{h}{2} \tag{4-38}$$

式中　l_{01}——缓和曲线长度，m。

　　　　h——圆曲线超高，mm。

　　$i_{\max}$——不使车轮脱轨的临界超高顺坡度，‰。我国《铁路轨道设计规范》规定：曲线超高应在整个缓和曲线内顺完，顺坡坡度一般不应大于 $1/(10V_{\max})$；困难条件下不应大于 $1/(9V_{\max})$（$V_{\max}$ 为列车最高运行速度，km/h）；且不应大于 2‰。

② 超高时变率不会引起旅客不适。满足此条件的缓和曲线长度（单位：m）为：

$$l_{02} \geqslant \frac{hV_{\max}}{3.6f} \tag{4-39}$$

式中　$V_{\max}$——通过曲线的最高行车速度，km/h。

　　　　f——旅客舒适允许的超高时变率，mm/s。高速铁路取 25mm/s、28mm/s、31mm/s；客货共线铁路取 28mm/s、32mm/s、36mm/s；城际铁路取 28mm/s、35mm/s。超高时变率与最高行车速度及工程条件有关，速度高、工程条件容易时应取小值。

③ 欠超高（或未被平衡离心加速度）时变率不应使旅客不适。满足此条件的缓和曲线长度（单位：m）为：

$$l_{03} \geqslant \frac{h_q V_{\max}}{3.6b} \tag{4-40}$$

式中　h_q——旅客列车以最高行车速度通过曲线时的欠超高，mm。

　　　　b——旅客舒适度容许的欠超高时变率，mm/s，高速铁路取 23mm/s、38mm/s；

客货共线铁路取 40mm/s、45mm/s、52.5mm/s；城际铁路取 23mm/s、38mm/s。工程容易时取小值，困难时取大值。

综上分析，缓和曲线长度的计算公式为

$$l_0 = \max\{l_{01}, l_{02}, l_{03}\} = \max\left\{\frac{h}{i_{\max}}, \frac{hV_{\max}}{3.6f}, \frac{h_q V_{\max}}{3.6b}\right\} \tag{4-41}$$

式中 l_0——缓和曲线长度标准值，m。

根据曲线超高允许设置范围及相应的超高计算公式，按式（4-41）计算并检算，按缓和曲线长度进整为 10m，不足 20m 者取 20m 等，计算得高速铁路、城际铁路、客货共线铁路及重载铁路最小缓和曲线长度如表 4-10～表 4-13 所示。

表 4-10   高速铁路最小缓和曲线长度   单位：m

曲线半径/m	设计速度/(km/h)								
	350			300			250		
	(1)	(2)	(3)	(1)	(2)	(3)	(1)	(2)	(3)
12000	370	330	300	220	200	180	140	130	120
11000	410	370	330	240	210	190	160	140	130
10000	470	420	380	270	240	220	170	150	140
9000	530	470	430	300	270	250	190	170	150
8000	590	530	470	340	300	270	210	190	170
7000	670 680*	590 610*	540 550*	390	350	310	240	220	190
6000	670 680*	590 610*	540 550*	450	410	370	280	250	230
5500	670 680*	590 610*	540 550*	490	440	390	310	280	250
5000	—	—	—	540	480	430	340	300	270
4500	—	—	—	570 585*	510 520*	460 470*	380	340	310
4000	—	—	—	570 585*	510 520*	460 470*	420	380	340
3500	—	—	—	—	—	—	480	430	380
3200	—	—	—	—	—	—	480	430	380
3000	—	—	—	—	—	—	480 490*	430 440*	380 400*
2800	—	—	—	—	—	—	480 490*	430 440*	380 400*

注：1. 表中 (1)、(2)、(3) 分别对应超高时变率 $f = 25$mm/s，$f = 28$mm/s，$f = 31$mm/s。

2. 表中 * 号标志表示为曲线设计超高 175mm 时的取值。

表 4-11   高速铁路限速地段缓和曲线长度   单位：m

曲线半径/m	设计速度/(km/h)							
	200		160		120		80	
	(1)	(2)	(1)	(2)	(1)	(2)	(1)	(2)
12000	80	70	50	40	20	20	—	—
11000	80	70	50	40	20	20	—	—
10000	90	80	50	40	20	20	—	—
9000	100	80	60	50	30	30	—	—
8000	110	90	60	50	30	30	20	20
7000	130	100	70	50	40	30	20	20

续表

曲线半径/m	设计速度/(km/h)							
	200		160		120		80	
	(1)	(2)	(1)	(2)	(1)	(2)	(1)	(2)
6000	150	120	70	60	40	30	20	20
5500	170	140	80	70	40	30	20	20
5000	180	150	90	80	40	40	20	20
4500	200	160	100	80	50	40	20	20
4000	230	180	120	100	50	40	20	20
3500	260	210	130	100	60	50	20	20
3200	280	230	140	120	60	50	20	20
3000	300	250	160	130	60	50	30	20
2800	330	260	160	130	70	60	30	20
2500	340	270	180	150	80	60	30	30
2200	360	290	200	160	80	70	30	30
2000	360	290	230	180	100	80	40	30
1900	—	—	240	190	100	80	40	30
1800	—	—	250	210	100	90	40	30
1600	—	—	270	220	120	100	40	40
1500	—	—	290	230	120	100	50	40
1400	—	—	290	230	140	110	50	40
1300	—	—	—	—	140	120	50	40
1200	—	—	—	—	160	130	60	50
1100	—	—	—	—	170	140	60	50
1000	—	—	—	—	190	160	70	60
900	—	—	—	—	200	170	80	60
800	—	—	—	—	200	170	80	70
700	—	—	—	—	—	—	100	80
600	—	—	—	—	—	—	110	90
550	—	—	—	—	—	—	110	90
500	—	—	—	—	—	—	120	90
450	—	—	—	—	—	—	130	110
400	—	—	—	—	—	—	140	110

注：表中 (1)、(2) 分别对应超高时变率 $f=25\text{mm/s}$、$f=31\text{mm/s}$。

表 4-12　城际铁路最小缓和曲线长度　　　　单位：m

曲线半径/m	设计速度/(km/h)											
	200		160		120		100		80		60	
	(1)	(2)	(1)	(2)	(1)	(2)	(1)	(2)	(1)	(2)	(1)	(2)
12000	40	40	40	30	20	20	20	20	—	—	—	—
11000	50	40	40	30	20	20	20	20	—	—	—	—
10000	60	50	40	30	30	20	20	20	—	—	—	—
9000	70	60	40	40	30	20	20	20	—	—	—	—
8000	90	80	40	40	30	20	20	20	20	20	—	—
7000	100	80	60	50	30	30	20	20	20	20	—	—
6000	120	100	70	60	30	30	20	20	20	20	—	—
5000	140	120	80	70	40	30	20	20	20	20	20	20
4000	180	150	100	80	50	40	30	20	20	20	20	20
3800	190	160	100	80	50	40	30	20	20	20	20	20
3500	210	170	110	90	50	40	30	30	20	20	20	20
3000	250	200	130	110	60	50	40	30	20	20	20	20
2800	270	220	140	110	60	50	40	30	20	20	20	20

曲线半径/m	设计速度/(km/h)											
	200		160		120		100		80		60	
	(1)	(2)	(1)	(2)	(1)	(2)	(1)	(2)	(1)	(2)	(1)	(2)
2500	300	240	160	130	70	60	40	40	30	20	20	20
2200	300	250	180	140	80	60	50	40	30	20	20	20
2000	300	250	190	150	90	70	50	40	30	30	20	20
1800	—	—	200	160	90	80	60	50	40	30	20	20
1600	—	—	220	180	110	90	60	50	40	30	20	20
1500	—	—	230	180	110	90	70	60	40	40	20	20
1200	—	—	—	—	140	110	80	70	50	40	30	20
1000	—	—	—	—	170	140	100	80	60	50	30	20
900	—	—	—	—	170	140	110	90	70	60	30	30
800	—	—	—	—	180	150	120	100	80	60	30	30
750	—	—	—	—	—	—	130	110	80	70	40	30
700	—	—	—	—	—	—	140	120	90	70	40	30
600	—	—	—	—	—	—	150	120	100	80	50	40
500	—	—	—	—	—	—	150	120	100	80	50	40
450	—	—	—	—	—	—	—	—	100	80	60	50
400	—	—	—	—	—	—	—	—	100	80	70	50
300	—	—	—	—	—	—	—	—	—	—	70	60

注：1. 表中（1）、（2）分别对应超高时变率 $f=28\text{mm/s}$、35mm/s。

2. 车站两端减、加速地段或受工程条件控制的限速地段，可采用与行车速度、曲线半径相匹配的缓和曲线长度。

表 4-13　客货共线及重载铁路最小缓和曲线长度　　单位：m

路段设计速度/(km/h)	200		160		120		100		80	
工程条件	一般	困难	一般	困难	一般	困难	一般	困难	一般	困难
12000	40	40	40	40	20	20	20	20	20	20
10000	50	50	50	40	20	20	20	20	20	20
8000	70	60	60	50	30	20	20	20	20	20
7000	80	70	70	50	30	20	20	20	20	20
6000	90	80	70	50	30	20	20	20	20	20
5000	90	80	70	60	40	30	20	20	20	20
4500	100	90	70	60	40	30	30	20	20	20
4000	120	110	80	70	50	30	30	20	20	20
3500	140	130	90	70	50	40	40	20	20	20
3000	170	150	90	80	50	40	40	20	20	20
2800	180	170	100	90	50	40	40	30	20	20
2500	—	—	110	100	60	40	40	30	30	20
2000	—	—	140	120	60	50	50	40	30	20
1800	—	—	160	140	70	60	50	40	30	20
1600	—	—	170	160	70	60	50	40	40	20
1400	—	—	—	—	80	70	60	40	40	20
1200	—	—	—	—	90	80	60	50	40	20
1000	—	—	—	—	120	100	70	60	40	30
800	—	—	—	—	150	130	80	70	50	40
700	—	—	—	—	—	—	100	90	50	40
600	—	—	—	—	—	—	120	100	60	50
550	—	—	—	—	—	—	130	110	60	50
500	—	—	—	—	—	—	—	—	60	60

注：当采用表列数值间的曲线半径时，其相应的缓和曲线长度可采用线性内插值，并进整至10m。

(曲线半径 R/m 为表 4-13 左侧列标题)

（3）缓和曲线间圆曲线的最小长度

两缓和曲线间圆曲线的最小长度，应保证行车平稳，并考虑维修方便。

在线路平面设计时，为保证圆曲线有足够的长度，曲线偏角 α、曲线半径 R 和缓和曲线长度 l_0 三者间的关系应满足下式：

$$\frac{\pi R\alpha}{180} - l_0 \geqslant L_{ymin} \tag{4-42}$$

式中　L_{ymin}——圆曲线最小长度，m，采用表 4-1 中数值。

在设计线路平面时，若曲线偏角较小，设置缓和曲线后，圆曲线长度达不到规定值，即式（4-42）得不到满足，则宜加大半径，增加圆曲线长度。如条件限制，不易加大曲线半径或加大后仍不能满足要求时，则可采用较短的缓和曲线长度，或适当改动线路平面，增大曲线偏角，从而增加圆曲线长度。

4.2.5　限界及线间距

4.2.5.1　铁路限界

铁路限界是与线路纵向中心线垂直的横断面轮廓。铁路限界主要包括机车车辆限界、建筑限界、隧道建筑限界、桥梁建筑限界等。限界设置的目的是使机车牵引车辆在铁路上以规定的速度行驶，避免同建筑物和设备碰擦，保证运行的安全。

（1）机车车辆限界

机车车辆限界是机车车辆本身及其装载的货物不得超越的轮廓线。机车车辆无论是空车或重车，当停在水平直线上时，其车身所有突出部分（如扶手）和悬挂部分（如信号灯），除电力机车升起的受电弓外，都应容纳在限界轮廓之内，不允许有超越情况。

机车车辆上部限界如图 4-13 所示，部分尺寸说明如下：

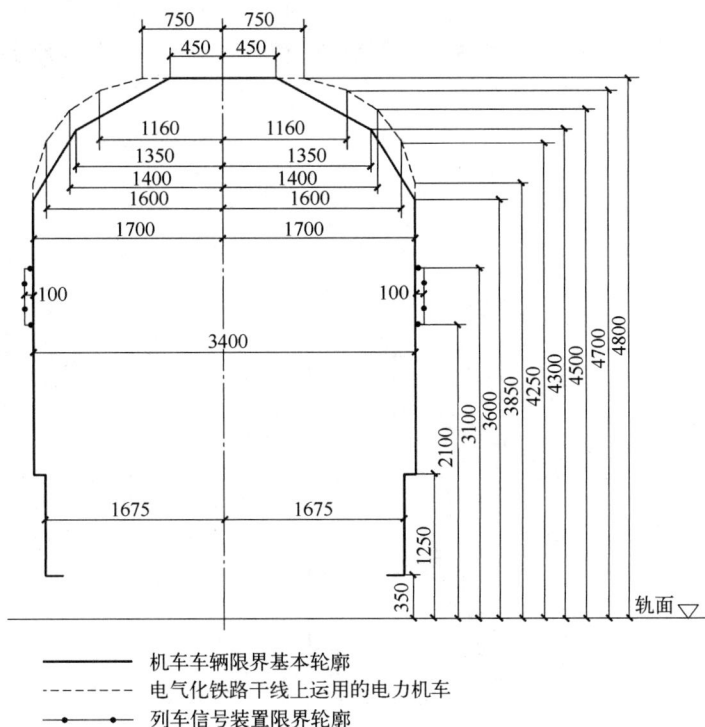

图 4-13　机车车辆上部限界（单位：mm）

① 机车车辆的中部最大高度，限界规定为 4800mm，因此机车车辆顶部的任何装置，如高烟囱、放置防火罩或天窗的开度等，均应保持在 4800mm 以内，防止机车车辆顶部与桥梁、隧道上部相撞。

② 机车车辆在钢轨水平面上部 1250～3600mm 范围内，其宽度规定为 3400mm，但为了安装路签自动授收机及悬挂列车侧灯，允许左右各加宽 100mm。

③ 在钢轨水平面上 1250mm 高度以下，机车车辆宽度应逐渐缩减。在这个范围内，建筑物和设备较多，如站台、道岔转辙器、电气装置等，为防止与这些设备接触，规定了不同的限界要求。

④ 机车车辆限界的半宽为 1700mm。

⑤ 距线路中心线 1675mm，是电力机车左右两汽缸（或蓄电池柜）外侧距线路中心线的限界，如为内燃机车，该限界为 1600mm。

⑥ 距钢轨水平面 350mm，是机车脚蹬板及客车车梯距轨面的限界。

(2) 建筑限界

建筑限界是一个与线路中线垂直的极限横断面轮廓。在此轮廓内，除机车车辆以及同它有相互作用的设备（如电气化铁路接触网、车辆减速器等）以外，其他设备和建筑物不得侵入。

① 客货共线铁路、重载铁路基本建筑限界

客货共线铁路基本建筑限界如图 4-14、图 4-15 所示，考虑了电力机车的运行情况，是全国铁路的基本建筑限界，其主要部位考虑的主要因素为：

2440mm——信号机、水鹤、跨线桥柱、雨篷、天桥（距正线及通行超限列车的站线）距线路中心的最小距离（2225＋170.5＋44.5＝2440mm，其中 2225mm 为超限货物装载限界的半个宽度，170.5mm 为横向偏移量，44.5mm 为安全余量）。

2150mm——信号机、水鹤（距不通行超限货物列车的站线）距线路中心的距离。

1750mm——高站台、一般旅客站台、邻靠正线及通行超限列车线路旁侧的旅客站台距线路中心的最小距离。

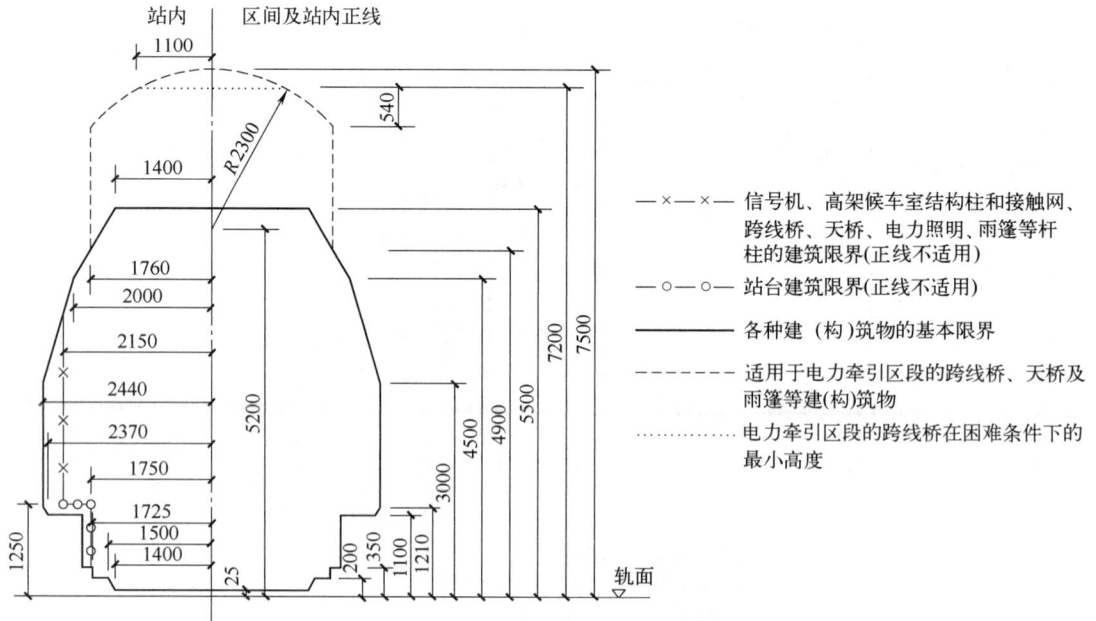

图 4-14　$V > 160$km/h 客货共线铁路基本建筑限界（单位：mm）

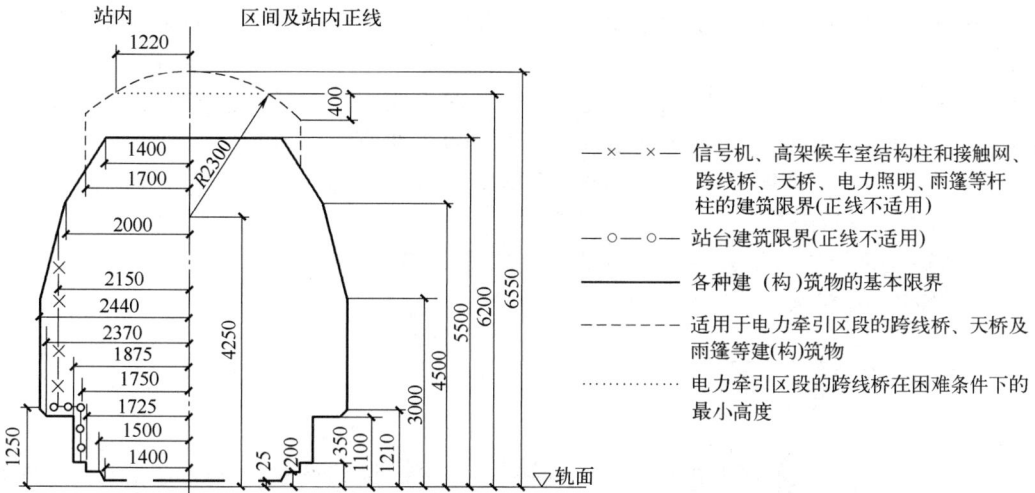

图 4-15　$V \leqslant 160$km/h 客货共线铁路、重载铁路基本建筑限界（单位：mm）

旅客站台上的柱类建（构）筑物离站台边缘至少 1.5m，建（构）筑物离站台边缘
至少 2.0m。专为行驶旅客列车的线路上可建 1250mm 的高站台

　　在建筑限界与机车车辆限界间之所以留有相当的距离（安全空间），是考虑了机车车辆运行中振动、摆动及线路可能发生的非正常状态偏移的余地及超限货物列车的运行要求，此安全空间的大小随建筑物性质而不同。例如在电力牵引区段的建筑物，其净空高度需考虑电压的强弱、接触线至车辆和建筑物的距离等；而隧道顶部要求筑成拱形（以利用围岩自承能力），其限界需考虑机车烟尘和废气排放及加强通风换气要求；桥梁建筑限界也需要考虑其特殊性。

　　机车车辆限界和建筑限界的垂直尺寸，都是从轨面算起的，在设计桥梁、隧道与其他建筑物或设备的高度时，应考虑由于线路起道、更换重轨或其他原因引起的轨面抬高，同时也应考虑建筑物和设备可能的下沉或倾斜。

　　在采用上述限界时，货物列车的装载高度应不超过 5300mm。

　　② 高速铁路建筑限界

　　高速铁路建筑限界采用我国客运专线铁路建筑限界，如图 4-16 所示。其主要尺寸为：

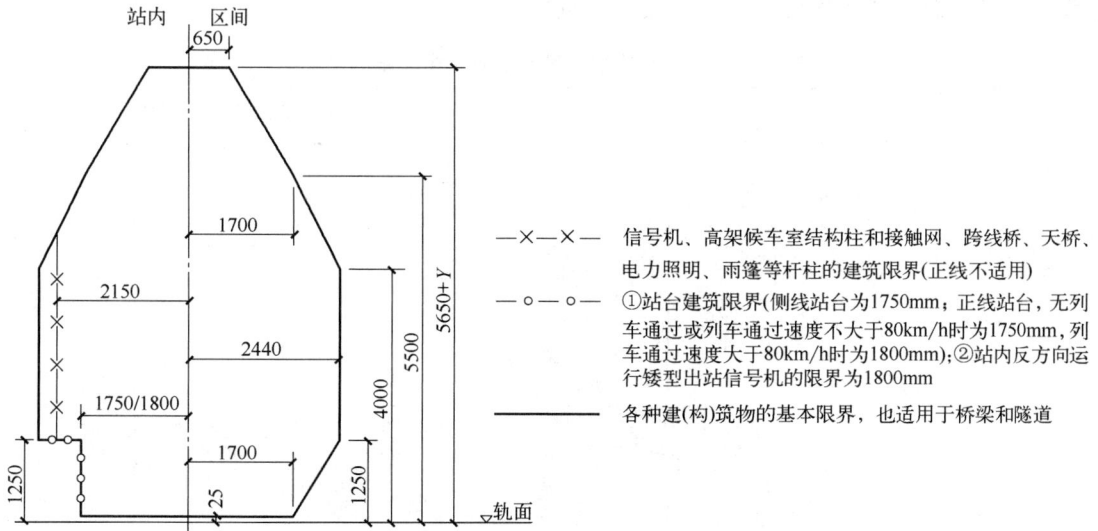

图 4-16　高速铁路建筑限界轮廓及基本尺寸（单位：mm）

5650mm——接触导线最低高度 5300mm＋对地绝缘距离 300mm＋施工误差、抬道影响 50mm 等。

Y——接触网结构高度，不同的悬挂方式，高度不同。弹性链形悬挂时为 1600mm，简单链形悬挂时为 1400mm；采用刚性悬挂时，结构高度根据设计确定。

1250mm——站台高度，与动车组的地板高度相适应。

③ 城际铁路建筑限界

城际铁路建筑限界与设备设施的设计关系如图 4-17 所示。

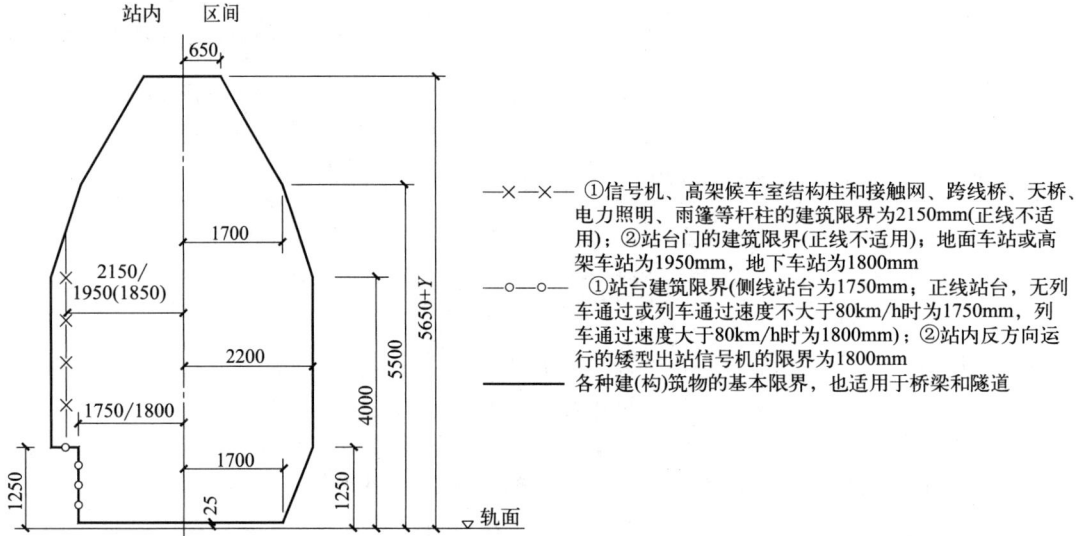

图 4-17　城际铁路建筑限界轮廓及基本尺寸（单位：mm）

图 4-17 中 2200mm 为由于城际铁路不考虑货物列车运行，特别是不考虑宽 4450mm 的超限货物列车运行，建筑限界最大半宽减小至 2200mm。

（3）建筑限界的加宽

铁路沿线的主要建筑物和设备至线路中心线的距离是常用的数据，表 4-14 给出了直线地段的要求，若为曲线地段尚需考虑限界加宽。

表 4-14　主要建筑物和设备至线路中心线的距离　　　　　单位：mm

序号	建筑物和设备名称			高速铁路	城际铁路	客货共线铁路和重载铁路	
						高出轨面的距离	至线路中心线的距离
1	跨线桥柱、天桥柱、雨篷柱和接触网、电力照明等杆柱边缘	接触网位于站内正线一侧或站场最外线路的外侧	无砟	≥3000	≥2500	—	—
			有砟	≥3100	≥3100	—	≥3100
		位于站内正线一侧（除接触网）		≥2440	≥2200	—	≥2440
		位于站线间	通行超限货物列车时	—	—	1100 及以上	≥2440
			不通行超限货物列车时	≥2150	≥2150	1100 及以上	≥2150
		位于站场最外站线的外侧		≥3100	≥3100	1100 及以上	≥3100
		位于最外梯线或牵出线一侧		≥3100	≥3100	1100 及以上	≥3500
2	高柱信号机边缘	高速铁路和城际铁路	正线	≥2440	≥2200	—	—
			到发线	≥2150	≥2150	—	—
		客货共线铁路和重载铁路	通行超限货物列车时	—	—	1100 及以上	≥2440
			不通行超限货物列车时	—	—	1100 及以上	≥2150

续表

序号	建筑物和设备名称		高速铁路	城际铁路	客货共线铁路和重载铁路	
					高出轨面的距离	至线路中心线的距离
3	货物站台边缘	普通站台	—	—	950～1100	1750
		高站台	—	—	≤4800	1850
4	旅客站台边缘	高站台　位于正线一侧	1800	1 800	—	—
		高站台　位于站线一侧	1750	1750	1250	1750
		普通站台　位于不通行超限货物列车的到发线一侧	—	—	500	1750
		低站台　位于通行超限货物列车的到发线一侧	—	—	300	1750

当列车通过曲线时，每节刚体车辆置于曲线上，首端和尾端的中心线在平面上会与实际曲线的中心线不一致：车体中部向曲线内侧偏移，车体端部向曲线外侧偏移；在立面上，由于超高而使得列车向内侧倾斜。这两个原因使得限界不够，因而需加宽曲线地段的建筑限界来处理几何偏移。

曲线建筑限界的加宽值与车辆长度、车辆定距、曲线半径相关。标准中选取车体长度 26m，两转向架中心销间距 18m 的四轴车作为计算车辆；另选取计算曲线半径 R 为 300m，曲线外轨超高为 150mm 为计算条件。计算时考虑以下两种导致加宽的因素。

① 车辆位于曲线上时，车辆中部向曲线内侧突出（内侧加宽量表示为 $W_{中内}$）；车辆两端向外侧突出（外侧加宽量表示为 $W_{端外}$），如图 4-18（a）所示。根据几何关系，可求出 $W_{中内}$、$W_{端外}$（单位：mm）如下：

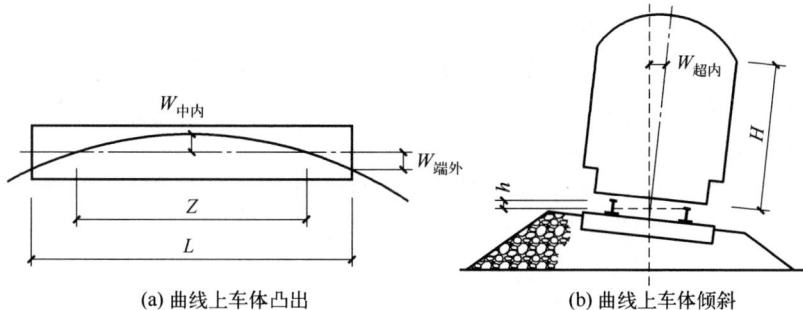

(a) 曲线上车体凸出　　　(b) 曲线上车体倾斜

图 4-18　曲线限界加宽的原因

$$W_{中内} = \frac{40500}{R} \tag{4-43}$$

$$W_{端外} = \frac{44000}{R} \tag{4-44}$$

式中　R——曲线半径。

② 曲线上外轨实设超高 h 使车体向内侧倾斜，如图 4-18（b）所示。在距轨面高度 H（3850mm）处，车体内侧最大倾斜值（超过加宽量）$W_{超内}$（两轨中心距按 1500mm 计）按下式计算：

$$\frac{W_{超内}}{H} = \frac{h}{1500} \tag{4-45}$$

得

$$W_{超内} = \frac{H}{1500} h \tag{4-46}$$

根据上述加宽量，可得曲线内侧限界加宽量为

$$W_内＝W_{中内}＋W_{超内} \tag{4-47}$$

曲线限界外侧加宽量仅需考虑车辆两端外移引起的加宽量，即按式（4-44）计算。各种加宽量计算结果均进整为 5mm 的整数倍。

曲线地段的建筑限界加宽范围，包括全部圆曲线、缓和曲线和部分直线，如图 4-19（a）所示，可采用阶梯加宽方法或曲线圆顺方式，加宽量按式（4-47）计算。

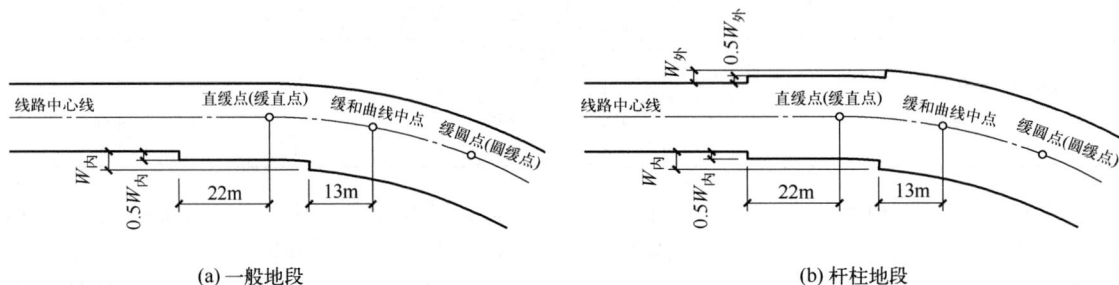

图 4-19　曲线地段建筑限界的加宽方法

曲线地段的站线侧信号机、高架候车室结构柱和接触网、跨线桥、天桥、电力照明、雨篷等杆柱的建筑限界、站内反方向运行矮型出站信号机和站台建筑限界，应根据曲线内、外侧的限界进行加宽。曲线加宽范围包括全部圆曲线、缓和曲线和部分直线，并应采用阶梯加宽方法，如图 4-19（b）所示。

4.2.5.2　线间距

相邻铁路中心线间的最短距离，称为线间距离（简称线间距）。不论在区间还是站场，通常按最小间距设计，以减小占地空间。

线间距除了考虑限界要求，还要考虑安全的需要，由两列车的半宽加安全净距而定，曲线地段线间距还要加宽。

（1）直线地段的线间距

当旅客列车最高行车速度等于或小于 120km/h 时，采用机车车辆限界的半宽为 1700mm，列车信号限界宽度为 100mm，两列车不限速会车的安全距离取 400mm，则线间距为：

$$2×(1700＋100)＋400＝4000(mm)$$

当旅客列车最高行车速度为 160km/h 时，两列车不限速会车的安全距离取 600mm，则第一、二线线间距为 4.2m，而改建既有线及增建第二线，当最高行车速度为 160km/h 时，区间正线最小线间距可保持 4.0m（但应采取必要措施防止会车时引起客车车窗玻璃破损及敞车篷布飞扬等情况）。区间直线地段的线间距不应小于表 4-15 规定的数值。

表 4-15　区间直线地段最小线间距

线别间	高速铁路		城际铁路		客货共线铁路和重载铁路	
	设计速度/(km/h)	最小线间距/m	设计速度/(km/h)	最小线间距/m	路段设计速度/(km/h)	最小线间距/m
第一、二线间	250	4.6	$V＝200$	4.2	$160<V≤200$	4.4
	300	4.8	$V≤160$	4.0	$120<V≤160$	4.2
	350	5.0			$V≤120$	4.0
三线及四线区间的第二线与第三线间	—	5.3	—	5.3	—	5.3

线别间		高速铁路		城际铁路		客货共线铁路和重载铁路	
		设计速度/(km/h)	最小线间距/m	设计速度/(km/h)	最小线间距/m	路段设计速度/(km/h)	最小线间距/m
站内正线间	无渡线时	—	与区间正线相同	—	与区间正线相同	—	5.0
	有渡线时	$V \leqslant 250$	4.6	$V \leqslant 200$	4.6	—	5.0
		$250 < V \leqslant 300$	4.8				
		$300 < V \leqslant 350$	5.0				
动车组存车线间		—	4.6	—	4.6		

双线铁路有超限货物列车通过时：两列车间最小距离大于 350mm 时可不限速；在 300～350mm 之间时行车速度不得超过 30km/h；小于 300mm 时禁止会车。例如：线距为 4.0m 的双线铁路，若某一线开行一级超限货物列车（半宽为 1900mm），另一线通行一般货物列车（半宽为 1700mm，车灯界为 100mm），则两列车间距离为 4000－1900－1700－100＝300mm，故两列车允许以 30km/h 限速在区间会车；若开行二级超限货物列车（半宽为 1940mm）或超级超限货物列车（半宽为 2225mm），这两种情况的列车与另一线一般货物列车的安全距离不足 300mm，此时，另一线不得通行列车。

增建第二线时，为了在超限运输量大且逐年增大的区间上能通行二级或超级超限货物列车，可在区段内布置若干交会超限货物列车区段，线间距为：2×2225mm＋400mm＝4850mm，一般取 5.0m。

(2) 曲线地段的线间距

高速铁路的正线与联络线、动车组走行线并行地段的线间距，不应小于 5.0m，曲线地段不加宽。城际铁路、客货共线铁路和重载铁路曲线两端直线地段线间距按表 4-15 最小线间距设计时，曲线地段的线间距的加宽量除了考虑外侧曲线上车厢中部内移、内侧曲线上车厢端部外移的加宽因素外，还要考虑外侧曲线上的超高 $h_{外}$ 是否大于内侧曲线超高 $h_{内}$（若外侧曲线上的超高大于内侧曲线超高，外侧曲线上的列车内倾程度大于内侧曲线上的列车，需要将两者在突出部位的倾斜差作为增加的加宽量 Δ）。曲线地段线间距的加宽量为：

$$W = W_{中内} + W_{端外} + \Delta \tag{4-48}$$

$$\Delta = \frac{H}{1500}(h_{外} - h_{内}) \tag{4-49}$$

式中　H——车厢最突出部位距轨面的高度（取 3850mm），两轨中心间距为 1500mm。

区间直线地段为最小线间距时，不同曲线半径的线间距离加宽值可在表 4-16 中查得。

表 4-16　区间直线地段为最小线间距时不同曲线半径的线间距离加宽值　单位：mm

线别间		城际铁路	客货共线铁路和重载铁路										
		第一、二线间	第一、二线间						第二、三线间				
内、外侧线路曲线超高设置情况			外侧线路曲线超高大于内侧曲线超高时				其他情况						
路段设计速度/(km/h)		$\leqslant 160$	200	160	120	100	80	$\leqslant 200$	200	160	120	100	80
曲线半径/m	12000	0	85	50	35	20	15	10	90	60	40	30	20
	10000	0	85	60	35	20	15	10	100	70	40	30	20
	8000	0	90	80	40	25	15	15	105	95	55	30	20
	7000	0	90	85	50	30	20	15	110	100	65	45	35
	6000	0	95	90	65	35	25	15	115	105	75	45	35

续表

线别间 内、外侧线路曲线超高设置情况	城际铁路	客货共线铁路和重载铁路										
	第一、二线间	第一、二线间						第二、三线间				
		外侧线路曲线超高 大于内侧曲线超高时					其他 情况					
路段设计速度 /(km/h)	≤160	200	160	120	100	80	≤200	200	160	120	100	80
曲线半径/m 5000	0	95	95	70	40	35	20	130	115	90	55	45
4500	0	100	95	80	45	40	20	140	120	100	60	50
4000	0	100	100	95	55	40	25	145	130	110	70	50
3500	0	135	105	95	65	50	25	195	145	115	85	65
3000	30	145	110	95	80	65	30	210	150	125	100	80
2800	35	155	120	100	85	65	35	220	160	130	115	85
2500	35	—	130	110	100	70	35	—	185	145	125	95
2000	45	—	165	120	105	95	45	—	235	160	140	110
1800	50	—	175	130	110	100	50	—	250	175	145	125
1600	55	—	195	145	125	115	55	—	275	195	165	145
1400	60	—	—	160	135	125	65	—	—	215	180	160
1200	70	—	—	175	155	135	75	—	—	230	200	170
1000	85	—	—	220	175	155	85	—	—	300	225	195
800	110	—	—	265	210	190	110	—	—	355	265	235
700	125	—	—	—	260	210	125	—	—	—	340	260
600	145	—	—	—	295	235	145	—	—	—	380	290
550	155	—	—	—	—	255	155	—	—	—	—	315
500	170	—	—	—	—	280	170	—	—	—	—	340
400	215											
300	285											

相邻铁路并行地段的平面设计中，从平行直线段到曲线地段，曲线两端线间距为最小线间距时，内外侧两曲线一般按同心圆设计，通常有以下两种加宽曲线地段线间距的方法。

① 曲线两端直线地段线间距等于最小线间距

由于可以通过曲线内移量 P 的调节实现两端直线段不动而曲线部分位置变化，因此，曲线线间距加宽可以采用加长内侧曲线的缓和曲线长度，使曲线向圆心方向移动，以增加两线间的线间距。此种做法两端直线不须移动，可节省直线地段的占地，如图 4-20（a）所示。

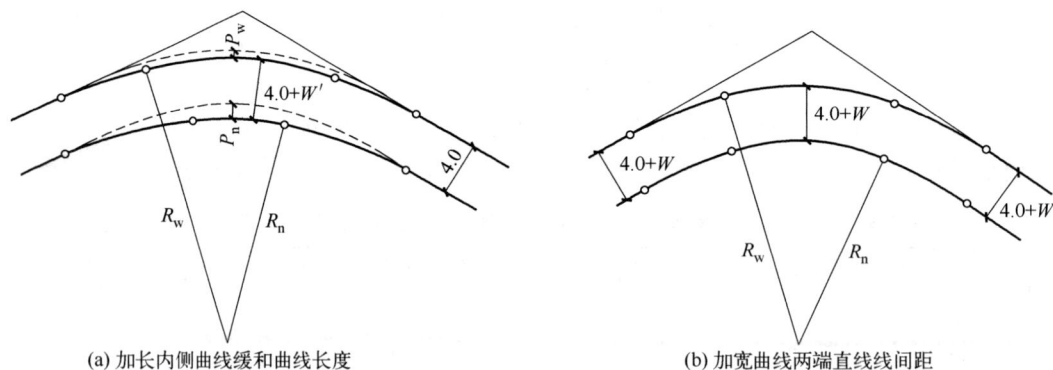

(a) 加长内侧曲线缓和曲线长度　　　　　　　(b) 加宽曲线两端直线线间距

图 4-20　曲线地段线间距加宽（图中以最小线间距为 4.0m 为例）

内侧缓和曲线的内移量应大于外侧缓和曲线的内移量，其值为外侧曲线设置缓和曲线后的内移量 $P_w = \dfrac{l_w^2}{24R_w}$，加上线间距的最小加宽量 W'：

$$P_n = P_w + W' \times 10^3 \tag{4-50}$$

由 $P_n = \dfrac{l_n^2}{24R_n}$，得内侧缓和曲线长度为

$$l_n = \sqrt{24R_n(P_w + W' \times 10^3)} \qquad (4\text{-}51)$$

式中　l_n、l_w——内、外侧线缓和曲线长度，m，进整至 10m；

　　　　R_n、R_w——内、外侧线曲线半径，m；

　　　　W'——线间距最小加宽值，mm。

② 加宽曲线两端直线地段线间距

在曲线毗连地段，如果夹直线长度较短，或者曲线偏角过小，不能过多地加长内侧线的缓和曲线长度时，内侧线可采用相同的缓和曲线长度，而加宽曲线两端直线地段的线间距，可使其满足曲线加宽要求，如图 4-20（b）所示。

（3）区间线路线间距变更方法

① 车站两端和桥隧地段的线间距变更宜利用附近曲线完成，如图 4-21（a）所示。条件不具备时，可在第二线上采用反向曲线完成，如图 4-21（b）所示。

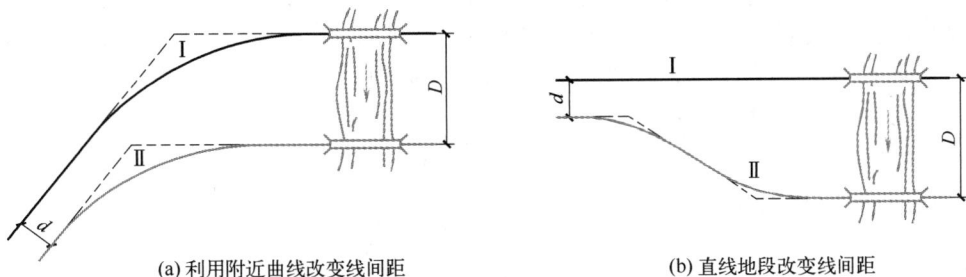

(a) 利用附近曲线改变线间距　　　　　(b) 直线地段改变线间距

图 4-21　变更线间距的方法

② 客货共线铁路相邻两线采用反向曲线变更线间距，若受圆曲线最小长度限制，可不设缓和曲线，但圆曲线半径不得小于表 4-17 规定的数值。

表 4-17　采用反向曲线变更线间距可不设缓和曲线的最小圆曲线半径　　　单位：m

路段设计速度/(km/h)		200	160	120	100	80
工程条件	一般	—	12000	10000	8000	5000
	困难			5000	4000	3000

③ 客货共线铁路相邻两线采用反向曲线变更线间距，若受曲线偏角限制不满足圆曲线最小长度标准时，对旅客列车设计速度小于 100km/h 的地段，可采用较短的圆曲线长度，但不得小于 20m。

4.3　区间线路纵断面设计

线路纵断面是由长度不同、陡缓各异的坡段组成的。坡段的特征用坡段长度和坡度值表示，如图 4-22 所示。坡段长度 L_i 为坡段两端变坡点间的水平距离。坡度值 i 为该坡段两端变坡点的高差 H_i（m）与坡段长度 L_i（m）的比值，以千分数表示，即：$i(‰) = H_i/L_i \times 1000$，上坡取正值，下坡取负值。如坡度为 5‰，即表示每千米上升 5m。

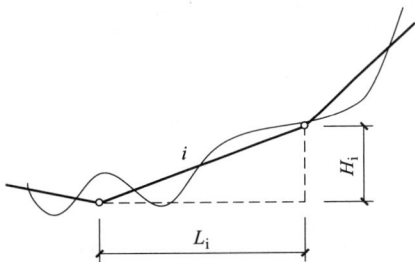

图 4-22　坡长与坡度示意图

4.3.1　线路的最大坡度

最大坡度是一项具有全局性意义的铁路主要技术标准，在一定的自然条件下，它对设计线的线路走向、长度、工程投资、运营费用、牵引质量及输送能力均有决定性的影响。

新建铁路的最大坡度，单机牵引路段称限制坡度，两台及以上机车牵引的路段称加力牵引坡度。

限制坡度是单机牵引普通货物列车，在持续上坡道上，最终以机车持续速度作等速运行的坡度。

加力牵引坡度是两台及以上机车牵引规定牵引吨数的普通货物列车，在持续上坡道上，最后以机车持续速度作等速运行的坡度，它是加力坡度路段的最大坡度。

高速铁路、城际铁路的区间正线最大坡度应根据地形条件、设计速度、运输需求和工程投资比选确定。最大坡度不宜大于 20‰，困难条件下不应大于 30‰。动车组走行线的最大坡度不宜大于 30‰，困难条件下不应大于 35‰。

如果纵断面的加算坡度超过最大坡度，则按限制坡度计算的牵引吨数的货物列车，在该设计坡道的持续上坡道上，最终会以低于持续速度的速度运行，从而发生运缓事故，甚至造成途停。所以设计坡度值加上曲线和隧道附加阻力的换算坡度值及小半径黏着系数降低坡度减缓值，不能大于最大坡度值。

4.3.1.1　限制坡度

（1）限制坡度对输送能力的影响

输送能力取决于通过能力和牵引质量。在机车类型一定时，牵引质量即由限制坡度决定。限制坡度大，牵引质量小，输送能力低；限制坡度小，牵引质量大，输送能力高。图 4-23 所示是 SS_3 型、SS_4 型和 DF_{4B} 型机车在各种限制坡道上的牵引质量，以及每天一对货物列车相应的输送能力图。可以看出，牵引质量、输送能力与限制坡度及机车类型间的关系密切。

（2）限制坡度对工程数量和运营的影响

① 对工程数量的影响

平原地区，限制坡度值对工程数量一般影响不大，但在铁路跨过需要立交的道路与通航河流时，因桥下要保证必要的净空而使桥梁抬高，若采用较大的限制坡度，可使桥梁两端引线缩短，填方数量减少。

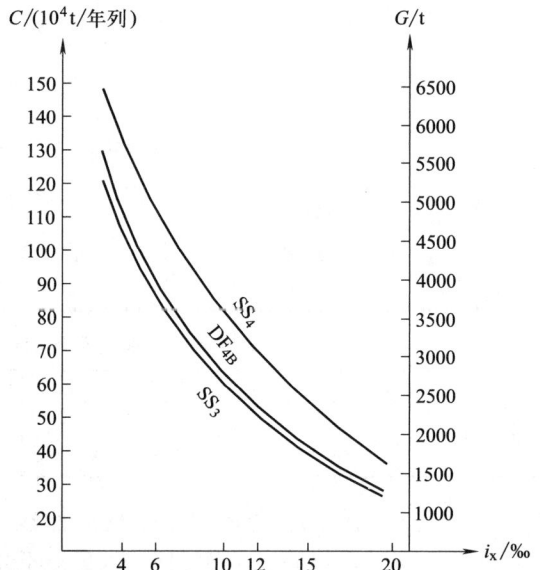

图 4-23　各种限制坡度的输送能力图

丘陵地区采用较大的限制坡度，可使线路高程升降较快，能更好地适应地形起伏，从而避免较大的填挖方，降低桥梁高度，缩短隧道长度，使工程数量减少，工程造价降低，如图 4-24 所示。

在自然纵坡陡峻的越岭地段，若限制坡度小于自然纵坡，线路需要迂回展长，才能达到控制点

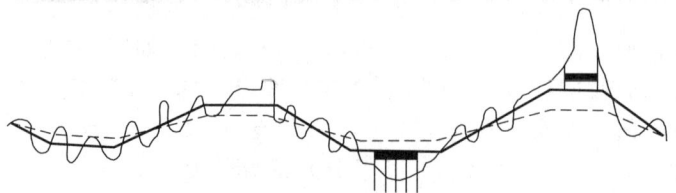

图 4-24　不同限坡的起伏纵断面

预定高程，工程数量和造价急剧增加。

② 对运营费用的影响

在完成相同运输任务的前提下，采用的限制坡度越大，则货物列车的牵引质量越小，需要开行的货物列车对数越多，机车台数增多，机车乘务组、燃料消耗、修理费用等增大，区间距离缩短，车站数目增多，管理人员和日常开支增加，列车区段速度降低，旅行时间加长，相应开支加大。总之，采用较大限坡，运营支出要相应增加，行车设备的投资也略有增加。

在平均自然纵坡陡峻地区，采用与自然纵坡相适应的限制坡度，可以缩短展线长度，大量降低工程投资。同时，因线路缩短，机车台数、车站数目、旅行时间等也相应减少，虽然列车数目增多，运营开支总和也不致增加很多。所以平均自然纵坡陡峻地区，应采用与其相适应的较大限制坡度，力争不额外展长线路。

(3) 影响限制坡度选择的因素

限制坡度选择是涉及铁路全局的重要工作，它直接影响线路走向、工程费和运营费，应经过全面分析、技术经济比选，慎重确定。

① 铁路等级

铁路等级越高，线路意义越大，客货运量也越大，安全、舒适要求就高，需要有更好的运营条件和较低的运输成本，因此宜采用较小的限制坡度。

② 牵引种类和机车类型

电力牵引比内燃牵引的持续牵引力大，持续速度高，牵引定数大，满足相同运能要求的限制坡度比内燃牵引大。

设计线的客货运量是逐年增长的。选择限制坡度时，应尽量采用节约初期投资、逐期加强的方案，如初期采用内燃牵引、远期采用电力牵引，或初期采用小功率机车、远期更换大功率机车。

③ 地形类别

限制坡度要和地形相适应，既不能选择过小的限制坡度，引起大量展线；又不能选择过大的限制坡度，使该限坡得不到充分利用，从而导致节省工程数量的效果不显著，且会给运营带来不良影响。对于长大线路而言，不同地段地形往往有较大变化，例如部分地段越岭、部分地段为低矮的丘陵，为与地形相适应可分段选定限坡，但应注意牵引质量的统一。

④ 运输需求

其他条件相同时，客货运量大的线路要求较小的限制坡度。

⑤ 邻线的牵引质量

限制坡度的选择应考虑使设计线与邻接铁路的牵引质量相协调。统一牵引质量可避免列车换重作业，加速机车车辆周转，提高运营指标及运输的机动性。牵引质量统一的方法可采用与邻接线路相同的限制坡度和机型，也可采用与邻接线不同的限制坡度，而用不同的机型来调整。

⑥ 符合《线规》规定

我国的山区占国土总面积的 65%，川、滇、黔、藏 4 省区中，河床自然纵坡小于 4‰ 的区域占 36%，4‰～8‰ 的占 41%，8‰～15‰ 的占 17%，15‰ 以上的占 6%，滇藏线经行地区的河床自然纵坡为 10‰～30‰。

为使线路与这些地形条件较好地适应，同时满足各级铁路的运量要求、保证行车安全要求和经济性要求，《线规》制定了限制坡度最大值。设计线选定的限制坡度，不应大于《线规》规定值，见表 4-18。当需要采用比该表更大的限制坡度时，不易满足运量、安全、经济的要求，可考虑采用加力牵引。

表 4-18 限制坡度最大值 单位：‰

铁路等级		I			II		
地形类别		平原	丘陵	山区	平原	丘陵	山区
牵引种类	电力	6.0	12.0	15.0	6.0	15.0	20.0
	内燃	6.0	9.0	12.0	6.0	9.0	15.0

关于限制坡度最小值《线规》未作规定，考虑到大功率机车在 4‰ 限制坡道上，牵引质量将受 1050m 到发线有效长度限制，因此限制坡度最小值通常取 4‰。

（4）分方向选择限制坡度

一般情况下，一条线路双方向的限制坡度是相同的。但有些线路具备一定条件，可以在重车方向设置较缓的限制坡度（上坡坡度），在轻车方向设置较陡的限制坡度（上坡坡度），这称为分方向选择限制坡度。

轻重车方向货流显著不平衡，预计将来也不会发生巨大变化的铁路，如在轻车方向采用较大的限制坡度有较大经济价值时，经过方案比选，可分方向采用不同的限制坡度。Ⅰ级铁路是路网中的骨干铁路，一般不应分方向选择限制坡度，仅在特殊困难条件下，有充分技术经济依据时方可考虑采用。

分方向选用限制坡度时，为适应将来货流比发生变化，客货共线铁路轻车方向的最大坡度值不应大于重车方向的三机牵引坡度值，并应进行重车方向的下坡制动检算。重载铁路轻车方向的最大坡度值不宜大于重车方向最大坡度值的 2 倍；当设计线的货流具有完全单方向性时，也不应大于重车方向最大坡度值的 3 倍，并应进行重车方向的下坡制动检算。

【相关链接】

浩吉铁路（原蒙华铁路）是世界上一次性建成并开通运营里程最长的重载铁路，全长 1813.5km，连接内蒙古浩勒报吉与江西吉安，设计时速 120km，设计年输送能力 2 亿 t 以上。该铁路穿越 7 省区，桥隧比达 46.9%，采用分方向限坡设计（重车方向 6‰、轻车方向 13‰），并分区段设置牵引质量（纳林河至襄州北段 1 万 t，其余 5000t）。同步建成 21 个集疏运项目，实现铁水联运，显著降低北煤南运成本。

4.3.1.2 加力牵引坡度

在高程障碍比较集中的越岭展线地段，可采用加力牵引，保持在限制坡度上单机牵引的牵引质量不变，从而可采用较陡的坡度线，以减少展线，降低造价。这种用两台或更多机车牵引的较陡坡度称为加力牵引坡度（简称加力坡度）。

采用加力坡度可以缩短线路长度，大量减少工程数量，有利于降低造价和缩短工期，是在长大越岭地段克服巨大高差的一种行之有效的设计决策。当然采用加力坡度，也必然增加机车台数和运营管理的难度，延长到发线有效长度，在加力牵引的起讫站要增加补机摘挂作业时分，并要增建补机的整备设备。加力坡度太大时，对下坡行车也将产生不利影响。因此，是否采用加力坡度，应从设计线意义、地形条件以及节省工程和不利运营等方面全面分析，比选后确定。

（1）采用加力坡度的注意事项

① 加力牵引坡度应集中使用，使补机能在较长的路段上行驶，提高其利用率。

② 补机要进行必要的整备作业，需要相应的机务设备。所以加力坡度的起讫站，宜有一个为区段站或其他有机务设备的车站，困难时也应尽量与这类车站接近，以利用其机务设备。

③ 补机要在加力坡度的起讫站摘挂，这样增加了列车的停站时分，因此与起讫站邻接

的加力牵引区间的往返行车时分要相应减少，以免限制通过能力。

④ 加力牵引采用重联牵引或补机推送中的何种方式，与牵引质量、车钩强度有关。若车钩强度允许，应采用重联牵引，以便各台机车的司机相互配合、同步操纵，充分发挥机车的牵引力，否则，应采用补机推送的方式。

（2）加力牵引坡度的最大值

加力牵引坡度的最大值由运输能力、运输安全要求和经济合理条件确定，其中不同机车由于制动方式和运输能力不同，因而要分别规定其最大的加力牵引坡度。

① 内燃牵引的最大加力坡度

东风系列等内燃机车都装有电阻制动。内燃机车牵引的货物列车，在长大下坡道上，电阻制动与空气制动可配合作用，这样闸瓦磨耗与发热问题大大改善，故规定内燃牵引的最大加力牵引坡度为 25‰。

② 电力牵引的最大加力坡度

电力机车如韶山系列的电阻制动力比内燃牵引的大，在 30‰ 的下坡道上，仅用电阻制动就可以控制下坡的速度，故规定电力牵引的最大加力坡度为 30‰。

（3）加力牵引坡度的计算

加力牵引坡度的坡度值 i_{JL}，可根据限制坡度上的牵引吨数、机车台数和加力牵引方式，按下式计算：

$$i_{JL} = \frac{\sum_{k=1}^{n} \lambda_y \lambda_k F_{ck} - \left(\sum_{k=1}^{n} P_k w'_{0k} + G w''_0\right)}{\left(\sum_{k=1}^{n} P_k + G\right) g} \tag{4-52}$$

式中　i_{JL}——加力牵引坡度，‰，以 0.5‰ 为单位取值；

　　　λ_y——机车牵引力使用系数，取 $\lambda_y = 0.9$；

　　　λ_k——第 k 台机车的牵引力取值系数；

　　　F_{ck}——第 k 台机车的持续牵引力，N；

　　　w'_{0k}——第 k 台机车在持续速度时的单位基本阻力，N/t；

　　　w''_0——车辆在持续速度时的单位基本阻力，N/t；

　　　P_k——第 k 台机车的质量，t。

采用相同类型的机车加力牵引时各种限制坡度相应的加力牵引坡度如表 4-19 所示。

表 4-19　电力和内燃牵引的加力牵引坡度　　　　　　　　　　单位：‰

限制坡度	双机牵引坡度		三机牵引坡度	
	电力	内燃	电力	内燃
4.0	9.0	8.5	14.0	13.0
5.0	11.0	10.5	16.5	15.5
6.0	13.0	12.5	19.0	18.5
7.0	14.5	14.5	21.5	21.0
8.0	16.5	16.0	24.0	23.5
9.0	18.5	18.0	26.5	
10.0	20.0	20.0	29.0	
11.0	22.0	21.5		25.0
12.0	24.0	23.5		
13.0	25.5		30.0	
14.0	27.5	25.0		
15.0	29.0			
16.0	30.0			

重载铁路的限制坡度、加力牵引坡度应根据地形条件、牵引种类、机车类型、牵引质量和运输需求比选确定。

4.3.2　坡段长度

相邻两坡段的坡度变化点称为变坡点。相邻两变坡点间的水平距离称为坡段长度。

从工程数量上看，采用较短的坡段长度可更好地适应地形起伏，减少路基、桥隧等工程

图 4-25　不同坡长的纵断面

数量（图 4-25）。但最短坡段长度应保证坡段两端所设的竖曲线不在坡段中间重叠。

从运营角度看，因为列车通过变坡点时，变坡点前后列车的运行阻力不同，车钩间存在游间，将使部分车辆产生局部加速度，影响行车平稳；同时也使车辆间产生冲击作用，增大列车纵向力，坡段长度要保证不致产生断钩事故。

为了满足较高舒适度的要求，纵断面宜设计为较长的坡段。列车设计速度大于和等于 160km/h 的路段，最小坡段长度应符合表 4-20 的规定。

表 4-20　时速大于和等于 160km 路段最小坡段长度

铁路等级	高速铁路	城际铁路	200km/h 客货共线	160km/h 客货共线
一般条件/m	900	400	600	400
连续使用要求	不得连续	不宜连续	不宜连续	不超过 2 个
困难条件/m	600	200	400	400
连续使用要求	不得连续	不宜连续	不得连续	不超过 2 个

高速铁路列车全部停站的车站两端坡段长度不应小于 400m，动车组走行线的坡段长度不宜小于 200m。

客货共线铁路旅客列车设计速度小于 160km/h 的路段，最小坡段长度如表 4-21 所示。

表 4-21　时速小于 160km 路段最小坡段长度

远期到发线有效长度/m	1050 及以上	850	750	650
最小坡段长度/m	400	350	300	250

为了因地制宜，节省工程数量，旅客列车设计速度小于和等于 120km/h 的路段，在下列情况下，坡段长度允许缩短至 200m。

① 凸形纵断面坡顶为缓和坡度差而设置的分坡平段（也可是小坡度的坡段），其长度不应小于 200m，如图 4-26（a）所示；凹形纵断面底部为缓和坡度差而设置的分坡平段，其长度仍按表 4-21 取值，如图 4-26（b）所示。

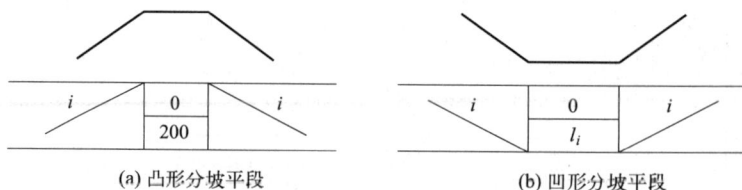

(a) 凸形分坡平段　　　　(b) 凹形分坡平段

图 4-26　分坡平段的坡段长度

② 因最大坡度折减而形成的如图 4-27（a）所示坡段，包括折减坡段及其中间无须折减的坡段、为保证内燃牵引机车进入隧道时需达到规定速度而设置的加速缓坡。这些坡段间的坡度差较小，坡长可以缩短。

③ 长路堑内为排水而设置的人字坡段如图 4-27（b）所示。人字坡段的坡度一般不小于 2‰，以利于路堑侧沟排水。

④ 枢纽疏解引线范围内的线路纵坡，因行车速度较低，且一般因跨线需要迅速升高（或降低）纵断面高程，因此可设计较短的坡段。

⑤ 改建既有线和增建第二线的坡段，因受既有线路条件的控制，如按规定的坡段长度引起大量改建工程或改建困难时，可以采用不短于 200m 的坡段。第二线绕行时，因已远离既有线，应按新线标准设计。

新建铁路纵断面坡段长度一般取整为 50m 的整倍数；改建既有线和增建第二线的坡段如按规定引起较大改建工程或改建困难时，坡段长度可以取整为 10m 的整倍数。

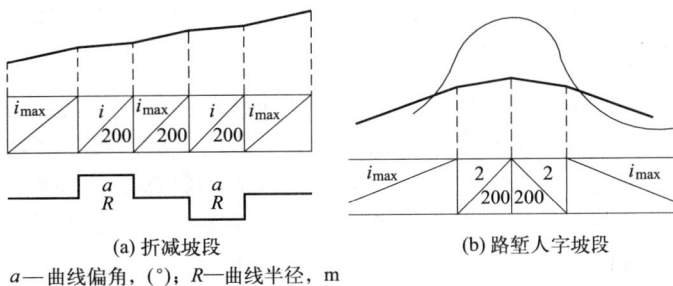

(a) 折减坡段　　　　　(b) 路堑人字坡段
a—曲线偏角，(°)；R—曲线半径，m

图 4-27　200m 坡段

4.3.3　坡段连接

4.3.3.1　相邻坡段坡度差

纵断面的坡段有上坡、下坡和平坡。上坡的坡度为正值，下坡的坡度为负值，相邻坡段坡度差的大小，应以代数差的绝对值 Δi 表示。如前一坡段的坡度 i_1 为 5‰下坡，后一坡段的坡度 i_2 为 3‰上坡，则坡度差 Δi 为

$$\Delta i = |i_1 - i_2| = |(-5‰) - (+3‰)| = 8‰$$

客货共线铁路和重载铁路相邻坡段的坡度差，都是以保证货物列车不断钩来确定的，即取决于车钩强度所允许的列车纵向力。列车通过变坡点时的纵向力有如下规律：

① 两相邻坡段为凸形纵断面时，列车纵向拉力增大，压力减小；凹形纵断面拉力减小，压力增大；

② 列车纵向力随坡度差值的增大有所增大；

③ 列车通过变坡点附近的纵向力与列车跨越变坡点的个数无关，而主要与纵断面的形式及其相应的操纵工况以及列车的牵引质量紧密相关。

根据列车通过变坡点时产生的纵向力不大于车钩强度，即保证列车不断钩进行计算，最大坡度差可以达到 2 倍的最大坡度值。但考虑到车辆载重的发展（如采用 25t 轴重车或缩短型车），在到发线有效长度不变的情况下列车质量增加，或延长到发线有效长度而增加列车质量，最大坡度差应留有适当余量，故以远期到发线有效长度作为拟定坡度差的参数，相应的最大坡度差的规定值见表 4-22。

表 4-22　最大坡度差

远期到发线有效长度/m		1050 及以上	850	750	650
最大坡度差/‰	一般	8	10	12	15
	困难	10	12	15	18

为保证行车安全，司机通视距离应不小于紧急制动距离。在凸形纵断面的坡顶，若坡度差过大，则司机的通视距离缩短，必要时应加以检算。

客货共线铁路和重载铁路相邻坡段的坡度差主要受货物列车制约。而高速铁路和城际铁

路动车组质量远低于货物列车，故其相邻坡段的坡度差不受限制。

4.3.3.2　竖曲线

竖曲线是为了缓和变坡点坡度的急剧变化，使列车通过变坡点时不脱轨、不脱钩，相邻坡度差大于一定限度时，在线路纵断面的变坡点处设置的竖向曲线。

常用的竖曲线有两种线形：一种为抛物线形，即用一定变坡率的 20m 短坡段连接起来的竖曲线；另一种为圆弧形竖曲线。因圆弧形竖曲线测设、养护方便，目前国内外已大量采用，所以下面论述的都是圆弧形竖曲线。

（1）竖曲线半径

圆形竖曲线的半径设计应考虑以下条件。

① 不脱轨的要求

列车经过变坡点，内燃、电力机车的前转向架中间轴未通过变坡点前，机车前轮将悬空（图 4-28），若悬空值超过机车轮缘高度将可能脱轨，而通过设置竖曲线，可避免此种情况的发生。一般相邻坡段的坡度代数差大于 3‰时，必须设置竖曲线进行坡段连接，而低于 3‰时，施工或养护时变坡点也能自然形成竖曲线的形状，一般不必设置竖曲线；但设计行车速度为 160km/h 及以上时，为保证行车安全，当相邻坡度代数差大于 1‰时即须设置竖曲线。

② 不脱钩的要求

列车经过变坡点时，如竖曲线半径太小，则相邻车辆相对移动明显，车钩上下错动加剧（图 4-29），若超过限定的最大量，将引起上下脱钩。列车通过竖曲线时，考虑相邻车辆相对斜倾引起的车钩中心线上下位移值，经过化简后，可得到相应竖曲线半径近似公式：

$$R_{sh} = \frac{(L+d)d}{2f_R} \tag{4-53}$$

式中　R_{sh}——竖曲线半径，m；

$\quad\quad L$——车辆两转向架中心距，m；

$\quad\quad d$——转向架中心至车钩中心距，m；

$\quad\quad f_R$——车钩中心线上下位移允许值。

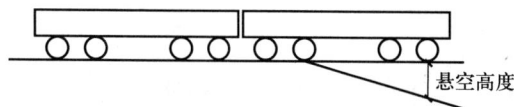

图 4-28　导轮悬空示意图

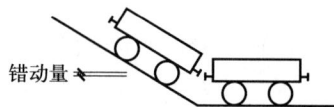

图 4-29　车钩错动示意图

我国车钩允许的上下活动量：货车为 75mm，客车为 50mm，据此确定的最小竖曲线半径一般在 1300～4450m。

③ 行车平稳要求

列车通过变坡点时产生的竖直离心加速度不应使旅客产生不舒适感。竖曲线的半径 R_{sh}（单位：m）与行车速度 V（单位：km/h）及离心加速度 a_{sh}（单位：m/s^2）的关系为

$$R_{sh} = \frac{V^2}{3.6^2 a_{sh}} \tag{4-54}$$

当列车速度分别为 200km/h、160km/h 时，取 a_{sh} 值为 0.2m/s^2 和 0.3m/s^2，按式（4-54）计算满足行车平稳要求的最小竖曲线半径为 15432m 和 10288m、9877m 和 6584m。

④ 竖曲线与列车纵向力的关系

据计算，当列车牵引质量不大于 5000t 时，在相应限制坡度构成的凹、凸形变坡点上，

竖曲线半径为 10000m 时，各种运行工况产生的列车纵向力均小于限值。

综合以上分析，为了行车平稳和安全，改善行车条件，《线规》规定，路段设计速度为 160km/h 及以上时，铁路竖曲线半径不得小于 15000m；路段设计速度小于 160km/h 时，竖曲线半径不得小于 10000m。

考虑原有竖曲线标准和运营养护实际情况，规范对竖曲线最小半径的规定见表 4-23。但当竖曲线半径增大到一定程度时，养护维修很难达到其设置要求。因此，根据国内外养护维修经验，最大竖曲线半径不应大于 30000m。

表 4-23 竖曲线最小半径　　　　　　　　　　　　　　单位：m

铁路等级	高速铁路		高速铁路 城际铁路	城际铁路				客货共线铁路 重载铁路	
设计时速/km	300、350	250	动车组走行线	200	160	120	<120	≥160	<160
相邻坡段坡度差/‰	≥1	≥1	>3	≥1	≥1	>3	>3	>1	>3
工程条件 一般	25000	20000	5000	15000	15000	10000	8000	15000	10000
工程条件 困难			3000	10000	8000	5000	3000		

(2) 竖曲线的几何要素

由图 4-30 可知，在竖曲线计算中，可近似地将坡段与水平线的夹角同其坡度视为相等，同时将竖曲线的切线长与其对应坡段长度视为相等。

① 竖曲线切线长 T_{sh}（单位：m）

$$T_{sh} \approx \frac{\alpha R_{sh}}{2} = \frac{|\alpha_1 - \alpha_2| R_{sh}}{2} = \frac{R_{sh}}{2} \left| \frac{i_1}{1000} - \frac{i_2}{1000} \right| = \frac{R_{sh} \Delta i}{2000}$$

(4-55)

式中　α——竖曲线的转角，(°)；

α_1、α_2——前、后坡段与水平线的夹角，(°)，上坡为正值，下坡为负值；

i_1、i_2——前、后坡段的坡度，‰，上坡为正值，下坡为负值；

Δi——坡度代数差的绝对值。

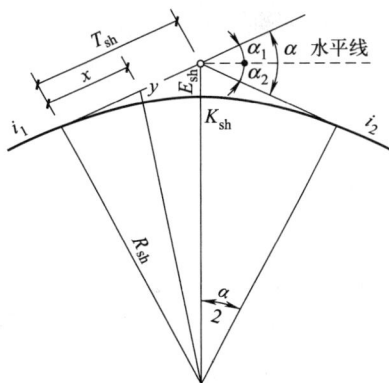

图 4-30 竖曲线

因此，当竖曲线半径为 10000m 和 15000m 时，$T_{sh} = 5\Delta i$ 及 $T_{sh} = 7.5\Delta i$。

② 竖曲线长度 K_{sh}（单位：m）

$$K_{sh} \approx 2T_{sh}$$

(4-56)

高速铁路、城际铁路、时速 200km 客货共线铁路的竖曲线长度不应小于 25m。

③ 竖曲线纵距 y（单位：m）

因为
$$(R_{sh} + y)^2 = R_{sh}^2 + x^2$$
$$2R_{sh}y = x^2 - y^2 \text{（} y^2 \text{ 值很小，略去不计）}$$

所以
$$y = \frac{x^2}{2R_{sh}}$$

(4-57)

式中，x 为切线上计算点至竖曲线起点的距离，m。

变坡点处的纵距称为竖曲线的外矢距 E_{sh}（单位：m），计算式为

$$E_{sh} = \frac{T_{sh}^2}{2R_{sh}}$$

(4-58)

新建铁路的设计高程为路基面的路肩高程，变坡点处的设计高程为变坡点的坡段高程

（两坡段相交处的高程），减去（凸形竖曲线）或加上（凹形竖曲线）外矢距。竖曲线上任意一点里程 x_i 的设计高程 H_i 为：

$$H_i = H_0 + (x_i - x_0)i \pm y \tag{4-59}$$

式中　x_0、H_0——变坡点处的里程和坡段高程，m；

　　　　i——x_i 点处的坡度，‰；

　　　　y——x_i 点处的竖曲线纵距，凸形为负，凹形为正。

路基填挖高度（施工高度）应为设计高程与原地面高程的差。

【例 4-1】　某铁路设计速度为 160km/h，变坡点 A 的里程为 K1＋250，坡段高程为 253.41m，相邻坡段坡度分别为 $i_1 = -8$‰，$i_2 = -2$‰。计算点 B 的里程为 K1＋260，地面高程为 250.60m，试计算 B 点填挖高度。

解　查表 4-23 得竖曲线半径为 15000m。

A 点的坡度差：　　　　　　　$\Delta i = |-8‰ - (-2‰)| = 6‰$

A 点的竖曲线切线长：　　　　$T_{sh} = 7.5\Delta i = 45(\text{m})$

B 点的竖曲线纵距：　　$y = \dfrac{x^2}{2R_{sh}} = \dfrac{(250 + 45 - 260)^2}{2 \times 15000} = 0.04 \, (\text{m})$

B 点的设计高程：　$H_B = 253.41 + (260 - 250) \times (-2‰) + 0.04 = 253.43(\text{m})$

B 点的填方高度：　　　　　$253.43 - 250.60 = 2.83(\text{m})$

（3）设置竖曲线的限制条件

① 竖曲线不应与缓和曲线重叠

缓和曲线范围内，外轨超高一般以不大于 2‰的超高递增坡度逐渐升高，在竖曲线范围内的轨顶将以一定变率圆顺地变化，若两者重叠，一方面在轨道铺设和养护时，外轨高程不易控制；另一方面外轨的直线形超高顺坡和圆形竖曲线，都要改变形状，影响行车的平稳。

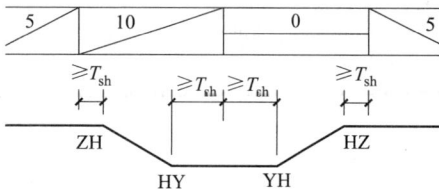

图 4-31　变坡点距缓和曲线的距离

为了保证竖曲线不与缓和曲线重叠，纵断面设计时，变坡点离开缓和曲线起终点的距离，不应小于竖曲线的切线长（图 4-31）。

高速铁路、城际铁路的竖曲线起终点（或变坡点）与平面曲线起终点间的最小距离不宜小于 20m。

改建既有线和增建第二线，在困难条件下竖曲线的位置可不受缓和曲线位置的限制。

② 竖曲线不应设在明桥面上

明桥（无砟桥）面上如有竖曲线时，其曲率需要用木枕高度调整。每根木枕厚度都不一样，并要按固定位置顺序铺设，给施工、养护带来困难。为了保证竖曲线不设在明桥面上，变坡点距明桥面端点的距离，不应小于竖曲线的切线长（图 4-32）。

③ 竖曲线不应与正线道岔重叠

道岔的尖轨和辙叉应位于同一平面上，如将其设在竖曲线的曲面上，则道岔的铺设与转换都有困难。同时，如道岔的导曲线和竖曲线重合，列车通过的平稳性更差，会增加列车的摇摆和震动。

为了保证竖曲线不与道岔重叠，变坡点与车站站坪端点的距离不应小于竖曲线的切线长。

改建既有线和增建第二线在竖曲线与道岔重叠处，

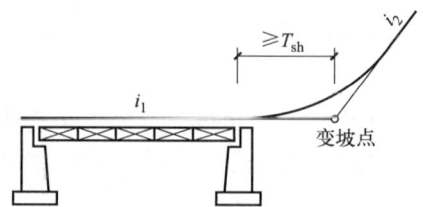

图 4-32　变坡点至明桥面端点的距离

若改造引起困难工程，当路段设计速度小于或等于 100km/h，且折算的竖曲线半径不小于 10000m 时，可予保留。

④ 高速铁路竖曲线不宜与圆曲线重叠

由于竖曲线与平面圆曲线重叠时合成的空间线形比较复杂，增加了施工及运营维护的难度，因此一般不宜重叠设置。困难条件下重叠设置时，最小曲线半径应符合表 4-24 的规定。

表 4-24　高速铁路竖曲线与平面圆曲线重叠设置时的最小曲线半径　　　单位：m

设计速度/(km/h)		350	300	250
工程条件	一般	7000	5000	3500
	困难	6000	4500	3000
最小竖曲线半径		25000	25000	20000

⑤ 竖曲线与钢轨伸缩调节器不应重叠设置

如重叠则将影响钢轨伸缩调节器的正常使用，也增加养护困难。

⑥ 竖曲线与竖曲线不应重叠设置

重叠设置时要保证各自竖曲线的形状是很困难的，测设工作将更加困难。

当路段设计速度大于 120km/h 时，在缓和曲线、正线道岔、钢轨伸缩调节器以及明桥面桥范围内不得设置变坡点。

4.3.4　最大坡度的折减

客货共线铁路和重载铁路纵断面设计时，在需要用足最大坡度（包括限制坡度与加力牵引坡度）的地段，当平面上出现曲线或遇到长于 400m 的隧道时，附加阻力增大、黏着系数降低，因而需将最大坡度值减缓，以保证普通货物列车不低于持续速度或规定速度通过该地段。此项工作称为最大坡度的折减。

4.3.4.1　曲线地段的最大坡度折减

在曲线地段，货物列车受到的坡度阻力和曲线阻力之和不得超过最大坡度的坡度阻力，以保证列车不低于持续速度运行，所以设计坡度 i 应为

$$i = i_{max} - \Delta i_R \tag{4-60}$$

式中　i_{max}——最大坡度值，‰；

　　　Δi_R——曲线阻力的相应坡度折减值，‰。

(1) 曲线地段最大坡度折减的注意事项

① 当设计坡度值和曲线阻力之和不大于最大坡度值时，此设计坡度不用折减。

② 既要保证必要折减值，又不要折减过多，以免损失高度，使线路额外展长。

③ 折减时，涉及的曲线长度系未加设缓和曲线前的圆曲线长度。

④ 折减时，涉及的货物列车长度应取近期长度，因近期长度短于远期长度，按近期长度考虑能满足远期长度的折减要求。

⑤ 折减坡段长度应不短于且尽量接近于圆曲线长度，取为 50m 的整倍数，且不应短于 200m。通常情况下，所取的坡段长度还不宜大于货物列车长度。

⑥ 折减后的设计坡度值，取小数点后一位。

(2) 曲线地段最大坡度折减的方法

① 两圆曲线间不小于 200m 的直线段，可设计为一个坡段，不予折减，按最大坡度设计。

② 长度不小于货物列车长度的圆曲线，可设计为一个坡段，曲线阻力的坡度折减值为

$$\Delta i_R = \frac{600}{R} \tag{4-61}$$

式中　R——圆曲线半径，m。

③ 长度小于货物列车长度的圆曲线，曲线阻力的坡度折减值为

$$\Delta i_R = \frac{10.5\alpha}{L_i} \tag{4-62}$$

式中　α——曲线转角，(°)；

　　　L_i——折减坡段长度，m，当其大于货物列车长度时，取货物列车长度。

④ 若连续有一个以上长度小于货物列车长度的圆曲线，其间直线段长度小于200m，可将小于200m的直线段分开，并入两端曲线进行折减，坡度折减值按式（4-62）计算。也可将两个曲线合并折减，折减坡段长度不宜大于货物列车长度，曲线阻力的坡度折减值为

$$\Delta i_R = \frac{10.5\sum\alpha}{L_i} \tag{4-63}$$

式中　$\sum\alpha$——折减坡段范围内的曲线转角总和，(°)。

⑤ 当一个曲线位于两个坡段上时，每个坡段上分配的曲线转角度数，应按两个坡段上的曲线长度比例计算。

【例4-2】　设计线为电力牵引Ⅰ级铁路，限制坡度为6‰，近期货物列车长度为660m，线路平面如图4-33所示。线路右端设置车站，要求其左端站坪设置为600m的平坡，站坪外再设置200m长的4.5‰的缓坡，其余地段需要用足限制坡度上坡，试进行坡段设计。

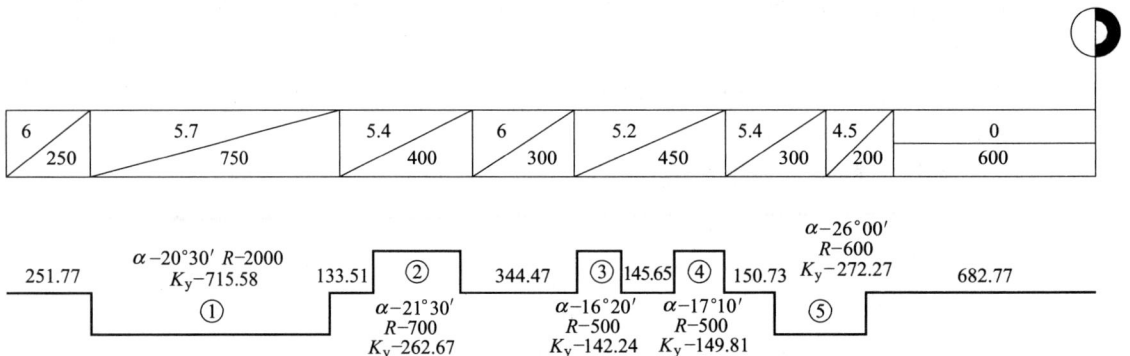

图 4-33　曲线坡度折减线路平面图

解　设计的纵断面坡度折减方法如下：

（1）将长度不小于200m的两个直线段，分别设计为250m和300m的坡段，坡度取限制坡度6‰，不折减。

（2）将长度大于近期货物列车长度的①号圆曲线设计为一个坡段，坡段长度取750m，设计坡度为：

$$i = i_{max} - \frac{600}{R} = 6‰ - \frac{600}{200}‰ = 5.7，取\ 5.7‰$$

（3）将长度小于近期货物列车长度的②号圆曲线设计为一个坡段，坡段长度取400m，设计坡度为：

$$i = i_{max} - \frac{10.5\alpha}{L_i} = 6‰ - \frac{10.5 \times 21.5}{400}‰ = 5.44，取\ 5.4‰$$

（4）将长度小于近期货物列车长度的③号和④号圆曲线，连同中间小于200m的直线段，设计为一个坡段，坡段长度取450m，设计坡度为：

$$i=i_{\max}-\frac{10.5\sum\alpha}{L_i}=6\text{‰}-\frac{10.5\times(16.33+17.17)}{450}\text{‰}=5.22,\text{取}\ 5.2\text{‰}$$

（5）根据设计要求，⑤号圆曲线被划分在两个坡段上。其中站坪外 200m 长 4.5‰缓坡内，因坡度值显然小于其折减坡度值，故无须进行曲线折减；另一 300m 长坡段上曲线长度为 153.57m，则分配的偏角为：

$$26°\times\frac{153.57}{272.27}=14.66°$$

设计坡度为：

$$i=i_{\max}-\frac{10.5\alpha}{L_i}=6\text{‰}-\frac{10.5\times14.66}{300}\text{‰}=5.48,\text{取}\ 5.4\text{‰}$$

4.3.4.2　小半径曲线地段的最大坡度折减

当机车牵引规定质量的列车，通过用足最大坡度设计的长大坡道上的小半径曲线时，由于小半径曲线曲率大，增加了机车的动轮与钢轨间的横向、纵向滑动，机车黏着系数显著降低，若黏降后的黏着牵引力 F_μ 小于持续牵引力 F_c，还需要进行曲线黏降的坡度折减。因此，需要用足最大坡度设计的位于长大坡道上的小半径曲线地段，其设计坡度应为：

$$i=i_{\max}-\Delta i_R-\Delta i_\mu \tag{4-64}$$

式中　Δi_μ——曲线黏降的坡度折减值，‰。

曲线黏降折减值 Δi_μ 的拟定，考虑以下实际情况：

① 目前内燃机车的黏着牵引力富余量比较大，故不须进行小半径曲线的黏降折减；若设计线近期采用内燃牵引而远期采用电力牵引时，其小半径曲线黏降折减值应按电力牵引计算。

② 电力牵引时采用黏着牵引力的富余量为 5.5%。当 $R=500$m 时，计算的 Δi_μ 值很小，可忽略不计；$R<500$m 时，Δi_μ 的结果取为 0.05 的整倍数，即得表 4-25 所列数据。

表 4-25　电力牵引铁路小半径曲线黏降坡度折减值　　　　　　　单位：‰

最大坡度/‰		4	6	9	12	15	20	25	30
曲线半径 /m	450	0.20	0.25	0.35	0.45	0.55	0.70	0.90	1.05
	400	0.35	0.50	0.65	0.85	1.05	1.35	1.65	1.95
	350	0.50	0.70	1.00	1.25	1.50	2.00	2.45	2.90
	300	0.70	0.90	1.30	1.65	2.00	2.60	3.20	3.80

注：当 R 为表列中间值时，坡度折减值可采用线性内插得出。

③ 小半径曲线黏降的折减范围，理论上只要机车进入曲线，黏着系数将立即降低。为了简化设计，只在小半径曲线范围内进行黏降折减。设计时，将小半径曲线对应的坡段按 Δi_μ 折减，以策安全。

【例 4-3】　设计线为电力牵引，限制坡度为 6‰，近期货物列车长度为 600m，线路平面如图 4-34 所示，该地段需用足限制坡度上坡，试进行坡段设计。

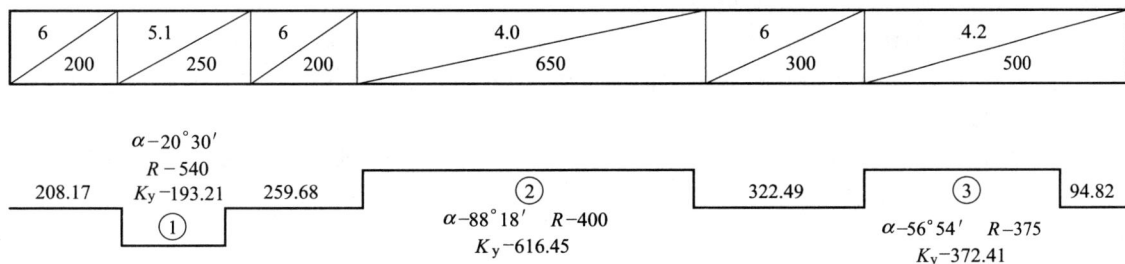

图 4-34　小半径曲线坡度折减线路平面图

解 设计的纵断面坡度折减方法如下：

（1）将长度不小于200m的三个直线段，分别单独设计为200m、200m、300m的坡段，坡度取限制坡度6‰，不折减。

（2）将长度小于近期货物列车长度的①号圆曲线设计为一个坡段，坡段长度取250m，设计坡度为：

$$i = i_{max} - \frac{10.5\alpha}{L_i} = 6‰ - \frac{10.5 \times 20.5}{250}‰ = 5.13,取 5.1‰$$

（3）将长度大于近期货物列车长度的②号圆曲线设计为一个坡段，坡段长度取650m，因 $R = 400m$，查表4-25得 $\Delta i_\mu = 0.50$，设计坡度为：

$$i = i_{max} - \Delta i_R - \Delta i_\mu = 6‰ - \frac{600}{400}‰ - 0.50‰ = 4.0,取 4.0‰$$

（4）将长度小于近期货物列车长度的③号圆曲线，设计为一个坡段，坡段长度取500m，因 $R = 375m$，查表4-25进行内插，得 $\Delta i_\mu = 0.60$，设计坡度为：

$$i = i_{max} - \Delta i_R - \Delta i_\mu = 6‰ - \frac{10.5 \times 56.9}{500}‰ - 0.60‰ = 4.20‰,取 4.2‰$$

4.3.4.3 隧道内的最大坡度折减

隧道长度大于400m的用足坡度设计的长大坡道地段，为了保证列车不低于持续速度运行，应将最大坡度进行折减。

(1) 影响折减的因素

① 隧道空气附加阻力

列车在隧道内运行时，由于空气受隧道空间约束，不能迅速向四面扩散，造成列车前面空气密度加大，尾部空气稀薄，使得空气阻力较空旷地段空气阻力大，因此最大坡度要相应进行折减。

② 内燃牵引时列车通过隧道的速度

内燃机车牵引列车通过长度小于或等于1000m的隧道时，最低运行速度不得小于机车的持续速度 V_c，隧道长度大于1000m时不得小于 $V_c + 5km/h$，以免机车排出的废气进入司机室和机车的柴油机气缸，影响机车乘务员健康，降低机车功率。将坡度折减有利于列车迅速通过隧道。

③ 隧道内黏着系数

隧道内轨面较为潮湿，且黏附有烟尘油垢，使轮轨间黏着系数降低，黏降率随隧道加长而增大。当黏降后的黏着力小于持续牵引力时，需要进行黏降的坡度折减。但因电力、内燃机车的黏着系数公式已考虑了隧道内不利的轨面条件，因此可不必再考虑隧道黏降。

④ 内燃机车功率降低

内燃机车通过隧道时，若速度过低，因散热条件不良，将引起柴油机功率降低。当双机重联时，第二节机车的功率降低更为严重。

(2) 最大坡度的折减

根据以上分析，电力牵引时隧道内的最大坡度折减仅需考虑隧道空气附加阻力；内燃牵引除考虑隧道空气附加阻力外，还要考虑过洞速度的要求。

为了简化计算，隧道内的最大坡度折减值 Δi_s，可换算为最大坡度系数 β_s，它和设计坡度 i（单位：‰）的关系是

$$i = i_{max} - \Delta i_s = \left(1 - \frac{\Delta i_s}{i_{max}}\right) i_{max} = \beta_s i_{max} \tag{4-65}$$

长度大于 400m 的内燃牵引隧道、电力牵引重载铁路单洞单线隧道和时速 160km 及以下客货共线铁路单洞单线隧道内的线路坡度，不得大于最大坡度乘以表 4-26 规定的最大坡度折减系数 β_s 所得的数值。

表 4-26　电力与内燃牵引铁路隧道内的最大坡度折减系数

隧道长度/m	电力牵引	内燃牵引
$400<L\leqslant1000$	0.95	0.90
$1000<L\leqslant4000$	0.90	0.80
$L>4000$	0.85	0.75

长度大于 1000m 的电力牵引客货共线铁路时速 120km 及以上单洞双线隧道和时速 200km 单洞单线隧道，隧道内的最大坡度折减值 Δi_s 不得小于表 4-27 规定的折减值。

长度大于 5000m 的电力牵引重载铁路单洞双线隧道，隧道内的最大坡度折减值 Δi_s 不得小于表 4-28 规定的折减值。

表 4-27　电力牵引客货共线铁路隧道内线路最大坡度折减值　　　单位：‰

隧道长度/m	200km/h		160km/h	120km/h
	单洞单线	单洞双线	单洞双线	单洞双线
$1000<L\leqslant5000$	0.46	0.09	0.13	0.29
$5000<L\leqslant15000$	0.76	0.27	0.32	0.53
$15000<L\leqslant25000$	0.89	0.35	0.40	0.62
$L>25000$	0.93	0.37	0.43	0.66

表 4-28　电力牵引重载铁路单洞双线隧道内线路最大坡度折减值

隧道长度/m	$5000<L\leqslant10000$	$10000<L\leqslant15000$	$L>15000$
坡度折减值/‰	0.06	0.14	0.20

位于曲线地段的隧道，应先进行隧道坡度折减，再进行曲线坡度折减。

（3）折减范围

隧道坡度折减的主要因素包括隧道空气附加阻力和通过隧道的最低速度两项。隧道空气附加阻力中列车头部的压力，虽然在机车刚进入洞门时就突然产生，但列车四周与空气的摩阻力，却是随列车进入隧道的长度而逐步增大，列车全部进入隧道后才达到稳定值。而列车尾部吸力则是在列车全部进入隧道后才产生，并逐步增大最后才趋于稳定。为简化计算，各种牵引的折减范围仅限于隧道长度内，并随折减坡段取值，坡长进整为 50m 的整倍数。

为满足内燃牵引的过洞速度要求，按规定进行隧道坡度折减后，还应进行列车进洞速度检算，如达不到过洞的最低速度要求，则应在进洞上坡前设计加速缓坡，使机车进洞时速度达到规定值。

【例 4-4】 设计线为电力牵引客货共线单线铁路，限制坡度为 6‰，近期货物列车长度为 650m，线路平面如图 4-35 所示，该地段需用足限制坡度上坡。

解 设计的纵断面坡度折减方法如下：

根据题意，查表 4-26 得 β_{s1} 取 0.95，β_{s2} 取 0.90；查表 4-25 得 $R=400$m 对应的 Δi_μ 取 0.50，$R=350$m 对应的 Δi_μ 取 0.70。

（1）将长度不小于 200m 的三个直线段，分别单独设计为 200m、350m、200m 的坡段，坡度取限制坡度 6‰，不折减。

（2）将长度小于近期货物列车长度的①号圆曲线设计为一个坡段，坡段长度取 300m，设计坡度为：

6 / 200	5.5 / 300	5.1 / 600	5.7 / 400	6 / 350	4 / 200	3.4 / 500	5.4 / 200	3.3 / 500	6 / 200

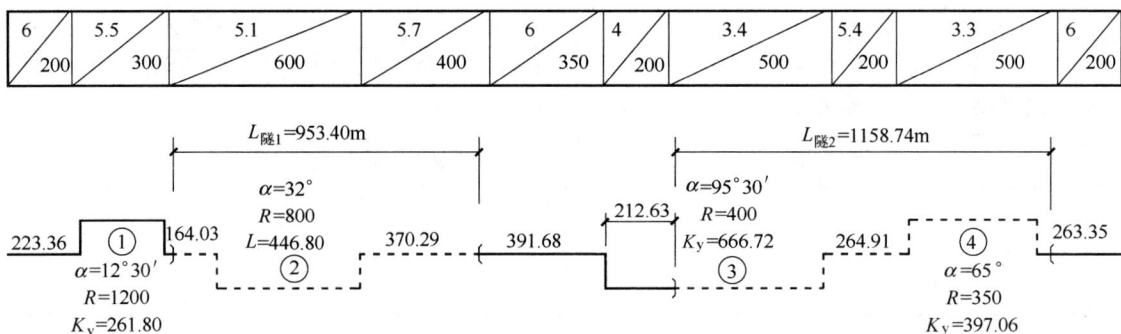

图 4-35　隧道地段坡度折减线路平面图

$$i = i_{\max} - \frac{10.5\alpha}{L_i} = 6\text{‰} - \frac{10.5\times12.5}{300}\text{‰} = 5.56，取\ 5.5\text{‰}$$

（3）将 1 号隧道内长度小于近期货物列车长度的②号圆曲线设计为一个坡段，坡段长度取 600m，设计坡度为：

$$i = \beta_{s1}i_{\max} - \Delta i_R = 0.95\times6\text{‰} - \frac{10.5\times32}{600}\text{‰} = 5.14，取\ 5.1\text{‰}$$

（4）将 1 号隧道内的直线段，设计为一个坡段，坡段长度取 400m，设计坡度为：

$$i = \beta_{s1}i_{\max} = 0.95\times6\text{‰} = 5.70，取\ 5.7\text{‰}$$

（5）将③号圆曲线划分为两个坡段，其中 2 号隧道外 200m 坡段曲线长度为 192.04m，则分配的偏角为：

$$95°30' \times \frac{192.04}{666.72} = 27.508°$$

设计坡度为：

$$i = i_{\max} - \frac{10.5\alpha}{L_i} - \Delta i_\mu = 6\text{‰} - \frac{10.5\times27.508}{200}\text{‰} - 0.5\text{‰} = 4.05，取\ 4.0\text{‰}$$

（6）③号圆曲线隧道内 500m 坡段分配的偏角为：$95°30' - 27.508° = 67.992°$，设计坡度为：

$$i = \beta_{s2}i_{\max} - \Delta i_R - \Delta i_\mu = 0.9\times6\text{‰} - \frac{10.5\times67.992}{500}\text{‰} - 0.5\text{‰} = 3.47，取\ 3.4\text{‰}$$

（7）将 2 号隧道内的直线段，设计为一个坡段，坡段长度取 200m，设计坡度为：

$$i = \beta_{s2}i_{\max} = 0.9\times6\text{‰} = 5.40，取\ 5.4\text{‰}$$

（8）将 2 号隧道内的④号圆曲线，设计为一个坡段，坡段长度取 500m，设计坡度为：

$$i = \beta_{s2}i_{\max} - \Delta i_R - \Delta i_\mu = 0.9\times6\text{‰} - \frac{10.5\times65}{500}\text{‰} - 0.7\text{‰} = 3.33，取\ 3.3\text{‰}$$

【相关链接】

乌鞘岭作为河西走廊的咽喉要道，历经三代铁路隧道建设：1954 年建成的第一代隧道（967.8m）采用展线设计，筑路工人以"艰苦不怕吃苦"的精神，铁路 11 个月贯通；2006 年通车的第二代隧道（20.05km）首创"长隧短打"技术，缩短线路 28km；2022 年贯通的第三代高铁隧道（17.125km）实现智能建造，运用 BIM 建模、悬臂掘进机等技术提前 60 天完工。

三代工程从人力攻坚到智能化飞跃，彰显中国铁路建造技术跨越式发展。

4.3.5　坡段设计对行车费用的影响

(1) 坡度大小对行车费用的影响

设计线的机车类型和限制坡度选定后，货物列车的牵引质量随之确定。对于非足坡设计的情况，若设计坡度值较大，则上坡时每公里的燃料或电力的消耗较多，行车时分加长；下坡时限速降低，轮箍闸瓦的磨耗较严重，故行车费用增多。

(2) 有害坡段与无害坡段

列车在下坡道上运行时，可借助重力作用，不须机车牵引而向下滑行，坡度越陡，坡段越长，则列车滑行的速度越快。但是列车下坡的速度受制动条件限制不能过高，达到限制速度后，即须制动。这种需要制动的坡段，一方面使列车在坡顶具有的位能，因制动而消耗一部分，不能被充分利用；另一方面轮箍闸瓦因制动而磨损，增大行车费用，所以称为有害坡段。

若下坡的坡度不大，或者坡度虽大但坡段很短，列车借助重力向下滑行，速度达不到限制速度，因而不需要施行制动。这种不须制动的坡段，位能完全得到利用，又不会引起轮箍闸瓦的磨耗，不至增大行车费用，所以称为无害坡段。

客货共线铁路纵断面设计时，通常将坡度大于 4‰ 且下降高度超过 10m 的坡段，概略地定为有害坡段。若地形条件许可，应尽量消除有害坡段。

(3) 克服高度

线路的克服高度为线路上坡方向上升的高度，又称拔起高度。上行与下行方向应分别计算，如图 4-36 所示，a、b 两点间，上、下行方向的克服高度（单位：m）总和分别为

$$\sum h_s = h_s' + h_s''$$
$$\sum h_x = h_x' + h_x'' + h_x'''$$

(4-66)

克服高度影响列车能量消耗和运行速度。在线路长度不变的前提下，克服高度越大，则燃料或电力消耗越多，行车时分越长，行车费用越高。所以不同线路方案进行比较时，应将克服高度作为技术指标之一，衡量方案优劣。设计纵断面时，不仅要适应地形起伏，也要力争减小克服高度，才可提高行车速度，降低行车费用。

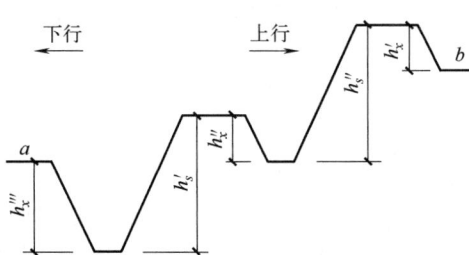

图 4-36　克服高度示意图　　　　图 4-37　凸形、凹形区间纵断面

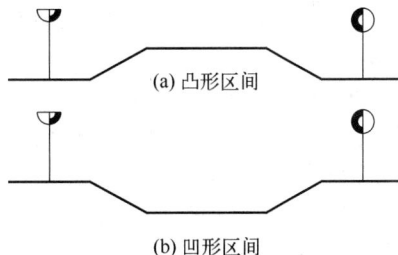

(4) 考虑节能的车站位置

中间站分布较广，对于非连续上坡地段的车站设置，考虑"高站位、低区间"的设计思想。一般应争取车站设在纵断面的凸起部位，使列车进站时上坡，将动能转化为势能，列车出站时下坡，再将势能转化为动能，这样有利于减少能量消耗，达到节能的目的，称为节能坡设计。如图 4-37 所示，坡段长度与坡度大小是相同的，只是进出车站的上下坡情况不同。图 4-37 (b) 中纵断面，列车出站为下坡，有利于列车加速，减少能量消耗；进站为上坡，有利于列车减速，减少制动的轮箍闸瓦磨耗，并且有利于争取较高的区间的走行速度（特别是在地铁车站设计中，由于其站间距短且一般站站停车，节能坡设计也得到了较多应用）。图 4-37 (a) 中纵断面则相反。

4.4　桥涵、隧道、路基地段的平纵断面设计

4.4.1　桥涵路段的平纵断面设计

桥梁按其长度可划分为：特大桥（桥长大于500m）、大桥（桥长100~500m）、中桥（桥长20~100m）和小桥（桥长20m及以下者）。涵洞孔径一般为0.75~6.0m。

（1）桥涵路段的平面设计

小桥和涵洞对线路平面无特殊要求。

桥梁（尤其是特殊结构桥梁及较大跨度桥梁）宜布置在直线上。在地形复杂、地质不良、受车站站坪影响等困难条件下，为避免工程过大，特殊结构桥梁必须设在曲线上时，宜采用较大的平面曲线半径，高速铁路、城际铁路、客货共线铁路不小于相应路段旅客列车设计速度下的最小曲线半径"一般"值（重载铁路不小于800m）以减少不利影响。在特殊困难条件下，采用小于上述标准的曲线半径时，应从线路走向、桥梁受力等方面分析比较，审慎选用。

明桥面桥应设在直线上。如设在曲线上，则线路很难固定，轨距不易保持，影响运营安全，在换铺轨枕时，曲线超高也难于处理。明桥面上曲线超高靠桥枕调整，或将墩台支承垫石做成部分超高，其余超高仍需桥枕调整。当桥枕高度不够时，还需将两根桥枕重叠做成楔形。同时考虑到若明桥面桥设在缓和曲线上，因外轨超高逐渐变化，给施工、养护和维修增加更大困难，故《线规》规定：明桥面桥不宜设在缓和曲线上。

同一座桥梁如在反向曲线上，列车过桥时，将产生剧烈摆动，影响运营安全。同时，由于线路养护维修拨道不易正确就位，梁上产生偏心，不利于桥梁受力。尤其明桥面桥超高更难调整，故明桥面桥不应设在反向曲线上。如不得已设在反向曲线上时，应尽可能设计较长的夹直线。

连接大桥的桥头引线，应采用桥梁上的平面标准。如设计为曲线时，半径不应小于该路段的最小曲线半径，并应考虑采用架桥机架梁时，对桥头引线曲线半径的要求。为保证桥头路基稳定，如桥头引线曲线外侧迎向水流上游时，应将曲线推移到洪泛线外，以免因桥头产生回流形成水袋。

（2）桥涵路段的纵断面设计

涵洞和道砟桥面桥梁可设在任何纵断面的坡道上。

明桥面桥宜设在平道上。设在坡道上时，由于钢轨爬行的影响，线路难于锁定，轨距也难于保持，给线路养护带来困难，同时影响行车安全。特殊困难的条件下，经过方案比选，提出充分依据时，方可将明桥面桥设在大于4‰的坡道上，但不应大于12‰，同时对钢轨的爬行及支座受力情况应采取一定的措施。

明桥面桥上不应设置竖曲线，以免调整轨顶标高引起铺设和养护的困难。所以纵断面设计时，应使变坡点距明桥面桥两端不小于竖曲线切线长，如图4-32所示。

桥涵处的路肩设计高程，涵洞处应不低于水文条件和构造条件所要求的最低高度；桥梁处应不低于水文条件和桥下净空高度所要求的最低高度。平原地区通航河流上的大型桥梁，为了保证桥下必要的通航净空，并使两端引线高程降低，可在桥上设置凸形纵断面。

4.4.2　隧道路段的平纵断面设计

（1）隧道路段的线路平面

隧道内的测量、施工、运营、通风和养护等条件均比空旷地段差，曲线隧道更为严重，

所以隧道宜设在直线上。如地形、地质等条件限制必须设在曲线上时，宜将曲线设在洞口附近，并采用较大的曲线半径。

隧道不宜设在反向曲线上。必须设在反向曲线上时，其夹直线长度不宜小于 44m，以免两端的曲线加宽发生重叠，施工复杂。

当直线隧道外的曲线接近洞口时，应使直缓点或缓直点与洞门的距离不小于 25m，以免引起洞口和洞口的衬砌加宽。

(2) 隧道路段的线路纵断面

隧道内的线路纵断面可设置为单面坡或人字坡。单面坡能争取高度且有利于长隧道的运营通风；人字坡有利于施工中的排水和出渣。

需要用足最大坡度路段的隧道，为了争取高度，一般应设计为单面坡。

越岭隧道，当地下水发育且地形条件允许时，应设计为人字坡。人字坡的长隧道，由于通风不良，内燃牵引时，双方向上坡列车排出的废气与油烟，污染隧道，恶化运营和维修工作条件，必要时应采用人工通风。

隧道内的坡度不宜小于 3‰，以利排水。地下水发育的长隧道宜采用人字坡。在最冷月平均气温低于 −5℃ 的地区或地下水发育的隧道，可适当加大坡度。

4.4.3　路基对线路纵断面的要求

特大桥、大中桥的桥头引线，其路肩设计高程应至少比设计水位＋壅水高度＋波浪侵袭高度＋局部股流涌高＋斜水流局部冲高＋河弯超高＋河床淤积等影响值之和高出 0.5m。

小桥涵洞附近的路基，路肩设计高程应不小于设计水位＋壅水高度＋0.5m。

路堑内的设计坡度不宜小于 2‰，深长路堑地段可适当加大坡度，以利侧沟排水。当路堑长度在 400m 以上且位于凸形纵断面的坡顶时，可设计为坡度不小于 2‰、坡长不小于 200m 的人字坡。

4.5　站坪的平面和纵断面设计

4.5.1　站坪长度

铁路线路设计涉及许多会让站、越行站、中间站，定线不只是区间线路的确定，需要同时考虑区间与车站的关系，并确定车站的位置，站坪长度是其中的重要参数。

站坪长度 L_z 指车站一端最外道岔基本轨端部至车站另一端最外道岔基本轨端部间满足有效长度设置所需的平面最小长度，包含到发线有效长度 L_{yx} 和咽喉区长度 L_{yh}，但不含车站咽喉区两端最外道岔及其他单独道岔（直向）至曲线超高顺坡终点之间的直线长度，也未包括站坪两端竖曲线长度，如图 4-38 所示。站坪长度设计时要考虑长远发展的需要。

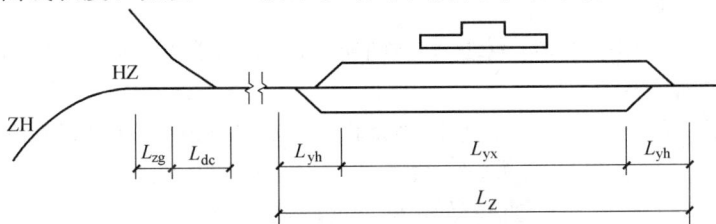

图 4-38　站坪长度示意图

L_{zg}—直线过渡段长度，m；L_{dc}—道岔长度，m

站坪长度根据远期到发线有效长度、正线数目、车站的种类和车站的布置形式等条件确定。车站类别不同，股道数量不同，则站坪两端咽喉区长度不同；股道布置形式和到发线有效长度，决定站坪中段的长度。站坪长度一般可采用不小于表 4-29 所列数值。

表 4-29　站坪长度表

单位：m

车站种类	车站布置形式	路段设计速度/(km/h)	远期到发线有效长度/m						
			1050		850		750		650
			单线	双线	单线	双线	单线	双线	单线
中间站	横列式	200	—	2150 (2600)	—	1950 (2400)	—	1850 (2300)	—
		≤160	1550	2050	1350	1850	1250	1750	1150
会让站、越行站	横列式	200	—	1750 (2200)	—	1550 (2000)	—	1450 (1900)	—
		≤160	1400	1700	1200	1500	1100	1400	1000

表中不带括号的数值为正线上按 12 号道岔布置时的数值，带括号的数值为正线上按 18 号道岔布置时的数值。当采用其他型号道岔时应另行计算确定。

表中数值是按一般车站计算的。站内如有其他铁路接轨或采用其他站型时，站坪长度应根据计算确定。编组站、区段站、复杂中间站（组合分解站）等的站坪长度，可按实际情况计算确定。

多机牵引时，站坪长度应根据机车数量及长度计算确定。远期到发线有效长度大于 1050m 的站坪的长度由计算确定。

4.5.2　站坪的线路平面

(1) 车站正线的平面标准

车站要进行技术作业，为了作业的安全和方便，站坪应设在直线上。但若受地形条件限制，设在直线上可能会引起大量工程，允许将站坪设在曲线上，但曲线半径应符合《线规》要求。

车站设在曲线上，在运营上有如下缺点：

① 站内瞭望视线不良，使接发车、调车及列检作业等复杂化，值班员、车长、调车员、司机之间信号联系条件恶化，不仅增加中转信号时间，降低效率，还容易误认信号，造成行车事故。

② 影响作业安全，尤其在夜间照明设备不良的情况下或雪天，作业极不安全。

③ 增加列车起动阻力。

④ 作业繁忙的车站需要增加辅助的行车人员及列检人员。

⑤ 由于曲线车站调车作业不能使用铁鞋制动，列检人员检修车辆及更换闸瓦时需移到直线上进行，作业受限制。

车站的规模越大，作业越多，上述影响则越加严重。因此《线规》按路段设计速度，对最小曲线半径作出如下规定。

区段站的正线应设在直线上，特殊困难条件下，如有充分依据可设在曲线上，其曲线半径不得小于表 4-30 所列数值。中间站、会让站、越行站的正线宜设在直线上，困难条件下需设在曲线上时，应采用较小的曲线转角和较大的曲线半径，最小圆曲线半径应不小于表 4-30 规定，以保证旅客列车可以按设计速度通过车站。改建车站时，特殊困难条件下，可保留小于规定的曲线半径，但应有充分依据。

表 4-30　车站平面最小曲线半径　　　　　　　　　　　　单位：m

路段设计速度/(km/h)			200	160	120	100	80
区段站			2000	1600	800		
中间站、会让站、越行站	工程条件	一般	3500	2000	1200	800	600
		困难	2800	1600	800	600	

高速铁路中间站、越行站的正线应设计为直线。始发站的正线和城际铁路车站正线宜设计为直线。困难条件下设计为曲线时，曲线半径不应小于相应路段设计速度的最小曲线半径，且不得小于 600m。

(2) 站坪设置在反向曲线上的要求

横列式车站不应设在反向曲线上，以免更加恶化瞭望条件，降低效率，影响作业安全。纵列式车站如设在反向曲线上时，则每一运行方向的到发线有效长度范围内，不应有反向曲线。

(3) 车站咽喉区的平面要求

车站咽喉区范围内有较多道岔，道岔设在曲线上有严重缺点，如：尖轨不密贴且磨耗严重，道岔导曲线和直线部分不好联结，轨距复杂不好养护，列车通过摇晃厉害且易脱轨；曲线道岔又需特别设计和制造。所以车站咽喉区的正线应设在直线上。

车站咽喉区两端最外道岔及其他单独道岔由于直向通过速度较高，道岔（直向）与曲线之间应设有一定长度的直线段过渡，以减少列车行车时的振动和摇晃，使列车在曲线上产生的振动与道岔上产生的振动不叠加。此过渡段最小长度应满足表 4-31 的规定。

表 4-31　正线缓和曲线与道岔间的直线段最小长度　　　　　　单位：m

铁路等级		高速铁路			城际铁路		客货共线铁路和重载铁路		
设计速度 V/(km/h)		350	300	250	200	160 及以下	200	160、120	100、80
工程条件	一般	210	180	150	80	$\geqslant 0.4V$	80	40	20
	困难	170	150	120	30	25	30	25	20

4.5.3　站坪的线路纵断面

(1) 站坪的坡度

站坪宜设在平道上，以确保车站作业的方便和安全。但在自然纵坡较陡的地形条件下，为了节省工程数量或争取线路高度，允许将站坪设在坡道上，但设计坡度应满足下列要求。

① 保证车站停放的车辆不致溜逸和站内调车作业的安全

车站上停放的车辆中滚动轴承的车辆，当遇到大风、振动或碰撞且站坪坡度大于 1.7‰ 时，就有可能溜逸。因此《线规》规定，站坪到发线有效长度范围的正线宜设计为平坡（高速铁路和城际铁路应设为平坡）。困难条件下，可设计为不大于 1.0‰ 的坡度（高速铁路和城际铁路的地下车站坡度不宜大于 2‰）；特殊困难条件下，有充分技术经济依据时，会让站、越行站、无配线车站可设计为不大于 6‰ 的坡度，但不应连续设置，并应保证列车正常起动。

改建车站在特殊困难条件下，如有充分技术经济依据，可保留既有坡度，但应采取防溜安全措施。

② 保证停站列车顺利起动

站坪设计坡度应不大于最大起动坡度 $i_{q,max}$（单位：‰）。

$$i_{q,max} = \frac{\lambda_y F_q - (Pw_q' + Gw_q'')}{(P+G)g} \tag{4-67}$$

式中各符号含义见式（3-41）。

在列车起动范围内有曲线时，则列车长度内包括曲线附加阻力的加算坡度值不应大于最大起动坡度。

高速铁路和城际铁路站坪到发线有效长度范围内的正线应设计为一个坡段。客货共线铁路和重载铁路一般设计为一个坡段。为了减少工程，也可将站坪设计在不同的坡段上。若站坪范围内设计为两个坡段，应考虑列车位于最不利的位置时，列车长度内的平均加算坡度不应大于最大起动坡度。

（2）正线咽喉区的坡段

车站道岔咽喉区的正线坡度宜与到发线有效长度范围内坡度相同。

高速铁路和城际铁路在困难条件下，始发站正线咽喉区坡度不宜大于2.5‰，中间站坡度不宜大于6‰。特殊困难条件下，客货共线铁路和重载铁路可将咽喉区设在限制坡度减去2‰的坡道上，并且区段站、客运站咽喉区的正线坡度不应大于2.5‰，中间站、会让站、越行站咽喉区的正线坡度不应大于10‰，并满足车站技术作业要求。

咽喉区外的个别道岔和渡线可设在不大于限制坡度的坡道上。

（3）旅客乘降所

客货共线铁路旅客乘降所允许设在旅客列车能够起动的坡道上，但坡度不宜大于8‰；在特殊困难条件下，有充分技术经济依据，经行车检算，能保证旅客列车起停车和加速的要求，可设在坡度大于8‰的坡道上。

高速铁路、城际铁路线路所的正线坡度不宜大于15‰；困难条件下，不应大于20‰；特殊困难条件下，应经技术经济论证后确定。

4.5.4 站坪两端的线路平面和纵断面

（1）竖曲线和缓和曲线不应伸入站坪

在纵断面上，竖曲线不应伸入站坪。站坪端点至站坪外变坡点的距离不应小于竖曲线的切线长度 T_{sh}，如图4-39右端所示。

在平面上，缓和曲线不应伸入站坪，且缓和曲线与直向道岔间直线过渡段长度应满足表4-31的规定。站坪端点至站坪外曲线交点的距离不应小于曲线的切线长度 T_1 加上直向道岔与曲线间直线过渡段长度 L_{zg}，如图4-39左端所示。

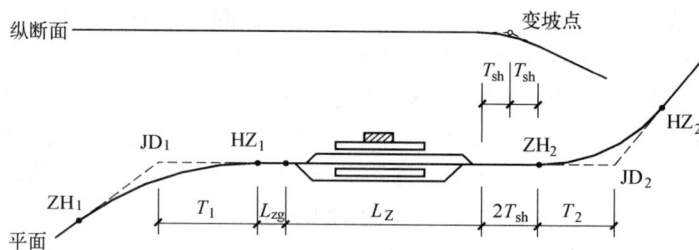

图4-39 站坪两端平纵断面

若站坪两端的线路，在平面上有曲线，在纵断面上有竖曲线，则应考虑竖曲线不与缓和曲线重叠的要求，如图4-39右端所示，曲线交点距站坪端点的距离不应小于 $2T_{sh}+T_2$。

（2）进站起动缓坡

限制坡度小于或等于6‰的内燃牵引线路，编组站、区段站和接轨站进站信号机前的线路坡度，不能保证货物列车顺利起动时，应设置起动缓坡。其他车站除地形困难外，也宜设置起动缓坡。

(3) 站坪与区间纵断面的配合

地形条件允许时，站坪尽可能设在两端坡度较缓、升高不大的凸形纵断面顶部，以利于列车进站减速和出站加速，如图 4-37 (a) 所示。设在凹形纵断面底部的站坪，不利于列车进站减速和出站加速，对运营是不利的。

4.6　线路平面图和详细纵断面图

线路平面图和纵断面图是铁路设计的基本文件。在各个设计阶段都要编制要求不同、用途不同的各种平、纵面图，其比例尺、项目内容和详细程度均不相同。

各种平纵面图都有标准的格式和要求，设计时，可参照原铁道部通用图《铁路线路图式》[壹线（2001）0006]。

现从教学需要出发，介绍线路平面图和详细纵断面图的基本要求和图中数据的计算方法。

4.6.1　线路平面图

线路平面图，是在绘有初测导线和经纬距的大比例带状地形图上，设计出线路平面和标出有关资料的平面图，如图 4-40 所示。

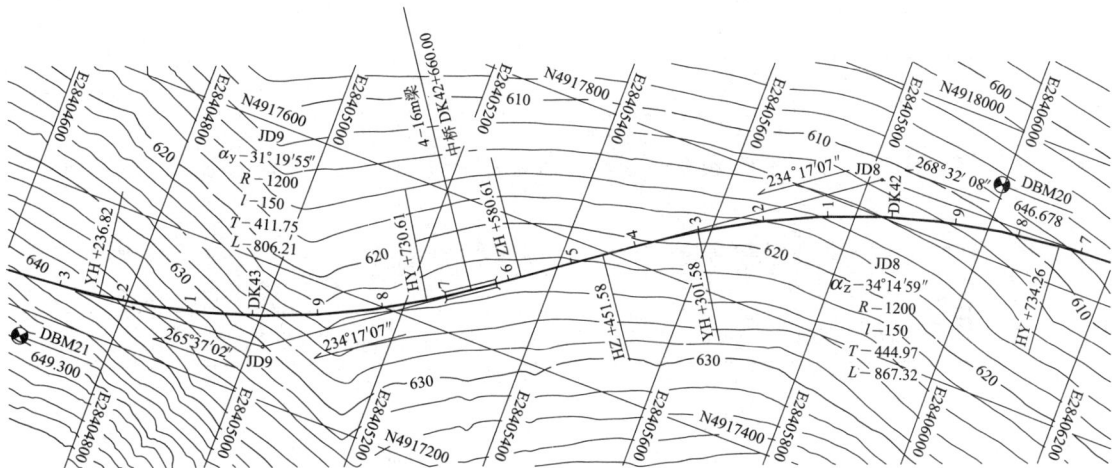

图 4-40　详细定线时线路平面图

(1) 线路里程和百米标

整千米处注明线路里程，里程前的符号：初步设计用 CK，技术设计用 DK。千米标之间的百米标注上百米标数。数字写在线路上方，面向左侧书写。两方案或两测量队衔接处，应在图上注明断链和断高关系。

(2) 曲线要素及其起终点里程

曲线交点应标明曲线编号，曲线转角应加脚注 Z 或 Y，表示左转角或右转角。曲线要素应平行线路写于曲线内侧。曲线主点如 ZH、HY、YH、HZ 的里程，应垂直于线路写在曲线内侧。

(3) 线路上各主要建筑物

沿线的车站、大中桥、隧道、平立交道口等建筑物，应以规定图例符号表示，并注明里程、类型和大小。如有改移公路、河道时，应绘出其中线。

（4）初测导线和水准基点

图中连续的折线表示初测导线，导线点符号为 C，脚注为导线点编号。图中应绘出水准基点的位置、编号及高程，其符号为 BM。

4.6.2 详细纵断面图

详细纵断面图的横向表示线路的长度，竖向表示高程，如图 4-41 所示。

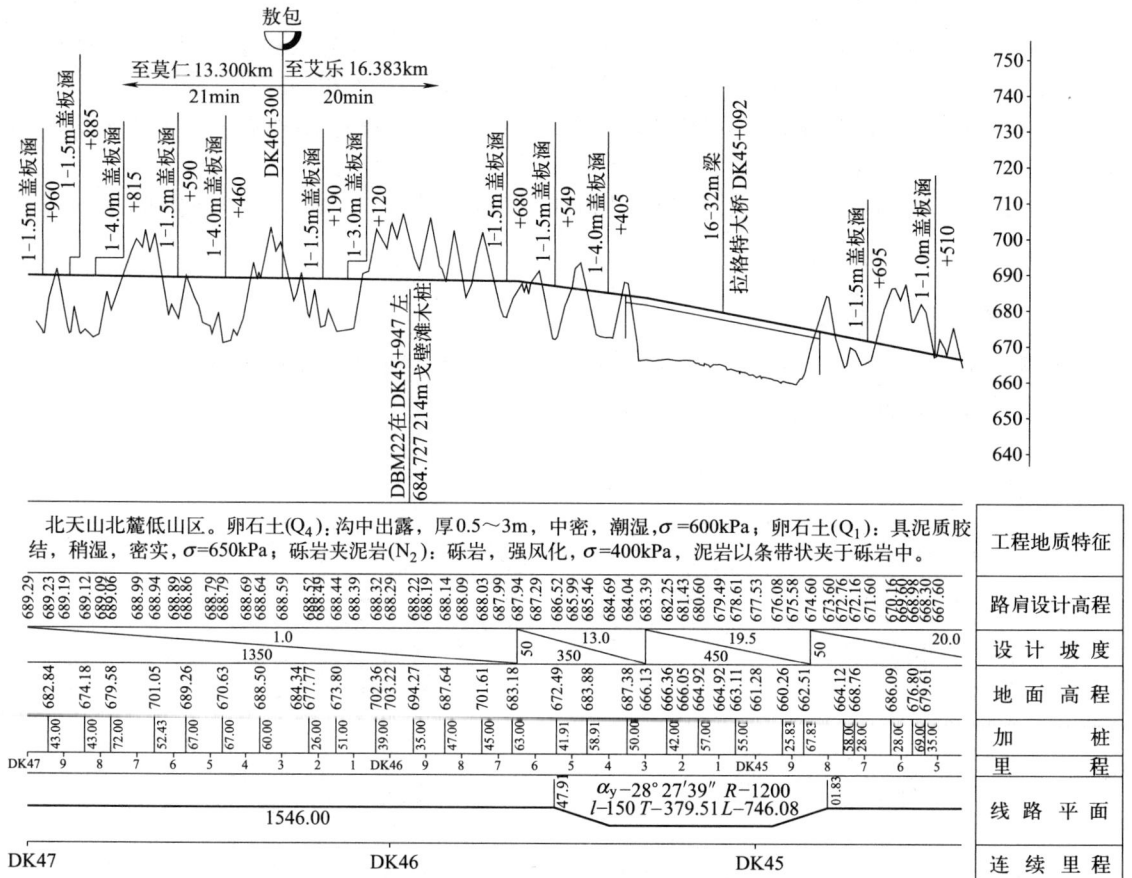

图 4-41 详细定线时线路纵断面图

（1）线路资料和数据

该部分内容标注在图的下方。自下而上的顺序为：

① 连续里程。一般以线路起点车站的旅客站房中心线处为零起算，在整千米处注明里程。

② 线路平面。线路平面是表示线路平面的示意图。根据下行方向，采用凸起和凹下部分表示曲线的转向。凸起与凹下部分的转折点依次为 ZH、HY、YH、HZ 点。在 ZH 和 HZ 点处要注上距前一百米标的距离。曲线要素注于曲线内侧。两相邻曲线间的水平线为直线段，要标注其长度。

③ 里程与加桩。在整百米标处标注百米标数，加桩处应标注距前一百米标的距离。

④ 地面高程。各百米标和加桩处应填写地面高程。在地形图上读取高程时，精度为十分之一的等高线距；外业测得的高程，精度为 0.01m。

⑤ 设计坡度。向上或向下的斜线表示上坡道或下坡道，水平线表示平道。线上数字表示坡度的千分数，线下数字表示坡段长度（单位：m）。

⑥ 路肩设计高程。图上应标出各变坡点、百米标和加标处的路肩设计高程，精度为 0.01m。

⑦ 工程地质特征。扼要填写沿线各路段重大不良地质现象、主要地层构造、岩性特征、水文地质等情况。

(2) 纵断面示意图

此内容绘于图的上方，表示线路纵断面概貌和沿线建筑物特征。细线表示地面线，粗线表示路肩高程线。

线路资料的上方，应标注线路的主要技术标准（图 4-41 略此内容）。

车站符号的左、右侧，应写上距前、后车站的距离和前、后站间的往返走行时分。

设计路肩高程线的上方，要求标出线路各主要建筑物的名称、里程、类型和大小。

绘出断链标和水准基点标的位置和数据。

复习思考题

4-1　线路平纵断面设计应满足的基本要求有哪些？

4-2　夹直线长度不满足规范要求时，应如何调整？

4-3　试推导曲线超高的理论计算公式，并简述曲线超高的作用和设置方法。

4-4　曲线半径对工程和运营的影响有哪些？

4-5　已知某铁路曲线半径为 500m，实设超高为 80mm，当速度为 100km/h 的列车通过该曲线时，是否满足旅客舒适性的要求（允许的未被平衡的超高为 70mm）？在此条件下，该曲线允许通过的最高行车速度是多少？

4-6　什么是缓和曲线？其作用是什么？缓和曲线间圆曲线长度不足时，如何保证圆曲线长度？

4-7　什么是铁路限界？铁路限界包括哪些限界？设置限界的目的是什么？机车车辆限界和建筑限界的宽度是多少？

4-8　简述限制坡度对输送能力、工程和运营的影响。

4-9　竖曲线设置的限制条件有哪些？缓和曲线和竖曲线二者为什么不能重合？

4-10　某 I 级铁路，设计速度 $V_{max}=160$km/h，如图 4-42 所示，变坡点 A 处的里程为 K24+300，高程为 75.34m，求 K24+740、K25+160、K25+720 桩点的施工高程（精确到 0.01m）。

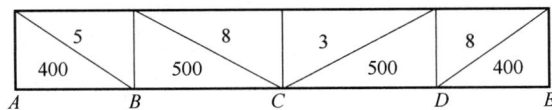

图 4-42　题 4-10 图

4-11　某单线电力牵引区段，$i_x=13‰$，近期货物列车长 740m，隧道及平面如图 4-43 所示，该地段要求用足坡度下坡设计，试设计其纵断面。

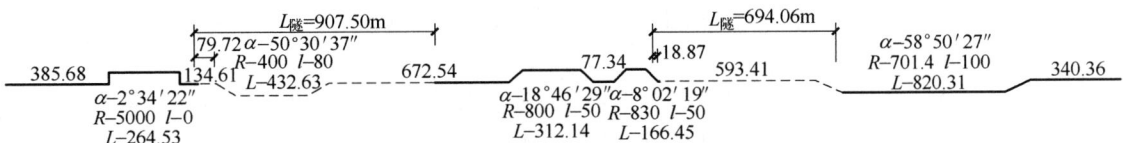

图 4-43　题 4-11 隧道及平面图

第 5 章
铁路选线与定线

5.1 选线设计

铁路定线是在地形图或地面上选定线路的方向，确定线路的空间位置，并布置各种建筑物的过程，是铁路勘测设计中决定全局的重要工作。要做好定线工作，必须综合考虑多方面的因素，逐步渐近地、分阶段地进行工作。每一阶段都应精心设计，多做方案比选。内容应从粗到细、从整体到局部，工作过程是从面到带、从带到线，直到确定线路的具体位置，这种特点决定了铁路定线过程中内外业的关系：外业勘测与调查是内业定线的依据，而内业定线又指导下一阶段的外业勘测，经过多次反复，最后才将线路测设于地面。

5.1.1 选线原则

（1）地质选线原则

铁路线路应避免通过严重地质不良地段，特别是重点工程，更应坚持线路绕避全新活动断层或在断裂较窄处以大交角通过，线路必须置于"安全岛"内和绕避不良地质地段。

线路尽量以简单工程通过全新活动断层，避免以高路堤、深路堑、陡坡路基或高桥通过。如以长隧道穿越全新活动断层，应选择最窄部位大角度通过，具体位置不宜距洞口过远，埋深不宜过大，并结合隧道救援方案合理确定穿越位置。根据断层活动速率的预测值，采取扩大隧道直径预留变形缝和加强结构强度等措施，应对断层发展可能产生的位移变形。

尽可能控制桥高和路基填方及切坡高度。不设傍山短隧道群，减少展线，预留限坡调整余地。隧道应"早进晚出"，确保在山坡稳定部位设置洞口，并综合考虑地形和岩土的地震放大作用，合理定位和设防隧道出口，路基高程应高出可能出现的堰塞湖水面最大高程，避免被淹没。

（2）重大工程优先选址原则

复杂地质环境条件下的峡谷地区选线，要在比选确定重大桥梁、隧道工程的位置应处于良好的工程地质、水文地质、环境地质条件的前提下，进行两端连接线路方案的综合性技术经济比选。特别要防止单纯依靠地形图先选定线位，再进行工程地质勘察的做法。

隧道进洞位置的选定要根据洞口处的地形、地质状况而定，不为缩短隧道的长度而偏压、拉槽进洞，使洞口处挖深过大，破坏山体坡面的稳定和植被。跨越大江大河和技术复杂及重要的特大桥，根据河流形态、地形地质、通航、当地发展等因素，在较大范围内做多个桥位方案比选，应以桥位来控制线位；一般特大桥和重要大桥则以线路定线为主确定桥位，尽量使桥梁轴线与水流流向正交，减少桥渡对河道特征的干扰。

（3）环保选线原则

贯彻环保选线原则，实现铁路建设与环境保护的协调发展，是建设一流铁路的必然选择。考虑铁路与环境的相互影响，应注意以下问题：

① 节约利用土地。结合沿线各地区土地利用情况，尽量利用荒地、河滩等经济产出较

低的土地，避免大量征用农业用地、工业和住宅用地，尽可能地提高土地利用效率。例如，充分考虑土石方填挖平衡，减少取、弃土场占地，在高路堤地段设挡土墙减少路基占地宽度，并对铁路施工临时用地进行恢复和利用。

②保护沿线居民生活环境。铁路施工和运营会带来噪声、振动、大气污染等问题，在选线中注意绕避城市和乡村居民聚集区，确实需要通过时应考虑设置声屏障等保护措施。

③保护自然植被及野生动物。植被具有净化空气、保水固土、防治风沙、改善气候的功能。因此应避免大范围的开挖，并在完工后对路基边坡和两侧进行绿化恢复，维持生态系统的稳定。铁路建设期会对野生动物的生存、觅食、繁殖造成影响。例如，时速 120km 以上的铁路必须设置隔离栅栏，这样会限制野生动物的迁徙，阻碍动物种群间的繁衍交流，严重时会造成动物种群数量减少甚至消亡，因此应设置野生动物通道，保护生物的多样性。

④保护沿线环境敏感区。环境敏感区通常包括自然保护区、风景名胜区、世界文化遗产地、水资源保护区、森林公园、地质公园等。应慎重考虑大桥和车站的位置，防止水污染。特别是对于承受外界作用能力低的生态脆弱地带，破坏后难以自动恢复，应减少对地表生态的扰动。

【相关链接】

青藏铁路从设计、施工到运营管理采取了一系列环保措施。在选线方面，尽量避开野生动物栖息和重点活动区域。

（4）规划选线原则

铁路线路走向及车站设置应考虑城市建设的近远期规划和功能区划分、城市自然环境、生态特点、交通道路布局等综合因素，使铁路与城市协调发展。当铁路选线方案与地方规划冲突时，应统筹考虑各方案的利弊，兼顾各方利益。铁路选线方案应从技术标准、运输组织、土地利用、环境影响、工程实施难度、工程投资、运营维护、区域经济社会发展、区域效益最大化、联络线工程、城市配套工程等方面统筹考虑，多方案比选论证后确定。

（5）资源选线原则

土地是不可替代的特殊农业生产资料，节约土地是我国的基本国策。铁路线路宜靠近山坡，尽可能不占用良田，能利用荒地、劣地的要充分利用，不占用耕地、林地。方案选择中需考虑铁路对经过区耕地的影响。

铁路选线应将资源优势转化为经济优势。如铁路走向中有重要矿藏和旅游景点，线路应尽可能地从其附近通过，当干线靠近矿区和旅游景点时，应考虑支线的引入。

（6）横断面选线原则

地面横坡较陡的线路设计中，应采用横断面选线，在平面图中确定出路基两侧都合理的带状通过范围。

5.1.2　线路走向的选择

铁路定线工作的第一步，就是选定线路的基本走向。

在设计线起讫点间，因城市位置、资源分布、工农业布局和自然条件等具体情况的不同，常有若干可供选择的线路走向。如图 5-1，若将线路起讫点和必须经过的城市 A、B、C 直接连接，则线路必须多次跨越大河，穿越较高的山岭和不良地质地段，不仅投资多，而且线路质量差、隐患大。为了降低工程造价，节约运营支出和消除隐患，可根据自然条件选择有利地点通过，如特大桥或复杂大桥的合适桥址 D、E，绕避不良地质的 F、G，垭口

H、I，这些点称为控制点。这样，据点 A、B 之间就有两个可能走向，即 $ADFB$ 和 $AGEB$；而据点 B、C 间也有 BHC 和 BIC 两个可能走向，这些走向统称为航空折线。选线的基本任务之一，就是从中选出最合理的方案作为进一步设计的依据。

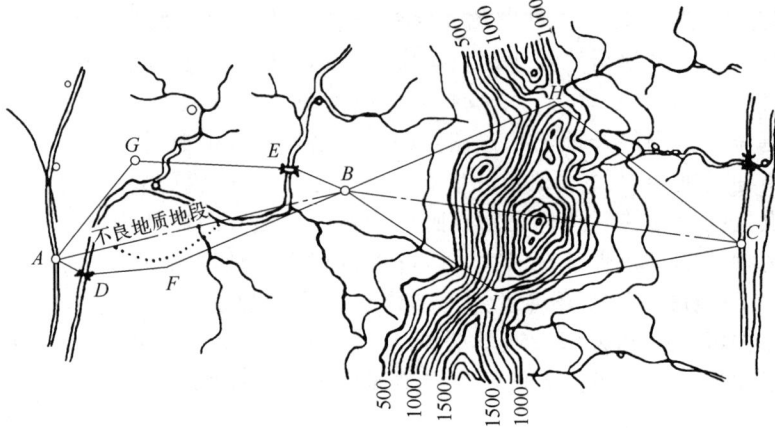

图 5-1　线路走向的拟定

长大干线要特别注意做好线路走向选择。如兰渝铁路是连接西南、西北地区的区际新通道，对扩大路网规模、完善路网结构具有重要意义。结合区域的路网规划，在系统考虑了路网布局的基础上进行了大面积的研究比较，确定了四大宏观走向，如图 5-2 所示。

（1）兰州—天水—阳平关—广元—重庆方案（方案Ⅰ）

此方案从陇海铁路的三阳川车站接轨，接入达成线南充车站，出站后经广安市至襄渝线的三汇坝接轨，并利用既有襄渝线进入重庆枢纽的江北站。线路建筑长度 636.79km，运营长度 1029.47km。方案Ⅰ中的天水至阳平关段较多地利用了既有铁路，不利于"扩大路网规模和完善路网结构"，仅经过 3 个贫困县，对国土资源开发和沿线扶贫的作用相对较小。天水至阳平关段通过陇南山字形构造及陇南斜叠弧形构造体系的交错部位，岩性繁杂多变，线路大多沿断裂带走行，沿线滑坡、泥石流错落等不良地质十分发育，礼县附近线路通过 9 度以上高地震区。

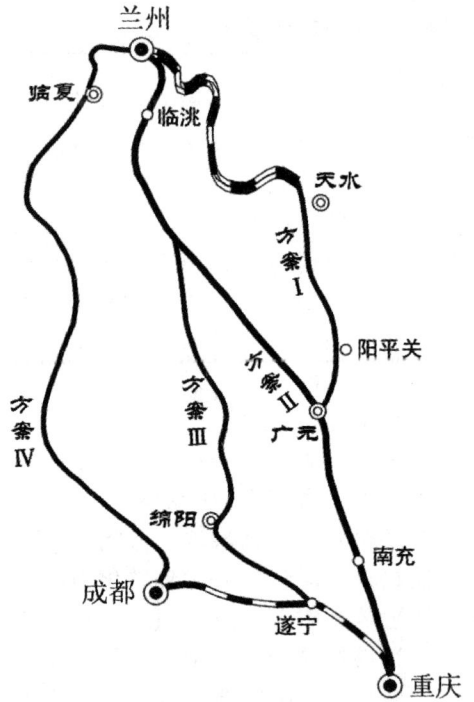

图 5-2　兰渝铁路走向方案

（2）兰州—广元—重庆方案（方案Ⅱ）

该方案从兰州枢纽引出后折向南，从宝成线广元站北端引入广元站，出站后接入方案Ⅰ至重庆枢纽的江北站。线路建筑长度 788.22km，运营长度 869.65km。方案Ⅱ基本位于兰州与重庆的航空线附近且全线为新建铁路，位置适中，并直接衔接重庆枢纽，同时由于经过广元，可与广元—乐坝—巴中铁路一起，完善川东北广大地区的路网结构。方案Ⅱ经过的经济据点最多，吸引 25 个县市区，不仅对带动地方经济发展有利，而且使本线的客货运量得以保证。沿线经过 12 个国家级贫困县（甘肃省 6 个、四川省 6 个），有利于沿线国土资源开发和扶贫。兰州至广元段线路通过西京构造南端秦岭东西纬间构造带和华夏系及新华夏系构造，不良地质主要集中于岷县至陇南段内，线路通过陇南附近 8 度地震区。因此，本方案工程地质条件相对较好。

（3）兰州—绵阳—遂宁—重庆方案（方案Ⅲ）

该方案兰州至岷县段同方案Ⅱ，此后线路经九寨沟、平武，接入宝成线的江油车站，此后新建双线至绵阳站，出站后经三台、射洪至达成线的遂宁站，并利用遂渝复线至重庆枢纽的江北站。线路建筑长度 819.39km，运营长度 1009.66km。方案Ⅲ线路经过绵阳及成都，一方面，由于线路布局偏西，且远离航空线，不利于区际通道客货的顺直运输，增加运输成本；另一方面，与方案Ⅱ相比是通过既有铁路衔接重庆枢纽，使两个区际通道（本通道和沪汉蓉通道）合二为一，加大了对既有成遂渝铁路的运输负荷。由于部分利用遂渝铁路，新增吸引范围较方案Ⅱ小，同时新建线路部分地段又远离县城，减少了本线吸引范围的地方客货流，同时线路远离四川省境内的国家级贫困县。兰州至绵阳段线路经过秦岭东西向褶皱带、龙门山褶皱带和扬子地台。其中黑店峡至九寨沟间的秦岭、龙门山区构造断裂十分发育，岩体破碎严重，线路通过九寨沟附近 8 度地震区。因此，本方案工程地质条件相对较差。

（4）兰州—成都—遂宁—重庆方案（方案Ⅳ）

该方案从兰新铁路的河口南接轨，经临夏、合作、若尔盖、红原、理县至成都，此后利用达成线复线和遂渝复线至重庆枢纽的江北站。线路建筑长度 804.91km，运营长度 1305.41km。方案Ⅳ线路经过绵阳及成都，一方面由于线路布局偏西，且远离航空线，不利于区际通道客货的顺直运输，增加运输成本；另一方面与方案Ⅱ相比是通过既有铁路衔接重庆枢纽，使两个区际通道（本通道和沪汉蓉通道）合二为一，加大了对既有成遂渝铁路的运输负荷和压力。由于较多地利用既有铁路，新建线路地段大都交通不便，人烟稀少，地方客货运量少，对沿线经济发展作用较小。该方案通过祁吕贺兰山褶皱带、秦岭-昆仑东西向褶皱带和松潘-甘孜褶皱带及龙门山褶皱带及四川地台成都坳陷，沿线构造十分复杂，断裂十分严重，松潘附近为 9 度以上地震区，同时线路通过若尔盖草原沼泽区，地表土具季节性冻土特点。因此，本方案工程地质条件差，且线路通过卧龙国家级自然保护区、若尔盖湿地省级自然保护区。

经综合研究比较，推荐符合区域路网布局、有利于带动沿线经济发展、地形地质条件相对较好、线路走向顺直的兰州—广元—重庆方案，即方案Ⅱ。线路走向方案符合路网规划、有利于国土资源开发、环境保护、提高运输质量与效益、外部协作等诸多方面。

影响线路走向选定的因素甚多，主要应考虑：

① 设计线的意义及与行经地区发展相协调

干线铁路的线路走向应力求顺直，以缩短直通客货运输距离和时间。地方性的铁路，则宜靠近城镇和工矿区，以满足当地客货运输的需要。走向的选择还应以铁路网规划为基本框架，从国家战略需要、国民经济发展需要、运输需求出发，考虑铁路建设与沿线地方经济发展的关系。铁路应与所在区域内其他交通运输方式合理衔接和协调发展，树立综合交通运输协调发展理念，发挥铁路应有的社会、政治、经济等作用，满足国家建设需要。

② 设计线的经济效益和社会效益

主要城市和重要城镇是线路走向选择的重要因素。对县级以上的城市和重要市镇，选择线路走向时必须通过。当以干线经过有困难时，应进行主线通过和以支线连接的技术方案比选，以选出经济效益、环境效益最佳的线路。一般高速铁路宜通过县级及以上城市。城际铁路宜通过重要城镇及城市主要组团，并兼顾机场、港口及其他综合交通方式的联运。重载铁路宜经过主要经济据点，利于大宗货物集疏，也应考虑与港口、城市综合物流中心以及其他交通方式的货物集疏区互联互通，发挥综合交通运输优势。

靠近市镇及矿区的铁路选线应与地方规划相协调。线路应尽量避免穿越矿产资源富集区，而应选在边缘地带或矿带最窄处穿过，为铁路建设创造良好的施工及运营管理环境，并为地方规划与发展预留良好的建设条件，使铁路建设与地方建设协调发展，最大限度地提高社会效益。

③ 自然条件

地形、地貌、地质、水文、水源、地震、气象等自然条件对线路走向的选择有直接影响。选线时应根据确定的经济据点及接轨点，力求区间线路走向短、顺、直，以缩短线路长度，节省工程投资，减少旅客旅行时间。对于严重的不良地质地区、高烈度地震区和高山峻岭、困难峡谷等自然障碍，选线时宜考虑绕避或选择合理的工程处理技术方案。

线路选线时应避开自然保护区、景观名胜区、文物古迹保护区。当确实无法避开时，要保证线路避开核心区和缓冲区，研究从其边缘通过的线路方案和线路敷设方式。线路走向选定时还应重视环境保护、水土保持、节约能源、防灾和减灾工作，确保铁路不致引起新的灾害。

④ 设计线主要技术标准和施工条件

设计线的主要技术标准在一定程度上影响线路走向的选择，同样的运输任务，采用大功率机车，则可以采用较大的最大坡度值，使线路有可能更靠近短直方向。

施工期限、施工技术水平等，对困难山区的线路方向选择具有重大影响，有时甚至成为决定性的因素。

上述各项因素互相影响，应整体考虑才能得到较理想的线路走向。

5.1.3　接轨方案的选择

设计线与既有线的接轨方案是影响线路局部走向的重要因素，选线设计中接轨站的选择主要是解决接轨点和接轨方向两个问题，分述如下。

(1) 接轨点的选择

影响接轨点选择的主要因素是：

① 路网规划和枢纽（地区）规划。通常，国家重要干线的接轨点已在路网规划中确定，选线设计时应充分考虑；一般干线和次要线路的接轨点，也应征求并尽量考虑各级规划部门的意见。

② 线路走向及综合工程情况。接轨方案与线路走向相互影响，设计时应综合考虑。

③ 主要客货流方向。接轨站应选在使主要客货流方向顺直，运程尽量缩短的车站。

④ 既有区段站的分布及接轨站改扩建条件。接轨站应力求选在既有线的区段站上，这样既可减少列车编组作业设备和机务设备的投资，又可改善运营管理条件。既有线接轨站前后线路工程条件应满足线路引入及改扩建工程的需要。

⑤ 沿线经济据点的影响。根据铁路的功能、标准和客货运需求，带动更多的经济据点。

如图 5-3 所示，阳安线西端和宝成线有在阳平关和略阳站接轨两个方案。其中略阳车站地形狭窄，车站位于半径 600m 的曲线上，改扩建困难。此外，阳平关地区的客运以通过列车为主，通过列车的主

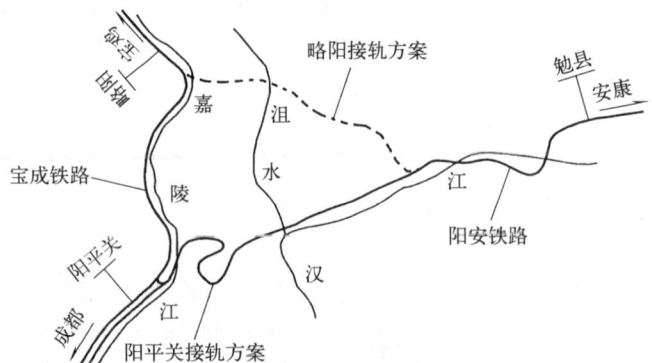

图 5-3　阳安铁路西端接轨方案

要方向为宝鸡—成都方向，次要方向为成都—汉中方向，考虑减少折角运输的影响，选择阳平关车站接轨较合理。

【例 5-1】 精伊霍铁路东端有在奎屯接轨、精河接轨和博乐接轨三大方案，如图 5-4 所示。试分析各接轨方案的优缺点。

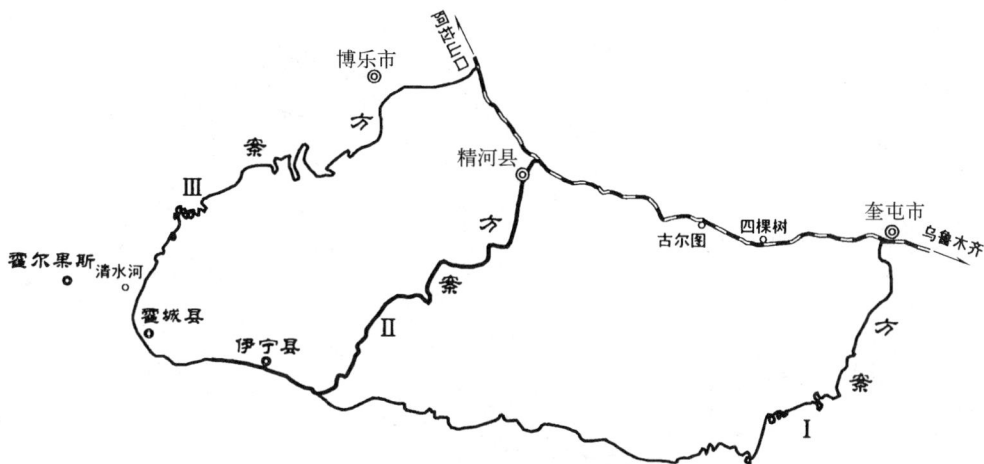

图 5-4 精伊霍铁路东端接轨方案

分析 方案Ⅰ为奎屯接轨方案；方案Ⅱ为精河接轨方案；方案Ⅲ为博乐接轨方案。其中奎屯站为区段站，精河站和博乐站为中间站。

奎屯接轨方案，建筑长度 490.31km。线路在天山山体较厚处翻越天山，工程量巨大。线路穿出天山后顺伊犁河谷而下，地形平缓、工程简易。线路建筑长度较方案Ⅱ长 206.25km。因接轨点远离伊宁市，故线路最长。铁路的修建，对沿线的社会稳定、民族团结、贸易往来及经济发展具有一定意义。

精河接轨方案，建筑长度 284.06km。线路通过准噶尔盆地南缘冲洪积平原、北天山中山山区、天山北麓低山丘陵区及伊犁河谷阶地。天山北麓低山丘陵区，地形复杂，多以桥、隧工程通过，工程集中且规模较大。该方案经过的政治、经济据点较多。对沟通天山南北交通，加强天山南北各地区联系、社会稳定、民族团结、经济发展具有巨大的社会、经济意义。

博乐接轨方案，建筑长度 324.09km，线路在岭北，工程简易，但线路远离公路，进场交通极为困难，施工不便。通过的果子沟两岸地形陡峭，桥隧工程巨大，并穿越崩塌、落石、滑坡、泥石流等不良地质地段。同时该方案与规划的精伊线至霍尔果斯方向不顺，运营管理不便，且博乐站距阿拉山口较近，气候条件恶劣，不利于生产和职工生活。同时线路经过的经济据点较少，难以发挥铁路应有的社会、经济效益。

综上分析，精河站接轨方案具有建筑长度短，工程投资省，线路顺直，沟通天山南北交通作用等优点，因此，推荐方案Ⅱ精河接轨方案。

(2) 接轨方向的选择

在接轨点选定后，就要解决从接轨站的哪一端引入的问题。主要考虑两点：①主要客货流方向，应力求减少客货流的折角运输。②城市规划与新线引入的条件。一般城市居民密集，应力求减少拆迁工程量。

新线引入枢纽时，应符合铁路枢纽总图规划，并与客运站功能定位相适应，与货运站、铁路物流中心相结合，并与主要客货流方向相一致。一般在枢纽前方站或枢纽内适当车站接轨。长沙枢纽、兰州枢纽案例如下。

石长铁路引入长沙枢纽，与原设计在长沙站南边的黑石铺站接轨，并于 20 世纪 60 年代修建了湘江大桥的两座桥墩，后来考虑主要客货流方向是南通广州，根据城市规划，长沙市北面为经济开发区，长沙站北面的捞刀河站新线引入条件好，拆迁工程量比由黑石铺站引入要小得多，故选定捞刀河站引入方案，如图 5-5 所示。

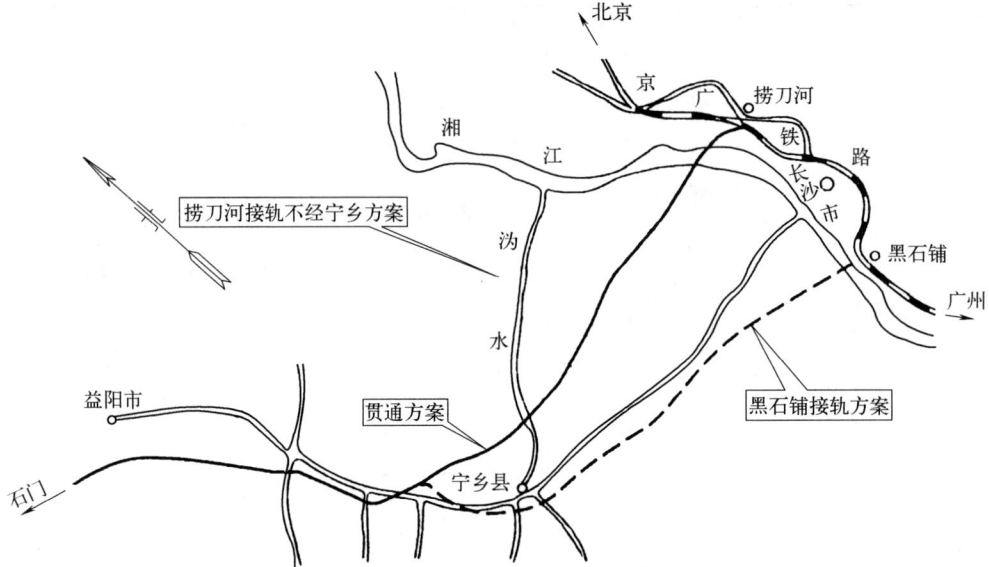

图 5-5　石长线引入长沙接轨方案图

　　兰州枢纽呈线状、南客北货格局，如图 5-6 所示。兰州、兰州西（新建）为主要客运站，兰州北为货运编组站，各既有线和规划线路均以主要客货流方向引入枢纽。宝兰高铁自枢纽南端引入兰州西与兰新高铁贯通；兰渝线自枢纽东端在夏官营客货分线分别引入兰州、兰州北；兰青线自西端兰新线河口南引出；建设的兰合线自兰新线西固城西端设线路所与兰青线接轨，客货分线分别引入兰州西、兰州北；兰中城际自西北端接入西固城站，包兰线自北侧经水源客货分线分别引入兰州、兰州北。

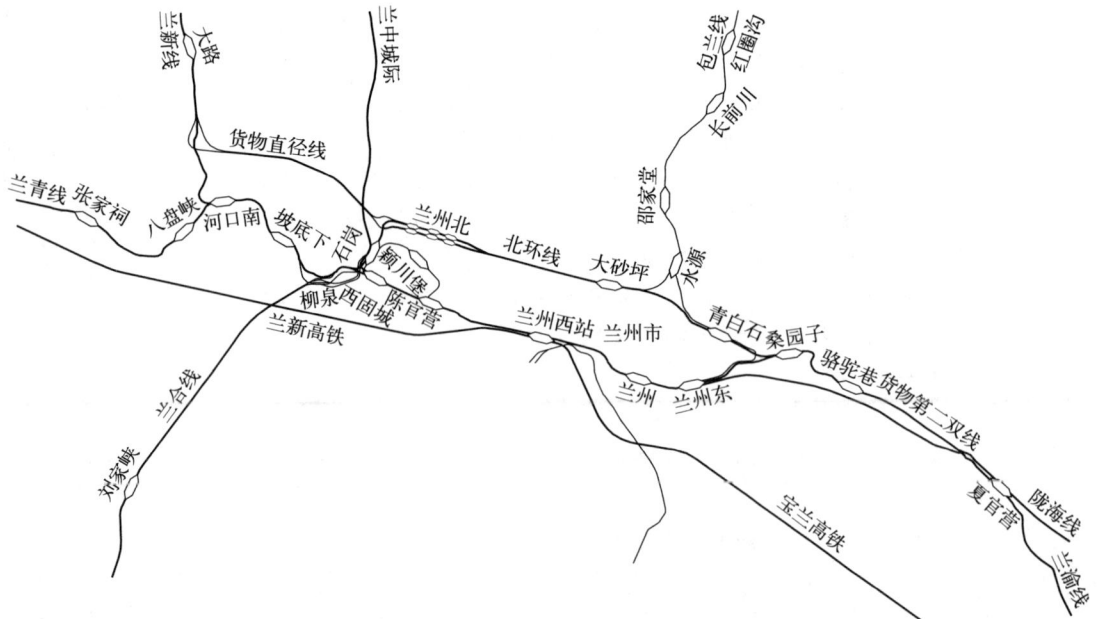

图 5-6　兰州枢纽线路布置图

5.1.4　车站分布

5.1.4.1　车站分布的基本原理

铁路车站是完成运输生产兼经营的基层单位。为了保证铁路具有必要的通过能力并进行必要的技术作业，以及办理客货运业务，必须合理地分布车站。

车站分布要满足设计线所要求的输送能力和客车对数。因此相邻车站间的距离是在满足能力需求的前提下，根据牵引种类、列车开行方案、相邻车站性质、运行速度、限制坡度、追踪列车间隔时间、区间运行时分、客货列车数量比例、技术负荷系数等因素计算确定的。图 5-7 为单线铁路的站间区间示意图，以进站信号机作为区间的分界。

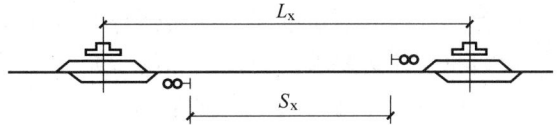

图 5-7　站间区间示意图

车站的分布与地区客货运输服务和国民经济的发展有密切的关系。车站（尤其是区段站以上的大型车站）的作业量大、人员多，因而有较密集的设备与建筑物，使车站投资大、占地广，且建成后难以迁移。

由上述可知，车站分布是铁路选线的重点问题之一，应将车站分布与铁路定线有机地结合起来。一般过程是：先结合机车交路的设计分布区段站，然后结合纸上定线，并保证需要的通过能力，分布一般的中间站、会让站或越行站，使选线与设站相结合。在困难地段，可根据不同的车站分布进行线路方案比选。总之，要点线结合，才能得到总体上较为理想的线路位置和适当的车站分布。

5.1.4.2　区段站分布

区段站分布对线路的方向选择和工程、运营条件，特别是对机车的运用效率有很大的影响。因此，必须结合交路布置拟定若干个分布方案，认真进行技术经济比较，从中选出经济合理、运营方便的方案。

影响区段站分布的因素较多，主要有以下几个方面：

① 区段站设置应和接轨站选择结合考虑，可利用既有线基本段，如图 5-8（a）、（b）；或利用设计线新建基本段，在既有线区段站折返，如图 5-8（c）、（d）。需根据车流情况、既有线机务段的负荷与改建条件比选确定。

② 尽量靠近较大城镇和工矿企业所在地，以满足客货流集散的需要，并可改善铁路员

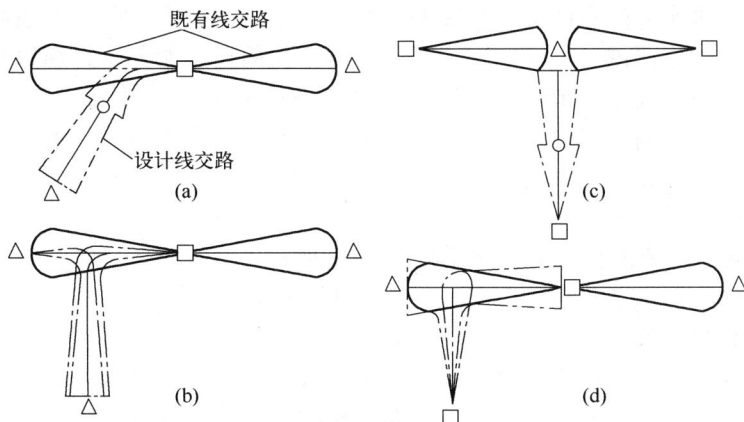

图 5-8　各种接轨情况下的交路和区段站设置示意图

□基本段　△折返段　○中途换班段

工的生产、生活条件。站址位置应和城镇发展规划相配合。

③ 区段站应设在地形平坦，地质条件较好，少占农田，便于"三废"（废气、废水、废渣）的处理和水源、电源较为方便的地点。

④ 为减少列车改编设备和补机整备设备的投资，宜在列车换重点、补机摘挂点设置区段站。

5.1.4.3 中间站、会让站或越行站分布

设置会让站、越行站和中间站的目的是保证铁路远期年输送能力，并为沿线提供城乡客货运输服务。中间站应根据沿线城镇分布及产业布局合理分布。重载铁路的中间站还应满足大宗货物的集疏运要求。会让站和越行站应按通过能力进行分布。有技术作业的中间站、会让站和越行站还应满足技术作业要求。

(1) 站间时分要求

① 单线铁路

单线铁路站间最大往返运行时分（通过牵引计算获得）直接决定区间通过能力，设计线通过能力 N 必须大于需要的通过能力 N_{xy}，车站须按货物列车往返走行时分所确定的站间距分布，以满足要求的通过能力。

对于单线铁路，分布车站时应使相邻车站之间的列车往返走行时分之和 $t_W + t_F$ 不大于按 N_{xy} 计算出的最大区间走行时分。

通过能力（单位：对/d）：

$$N = \frac{1440 - T_T}{t_W + t_F + t_B + t_H} \tag{5-1}$$

需要的通过能力（单位：对/d）：

$$N_{xy} = (1+\alpha)\left[\frac{C \times 10^6 \beta}{365 G_j} + N_K \varepsilon_K + (\varepsilon_{KH} - \mu_{KH})N_{KH} + (\varepsilon_L - \mu_L)N_L + (\varepsilon_Z - \mu_Z)N_Z\right] \tag{5-2}$$

式中 C——设计线年货运量，Mt/a，其他符号意义同式（3-5）、式（3-6）。

分布车站时，必须保证 $N \geqslant N_{xy}$，得

$$t_W + t_F \leqslant \frac{1440 - T_T}{N_{xy}} - (t_B + t_H) \tag{5-3}$$

单线铁路有技术作业的中间站（指除办理列车会车、越行等作业外，还办理列车其他技术作业的车站）技术作业占用了时间，为了不影响区间的通过能力，其相邻区间的列车往返走行时分，应比站间最大往返走行时分减少：区段站相邻站间各减少 4min，其他技术作业站如因技术作业时分影响站间通过能力，且将来不易消除其影响者，可根据需要减少相邻站间走行时分。

② 双线铁路

双线铁路一般采用自动闭塞，车站分布与该线平行运行图的通过能力无直接关系，但因客货列车速度不同，当车站间距较大时，货物列车等待越行列车时分延长，旅客列车扣除系数增加，通过货物列车数减少。

为平衡上述问题，提高双线铁路的通过能力、输送能力，新建客货共线双线铁路的车站分布，应根据不同的牵引种类、客车对数和路段旅客列车设计速度等因素确定，其站间货物列车单方向的运行时分不宜大于表 5-1 所列数值，困难条件下，个别站间的货物列车运行时分可比表中规定的数值增大 1~2min。

表 5-1　新建双线铁路站间货物列车单方向运行时分

路段旅客列车设计行车速度/(km/h)		200	160	≤120		
旅客列车对数/(对/d)		—	—	≤20	21~40	>40
站间货物列车单方向	电力	25	20	30	25	20
运行时分/min	内燃	—	25	45	40	—

双线铁路可以明显提高通过能力，新建单线铁路的个别地段，设站引起巨大工程时，经技术经济比较，可延长区间距离，以双线代替车站。

(2) 合理的站间距

① 车站分布应根据地形、地质、水文等条件并满足上述的站间时分要求。一般来说，车站的站间距离越短，车站的数量越多，区间的通过能力越大，地方客货运输越方便，但车站数量过多一是增加站内设备的工程投资；二是在地形困难情况下需展长线路，增加区间线路的工程投资；三是增加列车起停次数，造成旅速降低，机车、车辆周转时间长，运营费增加。

因此《线规》规定新建铁路最小站间距离：高速铁路站间距离宜为 30~60km；城际铁路站间距离宜为 5~20km；重载铁路单线宜为 15km，双线宜为 30~50km；客货共线铁路单线不宜小于 8km，双线不宜小于 15km，枢纽内站间距离不宜小于 5km。

② 新建铁路各设计年度开设的车站应根据设计年度客货运量要求的通过能力和地方运输需要分别确定。办理客货运业务的中间站，应根据调查的客货运量，结合该地区其他运输方式的发展情况合理分布。

③ 适当考虑站间通过能力的均衡性，以减少车站数目。若机械地按站间最大往返时分分布车站，会导致车站设在地形困难或地质不良地段，引起巨大工程。困难条件下个别区间站间距离，允许单、双线分别略短于 8km、15km。

④ 远期为双线、近期为单线的新建铁路，宜按双线标准分布车站。按双线分布，车站站间距离长，使得近期单线不能满足通过能力需要，此时可采用增加会让站、双插、局部双线等措施过渡；如确有技术经济依据，也可按满足近期单线运量要求分布车站，远期双线后再关闭部分车站。过渡工程设计应远近结合，尽量减少废弃工程。

⑤ 改建既有线或增建二线时，可关闭作业量较小的车站。前提是不影响通过能力和提高铁路运输效率和经济效益。

5.2　定线的基本方法

定线工作政策性强、涉及面广，不同的设计阶段都有定线工作。从大的走向确定后线路方案的研究到定测后线路的修改设计都需要定线，只是在研究的范围和定线的精细程度上有所不同。确定了线路的走向及主要技术标准后，就可以具体地选定线路中心线的空间位置，即确定线路的平面位置，同时确定线路的纵断面，并在定线的同时，合理地分布车站和设计车站的平面和纵断面。

地形条件，特别是地面平均自然坡度的大小，对线路位置和定线方法影响很大。定线时应分两种情况区别对待：

① 采用的最大设计坡度大于地面平均自然坡度（$i_{max} > i_{pz}$），线路不受高程障碍的限制。这时，主要矛盾在平面一方，只要注意绕避平面障碍，按短直方向定线，即可得到合理的线路位置。这样的地段，称为缓坡地段。

② 采用的最大坡度小于或等于地面平均自然坡度（$i_{max} \leq i_{pz}$），则线路不仅受平面障碍

的限制，更要受高程障碍的控制。这样的地段，称为紧坡地段。这时，主要矛盾在纵断面一方，这就需要根据地形变化情况，选择地面平均自然坡度与最大坡度基本吻合的地面定线，有意识地将线路展长，使之能达到预定的高程。

由于紧坡和缓坡地段的条件不相同，因此它们的定线方法也不相同。

5.2.1 紧坡地段定线

(1) 紧坡地段定线要点

紧坡地段通常应用足最大坡度定线，以便争取高度使线路不至额外展长。当线路遇到巨大高程障碍（如跨越分水岭）时，若按短直方向定线，就不能达到预定的高度，或出现很长的越岭隧道。为使线路达到预定高度，需要用足最大坡度结合地形展长线路，称为展线。展线地段定线，应注意结合地形、地质等自然条件，在坡度设计上适当留有余地。无特殊原因，一般不采用反向坡度，以免引起线路不必要的展长，增加运营支出。紧坡地段定线，一般应从困难地段向平易地段引线。

(2) 展线方式

为克服巨大高差需要迂回展线时，应根据需要展长线路长度，结合地形和地质等条件，用直线和曲线组合成各种形式，如套线、灯泡线、螺旋线等来展长线路。

① 套线。当沿河谷定线时，遇到主河谷自然坡度大于最大坡度而侧谷又比较开阔时，常常在侧谷内采用套线式的展线。简单套线由三个曲线组成，每一曲线的偏角均不大于180°，如图5-9所示。

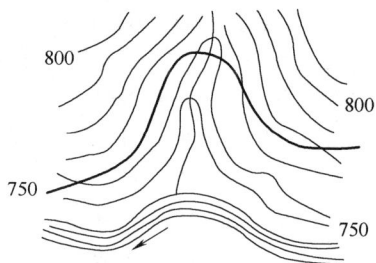

图 5-9　套线

② 灯泡线。在谷口狭窄的侧谷内，采用套线展线，在谷口往往需要修建隧道或深路堑引起较大工程，为了更好地适应谷口狭窄地形，可以采用灯泡形展线。它由三个或三个以上的曲线组成（若为三个曲线则中间一个曲线的偏角大于180°而小于360°）；从图5-10所示的平面和纵断面中可以看出，采用灯泡形展线（实线方案）比采用套线展线（虚线方案）可节省两座隧道和部分土石方工程。

③ 螺旋线。在地形特别困难的地段，线路可以迂回360°呈环状，称为螺旋线。在上、下两线交叉处，可以用跨线桥或隧道通过，如图5-11所示。

展线没有标准图式，应根据地形变化的实际情况，因地制宜地组合各种展线方式，并使之相互配合。

(3) 导向线定线法

在紧坡地段，线路的概略位置与局部走向可借助导向线来拟定。导向线就是既用足最大坡度，又在导向线与等高线交点处填挖为零的一条折线。铁路线路本身的特点决定了其不可能与导向线一致，但可将导向线作为线路的参考位置。因此，紧坡地段可借助导向线来拟

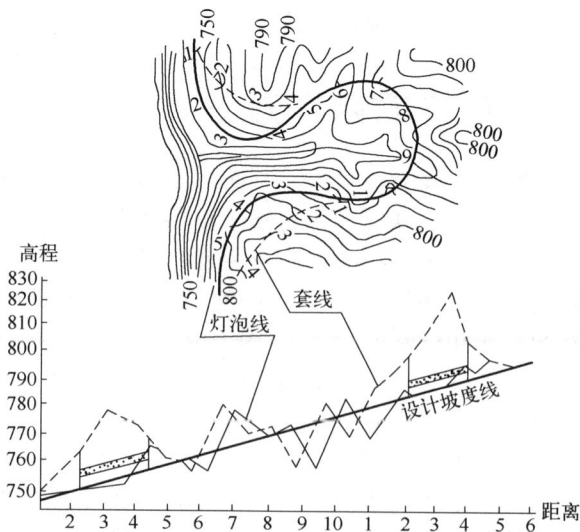

图 5-10　灯泡线

定，以此作为用足最大坡度而又适合地形、填挖最小的线路概略平面。

导向线是利用两脚规在地形图上定出来的，一般的定线步骤如下：

① 根据地形图上等高距 Δh（m），计算出线路上升 Δh 需要引线的距离——定线步距 Δl（单位：km），即

图 5-11　螺旋线

$$\Delta l = \frac{\Delta h}{i_d} \qquad\qquad (5\text{-}4)$$

$$i_d = i_{max} - \Delta i$$

式中　i_d——定线坡度，‰；

　　　Δi——曲线和隧道坡度折减平均值，视地形、地质困难情况可取 $0.05i_{max} \sim 0.15i_{max}$。

② 在地形图上选择合适的车站位置，从紧坡地段的车站中心开始，向前进方向绘出半个站坪长度（$L_Z/2$），作为导向线起点（或由预定的其他控制点开始）。

③ 按地形图比例尺，取两脚规开度为 Δl，将两脚规的一只脚定在起点或附近地面高程与设计路肩高程相近的等高线上，再用另一脚截取相邻的等高线。如此依次前进，在等高线上截取很多点，将这些点连成折线，即为导向线，如图 5-12 中 a、b、c、d、e…所示。在同一起讫点间，有时可定出若干条导向线，如图中虚线为另一导向线，因偏离短直方向，线路增长，故可以放弃。

绘制导向线时，应注意以下几点：

a. 导向线应绕避不良地质地段，并使导向线趋向前方的控制点（或车站）。

b. 如果两脚规开度（定线步距）Δl 小于等高线平距，表示定线坡度大于局部地面自然坡度，线路不受高程控制，即可根据线路短直方向引线。遇到等高线平距小于 Δl 的地段，再继续绘制下一地段的导向线。

c. 线路跨越沟谷需要设置桥涵，故导向线不必降至沟底，可直接向对岸引线（如图 5-12 中 h 至 i 点）。线路穿过山嘴，要开挖路堑或设置隧道，导向线也不必升至山脊，可直接跳过山嘴。跨越沟谷或山嘴时，应根据引线距离是 Δl 的几倍，即表示线路要下降或上升几个 Δh，以便决定在沟谷或山嘴对侧的哪条等高线作为继续绘制导向线的起点。例如，设两脚规在跨越前的起点等高线高程为 H_0，经过 n 个步距后，应选择对面高程为 $H = H_0 \pm n\Delta h$ 的等高线。

d. 导向线是一条折线，仅能表示线路的概略走向，为了定出线路平面，须

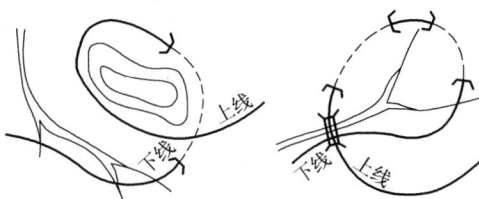

(a) 平面

(b) 纵断面

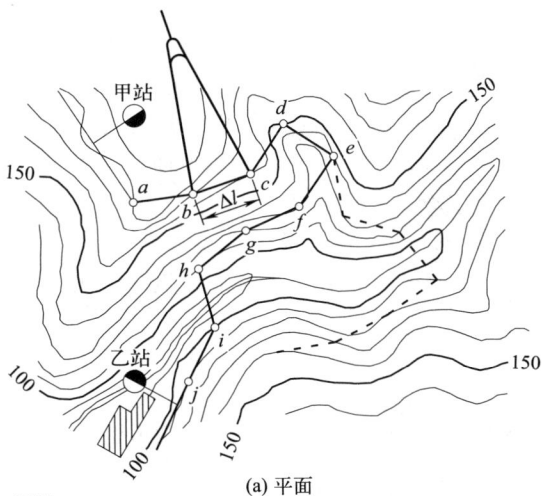

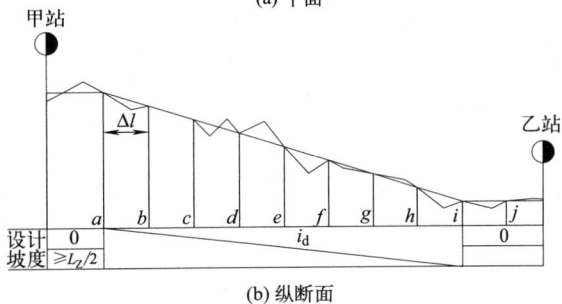

图 5-12　导向线定线法

以导向线为基础，借助铁路曲线板和三角板，在符合线路规范有关规定的前提下，圆滑、顺直地绘出线路平面（图5-13）。

5.2.2 缓坡地段定线

在缓坡地段，地形平易，定线时可以航空线为主导方向，既要力争线路顺直，又要节省工程投资。为此，应注意以下几点：

① 为了绕避障碍而使线路偏离短直方向时，必须尽早绕避前方障碍，力求减小偏角。如图5-14表示两种绕避湖泊的方案，实线方案较好，因为虚线方案在全长范围内虽然很少偏离短直方向，但其曲线数目、总转角和线路总长都较实线方案增多。

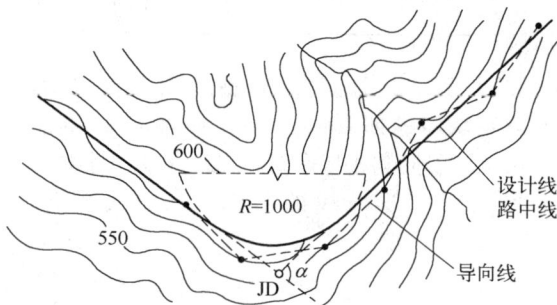

图5-13 沿导向线定线及半径选配

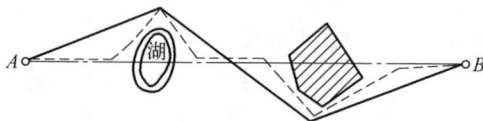

图5-14 绕避障碍

② 线路绕避山嘴、跨越沟谷或其他障碍时，必须使曲线交点正对主要障碍物，使障碍物在曲线的内侧并使其偏角最小。从图5-15中可见，曲线正对障碍物的实线方案比未正对障碍物的虚线方案的土石方数量少。

③ 设置曲线必须是确有障碍存在。曲线半径应结合地形尽量采用大半径。

在缓坡地段，线路展长的程度取决于线路的意义、运量大小、地形、地质条件等因素，应力求顺直；地方性的铁路，则力求降低造价并靠近城镇。一般的展线系数是：平原地区约为1.1，丘陵地区1.2～1.3。

④ 坡段长度最好不小于列车长度，应尽量采用下坡无须制动的坡度——无害坡度。

⑤ 力争减少总的拔起高度，但绕避高程障碍而导致线路延长时，则应认真比选。

⑥ 车站的设置应不偏离线路的短直方向，并争取把车站设在凸形地段。地形应平坦开阔，以减少工程量。

如图5-16，甲站的设计标高为600m，在前方约9.3km的地方需设乙站，其合理的设计标高约为608m。两站之间为平缓坡地。此时，两车站间的线路纵断面可设计成三种形式。

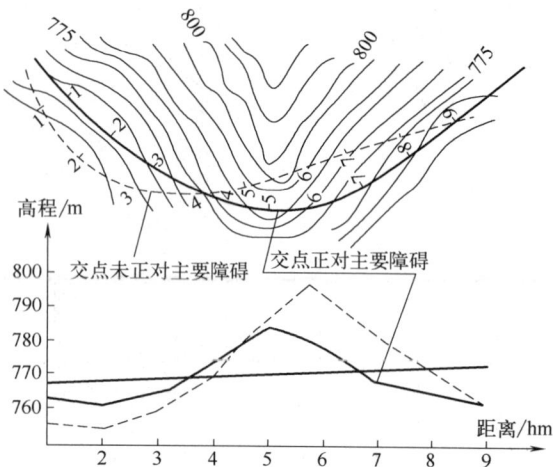

图5-15 平面曲线的合理位置

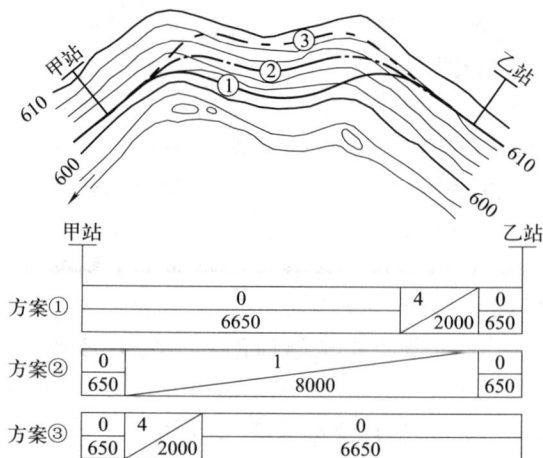

图5-16 缓坡地段的站间纵断面设计

这三个方案的线路长度和工程量都很接近,但就列车出站加速和进站减速的条件而言,不论甲站或乙站,均以方案①最有利。所以,应按方案①的纵断面来考虑线路的平面位置,这样定线可以改善列车运行条件。

5.2.3 横断面定线

在横坡较陡地段和不良地质地段定线时,有时从纵断面上看,填挖高度并不大,平面也合理,但从横断面上看,则可能出现很大的工程,或者线路处于地质条件十分不利的位置。因此,定线工作不仅要使线路的平面和纵断面合理,同时还要使横断面也合理。这就需要在初步定出纵断面以后,进行横断面定线,其工作步骤如下:

① 首先找出控制线路位置的横断面。在横坡较陡地段、不良地质地段、河岸冲刷严重地段以及有代表性的百米标处,测绘其横断面图。

② 根据各控制断面原设计的路肩标高,确定线路中心在横断面上可以左右移动的合理范围。例如,在图 5-17 (b) 中,可以看出原定线路的路堤坡脚已伸入河流中,显然不合理,需要将线路中线向靠山方向移动。这时,可以设计两个路基横断面:一个是路堤坡脚伸到岸边,以不受冲刷为限,可得靠河一侧的线路中心位置点 P;另一个是尽量向靠山一侧移动,使路堑边坡高度等于最大容许值,可得靠山一侧的线路中心位置点 Q。P、Q 之间即为线路中心在图上可能移动的合理范围。

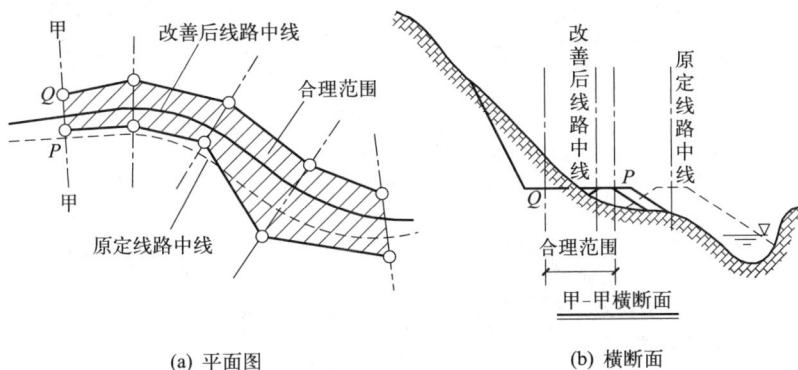

(a) 平面图　　　　　　　　(b) 横断面

图 5-17　横断面定线示意图

③ 将各横断面图上线路可能左右移动的边缘点(如 P、Q),按相应的距离和比例尺移到平面图上,连接各边缘点,即可得到在平面图上线路可能移动的合理范围,如图 5-17 (a) 中阴影部分。

④ 在平面图上线路可能移动的范围内重新设计平面,并在两端和原定线路妥善连接,即得在平、纵、横三个面上均较合理的新的线路中线位置。

5.2.4 线路平面、纵断面的改善

对初步确定的线路平面和纵断面进行研究分析,找出存在的问题及解决办法局部修改。小的改动凭经验判断,较大的改动需要通过技术经济比较确定。在设计过程中,平、纵、横断面三者相互影响、相互制约,对任一视图进行修改,均应检查其他两个视图的合理性,以求设计的协调一致。

需要进行平、纵断面改善的问题通常有:

①线路局部方案的比选;②减少填挖方及桥梁、隧道的工程数量;③绕避不良地质;

④车站及桥涵分布的调整；⑤改善某些工点的施工条件；⑥改善局部地段的运营条件；⑦改善采用规范容许最低标准的局部地段的设计。

常见的修改平、纵断面以减少填挖方数量的几种情况如下：

① 原坡度设计不当，局部地段出现填挖方过大时，可改变坡段组合或设计标高以减少填挖方数量，如图 5-18 所示。

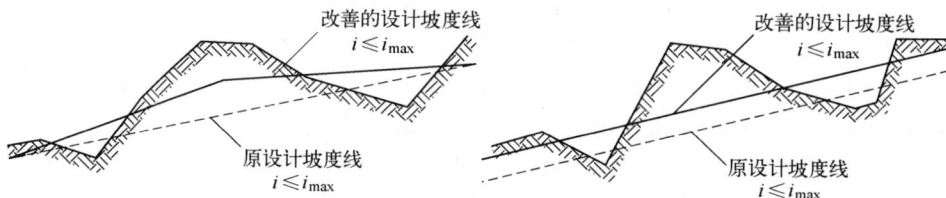

图 5-18　改变设计坡度减少工程

② 原设计坡度不宜改动（如已用足最大坡度），但在纵断面图上填挖高度由一端向另一端逐渐增大到不合理的程度时，则可根据具体情况改变线路平面位置，如将线路扭转一个角度，如图 5-19 所示。

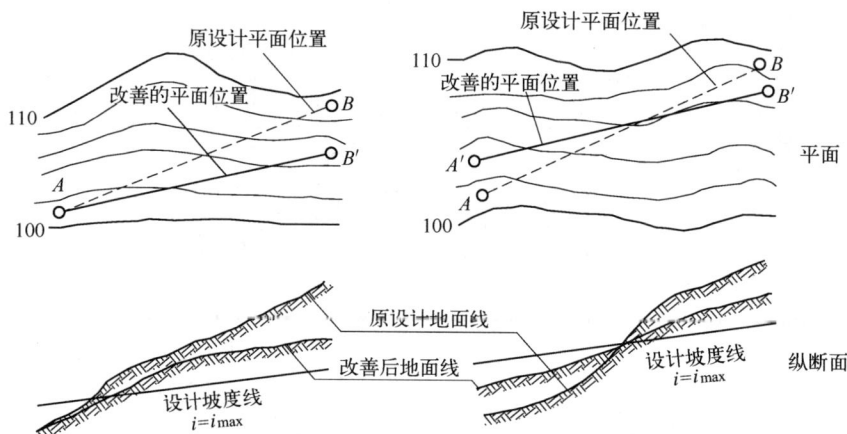

图 5-19　扭转切线减少工程

③ 原坡度设计合理，而在纵断面图上填挖高度由两端向中间逐渐增大到不合理的程度时，则可增设曲线或改变曲线半径以减少中间的填挖高度，如图 5-20 所示。

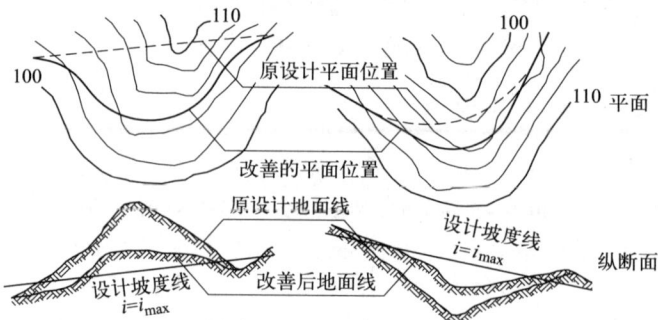

图 5-20　改变曲线减少工程

④ 当平面曲线和切线配合不当而引起工程增加时，应重新调整偏角和配置曲线，以减小工程量。如图 5-21 所示原定线路的纵断面图上，两涵洞间一段挖方和右侧一段填方都很大。经在平面图上研究，发现在挖方处将线路往低处横向移动，填方地段往高处横向移动，即可减少挖方和填方。为此，改变了曲线半径和右侧的切线方向。

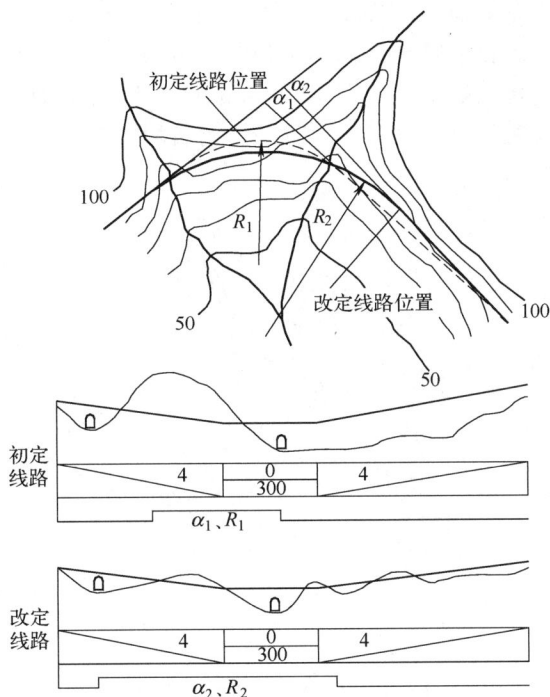

图 5-21　改动切线和曲线半径减少工程

5.3　一般地形的定线

5.3.1　河谷地段定线

沿河而行的路线称为河谷线。在路网中，河谷线路占较大的比重。沿河谷定线具有下列优点：

① 河谷内地形开阔，地质条件较山坡好；

② 河谷纵坡为单向坡，可避免线路出现逆坡，且可利用支流侧谷展线；

③ 多数城镇位于河谷阶地，在阶地设站，可更好地为地方服务，既可提高铁路的效益，又方便了铁路员工的物质、文化生活；

④ 河谷内水源方便。

沿河谷定线要着重解决好以下三个问题。

(1) 河谷选择

在大面积选线时，为了选出合理的线路走向，要认真研究水系的分布，优先考虑接近线路短直方向的越岭垭口和垭口两侧的河谷。尽量利用与线路走向基本一致的河谷。

在选择河谷时，还要注意寻找两岸开阔、地质条件较好、纵坡及岸坡较平缓的河谷。

河谷纵坡的大小，对最大坡度（i_{max}）的选定有较大影响。各种河流的纵坡变化较大，一般情况下，上游河段比下游河段纵坡陡。因此，对于平缓河段，选用的限制坡度宜接近或略大于河谷纵坡；而对于个别纵坡较陡的河段，则可采用展线或加力坡度解决。

（2）岸侧选择

河谷两岸条件常有差别，应结合地形、地质、水文、农田及城镇分布情况，选择有利岸侧定线。但有利的岸侧不会始终局限于一岸，应注意选择有利的地点跨河改变岸侧。如图5-22所示，朔黄铁路定测中发现北峪口村附近滹沱河右岸有约 60000m³ 的错落体，为避开错落体，对该段线路又研究了两跨河绕避北峪口村（简称跨河绕村方案）、两跨河中穿北峪口村（简称跨河拆村方案）和不跨河长隧道（简称长隧道方案）3个方案。长隧道方案线路虽然顺直，但工程投资较其他两个方案多4000多万元；跨河绕村方案线路展长300m；跨河拆村方案线路较顺直，且工程投资最省，故推荐跨河拆村方案。

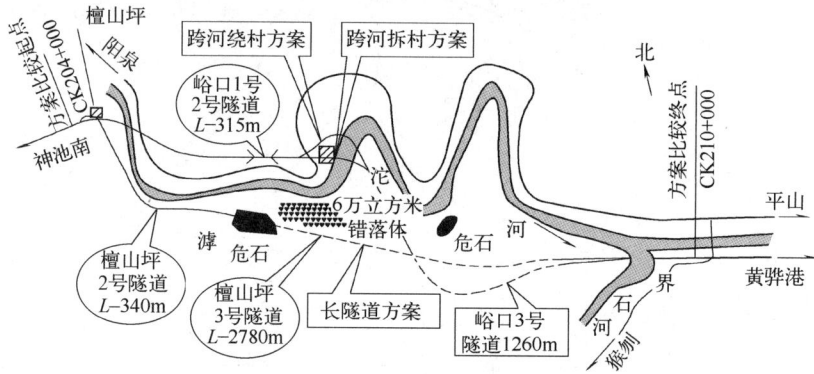

图 5-22　北峪口河岸选择方案示意

影响岸侧选择的主要因素有：

① 地质条件

河流两岸的地质条件常为岸侧选择的决定因素。沿河线路如遇不良地质，应通过跨河绕避与整治措施的比较确定岸侧。

在山区河谷中，如山体为单斜构造，应注意岩层的倾向。如图5-23所示，虽然左岸地面横坡较缓，但因岩层倾向河谷，容易产生顺层滑坡，反而不如将线路设在横坡较陡，但山体稳固的右岸为好。

局部不良地质（如滑坡、崩坍、岩堆等）地段，影响岸侧选择，应进行综合整治、隧道绕避或跨河绕避等方案的比较确定。

② 地形条件

当河谷两岸地质条件较好或差异不大时，线路应选在地形平坦顺直、支沟较少和不受水流冲刷一岸的阶地上，如图5-24所示。当需要展线时，应选择在支沟较开阔、利于展线的一岸。一般来说，河谷两岸的地形条件易于识别，但地质条件则较为隐蔽，若疏忽地质条件，则可能造成不良后果。

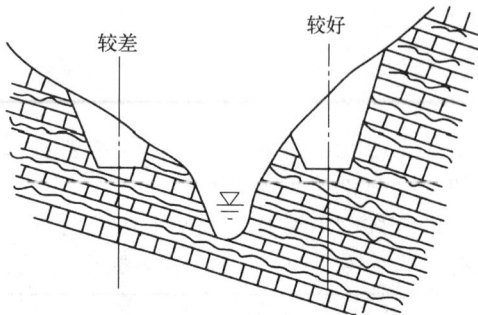

图 5-23　岩层倾向对线路的影响　　　　图 5-24　河岸上线路位置的选择

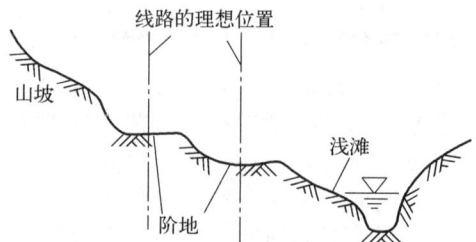

③ 农田及城镇分布条件

线路一般应选择在居民点和工矿企业较多、经济较发达的一岸，使铁路为地方服务。但为避免大量拆迁和不妨碍城镇发展等，也可能需要绕避。应根据具体情况，征求地方意见，慎重取舍。河谷中遇有引灌渠道与线路平行时，若两岸地形、地质条件差不多，宜各走一岸，避免干扰。当必须选在同一岸时，线路位置最好设于灌渠上方。若铁路与公路频繁干扰，可改移公路或分设两岸。

(3) 线路位置的选择

沿河谷定线，往往线路位置相差仅几米或几十米，就会对铁路的安全和工程量带来很大影响。线路合理位置的选择，可分三种情况加以分析研究：

① 河谷较开阔，横坡较缓且地质良好时，理想的线路位置为不受洪水冲刷的阶地。如图 5-24 所示。

② 河谷狭窄，横坡较陡，且地质不良时，线路应在避开山坡与外移建桥（顺河桥）的方案中进行比选。

例如，成昆线铁马大桥位于牛日河左岸乃托站南端，原设计线路靠山，山坡高达 400～500m，横坡在 30° 以上，松散的碎石土较厚，基岩也比较破碎，山坡处于极限平衡状态，有几处表土坍塌、古滑坡、冲沟，威胁施工及运营安全。最后决定将线路外移至河谷阶地，建顺河桥通过，如图 5-25 所示。

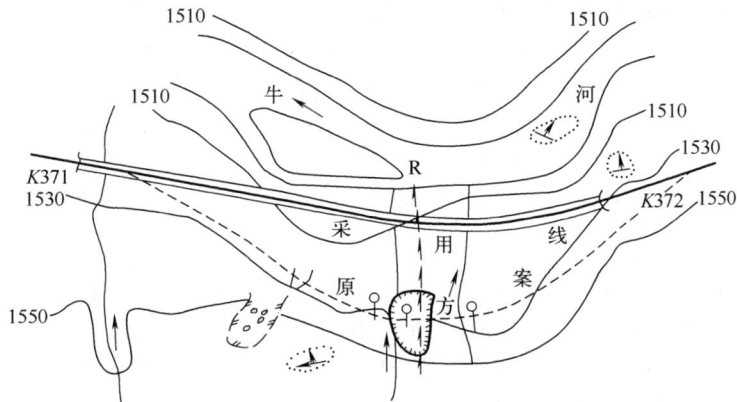

图 5-25　牛日河修建顺河桥方案

③ 河谷十分弯曲时，可根据山嘴或河湾的实际情况，采取沿河绕行或取直方案。

a. 线路遇到山嘴时有两种定线方案：沿山嘴绕行，线路较长，在紧坡地段有利于争取高度，但易受不良地质危害和河流冲刷的威胁，线路安全条件差；以隧道取直通过，线路短直，安全条件好，对运营有利，但工程投资较大。两者应比选确定，如图 5-26 所示。

b. 当线路遇到河湾时，有沿河绕行、建桥跨河及改移河道三种方案（图 5-27）。沿河绕行方案，线路迂回较长，岸坡一般陡峭，水流冲刷严重，路基防护工程大，线路安全条件差；跨河建桥方案比较顺直，

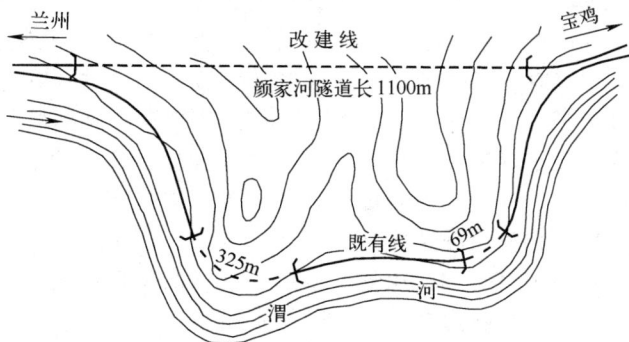

图 5-26　线路绕行与裁弯取直

线路短，安全条件好，但两座桥的工程量较大；改河方案也可使线路短直，但改变了天然河槽，仅在地形条件好、能控制洪水流向、土石方工程量不太大时才有利。方案的取舍应通过技术经济比较确定。

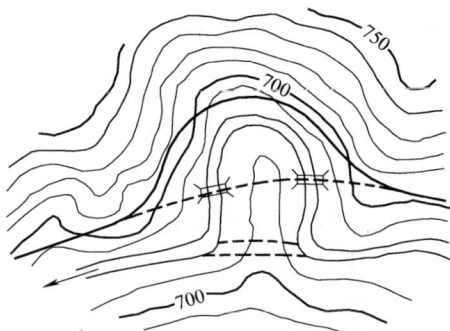

图 5-27　河湾地段定线方案

5.3.2　越岭地段

分水岭是分隔相邻两个流域的山岭，河水从分水岭流向两个相反的方向。当线路需要从某一水系转入另一水系时，必须穿越分水岭。越岭地区高程障碍大，一般需要展线，地质复杂、工程集中，对线路的走向、主要技术标准（特别是限制坡度和最小曲线半径）、工程数量和运营条件等影响极大，如图 5-28 所示。

越岭隧道穿越地段，一般山峦起伏、地形陡峻、地质复杂，自然条件变化很大，其中分水岭垭口的高低、山梁的厚薄、山坡的陡缓以及垭口两面的沟台地势，主、支沟台地分布情况等，对构成越岭方案的位置、隧道长度、展线条件三个密切相关的因素影响大。

越岭线路应解决的主要问题为越岭垭口选择、越岭高程选择和越岭引线定线。

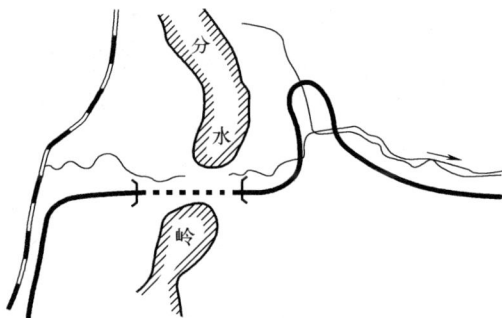

图 5-28　越岭线路选择

(1) 越岭垭口选择

垭口是越岭线路的控制点，一般宜选择下列越岭垭口：

① 具有两侧开阔、平缓的山体的低高程垭口，有利于缩短线路长度；

② 山体较薄、地质条件以及引线条件好的垭口。

同一垭口并非同时具备上述各条件，此时，应精心比选，找出最合理的越岭垭口。

【例 5-2】　西平线永寿梁地区（为西平线的分水岭）可供选择的越岭垭口有两个，一是常宁越岭垭口，二是 312 国道越岭垭口（图 5-29）。两大越岭垭口方案比选范围达 $600km^2$。

地质勘察结果表明：永寿梁西高东低，西部永寿梁塬面相对完整宽缓，深切冲沟较少，具备设置长大深埋隧道的条件，东部永寿梁塬面凌乱破碎，大型深切冲沟发育，只能采用中长隧道群越岭方案。从地质条件看，西部 312 国道垭口方案为高垭口特长深埋隧道方案，避开了分水岭地区的滑坡，隧道洞身为Ⅲ、Ⅳ级围岩为主的石质隧道，工程地质条件较好。东部常宁垭口方案为低垭口中长隧道群方案，走行于永寿梁梁体尾部及泾河峡谷冲沟区，横切泾河南岸黄土"V"形冲沟，滑坡、错落等沿沟成群分布。在选线过程中虽最大限度地对不良地质体予以绕避，但仍有赵家沟古滑坡、佛爷沟古滑坡等多处重大不良地质体难以绕避。因此，采用西部 312 国道垭口方案比较有利。

(2) 越岭高程选择

越岭垭口一般都用隧道通过。越岭高程选择就是越岭隧道位置、高程和长度的选择。

高程愈高隧道愈短，但两端引线愈长。从工程角度而言，理想的越岭高程应使引线和隧道总的建筑费用最小；就运营而言，越岭高程愈低、引线愈短愈有利。垭口两侧的地面坡度多为上陡下缓，故选择隧道高程多以地面坡度陡缓过渡部分作为研究的基础。

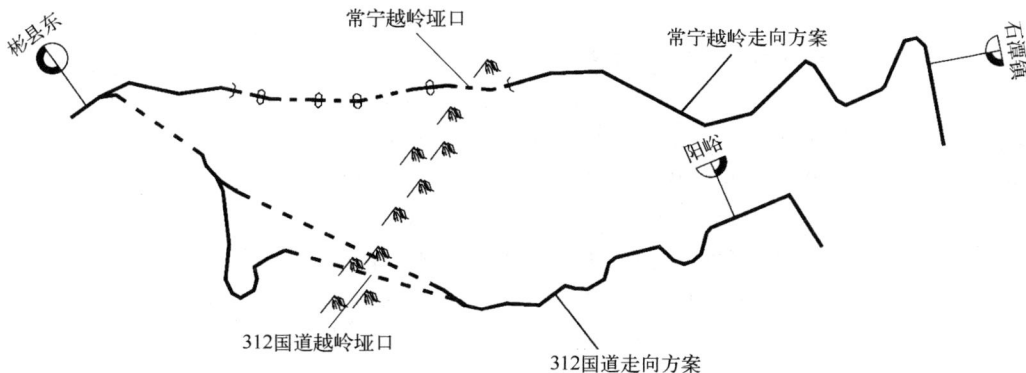

图 5-29　永寿梁越岭垭口方案比选

越岭高程选择，除取决于垭口的高程、地面自然坡度、地质条件外，还与设计线的运量、限制坡度（或加力坡度）以及隧道施工技术水平有关。在选择越岭高程时，应结合上述条件，拟定不同位置、高程及长度的隧道方案，经技术经济比较确定。

隧道施工的技术水平是越岭高程选择的重要因素。以前由于受隧道施工技术水平的限制，越岭隧道一般长度控制在 2km 左右；随着施工技术水平的提高，隧道长度记录也不断刷新，为今后在越岭地区选线时合理选用高程低、坡度缓、运营条件好的长隧道方案提供了范例。

【相关链接】

1958 年建设的成昆铁路，越岭高程选择直接影响隧道长度。成昆铁路越西至泸沽段需跨越成都至西昌间的分水岭——小相岭，当时研究了四套越岭方案。

(3) 越岭引线定线

越岭引线因克服高度大，地形、地质条件复杂，桥隧集中，工程一般都较大，应注意下列几点：

① 不同限坡的综合比选。越岭引线采用的限制坡度对引线长度、工程投资、运营指标有直接影响，应考虑配合越岭高程、越岭隧道长度和全线不同限坡进行综合比选。

② 加力牵引的比选。越岭地区高差大，为避免大量人工展线，除应研究低高程的长隧道越岭方案外，还应与采用较陡坡度（采用多机牵引或大功率机车）的方案进行技术经济比较。

③ 应从垭口往两侧（从高处往低处）定线。越岭隧道位置确定以后，应用限制坡度，从垭口往两侧，从高处往低处定线，以控制展线的方向和展线长度。垭口两侧自然坡度一般是上陡下缓，在上游应尽量利用支沟侧谷合理展线，使线路尽早降落到工程简易的河谷或平原地区。一般经验是：晚展不如早展，早展不如巧展。

5.3.3　平原、丘陵地区

平原地区地形平坦，丘陵地区丘岗连绵，但相对高差不大，一般工农业都比较发达，占地及拆迁问题比较突出，地质条件比较简单，但水文条件可能复杂。因此，在平原、丘陵地区定线，应着重解决好下列问题。

(1) 线路尽量顺直

平原、丘陵地区定线，一般不受高程障碍控制，应循航空折线把线路尽量定得顺直。绕避障碍物及设置曲线必须有充分理由。在不致引起工程量显著增加的前提下，尽量采用较小偏角、较大半径，以便缩短线路并取得较好的运营条件。

(2) 正确处理铁路与行经地区的关系

① 平原、丘陵地区城镇密布，工、农业发达，城镇内外的道路、沟渠、电力线路等纵横交错。选定线路位置时，应尽量减少拆迁和占地；在地形有利时铁路宜靠近山坡，并应尽可能减少现有道路、沟渠、电力及通信线路和管道系统的改移。

② 车站（尤其大型客、货站）分布应结合城镇规划，既要方便地方客货运输，也要充分发挥铁路运营效率，设站不应过密，也不宜为靠近城镇而过分迂回线路。

③ 为方便沿线交通并确保铁路行车安全，要认真布置好沿线的道口和立交桥涵，并以交通量为依据确定其修建标准。有条件时，可加大排洪桥涵孔径，并修建路面兼作立交桥涵使用。

(3) 注意适应水文条件的要求

平原和低缓丘陵地区易受洪水泛滥的危害，选线时应调查沿线的历史洪水线，尽可能沿地势较高处布线。当线路遇到大面积的软土分布地段时，一般应绕避。如避不开，应对基底进行处理，解决地基承载力不足的问题。平原地区路基填筑高度一般考虑取土困难，不希望太高，但应考虑满足内涝水位要求。一般应控制在 1.5m 左右（若路基高度更低，则应付出更多的基底处理费用）。在经济发达及土地资源宝贵地区，以桥代路往往也是不错的选择。跨河桥梁孔径不宜压缩，路基应有足够的高度，并做好导流建筑物与路基防护工程。

5.4　桥涵、隧道及交叉地段的定线

线路与桥隧建筑物是互相依存的整体与局部的关系，必须总体设计、综合考虑。一般来说，特大桥和长隧道的工程大、技术复杂，常常影响线路局部走向，数量众多的一般桥涵、隧道，则随所定线路布置。为了保证这些建筑物的安全和经济合理，根据地形、地质和水文情况，有时也需将线路做局部移动。

5.4.1　桥涵地段

(1) 桥涵分布

大、中桥一般按线路走向确定桥位，可做局部改动；特大桥及水文地质条件较复杂的桥位应与线路走向并重，既考虑线路走向，也考虑桥位条件；对于特别复杂的桥位方案，定线应服从桥位引线。

必须保证一定数量的横向排水结构。在平坦地区，如果长距离没有明显的水道，相隔一定距离也必须设置桥涵以排除地表水。在漫流地区，有时还应采用一河多桥的方案，并配合相应的导流建筑物。

天然河道不应轻易改移。如确能改善桥涵工作状况或有显著经济效益时，方可改移河道或截弯取直，但应考虑由此产生的河流水力条件变化的影响。桥址中线宜与洪水流向正交，应避免在桥头形成水袋而产生三角回流，影响线、桥安全。通航河流上，桥址中线应与航线正交。当不能避免斜交时，应适当加大通航孔径。

(2) 选择合适的跨越地点

由于跨越地点不同，其地质情况、水文特征与两岸引线条件可能不同，定线时应选择合适的跨越地点，以便节省桥涵造价并使线路与桥涵建筑物获得最佳的配合。在不改变线路走

向前提下，尽量做到：

① 地质条件好。理想的条件是：基岩埋藏浅，岩性坚硬，整体性好，倾斜度不大。如基础不能置于基岩时，则应当选择承压力大、抗冲性强的地段作为桥址，应尽量避免在断层、岩溶等不良地质地段建桥。

② 水文条件好。跨河桥位应在河床稳定、河道顺直、河面较窄处跨越。同时，应使线路与水流方向正交，必须斜交时，也应尽量使桥梁轴线与水流方向的交角大些（斜交角不小于 45°）。对于通航河流，则应选在航道稳定的顺直地段，避免在浅水或可能淤积的地方设桥。

③ 桥头引线条件好。在桥隧毗连地段，采用架桥机架设桥梁时，线路平、纵断面设计和隧道洞门的位置应考虑架桥机架梁时施工的便利。纵断面设计高程时，除应满足桥下净空要求外，还应注意隧道施工弃渣的影响。特大桥桥头引线的曲线尽量不伸入桥，不可避免时，其长度要尽量缩短。

④ 控制与既有桥的间距。相邻桥太近，会使河道水流发生变化，使得通航复杂，增加航行的难度。两座相邻桥轴线间距：Ⅰ～Ⅴ级航道应大于代表船队长度与代表船队下行 5min 航程之和，Ⅵ级和Ⅶ级航道应大于代表船队长度与代表船队下行 3min 航程之和。不能满足此要求，且其所处通航水域无碍航水流时，两桥可靠近布置，但两桥间相邻边缘距离应控制在 50m 以内，且通航孔必须相互对应。水流平缓的河网地区，两相邻桥的边缘距离，经论证可适当加大。

(3) 合理选用大跨高桥以改善线路

大跨、高墩桥梁施工技术的发展，有利于在地形、地质复杂地区选择较理想的桥位。线路穿越峡谷地区的较大河流时，由于山高谷深，桥梁往往位于纵断面凹形地段，桥高则线路顺直，桥低则需展长线路。采用大跨度桥可减少墩数、降低墩高或避开深基础和不良地质地段。

(4) 涵洞设计要求

涵洞是位于路堤填土内孔径不大于 6.0m 的排洪、灌溉或交通用的建筑物。涵洞的数量很多，每公里 1～3 座。

① 涵洞的分布

涵洞的分布一般应根据现场勘察来确定，尤其是影响农田灌溉和人畜交通的涵渠，必须与当地政府有关部门协商确定。线路跨越的水沟，一般都应设置涵洞或小桥。

天然沟谷的平面和纵坡一般不宜轻易改动。只有当沟谷洪水流量较小，改沟工程量不大且不致产生淤塞或冲刷时，才允许将水流引向邻近的桥涵排出。

平坦地区沿线很长的地段没有明显河沟时，可考虑在有利排洪的地点设置涵洞，使桥涵的距离适当，排洪通畅，确保路基安全。

② 涵洞类型和孔径的选择

涵洞类型及孔径大小一般按标准设计图进行选择。为施工方便，同一段线路涵洞类型不宜太多。为便于维修、养护、清淤，排洪涵洞的最小孔径不应小于 1.25m，泄水隧洞的孔径不宜小于 2.0m。涵洞宜采用框架涵。涵洞可设单孔或双孔，如技术上和经济上均适宜，可多于两孔，如仍不能满足流量要求时，宜采用小桥。

各式涵洞的长度应视其净高（或内径）h 按下列要求选定：当孔径为 0.75m，且 $h <$ 1.0m 时，长度不宜超过 10m；当 $h \geqslant 1.0m$ 时，长度不宜超过 15m；$h = 1.25m$ 时，长度不宜超过 25m；$h \geqslant 1.5m$ 时，长度不受限制。

位于城市或车站范围内有污水流入或易淤积的涵洞，可根据需要加大孔径。为路基或站场排水而设的无天然沟槽的涵洞孔径，可视具体情况而定。

涵洞顶至道床底的填方厚度不应小于1.2m。

③ 对路堤高度的要求

在选择排洪涵洞类型时，涵洞孔径主要根据规定的洪水频率（各级铁路为1/50）的流量选用，并验算路肩设计高程。

涵洞附近路肩设计高程应比洪水频率1/100的设计水位连同壅水高度至少高出0.5m，即要求路堤填土高度（h_{min}，单位：m）高出涵前积水高度（h_p）至少0.5m：

$$h_{min} > h_p + 0.5 \qquad (5\text{-}5)$$

当纵断面设计的路堤填土高度不能同时满足要求时，可采取如下措施：

a. 在满足设计流量要求下，改用需要填土高度较小的涵管类型。

b. 加大孔径、降低积水高度，改单孔为双孔以至多孔，但拱涵不得用三孔。

c. 适当挖低沟底，适用于出口有较深或纵坡较陡沟床的情况。

d. 改变纵断面坡度，提高路肩设计高程；或者改动线路平面，降低涵洞处地面高程。

5.4.2　隧道地段

铁路选线中，采用隧道是克服高程障碍、降低越岭高程、缩短线路长度和绕避不良地质的重要措施。合理设置隧道，是提高选线设计质量的重要环节。铁路定线时，遇到下述情况常用隧道通过：线路翻越分水岭，在垭口修建隧道，即越岭隧道；沿河傍山定线，或要求裁弯取直或绕避不良地质而修隧道，即傍山隧道。

(1) 隧道位置的选择

关于越岭隧道已在上节介绍，对于傍山隧道的位置应注意以下问题：

① 埋藏较浅时，线路宜向内移，以避免隧道偏压过大。

② 应避开岩堆、滑坡等不良地质以及河岸冲刷、水库坍岸范围。

③ 可结合当地的地形、地质情况和工程大小，对裁弯取直的长隧道方案和沿河绕行方案进行比较。

④ 地形曲折、地质复杂时，河谷线常出现隧道群。在决定线路平面位置与高程时，要充分注意隧道施工期间的弃渣、排水和便道运输之间的相互干扰，并尽量减少对现有水利、道路等设施的影响。

(2) 隧道洞口位置的选择

洞口是隧道的薄弱环节，洞口工程处理不当，易产生病害，危及行车安全。隧道地段定线，应考虑下列因素，通过技术经济比较，认真选择洞口位置。

① 选择洞口位置宜贯彻"早进洞，晚出洞"的原则；避免片面追求缩短隧道长度，忽视洞口边坡稳定的做法。不宜用深路堑压缩隧道长度，以免洞口边坡、仰坡开挖过高。在一般情况下，边坡、仰坡开挖高度不宜超过15~20m，围岩较差时不宜超过10~15m，围岩较好时也不宜超过20~25m。

② 洞口宜设在线路与等高线正交或接近正交处，如图5-30所示。如采用斜交，则要修建斜交洞门或明洞。

③ 洞口应尽可能设在山体稳定、地质条件较好处，以保证洞口安全；否则应修建挡护工程或延伸洞口，增建明洞。不应将洞口设在沟心，否则，不但工程地质条件差，且施工时排水和弃渣也较困难。

5.4.3 铁路交叉

结合铁路运量逐年增加、行车速度逐渐提高的特点，为减少意外人身事故发生及保证行车安全，新建、改建铁路原则上不设置平面交叉（既有铁路与道路的平面交叉应逐步改为立体交叉）。

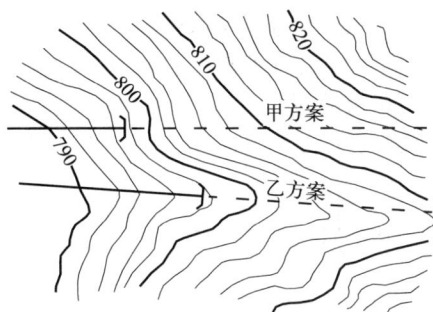

图 5-30 沟谷洞口位置比较

(1) 立体交叉的设置条件

① 设计速度 120km/h 及以上的铁路和重载铁路，应按全封闭、全立交设计。

② 设计速度 120km/h 以下的客货共线铁路与公（道）路的交叉宜设置立体交叉；特殊困难条件下可设置平面交叉，但应采取安全可靠的保障措施。

③ 铁路与铁路、公（道）路及管道立体交叉应遵循下列原则：

a. 高速铁路与其他铁路、公（道）路等设施立体交叉时，宜采用高速铁路上跨的方式；困难条件下经技术经济比选采用下穿方式时，须采取防止异物侵入等安全可靠的防护措施。

b. 高速铁路之间、其他铁路之间的立体交叉，应根据工程条件、线路安全性要求、施工对运营的干扰等因素，宜选择较高等级线路上跨通过。

c. 铁路与公（道）路立体交叉时，宜采取铁路上跨的方式。

d. 铁路与输油、输气、输水管道等设施交叉时，应符合国家有关标准和规定。

(2) 铁路与铁路、公（道）路立体交叉的建筑限界

① 跨越铁路的立交桥下净高，应根据现行铁路限界标准计算确定。

② 铁路上跨公（道）路时，公（道）路应符合《公路工程技术标准》（JTG B01—2014）、《城市道路工程设计规范（2016 年版）》（CJJ 37—2012）等建筑限界的要求，当立交净空不足 5.0m 时，应设置限高标志及限高防护架。

③ 铁路立交桥下的乡村道路净高、净宽，应根据通道种类和交叉条件与有关单位协商确定，但不宜小于表 5-2 的规定。

表 5-2 立交桥下乡村道路净空 单位：m

通道种类	汽车及大型农机通道	机耕车和畜力车通道	人力车和人行通道
净宽	6.0	4.0	3.0
净高	4.5	3.5	2.5

注：1. 通行汽车及大型农机的乡村道路，特殊困难条件下，净宽可减至 5.0m，净高可减至 4.0m。

2. 特殊困难条件下机耕通道净高可减至 3.0m；仅供人行的道路，净高可按不小于 2.2m 设计。

(3) 平交道口设置条件

因特殊情况需要设置平交道口时，应经铁路局同意并满足以下条件：

① 道口宜设在瞭望视野不小于表 5-3 规定的位置。线间距小于或等于 5.0m 的双线铁路道口，机动车驾驶员侧向最小瞭望视距应另加 50m，多线铁路道口按计算确定。

表 5-3 火车司机最小瞭望视距和机动车驾驶员侧向最小瞭望视距 单位：m

路段设计速度/(km/h)	火车司机最小瞭望视距	机动车驾驶员侧向最小瞭望视距
100	850	340
80	850	270

注：机动车驾驶员侧向最小瞭望视距为机动车在距道口相当于该级道路停车视距并不小于 50m 处，能看见两侧铁路上火车的范围。

② 道口间的距离不应小于 2km；在车站内，桥梁、隧道两端及进站信号机外方 100m 范围内不应设置道口；铁路曲线地段不宜设置道口。

③ 道路平面线形应为直线且从最外侧钢轨算起的道路最小直线长度一般不应小于 50m，困难条件下，不应小于表 5-4 规定的数值。

表 5-4　道口每侧道路的最小直线长度　　　　　　单位：m

道路种类	道路计算行车速度/(km/h)		
	80	60	≤50
公路、城市道路	40	40	30
乡村道路	20	20	20

④ 道口平台的长度不应小于 16m。紧接道口平台的道路纵坡不应大于 3%，困难条件下不得大于 5%。

⑤ 道口两侧的道路上应设置护桩，并按照道路交通管理有关规定设置交通标志、路面标线、立面标志，并根据需要设置栅栏。电气化铁路的道口应在公（道）路上设置限界架及限高标志，其通过高度不得超过 4.5m。

⑥ 有人看守道口应设置道口看守房和电力照明以及栏木或电动门、通信、道口自动通知、道口自动信号、遮断信号等安全预警设备。无人看守道口应设置警示标志，并根据需要设置道口自动信号和道口监护设施。

5.4.4　铁路与高压输电线路

与高压输电线路的交叉干扰是铁路选线不可忽视的问题。通常将 35～220kV 的线路称为高压输电线路，330～750kV 的线路称为超高压输电线路。

高压输电线路由于自然灾害，如风灾、水灾等，引起的倒杆（塔）脱线等会严重地危及铁路行车安全。选线时在不改变线路走向及增加线路长度的情况下应尽量绕避，绕避不了时可交叉通过，但交叉点要选在电线较高、杆（塔）间无接头和距杆（塔）较远的地方。交叉角宜正交，无条件时不宜小于 45°。交叉时，注意线路与杆（塔）的平面距离及轨顶与高压线的竖向距离，并不在出站信号机以内交叉。铁路与高压输电线路（10kV 除外）平行时，从杆（塔）外缘至铁路中心最小水平距离为杆（塔）高加 3m；交叉时为 30m。10kV 输电线路不管平行或交叉，其杆距均应不小于 3m。高压输电导线在最大弛度时距轨顶或承力索的最小高度见表 5-5（弛度或弧垂是指导线上任一点到悬挂点连线之间在铅直方向的距离）。

表 5-5　高压输电导线距轨顶最小高度

电压/kV	非电气化铁路/m	电气化铁路/m
110	7.5	11.5
220	8.5	12.5
330	9.5	13.5
500	14.0	16.0
750	19.5	21.5

5.5　不良地质条件下的定线

线路行经地区的工程地质条件对铁路建筑物的稳定性和经济合理性有决定性的影响，在线路方案选择、设计中，必须重视地质条件并且尊重地质规律，选线时应考虑以下原则：

(1) 避让的原则

条件允许时对不良地质进行避让是最为经济、最为安全的方法，符合国家对自然灾害"防治结合、以防为主"的总体指导原则及防灾减灾总体精神的要求，是地质选线必须遵循的首要原则，只有在无法避让时，方可考虑进行工程处治。

(2) 可行性原则

山区铁路受地形条件限制，很多情况下无法避让不良地质，因此选线时，应在明确不良地质基本要素的基础上选择有利地质区域通过，保证实施方案具有技术上的可行性。

(3) 安全性原则

施工阶段的安全和后期营运阶段的行车安全及工程构筑物安全是铁路设计必须考虑的因素之一。

(4) 经济性原则

选线应结合具体处治方案进行经济比较，使总造价降低。

5.5.1　滑坡地区定线

滑坡是指斜坡上的土体或岩体受河流冲刷、地下水活动、地震及人工切坡等因素影响，在重力作用下，沿着一定的软弱面或软弱带，整体地或分散地顺坡向下滑动的自然现象。

线路行经滑坡地段时，应及早发现、尽早绕避。无法绕避时，应先查明滑动层的位置和形状，确定滑坡产生的根源，判明滑坡的稳定性，然后采取以下措施通过滑坡地段：

① 在滑坡上方以浅路堑通过；

② 在滑坡下方以低路堤通过；

③ 在滑动面下以隧道通过；

④ 当滑动层不太厚时可采用大跨高架桥通过；

⑤ 当滑动量不大时，可清除全部滑动土体后通过。

当采用以上方式通过滑坡地段时，应当结合边坡失稳的因素和滑坡形成的内外部条件，采取上锚下挡、设置天沟、整治地表水等治理措施以保证铁路的安全。

5.5.2　泥石流地区定线

泥石流是指在山区或者其他沟谷深壑、地形险峻的地区，因暴雨暴雪或其他自然灾害引发的山体滑坡并携带有大量泥沙以及石块的特殊洪流。泥石流具有突然性以及流速快、流量大、物质容量大和破坏力强等特点。

定线时，在条件允许的情况下应当提前绕避泥石流地区。若实在无法绕避，先确定泥石流的范围和流量，查明泥石流发生的原因，再采取以下措施通过泥石流地区：

① 采用大跨高桥通过；

② 采用隧道从泥石流沟底下通过；

③ 修建渡槽、明洞引泥石流排往铁路桥下方；

④ 在铁路桥两岸，修建导流堤；

⑤ 修建谷坊坝和沟底铺砌，减轻泥石流的冲刷危害。

5.5.3　沼泽地区定线

沼泽是指地表过湿或有薄层常年或季节性积水，土壤水分接近饱和，生长有喜湿性和喜水性沼生植物的地段。

在沼泽地区定线时，应首先判断沼泽地的范围和淤泥厚度，当范围广、淤泥厚时可绕避该区域；当淤泥厚度不大时，可选择沼泽最窄最浅的地点通过，并选择沼泽底没有横向坡度或坡度较小的地段通过。

5.5.4　水库地区定线

水库地区定线时，其线路高程必须保证至少高出水库最高水位（加波浪侵袭高）0.5m，水库坍岸、水库淤积和地下水壅升是影响水库地段铁路选线的三个主要因素。

（1）水库坍岸

新建水库蓄水后，风浪冲击、水流侵蚀和水位涨落等会引起库岸坍塌。定线前应判明可能产生坍岸的地段及影响范围，将线路布置在坍岸范围之外，如图 5-31 所示。当不能绕避时，则应对可能发生坍岸的岸坡采取防护和加固措施，确保铁路安全。

（2）水库淤积

水库回水范围内，因流速变缓，导致大量泥沙淤积，使回水区内的水位抬高。因此，跨越水库回水区的线路，也要相应提高设计高程，以保证必要的路肩高度和桥下净空。

然而，水库岸边某些地段因水流由急变缓形成的淤积对库岸有防护作用，线路在这样的岸边通过对安全是有利的。

（3）地下水壅升

水库蓄水后，地下水位壅升，造成湿陷、翻浆、沼泽化或诱发滑坡、崩坍等不良地质现象，也有可能使建筑物基底承载力降低，从而使建筑物产生变形而遭到破坏。因此在水库区选线，应考虑地下水位壅升后的影响，如图 5-31 所示。

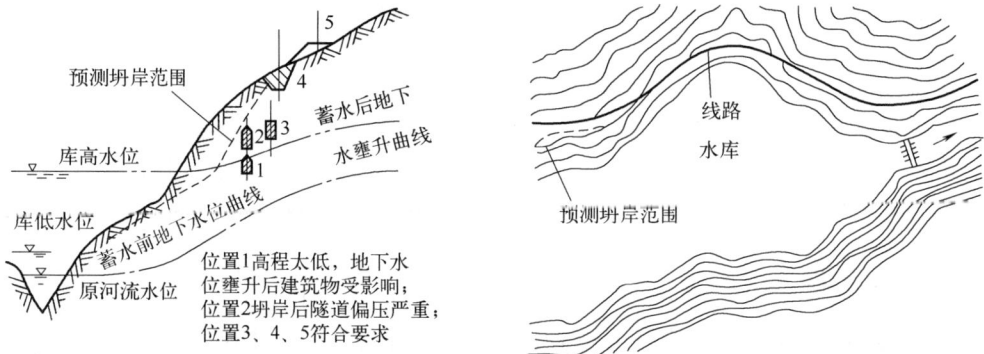

图 5-31　水库坍岸对线路的影响

水库地段定线应注意以下问题：

① 线路走向与水库平行。线路位置有条件时，宜在水库左右两侧选择彻底避开水库坍岸影响的方案，如图 5-31 所示。

　a. 线路位置应选在最终坍岸线以外，并留有适当的安全距离；

　b. 在无坍岸地段（基岩或宽阔浅滩），线路位置应选在洪水泛滥线以外；

　c. 若必须通过水库淹没区时，路基最低路肩设计高程应高出设计水位＋波浪侵袭高＋壅水高（含水库回水及边岸壅水）＋0.5m；

　d. 个别地段能保证线路稳定且能节省工程投资时，可考虑局部线路以最短的线路长度通过坍岸范围。

② 线路走向与水库垂直。

　a. 线位（或桥位）应选在水库上游回水曲线以上，或水库下游集中冲刷范围以外，或20 倍水坝上下游最大水位差以远河段通过；

b. 线路必须跨越水库，桥位应选在水库最窄、库岸稳定（无坍岸）、地质条件良好、泥沙淤积较少和水深适度地段。

③ 线路宜选在坍岸线和洪水泛滥线外适当距离并尽量避开地质不良地段，线路宜选在基岩出露较多、河岸平缓、边坡相对稳定及地质条件较好的一岸；为避免或减缓风浪对岸坡的冲刷，线路宜选在背离主导风向库岸一侧或顺风向的库岸两侧。

复习思考题

在线习题

5-1　影响接轨点选择的主要因素有哪些？

5-2　简述车站分布的基本原理。

5-3　简述紧坡地段定线要点。

5-4　简述缓坡地段定线要点。

5-5　导向线定线的步骤是什么？

5-6　进行横断面定线的工作步骤是什么？

5-7　沿河谷定线要着重解决好哪些问题？

5-8　桥梁附近的路基设计高程应满足什么条件？

5-9　涵洞类型及孔径大小的选择有什么要点？

5-10　隧道洞口位置的选择要点有哪些？

第 6 章
轨道结构

6.1 概述

　　轨道是铁路、城市轨道交通的主要技术装备之一，是行车的基础。轨道的作用主要是引导机车车辆平稳安全运行，直接承受由车轮传来的荷载，并把它传布给路基或桥隧建筑物。轨道结构应保证机车车辆在规定的最大载重和最高速度运行时，具有足够的强度、稳定性、平顺性和合理的养护维修周期。

6.1.1 有砟轨道结构

　　传统的有砟轨道结构由钢轨、轨枕、道床、道岔、联结零件及轨道加强设备组成，如图 6-1 所示。

图 6-1　铁路有砟轨道结构

　　有砟轨道各部件的主要作用为：

　　① 钢轨直接承受列车的荷载，依靠钢轨头部内侧面和机车车辆轮缘的相互作用，引导列车运行，依靠它本身的刚度和弹性把机车车辆荷载分布开来，传递给轨枕。

　　② 轨枕的作用一方面是承受钢轨传下来的机车车辆的各种力，并把它分布给道床；另一方面是通过扣件把钢轨固定在规定的正确位置上，以保持轨距、轨底坡、曲线超高等，防止钢轨产生位移和爬行。轨枕主要有木枕和混凝土枕两类。

　　③ 道床是轨枕的基础，在其上以规定的间隔布置一定数量的轨枕，用以增加轨道的弹性和纵、横向移动的阻力，并便于排水和校正轨道的平面和纵断面。道床的作用还有固定轨枕的位置，防止轨枕纵、横向位移，并把轨枕所承受的压力传递给路基，同时道床还起到排水的作用，可防止路基翻浆冒泥和木枕腐朽。主要材料有碎石和筛选卵石等。

　　④ 道岔是机车车辆从一股轨道转入或越过另一股轨道时必不可少的线路设备，在铁路站场布置中应用极为广泛。它是轨道结构的重要组成部分。

　　⑤ 联结零件是联结钢轨或联结钢轨和轨枕的部件。前者称接头联结零件，其作用是有效

地保证钢轨与钢轨的可靠联结，尽可能地保持钢轨的连续性与整体性。后者称中间联结零件（或扣件），其作用是保证钢轨与轨枕间的可靠联结，阻止钢轨相对于轨枕的纵横向移动，确保轨距正常，并在机车车辆的动力作用下，充分发挥缓冲减振性能，延缓线路残余变形的积累。

⑥ 防爬设备是一种轨道加强设备，能有效地防止钢轨与轨枕之间发生纵向相对移动的部件，能制止钢轨爬行。

6.1.2　无砟轨道结构

无砟轨道是指采用混凝土、沥青混合料等整体基础取代散粒碎石道床的轨道结构。无砟轨道累积变形小，可持久保持轨道的几何形位，具有平顺性好、稳定性好、使用寿命长、耐久性好、维修工作少等优点，同时还具有降低粉尘、美化环境等特点，适应高速列车和城市轨道交通使用。本章主要介绍有砟轨道结构。

6.2　钢轨

6.2.1　钢轨的功用、基本要求和断面

(1) 钢轨的功用

钢轨是铁路轨道的主要组成部件之一。它的功用在于引导机车车辆的车轮前进，承受车轮的巨大压力，并将压力传递到轨枕上。钢轨必须为车轮提供连续、平顺和阻力最小的滚动表面。在电气化铁路或自动闭塞区段，钢轨还可兼作轨道电路之用。

(2) 钢轨的基本要求

① 足够的强度、韧性和耐磨性

钢轨的工作条件十分复杂。车轮施加于钢轨上的作用力，其大小、方向和位置都具有很大的随机性。这些都和机车车辆与轨道的相互作用有关。除轮载外，无缝线路地段随气温变化也会产生较大的温度力。

钢轨是一根支承在连续弹性基础或点支承上的无限长梁。它主要承受轮载作用下的弯曲应力，但是也必须有能力承担轮轨接触点上的接触应力，以及轨腰与轨头或轨底连接处可能产生的局部应力和温度变化作用下的温度应力。在轮载和温度力的作用下，钢轨产生复杂的变形，如压缩、伸长、弯曲、扭转、压溃、磨耗等。

车轮与钢轨之间接触面积很小，而来自车轮的压力却十分大，为使钢轨不致被压陷或磨耗太快，钢轨应具有足够的硬度。但硬度太高，钢轨又容易受冲击而折损，因此，要求钢轨具有一定的韧性。

为使列车能够安全、平稳和不间断地运行，钢轨除必须充分发挥上述诸功能外，还应保证在轮载和轨温变化作用下，应力和变形均不超过规定的限值。这就要求钢轨具有足够的强度、韧性和耐磨性能。

② 一定的弹性

钢轨依靠本身的刚度抵抗轮载作用下的弹性弯曲，但是为了减轻车轮对钢轨的动力冲击作用，防止机车车辆走行部分及钢轨的折损，又要求钢轨具有必要的弹性。

③ 足够光滑的表面

机车依靠其动轮与钢轨顶面之间的黏着牵引列车前进，这就要求钢轨顶面粗糙，使车轮与钢轨之间产生足够的摩擦力。但对车辆来说，摩阻力太大会使行车阻力增加，这就又要求钢轨有一个光滑的滚动表面。从这一矛盾的主要方面出发，钢轨仍应维持其光滑的表面，必

要时，可用向轨面撒砂的方法提高机车动轮与钢轨之间的黏着力。

④ 良好的可焊性

随着我国铁路主要干线全面采用无缝线路以及一次性铺设跨区间无缝线路的要求，钢轨应具有良好的可焊性。

⑤ 高平直性

钢轨的平直性要求对轨道平顺性有决定性的影响，同时轨端平直性、对称性对钢轨焊接也有很大影响，高速铁路要求钢轨具有更高的平直性。

(3) 钢轨断面设计原则

作用于直线轨道钢轨上的力主要是竖直力，其结果是使钢轨挠曲。因为钢轨被视为支承在连续弹性基础上的无限长梁，而梁抵抗挠曲的最佳断面形状为工字形。因此，钢轨采用工字形断面，由轨头、轨腰和轨底三部分组成。钢轨断面设计应满足下面的要求。

钢轨头部是直接和车轮接触的部分，应具有抵抗压溃和耐磨的能力，故轨头宜大而厚，并应具有和车轮踏面相适应的外形。钢轨头部顶面应有足够的宽度，使在其上面滚动的车轮踏面和轨头顶面磨耗均匀。钢轨头部顶面应轧制成隆起的圆弧形，使由车轮传来的压力更集中于轨轴。钢轨被车轮长期滚压以后，顶面为近似半径 $200\sim300$mm 的圆弧。因此在我国铁路上，较轻型钢轨的顶面，常轧制成一个半径为 300mm 的圆弧，而较重型钢轨的顶面，则用三个半径分别为 80mm、300mm、80mm 或 80mm、500mm、80mm 的复合圆弧组成。

为使钢轨有较大的承载能力和抗弯能力，钢轨腰部必须有足够的厚度和高度。轨腰的两侧为曲线。轨腰与钢轨头部及底部的连接，必须保证接头夹板能有足够的支承面。

钢轨底部直接支承在轨枕顶面上。为保持钢轨稳定，轨底应有足够的宽度和厚度，并具有必要的刚度和抵抗锈蚀的能力。

钢轨的头部顶面宽（b）、轨腰厚（t）、轨身高（H）及轨底宽（B）是钢轨断面的四个主要参数。钢轨高度应尽可能大一些，以保证有足够的惯性矩及断面系数来承受竖直轮载的动力作用。但钢轨愈高，其在横向水平力作用下的稳定性愈差。轨身高与轨底宽之间应有一个适当的比例。一般要求轨高与轨底宽之比为 $1.15\sim1.20$。为使钢轨轧制冷却均匀，要求轨头、轨腰及轨底的面积分配有一个较合适的比例。

6.2.2 钢轨类型及断面尺寸

钢轨的类型一般以取整后每延米的大致质量（kg/m）来表示。我国铁路现有钢轨类型有 75kg/m、60kg/m、50kg/m、43kg/m 等四种。其中 43kg/m 钢轨称为中型钢轨，50kg/m 钢轨为次重型钢轨，60kg/m 钢轨为重型钢轨，75kg/m 钢轨为特重型钢轨。目前我国铁路主要干线和城市轨道大多采用 60kg/m 钢轨。大秦、朔黄、浩吉等重载铁路多采用 75kg/m 的特重型钢轨以延长其疲劳寿命，虽然初期建设投资大，但日后的经济效益高。

我国 60kg/m、75kg/m 钢轨断面尺寸如图 6-2 所示，主要钢轨类型的断面尺寸及特性见表 6-1。正线钢轨及道岔基本轨为 60kg/m 及以上钢轨时，宜采用 60N、75N 钢轨。

我国标准轨定尺长度为 12.5m、25m、75m、100m。根据《钢轨 第 1 部分：43kg/m～75kg/m 钢轨》（TB/T 2344.1—2020），43kg/m 钢轨有 12.5m、25m 两种；50kg/m、60kg/m 钢轨有 12.5m、25m、100m 三种；75kg/m 钢轨有 25m、75m、100m 三种。

无缝线路 60kg/m 钢轨宜选用 100m 定尺长钢轨，75kg/m 钢轨宜选用 75m 或 100m 定尺长钢轨。有缝线路宜选用 25m 定尺长钢轨。另外，在有缝线路曲线轨道上还需要使用比 12.5m 标准轨缩短 40mm、80mm、120mm 和比 25m 标准轨缩短 40mm、80mm、160mm 的六种厂制缩短轨。同时短尺轨的长度也有一定的规定，见表 6-2。

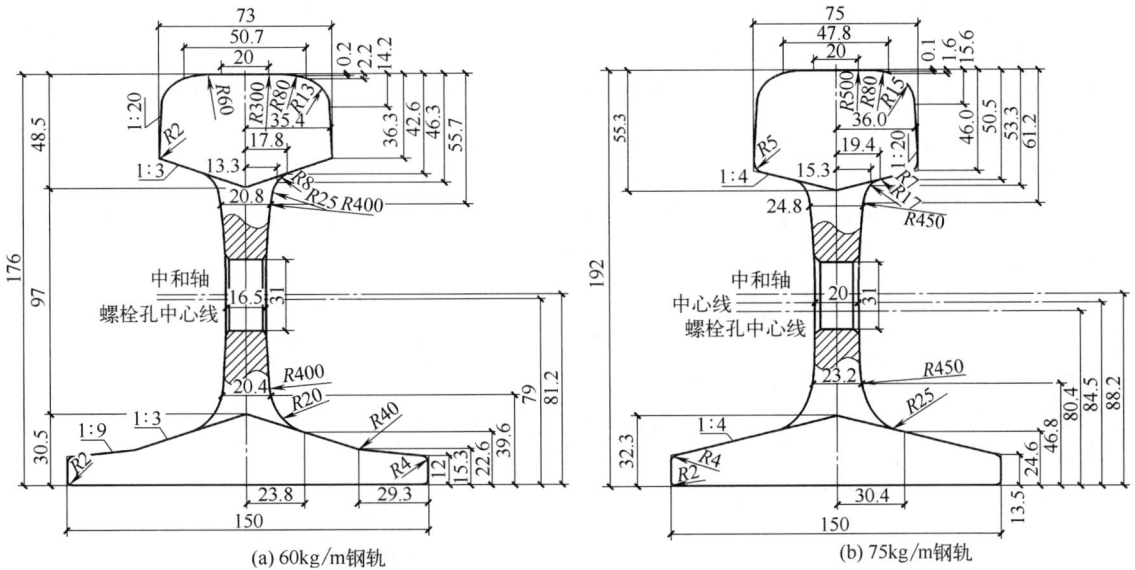

(a) 60kg/m钢轨　　　(b) 75kg/m钢轨

图 6-2　钢轨标准断面图（单位：mm）

表 6-1　钢轨断面尺寸及特性

项目	单位	类型/(kg/m)					
		43	50	60	60N	75	75N
每米理论质量（M）	kg/m	44.653	51.514	60.64	60.49	74.414	74.23
计算断面积（F）	cm^2	57.0	65.8	77.45	77.05	95.04	94.56
重心距轨底面距离（y_1）	mm	6.9	7.1	8.1	8.1	8.8	8.8
对水平轴惯性矩（I_x）	cm^4	1489	2037	3217	3184	4489	4449
对竖直轴惯性矩（I_y）	cm^4	260	377	524	521	661	661
上部断面系数（W_1）	cm^3	208	251	339	334	432	427
下部断面系数（W_2）	cm^3	217	287	396	394	509	507
轨底横向挠曲断面系数（W_y）	cm^3	45	57	70	70	89	88
轨头所占面积（A_h）	%	42.83	38.68	37.47	37.15	37.42	37.10
轨腰所占面积（A_w）	%	21.31	23.77	25.29	25.42	26.54	26.68
轨底所占面积（A_b）	%	35.86	37.55	37.24	37.43	36.04	36.22
钢轨高度（H）	mm	140	152	176	176	192	192
轨头宽度（b）	mm	70	70	73	70.8	75	72
轨底宽度（B）	mm	114	132	150	150	150	150
轨腰厚度（t）	mm	14.5	15.5	16.5	16.5	20	20
螺栓孔直径	mm	29	31	31	31	31	31
轨端至1孔中心距	mm	56	66	76	76	96	96
1孔至2孔中心距	mm	110	150	140	140	220	220
2孔至3孔中心距	mm	160	140	140	140	130	130

表 6-2　钢轨长度

标准轨定尺长度/m	曲线缩短轨/m			短尺轨/m				
12.5	12.46	12.42	12.38	9	9.5	11	11.5	12
25	24.96	24.92	24.84	21	22	23	24	24.5
75	—	—	—	71	72	73	74	—
100	—	—	—	95	96	99	—	—

6.2.3　钢轨的材质和机械性能

钢轨的材质和机械性能主要取决于钢轨的化学成分、物理力学性能、金属组织及热处理工艺。

钢轨钢的化学成分除含铁（Fe）外，还含有碳（C）、锰（Mn）、硅（Si）及磷（P）、硫（S）等元素。碳对钢的性质影响最大。提高钢的含碳量，其抗拉强度、耐磨性及硬度均迅速增加。例如，当含碳量从 0.35% 增加到 0.65%，可使平炉钢轨的耐磨性能提高 60%。但含碳量过高，也会使钢轨的伸长率、断面收缩率和冲击韧性显著下降。因此，一般含碳量不超过 0.82%。

锰可以提高钢的强度，是合金元素中最便宜的元素之一，被广泛应用于合金钢中。锰可以良好地去除有害氧化铁和硫杂物，其含量一般为 0.7%～1.2%。

硅易与氧化合，作为脱氧剂能去除钢中气泡，提高钢的密度和强度。在碳素钢中，硅含量一般为 0.15%～0.40%。提高钢的含硅量，也能提高钢轨的耐磨性能。

磷与硫在钢中均属有害成分。磷过多（超过 0.1%），会使钢轨具有冷脆性，在冬季严寒地区，易突然断裂。硫不溶于铁，硫与钢中的其他金属元素化合而生成硫化物，使钢的塑性和韧性降低。所以磷、硫的含量必须严格加以控制。

我国用于轧制钢轨的主要钢种的化学成分及主要力学性能见表 6-3。

表 6-3 热轧钢轨钢的化学成分及力学性能

钢牌号	化学成分(质量分数)/%							力学性能	
	C	Si	Mn	V	Cr	P	S	抗拉强度	延伸率
						不大于		/(N/mm²)	/%
U71Mn U71MnH	0.65～0.80	0.15～0.58	0.70～1.20	—	—	0.025	0.025	≥880 ≥1080	≥10
U75V U75VH	0.71～0.80	0.50～0.80	0.75～1.05	0.04～0.12	—	0.025	0.025	≥980 ≥1180	≥10
U77MnCr U77MnCrH	0.72～0.82	0.10～0.50	0.80～1.10	—	0.25～0.40	0.025	0.025	≥980 ≥1180	≥9 ≥10
U78CrV U78CrVH	0.72～0.82	0.50～0.80	0.70～1.05	0.04～0.12	0.30～0.50	0.025	0.025	≥1080 ≥1280	≥9 ≥10
U76CrRE U76CrREH	0.71～0.81	0.50～0.80	0.80～1.10	0.04～0.08	0.25～0.35	0.025	0.025	≥1080 ≥1280	≥9 ≥10

注：U76CrRE 和 U76CrREH 中的 RE 加入量大于 0.02%。

钢轨钢的物理力学性能包括抗拉强度（σ_b）、屈服极限（σ_s）、伸长率（δ_s）、断面收缩率（φ）、冲击韧性（落锤试验）（α_h）及硬度等。这些指标对钢轨的承载能力、磨损、压溃、断裂和其他伤损有很大影响。

钢轨接头处轮轨冲击力很大，为提高接头处钢轨的抗磨能力，在钢轨两端 60～110mm 范围内进行轨端热处理。

为提高钢轨耐磨和抗压性能，还应对钢轨进行全长热处理（轨头淬火）。它是采用电感应加热的方法，将钢轨加热到奥氏体化温度（700～900℃），随后采用水雾或压缩空气等冷却介质进行连续缓慢冷却，直接得到片间距极细的珠光体组织（淬火索氏体）。从而局部改变轨头钢的组织，从而提高钢轨的强度、硬度和塑性。

2006 年，我国先后开发了热轧钢轨强度 980MPa 级、热处理后抗拉强度 1280MPa 级的 U77MnCr，热轧钢轨强度 1080MPa 级、热处理后抗拉强度 1300MPa 级的 U78CrV。目前，大秦重载铁路直线铺设 980MPa 或 1080MPa 级的 U75V、U77MnCr、U78CrV 等材质钢轨，$R<1200m$ 的曲线铺设强度 1280MPa 级及以上的热处理钢轨，通过优化焊接技术，配以科学的打磨和合理的养护维修技术，大秦铁路钢轨的使用寿命得到了大幅度提高。在直线上，钢轨使用寿命已达 15 亿 t 以上，在 $R=800m$ 的曲线上，钢轨使用寿命可达 12 亿 t 通过总质重。

2016 年，我国铁路主要繁忙干线正线均采用 60kg/m 钢轨，大秦等重载铁路采用 75kg/m 钢轨。钢轨的钢种主要有 U71Mn、U75V、U77MnCr、U78CrV、U76CrRE 等。在直线上一般铺设强度为 880～1080MPa 的热轧钢轨，在 $R \leqslant 1200$m 的曲线上，铺设强度为 1180～1280MPa 级的热处理钢轨。

6.2.4　钢轨接头和轨缝

轨道上钢轨与钢轨之间用夹板和螺栓连接，称为钢轨接头。接头处轮轨动力作用大，养护维修工作量大，接头是轨道结构的薄弱环节之一。

6.2.4.1　接头联结形式

① 我国钢轨接头的形式，根据基本结构分为普通接头和尖轨接头两种。

② 按钢轨接头相对于轨枕的位置，可分为悬空式、单枕承垫式和双枕承垫式，如图 6-3 所示。

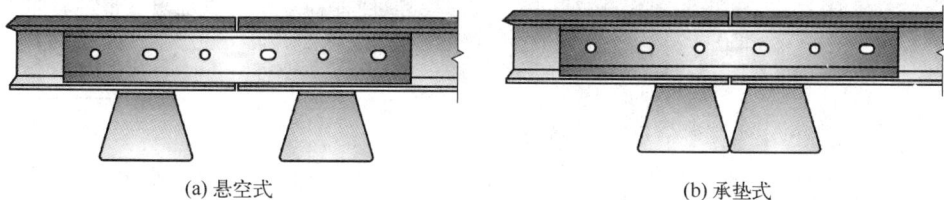

(a) 悬空式　　　　　　　　　　(b) 承垫式

图 6-3　悬空式和承垫式

③ 按左右两股钢轨接头相互位置分为相对式和相错式两种，如图 6-4 所示。

我国一般采用相对悬空式，即两股钢轨接头左右对齐，同时位于两接头轨枕间。

(a) 相对式　　　　　　　　　　(b) 相错式

图 6-4　相对式和相错式

④ 按接头连接的用途及工作性能来分，有普通接头、异型接头、绝缘接头、导电接头、胶结绝缘接头、焊接接头、伸缩接头、冻结接头等。

a. 普通接头：用于前后同类型钢轨的正常连接，如图 6-5 所示。

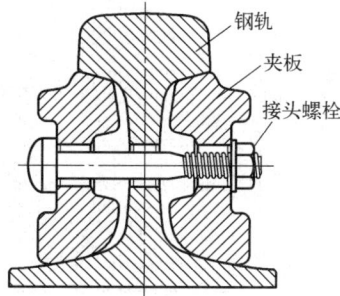

图 6-5　普通钢轨接头

b. 导电接头：用于自动闭塞区段或电力牵引地段，供传导轨道电流或作为牵引电流回路之用。为了确保和加强导电性，要在接头处铆上或焊上一根导线，这种接头称为导电接头，如图 6-6 所示。

c. 绝缘接头：用于隔断轨道电路。在钢轨、夹板与螺栓之间，螺栓孔四周以及轨端之间均用尼龙绝缘套管和垫片，使电流不能从一个轨道电路传到另一个轨道电路的接头，如图 6-7 所示。

图 6-6　导电接头

d. 异型接头：用于连接不同类型的钢轨。由于异型接头较易损坏，现多用异型钢轨代替异型接头，如图 6-8 所示，正线不同类型钢轨的连接必须使用异型钢轨。

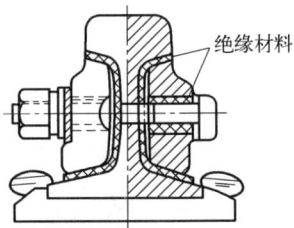

绝缘材料

图 6-7　绝缘接头

(a) 异型接头

(b) 异型钢轨

图 6-8　异型接头

e. 胶结绝缘接头：是用高强度胶黏剂，将钢轨和夹板胶合成一整体的接头。胶合层由胶黏剂与玻璃布组成，具有黏结和绝缘性能，故称为胶结绝缘接头。该类接头一般用于无缝线路，它可以改善钢轨接头的平顺性，减轻列车对钢轨接头的附加动力作用，并且限制轨端的伸缩。如图 6-9 所示。

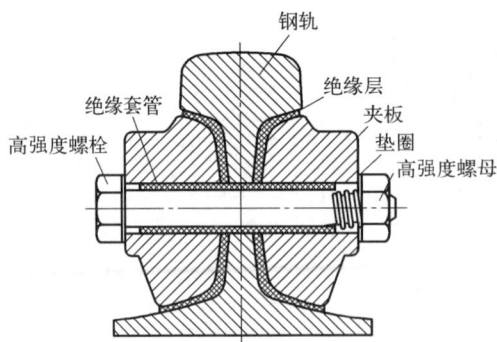

钢轨

绝缘层

夹板

垫圈

高强度螺母

绝缘套管

高强度螺栓

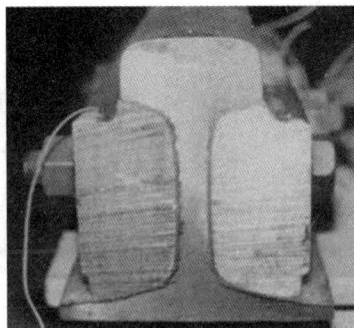

图 6-9　胶结绝缘接头

f. 冻结接头：阻止钢轨自由伸缩的接头，如图 6-10 所示。一般用于道口中、明桥面小桥、无缝道岔等不适宜设钢轨接头和焊接困难的处所。最早的冻结接头用一块月牙形垫片，垫在钢轨螺栓孔各螺栓之间，以阻止钢轨的热胀冷缩，这种结构在列车振动作用下，月牙形垫片容易损坏或脱落，起不到冻结作用。目前多用高分子化学胶黏剂来胶接夹板与钢轨的接触面，再用高强度螺栓拧紧。

g. 伸缩接头：亦称温度调节器，用于连接轨端伸缩量很大的普通轨道或温度跨度大于100m的桥上无缝线路伸缩区，通过尖轨或基本轨相对错动调节钢轨胀缩，如图6-11所示。

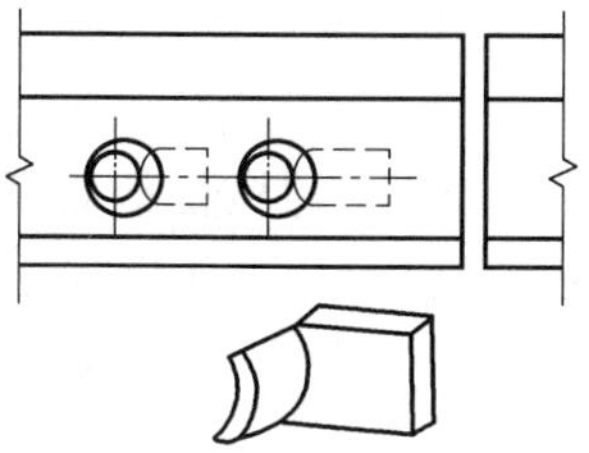

图 6-10　冻结接头

图 6-11　伸缩接头

6.2.4.2　钢轨接头联结零件

钢轨接头联结零件由夹板、螺栓、弹簧垫圈等组成。其作用是在接头处把钢轨连接起来，使钢轨接头部分具有与钢轨一样的整体性，以抵抗弯曲和位移。接头处还要满足钢轨伸缩的要求。

(1) 接头夹板

夹板是承受弯矩、传递纵向力、阻止钢轨伸缩的重要部件，要求有一定的垂直和水平刚度及足够的强度。夹板的形式很多，我国采用斜坡支承双头对称型夹板，简称双头式夹板。图 6-12 为 60kg/m 钢轨的夹板图。

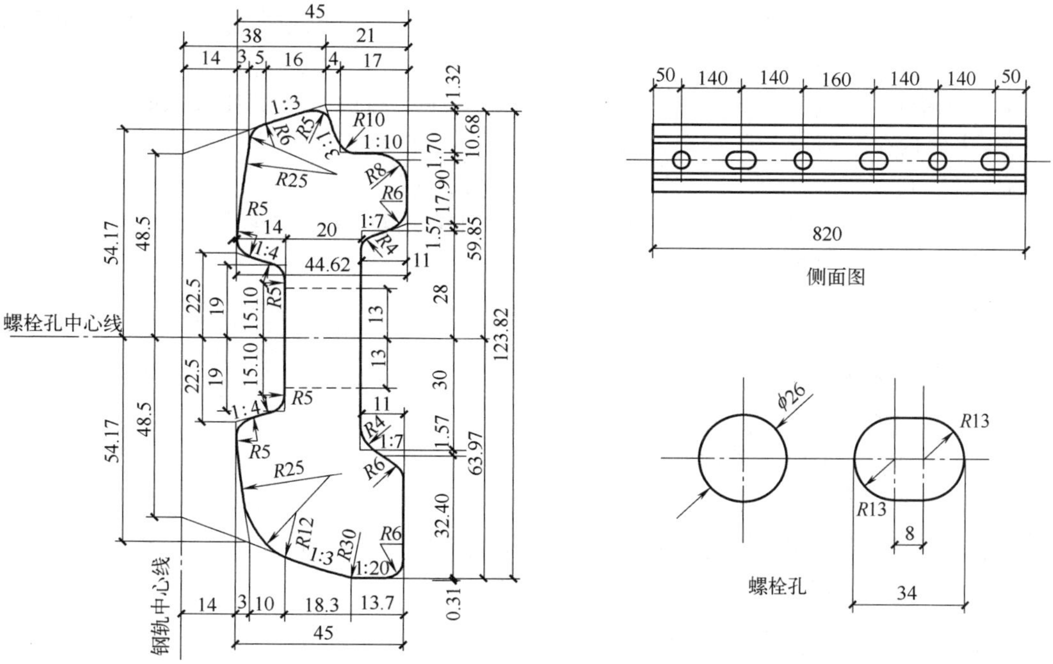

图 6-12　60kg/m 钢轨用夹板图（专线 3161）

双头式夹板的优点是在竖直荷载作用下，具有较大的抵抗挠曲和横向位移的能力。夹板的上下两面均有斜坡，能楔入轨腰空间，但不贴住轨腰。这样，即使夹板稍有磨耗，以致联结松弛时，仍可重新旋紧螺栓，保持接头联结的牢固。每块夹板上有螺栓孔 6 个，圆形孔与长圆形孔相间。圆形螺栓孔的直径较螺栓直径略大，长圆形螺栓孔的长径较螺栓头下突出部分的长径略大。依靠钢轨圆形螺栓孔直径与螺栓直径之差，以及夹板圆形螺栓孔直径与螺栓直径之差，就可以得到所需要的预留轨缝值。

普通夹板用于联结同类型的钢轨。而联结两个不同断面的钢轨，则要用异型夹板，如图6-8（a）所示。异型夹板的一半应与一端同型钢轨断面相吻合，另一半则与另一端钢轨断面相吻合，联结时应使两轨工作面轨距线与轨顶最高点水平线都相吻合。

(2) 接头螺栓、螺母及弹簧垫圈

接头螺栓、螺母是用来夹紧夹板和钢轨的配件，垫圈是为了防止螺栓松动而设置的配件。我国根据螺栓机械性能，将螺栓划分为8.8和10.9级两个等级，其抗拉强度相应为830MPa和1040MPa。接头螺栓的扭矩应达到表6-4的规定，扭矩不得低于规定值100N·m。

表6-4 有缝线路钢轨接头螺栓扭矩标准

项目	25m 钢轨						12.5m 钢轨		
	最高最低轨温差>85℃			最高最低轨温差≤85℃					
轨重/kg	60 及以上	50	43	60	50	43	60	50	43
螺栓等级	10.9	10.9	8.8	10.9	10.9	8.8	10.9	10.9	8.8
扭矩/(N·m)	700	600	600	500	400	400	500	400	400
C 值/mm	6			4			2		

注：1. 表中 C 值为接头阻力及道床阻力限制钢轨自由伸缩的数值。

2. 高强度绝缘接头螺栓扭矩不小于700N·m。

6.2.4.3 轨缝计算

为适应钢轨热胀冷缩的需要，在钢轨接头处要预留轨缝。预留轨缝应满足如下的条件：

① 当轨温达到当地最高轨温时，轨缝应大于或等于零，使轨端不受挤压力，以防温度压力太大而胀轨跑道。

② 当轨温达到当地最低轨温时，轨缝应小于或等于构造轨缝，使接头螺栓不受剪力，以防止接头螺栓拉弯或拉断。构造轨缝是指受钢轨、接头夹板及螺栓尺寸限制，在构造上能实现的轨端最大缝隙值。

《铁路轨道设计规范》规定，有缝线路轨道设计时钢轨接头轨缝宜按8mm取值。铺设钢轨时预留轨缝值，应根据钢轨长度与钢轨温度按式（6-1）计算。

$$a_0 = \alpha L(T_{max} - t) - C \tag{6-1}$$

式中 a_0——铺设钢轨时的预留轨缝，mm；

α——钢轨线膨胀系数，$\alpha = 0.0118$mm/(m·℃)；

L——钢轨长度，m；

t——钢轨铺设时的温度，℃；

T_{max}——当地历史最高轨温，℃，等于当地历史最高气温+20℃；

C——钢轨接头阻力和道床阻力限制钢轨自由伸缩的数值，mm，按表6-4的规定取值，并且 C 值应满足式（6-2）的要求：

$$C \geqslant \frac{\alpha L(T_{max} - T_{min}) - a_g}{2} \tag{6-2}$$

式中 T_{min}——当地历史最低轨温，等于历史最低气温，℃；

a_g——构造轨缝，$a_g = 18$mm。

最高、最低轨温差不大于85℃地区，在按式（6-1）计算以后，可根据具体情况将轨缝值减小1~2mm。

由于构造轨缝以及接头和道床阻力的限制，不是所有地区都能铺设 25m 长的钢轨。根据轨温-轨缝变化规律，在确定 a_g 和 C 值情况下，以当地最高轨温 T_{max} 时轨缝 $a_{min}=0$，最低轨温 T_{min} 时轨缝 $a_{max}=a_g$ 为条件，可以得到允许铺轨的年轨温差 $[\Delta T]$ 为

$$[\Delta T]=\frac{a_g+C}{\alpha L} \tag{6-3}$$

根据式（6-3）计算结果，12.5m 钢轨地段，更换钢轨或调整轨缝时的轨温不受限制。25m 钢轨铺设在当地历史最高、最低轨温差大于 100℃ 的地区时，应个别设计。在允许铺轨的最大年轨温差 $[\Delta T]$ 范围内，并不是在所有的轨温下都能铺设，在年轨温差 ΔT 大的地区，在接近 T_{max}（或 T_{min}）的轨温下铺轨后，轨温达到 T_{max}（或 T_{min}）时，轨缝就不能满足 $a_{min}\geq0$（或 $a_{max}\leq a_g$），因此必须限制铺轨轨温。以式（6-1）中 a_0 作为预留轨缝，并在铺轨后为检查轨缝计算方便，允许铺轨的轨温为

$$[t]=t_z\pm\frac{a_g}{2\alpha L} \tag{6-4}$$

$$t_z=(T_{max}+T_{min})/2$$

式中　t_z——中间轨温，℃。

铺设 25m 钢轨的普通线路，$a_g=18mm$，由式（6-4）可以求得 $a_g/2\alpha L=30.5℃$，因此《修规》规定，更换钢轨或调整轨缝时的轨温限制范围为 $(t_z-30℃)\sim(t_z+30℃)$。

轨缝应设置均匀，每公里线路轨缝总误差，25m 钢轨地段不得超过 80mm，12.5m 钢轨地段不得超过 160mm。绝缘接头轨缝不得小于 6mm。

【例 6-1】 兰州地区最高轨温为 59.8℃，最低轨温为 -21.7℃，若铺设 25m 长的 60kg/m 钢轨，采用 10.9 级螺栓，试计算在 20℃ 铺设时的预留轨缝。

解　$T_{max}-T_{min}=59.8-(-21.7)=81.5$（℃）$\leq85$（℃），查表 6-4 有 $C=4mm$。

由式（6-1）得：

$a_0=\alpha L(T_{max}-t_0)-C=0.0118\times25\times(59.8-20)-4=7.74(mm)$，取 $a_0=8mm$。

检算 C 值是否满足式（6-2）的要求：

$$C\geq\frac{\alpha L(T_{max}-T_{min})-a_g}{2}=\frac{0.0118\times25\times(59.8+21.7)-18}{2}=3.02(mm)$$

因 $C=4mm\geq3.02mm$，满足要求。

6.3　轨枕

轨枕承受来自钢轨的各种作用力，并传布于道床，同时，有效地保持轨道的几何形位，特别是轨距和方向。轨枕应具有必要的坚固性、弹性和耐久性，并便于固定钢轨，轨枕应有抵抗纵向和横向位移的能力。

轨枕依其构造及铺设方法分为横向轨枕、纵向轨枕及短枕等。横向轨枕与钢轨垂直间隔铺设，是一种最常用的轨枕。纵向轨枕一般仅用于有特殊需要的地段。短枕是在左右两股钢轨下分开铺设的轨枕，常用于混凝土整体道床。轨枕按其使用目的分为用于一般区间的普通轨枕，用于道岔上的岔枕，用于桥梁上的桥枕。轨枕按材料分主要有木枕、混凝土枕和钢枕。

6.3.1　木枕

木枕又称枕木，是铁路最早使用的一种轨枕，一般标准长度为 2.5m。其主要优点是弹

性好，可缓和列车的动力冲击；易加工、运输、铺设、养护维修方便；与钢轨联结比较简单；有较好的绝缘性能等。但木枕要消耗大量优质木材，由于资源有限，其价格较贵。木枕的主要缺点是易腐朽、磨损，使用寿命短；其次是由于木材种类和部位的不同，其强度、弹性不完全一致，在机车车辆作用下会产生轨道不平顺，增大了轮轨动力作用。

木枕的失效原因很多，主要是腐朽、机械磨损和开裂。木枕腐朽是生物作用的结果，而机械磨损和开裂则是列车反复作用和时干时湿的结果。这三者是互为因果的。木枕一旦腐朽，强度就要降低，同时又会促进机械磨损和开裂的加剧发展。相反，木枕一旦出现机械磨损和开裂，木质受到损伤，就为加速腐朽提供了有利条件。为延长木枕使用寿命，应对这三者进行综合治理。

木枕的防腐处理是延长其使用寿命的最有效措施。木枕常用的防腐剂有水溶性防腐剂和油类防腐剂两类。其中以油类防腐剂为主要类型。木枕防腐处理按规定的工艺流程，在一个密封蒸制罐中进行。

木枕除进行防腐处理外，还应采取措施防止机械磨损及开裂。为了减少机械磨损，木枕上必须铺设垫板，并预钻道钉孔。为防止木枕开裂，必须严格控制木枕的含水量，并改善其干燥工艺。一旦出现裂缝，应根据裂缝大小，分别采取补救措施，或用防腐浆膏掺以麻筋填塞，或加钉C形钉、S形钉、组钉板及用铁丝捆扎，使裂缝愈合。

6.3.2　混凝土枕

(1) 混凝土枕类型

随着铁路高速、重载发展的需要，用混凝土枕代替木枕已成为发展方向。混凝土枕材源较多，并能保证尺寸精度，使轨道弹性均匀，从而提高轨道的稳定性。混凝土枕不受气候、腐朽、虫蛀及火灾的影响，使用寿命长。此外，混凝土枕还具有较高的道床阻力，这对提高无缝线路的横向稳定性是十分有利的。

混凝土枕的特点是自重大、刚度大，与木枕线路相比，其轨底挠度较平顺，故轨道动力坡度小。但当列车通过不平顺的混凝土枕线路时，轨道附加动力增大。故对轨下部件的弹性提出了更高的要求，以提高线路减振性能。

混凝土枕按使用部位的不同，可分为普通混凝土枕、混凝土岔枕及混凝土桥枕三种。

按结构形式分有整体式、组合式和半枕三种。整体式混凝土枕整体性强、稳定性好、制作简便，是目前各国使用最多的一种类型。

组合式混凝土枕由两个钢筋混凝土块体用一根钢杆连接而成。这种轨枕整体性不如整体式混凝土枕，但由于它用混凝土和钢材组合而成，能充分发挥各自的力学性能优势。图6-13为法国铁路上采用的双块式混凝土枕。

半枕用两块普通钢筋混凝土块体分别支承左右两股钢轨，彼此间无直接联系。一般用于整体道床。

按配筋方式，可分为普通钢筋混凝土枕和预应力混凝土枕两大类。普通钢筋混凝土枕抗弯能力很差，容易开裂、失效，已被淘汰。预应力混凝土枕具有抗裂性能

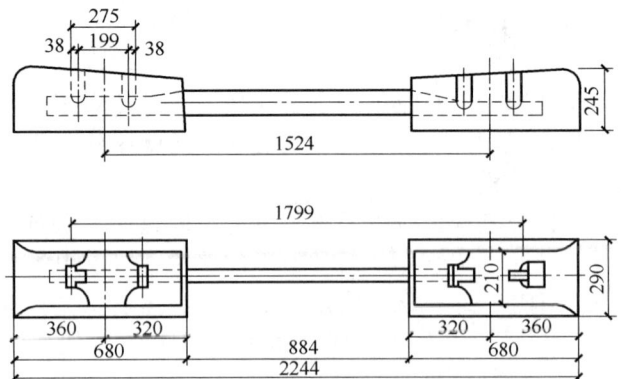

图6-13　法国双块式混凝土枕（单位：mm）

好、用钢量少的优点。我国主要采用整体式、预应力混凝土枕，简称混凝土枕（PC 枕）。

（2）混凝土枕外形及尺寸

混凝土枕结构设计主要取决于其受力状况。轨枕为支承在弹性基础上的短梁，在钢轨传来的荷载作用下，轨枕底面对轨枕产生反力，轨枕各截面则产生弯矩。设计中规定：轨枕截面上部受拉为"－"，下部受拉为"＋"。

混凝土枕受力状况与道床支承条件有密切关系，支承条件有中间不支承、中间部分支承和全支承三种情况，如图 6-14 所示。在不同支承情况下，轨枕承受弯矩的情况是不同的。由图中可以看出，轨下截面正弯矩以中间部分不支承时为最大，而枕中截面负弯矩则以全支承时为最大。

① 轨枕形状

混凝土枕截面为梯形，上窄下宽。梯形截面可以节省混凝土用量，降低自重，也便于脱模。

轨枕顶面宽度应结合轨枕抗弯强度、钢轨支承面积、轨下衬垫宽度、中间扣件尺寸等因素进行考虑加以确定。轨枕顶面支承钢轨的部分称为承轨槽，做成 1：40 的斜面，以适应轨底坡的要求。轨枕底面在其纵向采用两侧为梯形、中间为矩形的形状，两端有较大的道床支承面积，以提高轨枕在道床上的横向阻力。当中间部分不支承时，能使钢轨压力 R 与道床反力 q 的合力尽量靠拢，有利于防止中间断面上出现过大的负弯矩。

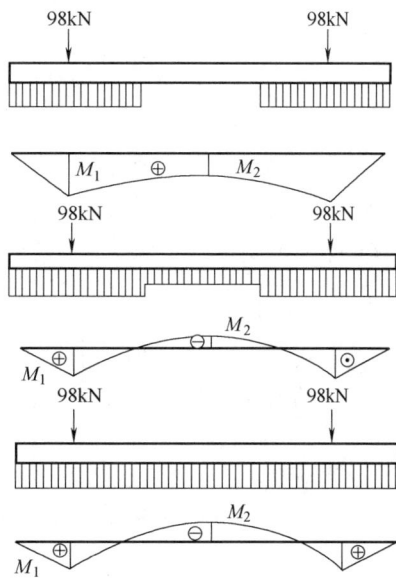

图 6-14　枕中弯矩与道床支承的关系

轨枕底面宽度应同时满足减少道床压力和便于捣固两方面的要求。底面上一般还做出各种花纹或凹槽，以增加轨枕与道床间的摩阻力。

② 轨枕长度

轨枕长度与轨枕受力状态有关。图 6-14 所示三种不同支承情况，对不同轨长进行计算表明，长轨枕可以减少中间截面负弯矩，但轨下截面上正弯矩将增大，这是矛盾的，一般应以轨下截面正弯矩与枕中截面负弯矩保持一定比例来确定轨枕的合理长度。混凝土枕长度一般在 2.3～2.7m 之间，我国 I、Ⅱ型轨枕为 2.5m，Ⅲ型轨枕为 2.6m。

为适应高速、重载的需要，国外向增加轨枕长度的方向发展，在主要干线上普遍采用长 2.6m 的轨枕。有关试验结果表明，轨枕长度增加有以下优点：可减少中间截面外荷载弯矩，以提高轨枕结构强度；提高纵横向稳定性和整体刚度，改善道床和路基的工况，对无缝线路的铺设极为有利；提高了道床的纵横向阻力，可适当减少轨枕配置根数。

③ 轨枕高度

混凝土枕的高度在其全长上是不一致的，轨下部分高些，中间部分矮些。这是因为轨下截面通常在荷载作用下产生正弯矩，而中间截面则在荷载作用下产生负弯矩。混凝土枕采用直线配筋，且各截面上的配筋均相同，所以配筋的重心线在轨下部分应在截面形心之下，而在中间部分则应在截面形心之上，如图 6-15 所示。这样对混凝土施加的预压

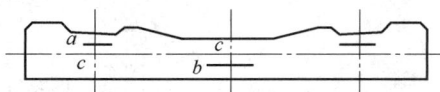

图 6-15　混凝土配筋重心线示意图
a—轨下截面形心；b—中间截面形心；c—应力筋重心线

应力形成有利的偏心距，使混凝土的拉应力不超过允许限度，防止裂缝的形成和扩展。

(3) 我国普通混凝土枕使用现状

我国铁路使用的混凝土枕,随着轨道荷载(轴重、速度、通过总重)的增加,轨枕截面的承载弯矩有所增大。在设计中,主要采用提高混凝土等级、增加预应力和提高截面高度等措施。目前我国使用的混凝土枕主要尺寸和特征如表 6-5 所示。

表 6-5　混凝土枕主要尺寸和特征

轨枕类型	配筋	混凝土等级	截面高度/mm		底面截面宽度/mm		顶面截面宽度/mm		质量/kg	长度/mm
			轨下	枕中	轨下	枕中	轨下	枕中		
Ⅱ	44 Φ 3 4 Φ 10	C60	201	165	275	250	165.5	161	259(S-2) 261(J-2)	2500
XⅡ	10 Φ 6.25	C60	205	175	280	250	168.5	190	290	2500
Ⅲ	10 Φ 7	C60	230	185	300	280	170.5	220	370(Ⅲa) 360(Ⅲb)	2600
82 型宽枕	12 Φ 7	C60	170	155	542	542	467.6	470	550	2500

① Ⅰ 型轨枕

随着轨道荷载的增加,Ⅰ 型轨枕已不适应铁路运输的发展,正逐步淘汰下道。从线路上更换下来的轨枕来看,主要问题是螺栓孔间的纵裂及轨下正弯矩裂缝。

② Ⅱ 型轨枕

Ⅱ 型轨枕的设计是根据重载线路承受荷载大、重复次数多的特点,采用疲劳可靠性进行设计的。设计标准是按年运量 60Mt,机车轴重 25t,货车 23t,最高行车速度 120km/h,铺设 60kg/m 钢轨。与 Ⅰ 型轨枕相比,轨下截面正弯矩的计算承载能力提高 13%~25%,中间截面正弯矩提高约 8.8%,中间截面负弯矩提高 14%~41%。

Ⅱ 型轨枕基本上适用于次重型、重型轨道。Ⅱ 型轨枕的不足是安全储备还不够大,提高轨道的整体稳定性能力还不足。现场使用情况调查表明,在重型、次重型轨道上使用的轨枕,在某些区段出现轨中顶面横向裂缝、沿螺栓孔纵向裂缝、枕端龟裂、侧面纵向水平裂缝、挡肩斜裂等病害,轨枕年失效下道率平均约 1.2%,难以适应重型和特重型轨道的承载条件。

XⅡ 型轨枕在原 Ⅱ 型轨枕基础上,对预应力钢筋的数量及截面作了一定改进和加强。具有强度高、寿命长、环保健康、抗震能力强、抗冻性好等优点,已被广泛应用。XⅡ 型轨枕适用于年运量 50Mt,设计速度小于 160km/h,铺设 50kg/m、60kg/m 钢轨,$R \geqslant 300m$ 的曲线和直线地段。

③ Ⅲ 型轨枕

Ⅲ 型轨枕分有挡肩和无挡肩两种形式,如图 6-16 所示。Ⅲ 型轨枕适用于年运量 30Mt 以上,设计速度 200km/h,铺设 60kg/m、75kg/m 钢轨,有挡肩轨枕适用于直线或 $R \geqslant 300m$ 的曲线轨道,无挡肩轨枕适用于直线或 $R \geqslant 350m$ 的曲线轨道。

图 6-16　有挡肩和无挡肩的 Ⅲ 型轨枕

Ⅲ型枕的主要特点：

a. 结构合理，强化了轨道结构。由于轨枕长度增加到 2.6m，并适当加宽了枕底，使枕下支承面积增加 17%，端侧面积增加约 20%，轨枕重量增加 31%，因此，可有效提高道床的纵、横向阻力，减缓重载运输所产生的道床累积变形，提高线路的稳定性。

b. 轨下和中间截面的设计承载力，较Ⅱ型轨枕分别提高了 43% 和 65%，提高了轨枕的强度。

c. Ⅲb 型枕采用的无螺栓扣件的扣压力能保持线路稳定。无纵、横向移动，有利于保持轨道的几何尺寸，减少养护维修工作量。

④ 混凝土宽枕

混凝土宽枕是一块预制的混凝土板，与混凝土枕外形相似，又称轨枕板。其制造工艺与混凝土枕基本相同。宽枕长度与普通混凝土枕长度相同，均为 2.5m，而宽度约为后者的两倍。宽枕由于宽度较大，直接铺设在预先压实的道床面上，在制造中对其厚度的控制要求较严格。

混凝土宽枕在道床上是密排铺设，每公里铺 1760 块，每块枕上安装一对扣件，由钢轨传来的力处于宽枕轴线的对称位置，可避免荷载的偏心。宽枕在纵横两个方向上都有弯矩作用，是一块支承在弹性基础上的板。图 6-17 为混凝土宽枕轨道平面示意图。

混凝土宽枕由于枕底面积大，能有效地降低轨道的应力和变形，加之重量大，底部摩擦力增强，轨道变形比木枕或混凝土枕轨道大为减少，同时枕间缝隙较小，道床不易脏污，外观整洁。但由于混凝土宽枕对下部基础稳定性要求较高，如基础不稳，维修养护则会很困难，特别是在隧道内，由于空间狭窄，抽换和垫砂难度极大。因此，除大型站场出于美观需要和清洁方便可采用混凝土宽枕外，其他地段一般不再铺设。

图 6-17　混凝土宽枕轨道

混凝土轨枕的使用应符合下列规定：

a. 曲线半径小于 300m 的地段应铺设小半径曲线用混凝土轨枕。

b. 设有护轨的地段应铺设Ⅲqa 型混凝土桥枕。

c. 正线道岔应采用混凝土岔枕。

d. 混凝土电容轨枕和电气绝缘节轨枕的设置应满足轨道电路要求。

6.3.3　轨枕间距

轨枕间距与每公里配置的轨枕根数有关。轨枕根数应根据运量、行车速度及线路设备条件确定，并和钢轨及道床等综合考虑，合理配套，以求在最经济的条件下，保证轨道具有足够的强度和稳定性。轨枕密一些，道床、路基面、钢轨以及轨枕本身受力都可小一些。同时，使轨距、方向易于保持，对行车速度高的地段尤为重要。但也不能太密，太密则不经济，而且净距过小，也会在一定程度上影响捣固质量。

我国铁路规定，对木枕轨道，每公里最多为 1920 根，混凝土枕为 1840 根；每公里最少为 1440 根。轨枕的级差为 80 根/km。每公里铺设数量由线路等级决定，线路上的轨枕类型及配置根数，应根据运量、线路允许速度及线路设备条件等确定。允许速度大于 160km/h 的线路应铺设Ⅲ型混凝土枕，既有Ⅰ、Ⅱ型混凝土枕应逐步更换为ⅩⅡ、Ⅲ型混凝土枕。线路设备大修时，除应将失效的轨枕和严重伤损的混凝土枕更换掉外，还应根据运输发展的需要，按表 6-6 所列标准，更换为与运营条件相适应的轨枕并补足配置根数。

表 6-6　轨枕类型和配置根数标准　　　　　　　　　单位：根/km

木枕	Ⅱ型混凝土枕	ⅩⅡ型混凝土枕	Ⅲ型混凝土枕		混凝土宽枕
			无缝线路	普通线路	
1840	1520～1840	1440～1760	1667	1680	1760

铺设 ⅩⅡ型混凝土枕的正线线路，轨枕加强地段及其铺设数量应符合下列规定：

① 半径小于或等于 800m 的曲线地段（含两端缓和曲线）。

② 坡度大于 12‰ 的地段。

上述条件重叠时，铺设数量只增加一次。轨枕加强地段每公里增加的轨枕数量和最多铺设根数为：ⅩⅡ型混凝土枕 80 根/km，最多 1840 根；木枕 160 根/km，最多 1920 根。

在有缝线路轨道上，钢轨接头处车轮的冲击动荷载大，接头处轨枕的间距 c 应当比中间间距 a 小一些，且从接头间距向中间间距过渡时，应有一个过渡间距 b，以适应荷载的变化，如图 6-18 所示。

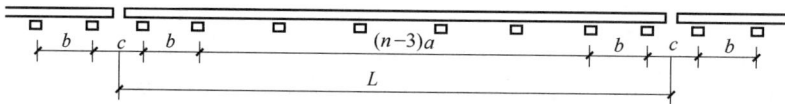

图 6-18　轨枕间距计算图

每节钢轨下轨枕间距应当满足：$a > b > c$。接头轨枕间距一般是给定的：对于 50kg/m 及以上钢轨，木枕接头间距为 440mm，混凝土枕接头间距为 540mm；对于 43kg/m 钢轨，混凝土枕接头间距为 500mm。由图 6-18 可知：

$$a = \frac{L - c - 2b}{n - 3} \tag{6-5a}$$

设 $b = \dfrac{a+c}{2}$ 代入上式，得

$$a = \frac{L - 2c}{n - 2} \tag{6-5b}$$

将式（6-5b）代入式（6-5a）中，求得 b 值：

$$b = \frac{L - c - (n-3)a}{2} \tag{6-6}$$

式中　L——标准轨长（含一个轨缝宽度，轨缝一般取 8mm）；

　　　n——一节钢轨下轨枕的根数；

　　　a——中间轨枕间距；

　　　c——接头轨枕间距；

　　　b——过渡轨枕间距。

根据式（6-5b）算出的轨枕间距 a 取整，然后代入式（6-6）求得 b 应有的值。对于无缝线路，轨枕间距应均匀布置。

6.4　扣件

钢轨联结零件包括接头联结零件和中间联结零件。

钢轨与轨枕间的联结是通过中间联结零件实现的。中间联结零件也称扣件，要求具有足够的强度、耐久性和一定的弹性，能长期有效地保持钢轨与轨枕的可靠联结，阻止钢轨相对

于轨枕的移动，并能在动力作用下充分发挥其缓冲减震性能，延缓轨道残余变形积累。此外，还应构造简单，便于安装及拆卸。

6.4.1　木枕扣件

木枕扣件主要有分开式和混合式两种。

分开式扣件如图 6-19 所示。它将钢轨和垫板、垫板和木枕分别联结起来。由图 6-19 可见，它是用 4 个螺纹道钉联结垫板与木枕，2 个底脚螺栓扣压钢轨与垫板，其道钉和底脚螺栓构成"K"形，故又称"K"式扣件。分开式扣件扣压力大，可有效防止钢轨爬行。其缺点是零件多，用钢量大，更换钢轨麻烦。分开式扣件主要用在桥上线路。

混合式扣件如图 6-20 所示，零件有道钉和五孔双肩铁垫板。混合式扣件是我国铁路木枕轨道上使用最广泛的一种扣件。它除用道钉将钢轨、垫板和木枕一起扣紧外，还另用道钉将垫板与木枕单独扣紧。这种扣紧方式可减轻垫板的振动，且零件少，安装方便，其缺点是钢轨受荷载后向上挠曲时，易将道钉拔起，降低扣压力。

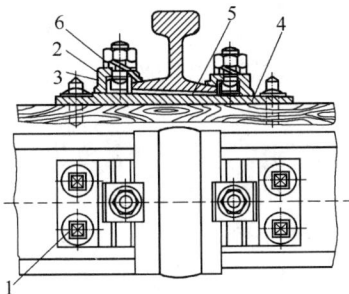

图 6-19　分开式扣件
1—螺纹道钉；2—扣轨夹板；3—底脚螺栓；
4—垫板；5—木片；6—弹簧垫圈

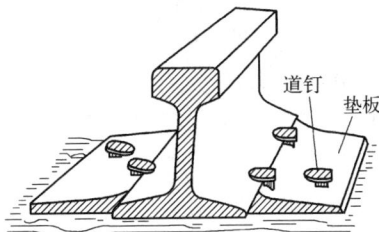

图 6-20　混合式扣件

6.4.2　混凝土枕扣件

混凝土枕具有重量大、刚度大的特点，对扣件性能要求较高，对其扣压力、弹性和可调性均有较严格要求。混凝土枕扣件应具备如下性能：

① 足够的扣压力。这是钢轨和轨枕联结的重要保证。足够的扣压力是指当钢轨弯曲和转动时，不致使轨底沿垫板发生纵向位移，即要求扣件的纵向阻力大于道床的纵向阻力。我国每根轨枕的纵向阻力约为 10kN，一组扣件的纵向阻力以 15～25kN 为宜，与之相应的扣压力约为 10kN。当然扣压力也不宜太大，否则会使扣件弹性急剧下降，影响扣件使用寿命。

② 适当的弹性。混凝土枕线路的弹性较木枕差许多，因而混凝土枕线路在垂直和水平方向的弹性主要由扣件提供。适当的弹性可减小荷载对道床的压力，减小簧下振动加速度，延长部件使用寿命。扣件弹性主要由橡胶垫板和弹条等部件提供。

③ 具有一定的轨距和水平调整量。混凝土枕的螺栓孔间距和承轨槽宽度都是一定的，当曲线轨距需要加宽或因钢轨磨耗使轨距扩大时，都需要通过扣件对轨距进行调整。维修中也需要通过扣件来调整两股钢轨的水平。

④ 混凝土枕扣件还要求具有绝缘性能。

我国铁路扣件经历了扣板扣件、拱形弹片式扣件、弹条Ⅰ型扣件、弹条Ⅱ型扣件和弹条Ⅲ型扣件的发展过程。随着运量的增加和速度的提高，扣板式扣件和拱弹式扣件已不能满足使用要求，正逐渐被淘汰。

（1）弹条Ⅰ型扣件

弹条Ⅰ型扣件主要由 ω 形弹条、螺旋道钉、轨距挡板、挡板座及弹性橡胶垫板等组成。图 6-21 为 60kg/m 钢轨弹条Ⅰ型扣件。图中轨距挡板的作用是调整轨距，传递钢轨的横向水平推力。挡板座的作用是支撑轨距挡板，其后背斜面支承在轨枕挡肩上，要求挡板座有一定强度来承受和传递横向水平力，有足够的绝缘性能以防止漏电。挡板座两斜面的厚度不同，可调换使用，也可起到调整轨距的作用，使用时应按规定选择。

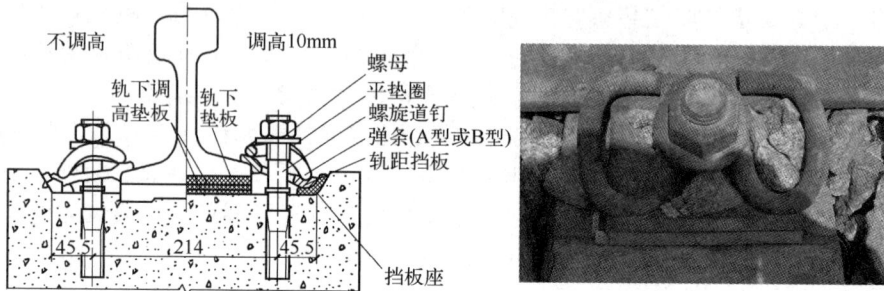

图 6-21 弹条Ⅰ型扣件

随着高速、重载运输的需要，对于重型和特重型轨道，弹条Ⅰ型扣件已显示能力不足。

（2）弹条Ⅱ型扣件

弹条Ⅱ型扣件除弹条采用新材料重新设计外，其余部件与弹条Ⅰ型扣件通用，仍为带挡肩、有螺栓扣件。在原使用弹条Ⅰ型扣件地段，可用Ⅱ型扣件弹条更换原Ⅰ型扣件弹条。

弹条Ⅱ型扣件单个弹条扣压力不小于 10kN，弹程（即弹性变形量）不小于 10mm，分别比Ⅰ型扣件提高约 30%；组装扣件承受横向疲劳荷载 70kN，在荷载循环 200 万次后，各部件不得损坏。轨距的调整仍用轨距挡板和挡板座的不同号码相互调配。

弹条Ⅱ型扣件具有扣压力大、强度安全储备大、残余变形小等优点。适用于Ⅱ或Ⅲ型混凝土枕的 60kg/m 钢轨线路。

（3）弹条Ⅲ型扣件

弹条Ⅲ型扣件是无螺栓无挡肩扣件。无螺栓无挡肩扣件是世界各国轨枕扣件发展趋势，特别适用于重载、大运量、高密度的运输条件。

图 6-22 为弹条Ⅲ型扣件，它由弹条、预埋铁座，绝缘轨距块和橡胶垫板组成。弹条Ⅲ型扣件适用于标准轨距铁路直线或半径 $R \geqslant 350$m 的曲线上，铺设 60kg/m 钢轨和Ⅲ型无挡肩混凝土枕的无缝线路轨道。扣件抗横向水平力的能力静态为 100kN，动态为 70kN（荷载循环 200×10^6 次）；预埋铁座抗拔力不小于 60kN。

弹条Ⅲ型扣件具有扣压力大、弹性好等优点，特别是取消了混凝土挡肩，从而消除了轨底在横向力作用下发生横移导致轨距扩大的可能性，因此保持轨距的能力很强，又由于取消了螺栓联结的方式，大大减小了扣件养护工作量。

由于Ⅲ型扣件无螺栓，故无须进行涂油作业，这些性能都十分适合高速行车和大型养路机械作业。

（4）弹条Ⅳ型扣件

弹条Ⅳ型扣件应用于高速铁路有砟轨道，由弹条、绝缘轨距块、橡胶垫板和预埋铁座组成，为无挡肩扣件（图 6-23）。弹条Ⅳ型扣件结构与弹条Ⅲ型扣件相同，但对弹条

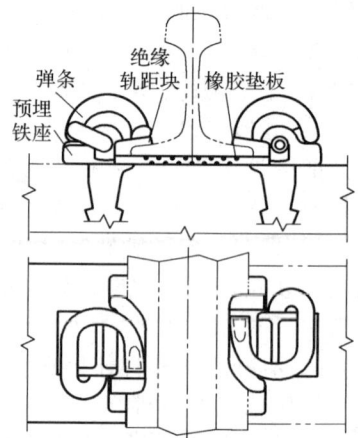

图 6-22 弹条Ⅲ型扣件

的结构进一步优化，降低其工作应力，减小残余变形。

弹条Ⅳ型扣件配套Ⅲb型混凝土枕。一般地段安装 C4 型弹条（直径为 20mm），接头夹板处安装 JA/JB 型弹条（直径为 18mm）。绝缘轨距块分为一般地段使用的绝缘轨距块和夹板处使用的绝缘轨距块，每种绝缘轨距块各有七个规格。

(5) 弹条Ⅴ型扣件

弹条Ⅴ型扣件（图 6-24）是在弹条Ⅱ型扣件基础上优化改进而来的，轨距挡板与挡板座一体化，减少零部件，采用预埋套管联结，环保，增大绝缘性能，应用于高速铁路有砟轨道，配套使用有挡肩Ⅲc型混凝土枕。在寒冷地区路基地段应采用具有调高功能的扣件。

弹条Ⅴ型扣件系统由螺旋道钉、平垫圈、弹条、轨距挡板、轨下垫板和预埋套管组成。此外，为高低调整需要，还包括调高垫板。一般地段使用 W2 型弹条（直径为 14mm）和橡胶垫板。桥上无缝线路需要降低线路阻力时，使用 X3 型弹条（直径为 13mm）和复合垫板。

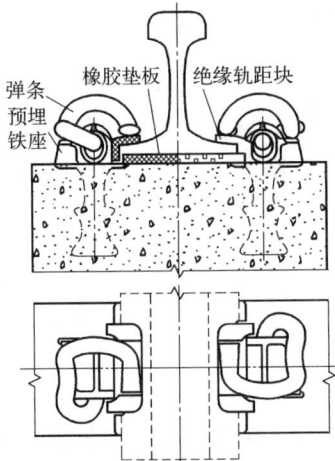

图 6-23　弹条Ⅳ型扣件

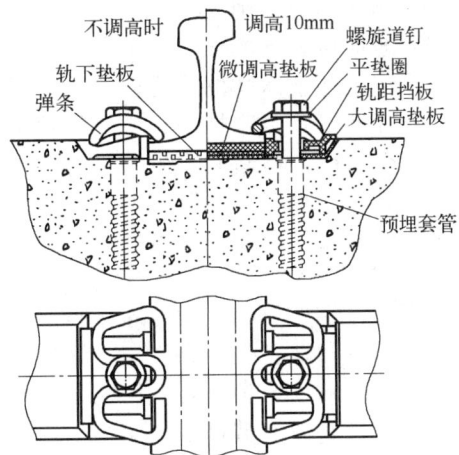

图 6-24　弹条Ⅴ型扣件

我国常用有砟轨道扣件主要技术性能和适用范围见表 6-7。

表 6-7　我国常用有砟轨道扣件主要技术性能和适用范围

扣件类型	单个弹条初始扣压力/kN		弹条弹程/mm		节点纵向阻力/kN	弹性垫层静刚度/(kN/mm)	轨距调整量/mm	高低调整量/mm	运营条件
弹条Ⅰ型	A 型弹条:8	A 型弹条:9			9	90~120	−8~+16（50 轨）−8~+12（60 轨）	10	$V_K \leq 120$km/h、$V_H \leq 80$km/h、轴重≤25t
	B 型弹条:9	B 型弹条:8							
弹条Ⅰ型调高	>8		9		9	90~120	−8~+12	20	
弹条Ⅱ型	10		10		9.3	55~80	−12~+8	10	$V_K \leq 200$km/h、$V_H \leq 120$km/h、轴重≤25t
弹条Ⅲ型	≥11		13		16	55~80	−8~+4	0	$V_K \leq 200$km/h、$V_H \leq 120$km/h、轴重≤25t
弹条Ⅳ型	≥11		13		9	60	−8~+4	0	客运专线铁路，轴重 17t;客运专线（兼顾货运）: $V_K \leq 200$km/h、$V_H \leq 120$km/h、轴重≤25t
弹条Ⅴ型	W2 型弹条:>10		W2 型弹条:12		9	60	−8~+4	10	
	X3 型弹条:4.5		X3 型弹条:9.5		4±1				

6.5　碎石道床

6.5.1　道床的功能及对材质的要求

(1)　道床的功能

道床是有砟轨道的重要组成部分，是轨道框架的基础，具有以下功能：

① 承受来自轨枕的压力并均匀地传递到路基面上；

② 提供轨道的纵横向阻力，保持轨道的稳定；

③ 提供轨道弹性，减缓和吸收轮轨的冲击和振动；

④ 提供良好的排水性能，以提高路基的承载能力及减少基床病害；

⑤ 便于轨道养护维修作业，校正线路的平、纵断面。

(2)　对道床材料的要求

为适应上述道床功能，道砟应具有以下性能：抗冲击、耐磨、质地坚韧、不易压碎和捣碎；排水性能好，吸水性差；不易风化，不易被风吹动或被水冲走；具有良好的颗粒级配。

可用作道砟的材料有：碎石、粗砂、中砂、卵石或石屑等。在具体选用道砟材料时，应根据铁路运量、机车车辆轴重、行车速度，结合成本和就地取材等条件来决定。我国铁路干线均采用碎石道砟，相应技术要求主要包含三个方面的内容：

① 道砟的分级

根据材料性能及参数指标，碎石道砟一般分为特级和一级，其中一级道砟又分为新建铁路用一级道砟和既有线大维修用一级道砟两种。

碎石道砟的技术参数有：反映道砟材质的参数，如抗磨耗、抗冲击、抗压碎、渗水、抗风化、抗大气腐蚀等材料指标参数，这些参数为道砟材质的分级提供了法定依据；反映道砟加工质量的参数，如道砟粒径、级配、颗粒形状、表面状态、清洁度等。

② 道砟级配

碎石道砟属于散粒体，其级配是指道砟中颗粒的分布。道砟粒径级配对道床的物理力学性能、养护维修工作量有重要影响。现行标准是按级配要求确定的，可保证道砟产品有最佳的颗粒组成。宽级配道砟由于道砟平均粒径的减小，大、小颗粒的相互配合以及道砟颗粒之间的填满，使得道砟有更好的强度和稳定性，也有利于道床作业，现行级配标准见表 6-8。

表 6-8　道砟级配标准

项目	道砟级别										
	新建铁路一级道砟						特级石砟				
方孔筛筛孔边长/mm	16	25	35.5	45	56	63	22.4	31.5	40	50	63
过筛质量百分率/%	0~5	5~15	25~40	55~75	92~97	97~100	0~3	1~25	30~65	70~99	100

③ 道砟颗粒形状及清洁度

道砟的形状及表面状态对道床的性能有重要影响。一般而言，棱角分明、表面粗糙的颗粒，对集料具有较高的强度和稳定性。近于立方体的颗粒比扁平颗粒有较高的抗破碎、抗变形、抗粉化能力。一般用针状指数和片状指数来控制长条形和扁平颗粒的含量。凡长度大于该颗粒平均粒径 1.8 倍的称为针状颗粒；厚度小于平均粒径 0.6 倍的称为片状颗粒。我国道砟标准规定，针状指数和片状指数均不大于 20%。

道砟中的土团、风化颗粒和其他杂质对道床的承载能力是有害的，须控制其数量。土团是指那些泡水后软化，丧失强度的颗粒。粉末会脏污道床，加速道床的板结，影响道床的排水。标准规定：特级道砟中风化颗粒和其他杂石含量不得大于 2%，一级道砟不得大于 5%；

道砟须水洗，其颗粒表面清洁度不得大于 0.17%；未经水洗的一级道砟中粒径 0.1mm 以下的粉末含量不得大于 1%。

6.5.2　碎石道床断面

碎石道床断面包括道床厚度、顶面宽度及边坡坡度三个主要特征。图 6-25 为直线地段碎石道床断面。

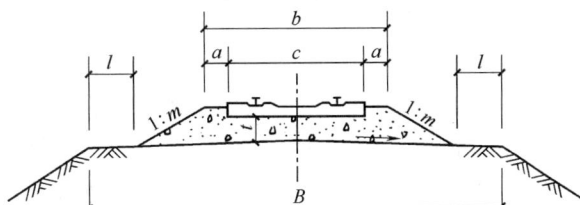

图 6-25　直线地段道床断面（单位：cm）
a—道床肩宽；b—道床顶面宽度；c—轨枕长度；l—路肩宽度；
B—路基顶面宽度；m—道床边坡坡度；t—道床厚度

(1) 道床厚度

道床的厚度是指直线上钢轨或曲线上内轨中轴线下轨枕底面至路基顶面的距离。

道床的厚度与以下因素有关：道床弹性、道床脏污增长率、垫砟层的承载能力、路基面的承载能力。道床弹性是由相互接触的道砟颗粒之间的弹性变形所引起的，通常情况下，道床弹性与道床厚度成正比，并随道砟颗粒粒径的增大、道床空隙比的增加而增大。但是松散状态下的道床，在荷载作用下所产生的变形主要是结构变形，卸载后结构变形不能恢复，故新铺、清筛或作业后尚未密实的道床，尽管在列车荷载作用下变形很大，也并不能说明这种道砟有好的弹性。道床厚度减薄，导致道床弹性变差，其减振吸振的性能变差，在运营条件相同的情况下，道床粉碎、脏污加速，导致日常维修工作量加大、清筛周期缩短。因而足够的道床厚度是控制道床脏污增长率，维持一定的维修工作量和道床清筛周期所必需的。当道床厚度较小时，会在碎石与砂垫层的接触面上形成类似枕底的凹形滞水槽，这是由于碎石层太薄，轨枕荷载没有得到充分扩散，致使分布到垫砟层表面的压应力超过了垫砟层的承载能力，枕下部分的垫砟层表面的应力最大，因而逐渐下沉，并形成排水能力差的滞水层。路基面的工作应力主要取决于道床厚度，增加道床厚度是降低路基面应力的主要手段。道床厚度根据运营条件、轨道类型、路基土质选用。

(2) 道床顶面宽度

道床顶面宽度与轨枕长度和道床肩宽有关。轨枕长度基本上是固定的，因此道床顶面宽度主要取决于道床肩宽。道床宽出轨枕两端的部分称为道床肩宽。适当的肩宽可保持道床的稳定，并提供一定的横向阻力。一般情况下，肩宽在 450~500mm 已能满足要求，再宽则作用不大。表 6-9 规定了不同铁路对道床顶面宽度及边坡坡度的要求。

对于道床顶面高度，规范规定：高速铁路道床顶面应低于轨枕承轨面 4cm，且不应高于轨枕中部顶面；铺设 XⅡ型混凝土轨枕、Ⅲ型混凝土轨枕的道床顶面应与轨枕中部顶面平齐；V≤200km/h 铁路铺设岔枕、桥枕等地段的道床顶面应低于轨枕承轨面 3cm；有道岔转换设备的部位，道砟高度不应影响外锁闭装置或牵引杆件的正常动作。

表 6-9　道床顶面宽度及边坡坡度

铁路等级	路段列车设计行车速度/(km/h)	顶面宽度/m		曲线外侧道床加宽		砟肩堆高/m	边坡坡度
		无缝线路	有缝线路	半径/m	加宽/m		
高速铁路	250≤V≤350	3.6				0.15	1:1.75
重载铁路	V≤100	3.5		<800	0.010	0.15	1:1.75
城际铁路、客货共线铁路	160<V≤200	3.5				0.15	1:1.75
	V≤160	3.4				0.15	1:1.75
	100<V≤120	3.4	3.1	无缝线路<800	0.10	无缝线路0.15	1:1.75
客货共线铁路	V≤100	3.4	3.0	有缝线路<600		无缝线路0.15	1:1.75

(3) 道床边坡坡度

道床边坡坡度是指道床坡面与路基面之间形成的坡度。坡度大小对保证道床的坚固、稳定有十分重要的意义。道床边坡的稳定取决于道砟材料的内摩擦角与黏聚力，也与道床肩宽有一定的联系。理论计算及实践结果表明，道砟材料的内摩擦角愈大，黏聚力愈高，边坡的稳定性就愈大。同样地，增大肩宽可以容许采用较陡的边坡；而减小肩宽则必须采用较缓的边坡。例如，肩宽 20cm，边坡坡度 1∶2 在保证边坡稳定性方面，与肩宽 35cm，坡度 1∶1.75 和肩宽 45cm，坡度 1∶1.5 具有相同的效果。

在肩部承载能力相同的情况下，一般趋于采用较大的肩宽和较陡的边坡，因为这样可以减小路基面的宽度。但过陡的边坡也是不适宜的，因为边坡坡角受到散粒体自然坡角的限制和列车振动的影响。国内外的运营实践表明，边坡坡度 1∶1.5 不能长期保持稳定，因此我国铁路规定正线区间边坡坡度均为 1∶1.75，道床边坡坡度见表 6-9。

6.5.3　道床的变形

道床作为散粒体结构，在外荷载作用下将产生弹、塑性变形。荷载消失后，弹性变形部分得以恢复，而塑性变形部分则不可恢复，成为永久变形或称残余变形。道床产生残余变形主要有两方面的原因，一是在荷载作用下道砟颗粒的相互错位和重新排列所引起的结构变形；二是由于颗粒破碎、粉化所形成的颗粒变形。在列车重复荷载作用下，每一次荷载作用所产生的微小残余变形会逐渐积累，最终导致整个轨道的下沉。研究和实践表明，在路基稳定和无水害的情况下，轨面的残余下沉和不均匀下沉主要取决于道床，道床下沉占轨道总下沉的 90% 以上，因此道床变形是轨道变形的主要来源。

道床的下沉是道床塑性变形随荷载作用而逐渐累积的过程。对下沉的规律，各国铁路都进行了许多研究，如美国、日本、苏联等。各国的研究资料表明下沉与通过总重的关系曲线基本相似，如图 6-26 所示。

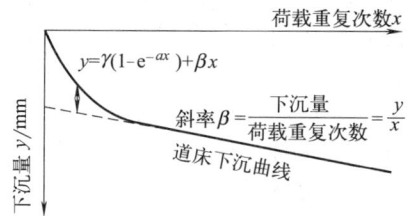

图 6-26　道床下沉曲线

道床的下沉大体可分为初期急剧下沉和后期缓慢下沉两个阶段。初期急剧下沉阶段是道床密实阶段，道床在列车荷载的作用下，道床碎石大小颗粒相互交错，位置重新排列，孔隙率减小。也有一些道砟棱角被磨碎，使道床纵、横断面发生变化。这个阶段道床下沉量的大小和持续时间与道砟材质、粒径、级配、捣固和夯拍的密实状况、轴重等有关，一般在数百万吨通过总质量之内即可完成。后期缓慢下沉阶段是道床正常工作阶段，这时道床仍有少量缓慢下沉，主要是由枕底道砟颗粒间在重复荷载作用下克服摩擦力向轨枕两侧流动、道砟磨损及破碎、边坡溜塌等造成的，这个阶段的下沉量与运量有直接关系。这一阶段时间的长短是衡量道床稳定性高低的指标，也是确定道床养护维修的重要依据。

6.6　轨道结构的合理配套

6.6.1　运营条件与轨道结构的关系

轨道结构的承载能力与机车车辆有密切关系。内燃、电力机车一般有两个转向架，每个转向架上有两对或三对车轮。

为确保列车的安全、平稳和不间断运行，轨道的设备和状态必须与机车车辆的运营条件相适应。运营条件主要由行车速度、轴重和运量三个参数来描述。了解轨道结构与运营条件之间的内在联系，就可以为选择轨道结构类型提供必要的理论依据。

(1) 行车速度与轨道的关系

列车在轨道上行驶时，由于动力作用，车轮的竖直压力要比静止时的重力大，其增长幅度随具体情况而异。从理论上讲，当圆顺的车轮在平顺的轨道上行驶时，车轮对钢轨的动压力比静止时的车轮压力增加很少，对速度的影响不大。实际试验也证实了这一点。如在平顺的轨面上，行车速度从 10km/h 增大到 100km/h，动压力只比静压力增加 7%，但是，当存在局部不平顺时，机车车辆的动力作用随行车速度的增加而增加。如轨面上有 60mm 长、3mm 深的不平顺时，动压力将增加 1.5 倍，如果车轮上出现扁疤，甚至可增加 2~2.5 倍。车轮的偏心和扁疤以及钢轨接头及其他不平顺是无法避免的，只有通过经常维修把它们限制到容许范围内。

轨枕和道床的振动加速度也随行车速度的提高而增大。道床下沉与作用于轨道上的压力成正比，且因道床振动使道砟颗粒间的摩擦系数减小，故也与道床的振动加速度成正比。一般说来，道床的振动加速度随机车车辆行驶速度的提高而增大，但振动频率不变。在钢轨接头和其他轨道不平顺处，道床振动加速度与机车车辆行驶速度的平方成正比，振动频率则与机车车辆行驶速度成正比。因此，提高行车速度，将使轨道状态发生变化，增加养护维修工作量，轴重较大和路基不良的情况下，更为严重。

试验与理论分析结果还表明，提高行车速度，对横向水平力增加的影响也很大，特别是高速行车时有可能出现车轮的瞬时减载，导致车轮脱轨、轨道框架产生横向位移，甚至失稳等严重事故。

此外，还必须考虑因提高行车速度而引起的速度和加速度改变对乘客旅行舒适度的影响。试验表明，人体可以适应较大的速度变化，但对加速度的变化却非常敏感。

(2) 机车车辆轴重与轨道的关系

增加轴重，会增加整个轨道及其各部件的损坏概率，特别是钢轨。随着轴重的增加，钢轨承受轮载而产生的轮轨接触应力、轨头内部剪应力、局部应力和弯曲应力等均将相应增加。同时，钢轨在疲劳循环荷载作用下的应力水平也将随之提高，使钢轨所能承受的荷载循环次数大为减少，缩短钢轨的使用寿命。

研究结果表明，钢轨头部伤损几乎全是疲劳伤损，而且都是由超载引起的。钢轨折损率随轴重的增加而增加。除钢轨外，其他轨道部件也同样出现这种情况。由各种疲劳现象导致的钢轨折损，以及轨道几何形位的破坏，都与轴重有关。各国钢轨疲劳损伤统计资料的分析结果，也充分说明了钢轨疲劳折损率和轴载之间的函数关系。例如，在法国，钢轨疲劳折损率与轴重的 2.25 次方成正比；在美国，则与轴重的 3.8 次方成正比；在苏联，当轴重从 206kN 增加到 225kN 时，尽管轴重仅增加 10%，但钢轨疲劳折损率却增加近一倍。如果轴重与行车速度同时增加，钢轨疲劳折损率的增长规律将更趋复杂。重载货物列车，即使运行速度不高，其对轨道的破坏也往往比一般高速列车大。有些国家认为，轴重超过 245kN 后，机车车辆对轨道的影响将比行车速度提高到 160km/h 更大。

接触理论表明，轮轨面上的接触应力和轨头内部的剪应力与轴重 P 成正比，与车轮直径 D 成反比，因此，常用比值 P/D 来衡量轮轨接触应力的水平。这个比值愈大，轮轨接触面上的接触应力也愈大。因此，为了降低接触应力，有必要把这个比值控制在一个适当的范围之内。由于各国的具体情况不同，这个比值出入很大。例如：英国为 212~245kN/m，法国为 206~233kN/m，德国为 216~225kN/m，苏联为 216kN/m，美国为 270~290kN/m，日本为 183~205kN/m，我国为 245kN/m。

(3) 铁路运量与轨道的关系

行车速度和机车车辆轴重在很大程度上决定了列车对轨道结构的破坏程度，但是还需要考虑荷载的作用次数。铁路运量就是反映这一作用次数的指标。只有把这三者结合起来，才有可能全面决定轨道在列车作用下的工作条件及其永久变形积累的程度。

铁路运量与轨道结构的关系问题，指的是在列车荷载的重复作用下，整个轨道的永久变形积累及其部件的疲劳伤损问题。运量常用机车车辆的通过总重表示，它是机车车辆轴重及其通过次数的乘积。因为通过总质量随机车车辆轴重和行车密度的提高而提高，因而也常用作选择轨道结构类型的一项综合指标。

钢轨的使用寿命在很大程度上取决于它的磨耗，特别是在小半径曲线轨道上。通过总重愈大，钢轨磨耗愈快，使用寿命愈短。但在大半径曲线和直线轨道上，主要受疲劳损伤的控制，也和累计通过总重有直接的关系。当累计通过总重达到一定数量之后，钢轨折损将显著增加。因此，铁路上规定的钢轨使用寿命或线路大修周期，常用累计通过总质量表示。在其他条件相同的情况下，提高钢轨的每米质量，可以延长钢轨的使用寿命和线路大修的周期。

实践表明，混凝土轨枕的破坏也带有疲劳伤损的性质，说明它的使用寿命与通过总重直接相关。

道床变形是轨道永久变形积累的主要来源。试验表明，道床沉陷正比于荷载循环次数的对数。道床永久变形积累与通过总重的关系十分密切。在机车车辆荷载的压力与振动冲击作用下，引起道床不均匀下沉，逐渐形成不平顺的轨面，轨面不平顺反过来又加剧机车车辆对轨道的冲击，增加了轨道的养护工作量。还应指出，货车的运行对道床和路基的影响，要比大型机车和客车严重得多，因此，在货运量较大的线路上，必须采用强轨道结构。

6.6.2　轨道设计标准

轨道是由不同力学性能部件组成的工程结构物，为适应运营条件的需要，应有不同的轨道设计标准与之相适应。轨道设计标准应考虑以下因素：

① 轨道各个部件要有足够的强度和稳定性，在荷载作用下，应力、应变不超过允许值。

钢轨是轨道结构中最重要的部件，先确定钢轨类型，然后从技术经济观点出发，确定与之配套的轨枕类型与铺设数量，以及道床的材料与断面尺寸，使之组成一个等强度的整体结构，充分发挥各部件的作用。

轨道设计标准与铁路等级有关，这实际上就是与运营条件相适应的问题；属于同一等级的铁路，近期运量与远期的发展也有很大差别，所以应采用由轻到重、逐步加强的原则。

② 轨道设计标准还应考虑经济性。轨道设计标准愈高，一次投资和大修费用愈大，但经常维修和养护费用较少，使用寿命较长，也就是说，分摊至每单位运量的运营费用愈低。因此，各种轨道标准的适应范围是以它的使用期限内大修投资成本和维修养护费用合计为最小作为依据加以确定的。

我国正线有砟轨道设计标准宜根据铁路等级和运营条件按表 6-10 的规定选用。

表 6-10　正线有砟轨道设计标准

项目		单位	高速铁路	城际铁路			客货共线铁路				重载铁路			
							Ⅰ级铁路			Ⅱ级铁路				
运营条件	年通过总质量	Mt	—	—	—	—	≥20			10~20	>250	101~250		40~100
	列车轴重 P	t	≤17	≤17	≤17	≤17	≤25	≤25	≤25	≤25	25~30	30	27、25	30	27、25
	旅客列车设计速度 V_K	km/h	≥250	200	160	120	200	160	120	≤120	—	—	—	—
	货物列车设计速度 V_H	km/h	—	—	—	—	≤120	≤120	≤80	≤80	≤100	≤100	≤100	≤100	≤100

续表

项目			单位	高速铁路	城际铁路			客货共线铁路				重载铁路				
								I 级铁路			II 级铁路					
轨道结构	钢轨		kg/m	60	60	60	60	60	60	60	60/50	75	75/60	60	60	60
	扣件		—	弹条 IV 或 V 型	弹条 II、III、IV、V 型	弹条 II 或 III 型	弹条 II 或 III 型	弹条 II、III、IV、V 型	弹条 II 或 III 型	弹条 II 或 III 型	弹条 II 或 I 型	与轨枕匹配的弹性扣件				
	混凝土枕	型号	—	III	III	III	III	III	III	III 或 XII	III 或 XIII	满足设计轴重要求的混凝土轨枕				
		间距	mm	600	600	600	600	600	600	600/570	600/570	600	600	600	600	600
	道床厚度及材质	土质路基（双层道床） 面砟	cm	—	—	30	25	—	30	30	25	35	35	30	35	30
		土质路基（双层道床） 底砟	cm	—	—	20	20	—	20	20	20	20	20	20	20	20
		土质路基（单层道床） 道砟	cm	35	30	30	30	30	30	30	30	35	35	35	35	30
		硬质岩石路基、隧道 道砟	cm	35	35	35	35	35	35	35	30	35	35	35	35	35
		桥梁 道砟	cm	35	35	30	30	35	30	25	25	35	35	35	35	35
		道砟材料 面砟	—	特级	特/一级	一级	一级	特/一级	一级	一级	一级	特级	特/一级	特/一级	一级	一级

![复习思考题]

复习思考题

6-1　轨道结构主要包括哪几部分？各有什么作用？

6-2　钢轨断面由哪几部分组成？确定钢轨断面的主要因素是什么？

6-3　钢轨类型怎样表示，目前我国铁路标准钢轨类型有哪几种？标准长度有几种？各是多少？标准缩短轨有几种？缩短量各是多少？

6-4　钢轨的五种主要化学成分（碳、锰、硅、磷、硫）对钢轨材质有哪些影响？

6-5　钢轨接头由哪些扣件组成？功用是什么？联结形式有哪几种？

6-6　对钢轨接头螺栓有什么要求？螺栓扭矩的标准是多少？

6-7　普通轨道为什么要预留轨缝？预留轨缝标准尺寸怎样计算？

6-8　轨枕配置的原则及间距的计算方法如何？

6-9　混凝土轨枕的优缺点及确定结构外形尺寸的原则是什么？

6-10　某轨道选用 25m 长的 60kg/m 钢轨，每公里铺设 1760 根混凝土枕，已知接头间距为 540mm，试计算轨枕间距。

6-11　简述木枕与混凝土枕中间扣件的组成及其作用。

6-12　碎石道床横断面有哪三个主要特征？其确定原则有哪些？

6-13　确定轨道结构类型时应考虑哪些主要因素？

6-14　简述轨道与运量、轴重和行车速度的关系，怎样选择轨道类型？

在线习题

第 7 章
轨道几何形位

轨道几何形位是指轨道各部分的几何形状、相对位置和基本尺寸。从轨道平面位置来看，轨道由直线和曲线组成，一般在直线与圆曲线之间有一条曲率渐变的缓和曲线相连接。轨道的方向必须正确，直线部分应保持笔直，曲线部分应具有与曲率相适应的圆顺度。从轨道横断面来看，轨道的几何形位包括轨距、水平、外轨超高和轨底坡。直线地段轨道的两股钢轨之间应保持一定的距离，为保证机车车辆顺利通过小半径曲线，曲线轨距应考虑加宽。直线地段轨道两股钢轨的顶面应位于同一水平面。曲线上外轨顶面应高于内轨顶面，形成一定超高度，以使车体重力的向心分力抵消其曲线运行的离心力。轨道两股钢轨底面应设置一定的轨底坡，使钢轨向内倾斜，以保证锥形踏面车轮荷载作用于钢轨断面的对称轴。从轨道的纵断面上看，轨道的几何形位包括轨道的前后高低。钢轨顶面在纵向上应保持一定的平顺度，为行车平稳创造条件。

轨道是机车车辆运行的基础，直接支承机车车辆的车轮，并引导其前进，因而机车车辆走行部分的基本几何形位与轨道的几何形位之间应密切配合。轨道几何形位正确与否，对机车车辆的安全运行、乘客的旅行舒适度、设备的使用寿命和养护费用起着决定性的作用。影响安全性的因素有轨距、水平、轨向、外轨超高等，这些几何形位超限是产生机车车辆掉道、爬轨以及倾覆的直接因素。影响旅行舒适度的因素有轨距、轨向、外轨超高顺坡及其变化率、缓和曲线线形、前后高低等，这些几何形位因素直接影响机车车辆的横向及竖向的加速度，产生相应的惯性力，在高速铁路和快速铁路中，随着运行速度的提高，该影响特别显著。影响设备使用寿命和养护费用的几何形位因素包括轨距、轨向、水平、前后高低和外轨超高等，这些因素对钢轨的磨耗和轨道各部件的受力有较大影响，直接影响养护维修的工作量和费用。

曲线轨道的线形设置及标准选取已经在第 4 章作了介绍，本章主要介绍直线轨道的几何形位、曲线缩短轨配置及曲线整正问题。

7.1 机车车辆走行部分的构造

机车的走行部分由车架、轮对、轴箱、弹簧装置、转向架及其他部件组成。车辆的走行部分是转向架，由侧架、轴箱、弹性悬挂装置、制动装置、轮对以及其他部件组成。

7.1.1 轮对

轮对是机车车辆走行部分的基本部件，由一根车轴和两个相同的车轮组成。轮轴联结部位采用过盈配合，牢固地结合在一起，为保证安全，绝不允许有任何松动现象。

我国车辆上使用的车轮有整体轮和轮箍轮两种，但绝大多数是整体辗钢轮，它由踏面、轮缘、轮辋、辐板和轮毂等部分组成，如图 7-1 所示。车轮和钢轨接触的面称为踏面，如图 7-2 所示。内燃机车和电力机车动轮的踏面外形和尺寸与车辆轮相同。轮毂是轮与轴互相配合的部分，辐板是连接轮辋与轮毂的部分。

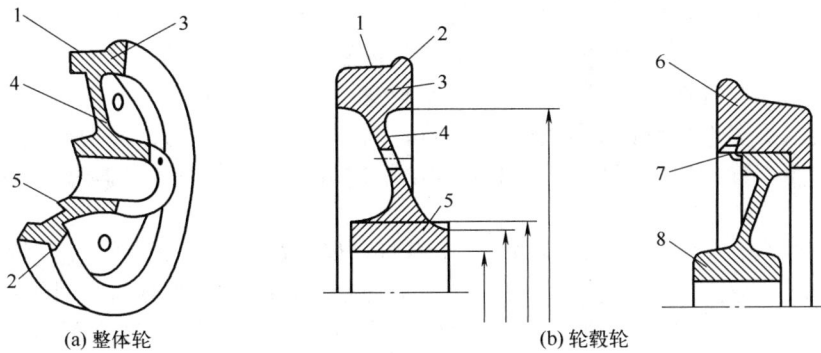

(a) 整体轮　　　　　　　　　　　　(b) 轮毂轮

图 7-1　车轮

1—踏面；2—轮缘；3—轮辋；4—辐板；5—轮毂；6—轮箍；7—扣环；8—轮心

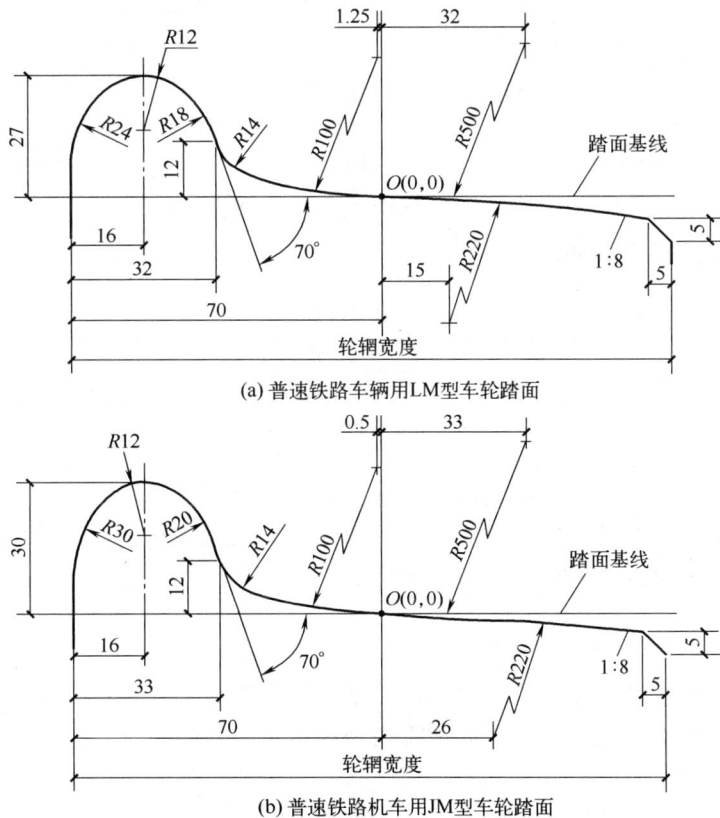

(a) 普速铁路车辆用LM型车轮踏面

(b) 普速铁路机车用JM型车轮踏面

图 7-2　车轮踏面（单位：mm）

　　车轮踏面有锥形踏面和磨耗型踏面两种形式。锥形踏面的母线是直线，由 1：20 和 1：10 两段斜坡组成。其中 1：20 的一段经常与钢轨顶面相接触，1：10 的一段仅在小半径曲线上才与钢轨顶面相接触。车轮踏面形成圆锥面，可以减少车轮在钢轨上的纵、横向滑行，保证踏面磨耗沿宽度方向比较均匀。另外，直线地段上行驶的车辆，当其偏向轨道一侧时，由于左右车轮滚动半径的不同，可自动返回轨道中线。这样，虽然车轮的轨迹成蛇行运动，但不会在车轮踏面上形成凹槽形磨损，从而避免车轮通过道岔辙叉时发生剧烈的冲击和振动。20 世纪 80 年代后，我国铁路车轮踏面不再采用锥形踏面而改为磨耗型踏面。磨耗型踏面是曲线形踏面，将踏面制成与钢轨顶面基本吻合的曲线形状，增大了轮轨接触面积，可以减轻轮轨磨耗、降低轮轨接触应力并改善通过曲线的转向性能。

为防止车轮脱轨，在踏面内侧制成凸缘，如图 7-2 所示左侧突起部分，称为轮缘。

车轮位于两股钢轨内侧的竖直面，称为车轮内侧面，而车轮另一侧的竖直面称为车轮外侧面。车轮内侧面与外侧面之间的距离称为车轮宽度（轮辐宽）。

通过踏面上距车轮内侧面一定距离的一点，画一水平线，称为踏面的测量线。由测量线至轮缘顶点的距离称为轮缘高度。由测量线向下 12mm 处量得的轮缘厚度，称为车轮的轮缘厚度（d）。

取踏面上距车轮内侧面一定距离的一点为基点，规定在基点上测量车轮直径及轮箍厚度。

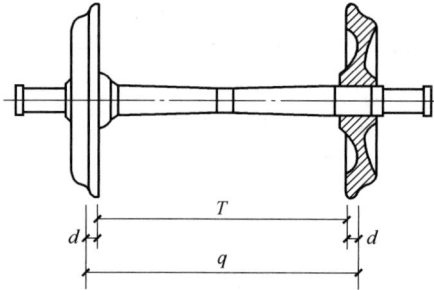

轮对上左右两车轮内侧面之间的距离，称为轮对的轮背内侧距离（T）。这个距离再加上两个轮缘厚度称为轮对宽度（q），如图 7-3 所示。

由图 7-3 可见

$$q = T + 2d$$

式中　T——轮对的轮背内侧距离，mm；

　　　d——轮缘厚度，mm；

　　　q——轮对宽度，mm。

根据《铁路技术管理规程》（普速铁路部分），我国机车车辆轮对的主要尺寸见表 7-1（表中数据未计车轴承载后挠曲对轮对宽度的影响）。

图 7-3　轮对

表 7-1　轮对几何尺寸　　　　　　　　　　　　　　　　单位：mm

车轮	轮缘高度	轮缘厚度 d		轮背内侧距离 T			轮对宽度 q		
		最大（正常）	最小	最大	正常	最小	最大	正常	最小
车辆轮	27	32	22	1356	1353	1350	1420	1417	1394
机车轮	30	33	23	1356	1353	1350	1422	1419	1396

内燃机车、电力机车和车辆的轴箱，装在车轮外侧轴颈上，车轴受荷后向上挠曲，轮对宽度因此略有缩小；蒸汽机车的轴箱装在车轮内侧的轴颈上，车轴承载后向下挠曲，轮对宽度略有增加。一般轮对宽度承载挠曲后的改变值 ε 可取为 ± 2mm。

7.1.2　转向架

为使车体能顺利通过半径较小的曲线，可把全部车轴分别安装在几个车架上。为防止车轮由于轮对歪斜而陷落于轨道中间，通常将两个或三个轮对用一刚性构架安装在一起，称为转向架。车体放在转向架的心盘上。安装在同一个车架或转向架上的车轴，必须保持相互之间的平行位置。同一车体最前位和最后位的车轴中心间水平距离，称为全轴距。同一车架或转向架上始终保持平行的最前位和最后位车轴中心间的水平距离，称为固定轴距。车辆前后两走行部分上车体支承间的距离称为车辆定距。应当注意，固定轴距和车辆定距是两个不同的概念，固定轴距是机车车辆能否顺利通过小半径曲线的控制因素，车辆定距是转向架中心间距，除长大车外，多在 18m 之内。

7.2　直线轨道的几何形位

轨道的几何形位按照静态与动态两种状况进行管理。静态几何形位是轨道不行车时的状态，采用道尺等工具测量。动态几何形位是行车条件下的轨道状态，采用轨道检查车测量。本书仅介绍轨道几何形位的静态作业验收标准，其余内容可参见《修规》。

7.2.1 轨距

轨距是钢轨顶面下 16mm 范围内两股钢轨作用边之间的最小距离。

因为钢轨头部外形由不同半径的复曲线组成,钢轨底面设有轨底坡,钢轨向内倾斜,车轮轮缘与钢轨侧面接触点发生在钢轨顶面下 10～16mm 之间,我国《技规》规定轨距测量部位在钢轨顶面下 16mm 处,如图 7-4 所示,在此处,轨距一般不受钢轨磨耗和肥边的影响,便于轨道维修工作的实施。

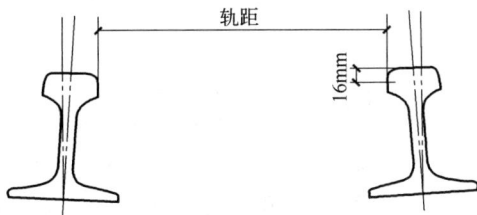

图 7-4 测车轨距示意图

目前世界上的铁路轨距分为标准轨距、宽轨距和窄轨距三种。标准轨距尺寸为 1435mm。大于标准轨距的称为宽轨距,如 1520mm、1600mm、1670mm 等,为俄罗斯、印度及澳大利亚、蒙古等国采用。小于标准轨距的称为窄轨距,如 1000mm、1067mm、762mm、610mm 等,日本既有线(非高速铁路)采用 1067mm 轨距,越南采用 1000mm 轨距。

我国铁路轨距绝大多数为标准轨距,云南省内尚保留有 1000mm 轨距,台湾省铁路采用 1067mm 轨距,也有少数地方铁路和工矿企业铁路采用窄轨距。

轨距用道尺测量,轨距误差不应超过表 7-2 中的规定。轨距变化应和缓平顺,其变化率不应超过规定值。

表 7-2 各级铁路正线有砟轨道线路静态平顺度　　　　单位:mm

项目		高速铁路、城际铁路容许偏差				客货共线铁路、重载铁路容许偏差		
		250km/h≤V ≤350km/h	V=200km/h	V=160km/h	V=120km/h	160km/h<V ≤200km/h	120km/h<V ≤160km/h	V≤120km/h
轨距	相对于标准轨距	±2	±2	+4 −2	+6 −2	±2	+4 −2	+6 −2
	变化率	1/1500	1/1500	—	—	1/1500 (200km/h)	—	—
轨向	弦长 10m	2	3	4	4	3	4	4
	基线长 30m 基线长 300m	2mm/5m 10mm/150m	3mm/5m 10mm/150m	—	—	—	—	—
高低	弦长 10m	2	3	4	4	3	4	4
	基线长 30m 基线长 300m	2mm/5m 10mm/150m	3mm/5m 10mm/150m	—	—	—	—	—
	水平	2	3	4	4	3	4	4
扭曲	基线长 3m(高铁、城际) 基线长 6.25m(客货、重载)	2	2	3	3	3	4	4

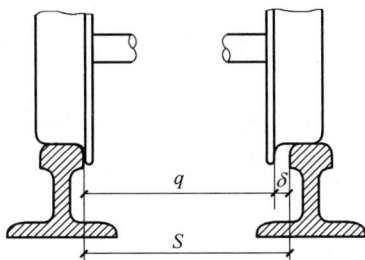

图 7-5 游间示意图

S—轨距;q—轮对宽度;

δ—游间,$\delta = S - q$

为使机车车辆能在线路上两股钢轨间顺利通过,机车车辆的轮对宽度应小于轨距。当轮对的一个车轮轮缘紧贴一股钢轨的作用边时,另一个车轮轮缘与另一股钢轨作用边之间便形成一定的间隙,这个间隙称为游间,如图 7-5 所示。

轨距和轮对宽度都规定有容许的最大值和最小值。若轨距最大值为 S_{max}、最小值为 S_{min},轮对宽度最大值为 q_{max}、最小值为 q_{min},则

游间最大值　　　$\delta_{max} = S_{max} - q_{min}$

游间最小值 $\qquad \delta_{\min} = S_{\min} - q_{\max}$

我国机车车辆的轮对宽度 q 值见表 7-1，轮轨游间见表 7-3。

表 7-3　轮轨游间表

车轮名称	轮轨游间 δ 值/mm		
	最大	正常	最小
机车轮	45	16	11
车辆轮	47	14	9

轮轨游间 δ 的大小，对列车运行的平稳性和轨道的稳定性有重要的影响。如 δ 太大，则列车运行的蛇行幅度增大，作用于钢轨上的横向力大，动能损失大，会加剧轮轨磨耗和轨道变形，严重时将引起列车脱轨，危及行车安全。如 δ 太小，则增加行车阻力和轮轨磨耗，严重时还可能楔住轮对、挤翻钢轨或爬轨，危及行车安全。

为了提高列车运行的平稳性和线路的稳定性，减少轮轨磨耗和动能损失，确保行车安全，需要把游间限制在一个合理的范围内。根据我国现场测试和养护维修经验，认为减小直线轨距有利。改道时轨距按 1434mm 或 1433mm 控制，尽管轨头有少量侧磨发生，但达到轨距超限的时间得以延长，有利于提高行车平稳性，延长维修周期。随着行车速度的日益提高，目前世界上一些国家正致力于通过试验研究的办法以寻求游间 δ 的合理取值。

7.2.2　水平

水平是指线路左右两股钢轨顶面的相对高差。在直线地段，两股钢轨顶面应位于同一水平面上，使两股钢轨所受荷载均匀，以保持列车平稳运行。水平用道尺或其他工具测量。线路维修时，两股钢轨顶面水平误差不得超过规定值。

《修规》规定：时速小于等于 160km 时，轨顶面水平的容许偏差，正线及到发线不得大于 4mm，其他站线不得大于 5mm。

两股钢轨顶面的水平偏差值，沿线路方向的变化率不可太大。在 1m 距离内，这个变化不可超过 1mm，否则即使两股钢轨的水平偏差不超过允许范围，也将引起机车车辆的剧烈摇晃。

实践中有两种性质不同的钢轨水平偏差，对行车的危害程度也不相同。一种偏差称为水平差，就是在一段规定的距离内，一股钢轨的顶面始终比另一股高，高差值超过容许偏差值。另一种称为三角坑，其含义是在一段规定的距离内，先是左股钢轨高于右股，后是右股高于左股，高差值超过容许偏差值，而且两个最大水平误差点之间的距离，不足 18m（图 7-6）。

图 7-6　三角坑示意图

在一般情况下，超过允许限值的水平差，只是引起车辆摇晃和两股钢轨的不均匀受力，并导致钢轨不均匀磨耗。但如果在延长不足 18m 的距离内出现水平差超过 4mm 的三角坑，将使同一转向架的四个车轮中，只有三个正常压紧钢轨，另一个形成减载或悬空。如果恰好在这个车轮上出现较大的横向力，就可能使浮起的车轮只能以它的轮缘贴紧钢轨，在最不利情况下甚至可能爬上钢轨，引起脱轨事故。因此，一旦发现必须立即消除。

7.2.3　轨向

轨向是指轨道中心线在水平面上的平顺性。严格地说，经过运营的直线轨道并非直线，而是由许多波长 10～20m 的曲线所组成，因其曲度很小，故通常不易察觉。若直线不直则必然引起列车的蛇行运动。在行驶快速列车的线路上，线路方向对行车的平稳性具有特别重要的影响。相对轨距来说，轨道方向往往是行车平稳性的控制性因素。只要方向偏差保持在容许范围以内，轨距变化对车辆振动的影响就处于从属地位。

在无缝线路地段，若轨道方向不良，还可能在高温季节引发胀轨跑道事件（轨道发生明显的不规则横向位移），严重威胁行车安全。

7.2.4　前后高低

轨道沿线路方向的竖向平顺性称为前后高低。新铺或经过大修后的线路，即使其轨面是平顺的，但是经过列车一段时间运行后，由于路基不均匀沉陷、道床捣固密实程度、扣件松紧、枕木腐朽和钢轨磨耗的不一致性，就会产生不均匀下沉，造成轨面前后高低不平，即在有些地段（往往在钢轨接头附近）下沉较多、出现坑洼，这种不平顺称为静态不平顺；有些地段，从表面上看，轨面是平顺的，但实际上轨底与铁垫板或轨枕之间存在间隙（间隙超过 2mm 时称为吊板），或轨枕底与道砟之间存在空隙（空隙超过 2mm 时称为空板或暗坑），或轨道基础弹性的不均匀（路基填筑的不均匀，道床弹性的不均匀等），当列车通过时，这些地段的轨道下沉不一致，也会产生不平顺，这种不平顺称为动态不平顺。随着高速铁路的发展，动态不平顺已广泛受到关注。

轨道前后高低不平顺，危害甚大。列车通过这些地方时，冲击动力增加，加速道床变形，从而进一步扩大不平顺，加剧机车车辆对轨道的破坏，形成恶性循环。

一般地说，前后高低不平顺的破坏作用同不平顺（坑洼）的长度成反比，而同它的深度成正比。

当车轮通过这些不平顺时，动压力增加。根据试验，连续三个空吊板可以使钢轨受力增加一倍以上。一般来说，长度在 4m 以下的不平顺，将引起机车车辆对轨道产生较大的破坏作用，从而加速道床变形。因此，决不能允许这种不平顺存在，一旦发现，应在紧急补修中加以消除。

长度在 100～300mm 范围内的不平顺，主要起因于钢轨波浪形磨耗、焊接接头低塌或轨面擦伤等。通过该处的车轮，形成对轨道的冲击作用，行车速度愈高，冲击愈大。例如，根据沪宁线混凝土轨枕道床板结地段的一个试验，将钢轨人为地打磨成如图 7-7 所示的不平

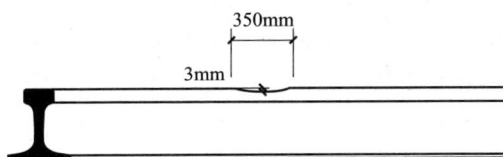

图 7-7　钢轨不平顺

顺（模拟焊接接头打塌后的形状）。列车以 90km/h 的速度通过时，一个动轮产生的冲击力达到 300kN 左右，接近于 3 倍静轮重。但是，这种不平顺往往容易被忽视，轨道检查车也不能完全反映出来。

《修规》对轨道静态几何不平顺容许偏差管理值有表 7-4 的规定。

表 7-4　线路轨道静态几何不平顺容许偏差管理值（混凝土枕线路）　　单位：mm

项目	V>160km/h（正线）				120km/h<V≤160km/h（正线）				80km/h<V≤120km/h（正线）				V≤80km/h（正线及到发线）				其他站线			
	作业验收	计划维修	临时补修	限速(160 km/h)	作业验收	计划维修	临时补修	限速(120 km/h)	作业验收	计划维修	临时补修	限速(80 km/h)	作业验收	计划维修	临时补修	限速(45 km/h)	作业验收	计划维修	临时补修	封锁
轨距	+2 -2	+4 -3	+6 -4	+8 -6	+4 -2	+6 -4	+8 -6	+14 -7	+6 -2	+7 -4	+14 -7	+16 -8	+6 -2	+7 -4	+16 -8	+19 -9	+6 -2	+9 -4	+19 -9	+21 -10

续表

项目		V>160km/h(正线)				120km/h<V≤160km/h(正线)				80km/h<V≤120km/h(正线)				V≤80km/h（正线及到发线）				其他站线			
		作业验收	计划维修	临时补修	限速(160km/h)	作业验收	计划维修	临时补修	限速(120km/h)	作业验收	计划维修	临时补修	限速(80km/h)	作业验收	计划维修	临时补修	限速(45km/h)	作业验收	计划维修	临时补修	封锁
水平		3	5	8	10	4	6	10	14	4	6	14	17	4	6	17	20	5	8	20	22
高低		3	5	8	11	4	6	11	15	4	6	15	19	4	6	19	22	5	8	22	24
轨向(直线)		3	4	7	9	4	6	9	12	4	6	12	15	4	6	15	18	5	8	18	20
三角坑	缓和曲线	3	4	5	6	4	5	6	7	4	5	7	8	4	6	8	9	5	7	9	10
	直线和圆曲线	3	4	6	8	4	6	8	11	4	6	11	13	4	6	13	15	5	8	15	16

7.2.5　轨底坡

由于车轮踏面与钢轨顶面主要接触部分是 1:20 的斜坡，为了使钢轨轴心受力，钢轨也应有一个向内的倾斜度，因此轨底与轨道平面之间应形成了一个横向坡度，称为轨底坡。

钢轨设置轨底坡，可使其轮轨接触集中于轨顶中部，提高钢轨的横向稳定能力，减轻轨头不均匀磨耗。分析研究指出，轨头中部塑性变形的积累比之两侧较为缓慢，故而设置轨底坡也有利于减小轨头塑性变形，延长使用寿命。

我国铁路在 1965 年以前，轨底坡定为 1:20。但在机车车辆的动力作用下，轨道发生弹性挤开，轨枕产生挠曲和弹性压缩，加上垫板与轨枕不密贴、道钉的扣压力不足等因素，实际轨底坡与原设计轨底坡有较大的出入。另外车轮踏面经过一段时间的磨耗后，原来 1:20 的斜面也接近 1:40 的坡度。所以 1965 年以后，我国铁路的轨底坡统一改为 1:40。

应当说明，以上所述轨底坡的大小是钢轨在不受列车荷载作用情况下的理论值。在复杂的列车动荷载作用下，轨道各部件将产生不同程度的弹性和塑性变形，静态条件下设置的 1/40 轨底坡在列车动荷载作用下不一定保持 1/40。轨底坡设置是否正确，可根据钢轨顶面上由车轮碾磨形成的光带位置来判定。如光带偏离轨顶中心向内，说明轨底坡不足；如光带偏离轨顶中心向外，说明轨底坡过大；如光带居中，说明轨底坡合适。线路养护工作中，可根据光带位置调整轨底坡的大小。

7.3　曲线缩短轨的配置

7.3.1　曲线铺设缩短轨的目的和要求

在曲线上，内股轨线比外股轨线短，若内外两股铺以同样长度的标准轨，则内股钢轨的接头势必较外股的接头超前，不能满足钢轨接头相对的要求。为了使内外股钢轨接头相对，必须在内股轨线的适当位置铺设缩短轨。

由于线路上曲线的半径和长度不一，难以使曲线上每个接头均正好相对，因此，允许内外两股钢轨接头有少量相错。铺设新钢轨线路大、中修验收时，直线不超过 20mm，曲线不超过 20mm 加缩短轨缩短量的一半。线路维修验收时，在正线及到发线上，直线不超过 40mm，曲线不超过 40mm 加缩短轨缩短量的一半；其他站线不超过 60mm，曲线不超过 60mm 加缩短轨缩短量的一半。

我国铁路使用下列标准缩短轨：对于 12.5m 的标准轨，配有缩短量为 40mm、80mm

和 120mm 三种缩短轨；对于 25m 的标准轨，配有缩短量为 40mm、80mm 和 160mm 三种缩短轨。为了维修方便，同一曲线一般宜使用同一种标准缩短轨。选用缩短轨道长度可参照下式计算：

$$L_0 < L\left(1 - \frac{S_1}{R}\right) \tag{7-1}$$

式中　L_0——标准缩短轨长度，m，按计算结果选用缩短量较小的缩短轨；

　　　L——标准钢轨长度，25m 或 12.5m；

　　　S_1——两股钢轨中心距离，一般用 1.5m；

　　　R——曲线半径，m。

另外，还可以根据半径 R，参照表 7-5 选用。

表 7-5　标准缩短轨选择参照表

曲线半径/m	25m 钢轨		12.5m 钢轨	
	缩短轨长/m	缩短量/mm	缩短轨长/m	缩短量/mm
4000～1000	24.96 24.92	40 80	12.46	40
800～500	24.92 24.84	80 160	12.46 12.42	40 80
450～250	24.84	160	12.42 12.38	80 120
200	—	—	12.38	120

注：1. 按表列缩短量宜选用较小的一种。

2. 为了不影响直线接头的质量，允许在曲线尾按实际情况插入个别相应的缩短轨。

7.3.2　缩短量计算

如图 7-8 所示，AB 和 $A'B'$ 分别为曲线轨道上外股轨线和内股轨线，内外轨线的长度差即为内轨的缩短量，即

$$\Delta L = \int_{\varphi_1}^{\varphi_2}(\rho_1 - \rho_2)\mathrm{d}\varphi = \int_{\varphi_1}^{\varphi_2}S_1\mathrm{d}\varphi = S_1\varphi \tag{7-2}$$

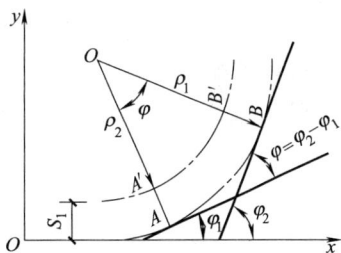

图 7-8　缩短量计算图

式中　φ_1、φ_2——分别为外轨线上 A、B 点的切线与曲线始切线的夹角；

　　　ρ_1、ρ_2——分别为外轨线和内轨线的半径；

　　　S_1——内外钢轨中心线间的距离，一般取 1500mm。

对于圆曲线，A、B 两点分别为圆曲线的始点和终点，由于 $\varphi = \dfrac{l_y}{R}$，则缩短量为：

$$\Delta l_y = \frac{S_1 l_y}{R} \tag{7-3}$$

式中　l_y、R——分别为圆曲线的长度和半径。

对于常用缓和曲线，则有

$$\varphi_1 = \frac{l_1^2}{2Rl_0}, \quad \varphi_2 = \frac{l_2^2}{2Rl_0}$$

$$\Delta l = S_1(\varphi_2 - \varphi_1) = \frac{S_1}{2Rl_0}(l_2^2 - l_1^2) \tag{7-4}$$

式中　l_0——缓和曲线长度；

　　l_1、l_2——分别为缓和曲线起点至 A、B 点的距离。

当 A、B 两点分别为缓和曲线的始点和终点时，$l_1 = 0$，$l_2 = l_0$，则整个缓和曲线内轨的缩短量为

$$\Delta l_0 = \frac{S_1 l_0}{2R} \tag{7-5}$$

整个曲线（包括圆曲线和两端缓和曲线）的总缩短量为

$$\Delta l_Z = 2\Delta l_0 + \Delta l_y = \frac{S_1 l_0}{R} + \frac{S_1 l_y}{R} = \frac{S_1}{R}(l_0 + l_y) \tag{7-6}$$

7.3.3　缩短轨的数量及其配置原则

计算出缩短量后，选用缩短量为 k 的缩短轨，求出整个曲线上所需的缩短轨根数 N 为

$$N = \frac{\Delta l_Z}{k} \tag{7-7}$$

显然 N 不能大于外轨线上铺设的标准轨根数，否则应改用缩短量更大的缩短轨。确定所采用的缩短轨并计算出缩短轨根数后，即可从曲线起点开始，计算每个接头对应的总缩短量。当实际缩短量小于总缩短量且差值大于所用缩短轨缩短量的一半时，就应在该处布置一根缩短轨。

【例 7-1】　圆曲线半径 $R = 600\text{m}$，圆曲线长 $l_y = 98\text{m}$，缓和曲线长 $l_0 = 120\text{m}$，直线上最末一节钢轨进入曲线的长度为 $Z = 4.8\text{m}$，标准轨长 $l_标 = 25\text{m}$，轨缝 $\delta = 10\text{mm}$，试确定缩短轨的铺设位置。

解　（1）计算缩短轨的所需数量

由式（7-1），选配缩短轨类型：

$$L_0 < L\left(1 - \frac{S_1}{R}\right) = 25 \times \left(1 - \frac{1.5}{600}\right) = 24.9375\,(\text{m})$$

故选用缩短量 $k = 80\text{mm}$ 的缩短轨，$L_0 = 24.92\text{m}$。

由式（7-6），内股轨线的总缩短量为：

$$\Delta l_Z = \frac{S_1}{R}(l_0 + l_y) = \frac{1500}{600} \times (120 + 98) = 545\,(\text{mm})$$

所需缩短轨的根数为：

$$N = \frac{\Delta l_Z}{k} = \frac{545}{80} = 6.81\,(\text{根})$$

采用 7 根。

外股轨线所需标准轨的根数为：

$$N_0 = \frac{2l_0 + l_y}{l_标 + \delta} = \frac{2 \times 120 + 98}{25.01} = 13.5\,(\text{根})$$

$N_0 \geqslant N$，故缩短轨选型合理。

（2）计算缩短轨的铺设位置

缩短轨的布置一般列表进行，表 7-6 第一栏中的"Z"代表直线上最末一节钢轨伸入曲线的部分。"5_1""5_2""9_1""9_2""14_1""14_2"分别表示第 5 根钢轨被"HY"点所分的两段，第 9 根钢轨被"YH"点所分的两段和第 14 根钢轨被"HZ"点所分的两段轨的顺号。

第二栏填写外股轨线上所铺设的标准轨长或曲线标桩点至铺于标桩点处的那根钢轨两端的距离。

表 7-6　曲线缩短轨配置计算表

钢轨编号	钢轨长度（含轨缝）/m	钢轨接头至曲线起点的距离/m	计算点位置	接头缩短量计算/mm	判定是否铺缩短轨	钢轨类型	实际缩短量的累计/mm	接头直角错距/mm
一	二	三	四	五	六	七	八	九
Z	4.80	4.80	H_1	$\varepsilon_Z = 1500/(2 \times 600 \times 120) \times 4.8^2 = 0.0104 \times 4.8^2 \approx 0$	$0 < 80/2$		0	0
1	25.01	29.81	H_1	$\varepsilon_1 = 0.0104 \times 29.81^2 \approx 9$	$9 < 40$	B	0	+9
2	25.01	54.82	H_1	$\varepsilon_2 = 0.0104 \times 54.82^2 \approx 31$	$31 < 40$	B	0	+31
3	25.01	79.83	H_1	$\varepsilon_3 = 0.0104 \times 79.83^2 \approx 66$	$66 > 40$	S	80	−14
4	25.01	104.84	H_1	$\varepsilon_4 = 0.0104 \times 104.84^2 \approx 114$	$114 - 80 < 40$	B	80	+34
5_1	15.16	120.00	HY	$\varepsilon_{HY} = 0.0104 \times 120^2 \approx 150$				
5_2	9.85	129.85	Y	$\varepsilon_5 = 150 + (129.85 - 120) \times 1500/600 = 150 + (129.85 - 120) \times 2.5 = 175$	$175 - 80 > 40$	S	160	+15
6	25.01	154.86	Y	$\varepsilon_6 = 150 + (154.86 - 120) \times 2.5 \approx 237$	$237 - 160 > 40$	S	240	−3
7	25.01	179.87	Y	$\varepsilon_7 = 150 + (179.87 - 120) \times 2.5 \approx 300$	$300 - 240 > 40$	S	320	−20
8	25.01	204.88	Y	$\varepsilon_8 = 150 + (204.88 - 120) \times 2.5 \approx 362$	$362 - 320 > 40$	S	400	−38
9_1	13.12	218.00	YH	$\varepsilon_{YH} = 150 + (218 - 120) \times 2.5 \approx 395$				
9_2	11.89	229.89	H_2	$\varepsilon_9 = 545 - 0.0104 \times (338 - 229.89)^2 \approx 423$	$423 - 400 < 40$	B	400	+23
10	25.01	254.90	H_2	$\varepsilon_{10} = 545 - 0.0104 \times (338 - 254.90)^2 \approx 473$	$473 - 400 > 40$	S	480	−7
11	25.01	279.91	H_2	$\varepsilon_{11} = 545 - 0.0104 \times (338 - 279.91)^2 \approx 510$	$510 - 480 < 40$	B	480	+30
12	25.01	304.92	H_2	$\varepsilon_{12} = 545 - 0.0104 \times (338 - 304.92)^2 \approx 534$	$534 - 480 > 40$	S	560	−26
13	25.01	329.93	H_2	$\varepsilon_{13} = 545 - 0.0104 \times (338 - 329.93)^2 \approx 544$	$544 - 560 < 40$	B	560	−16
14_1	8.07	338.00	HZ	$\varepsilon_{HZ} = \varepsilon_{总} = 545$				
14_2	16.94	354.94	Z	$\varepsilon_{14} = 545$	$545 - 560 < 40$	B	560	−15

第三栏填写外股轨线上各接头或标桩点至曲线始点的距离。

第四栏填写各接头或标桩点在曲线上所处的位置。"H_1"代表第一缓和曲线，"HY"代表缓圆点，"Y"代表圆曲线，"YH"代表圆缓点，"H_2"代表第二缓和曲线，"HZ"代表缓直点。

第五栏为各接头处应有缩短量的计算。

① 在第一缓和曲线上共有五个接头，根据各接头至缓和曲线始点的距离，按式（7-4）计算。第 5 号钢轨有 15.16m 在第一缓和曲线上，有 9.85m 在圆曲线上，故第 5 号钢轨接头处的应有缩短量为第一缓和曲线总缩短量加 9.85m 长的圆曲线缩短量。

② 圆曲线范围内各接头处的应有缩短量，为第一缓和曲线总缩短量加圆曲线范围内各接头的缩短量。

第二缓和曲线各接头处应有缩短量的计算，是采用整个曲线的总缩短量，再减去第二缓和曲线上各接头距第二缓和曲线始点（HZ）这段曲线长度范围内的应有缩短量来获得的。

这是因为缓和曲线应有缩短量计算公式式（7-4）的使用条件是必须从缓和曲线头来计算缓和曲线上某点的应有缩短量。

第六栏用以判定是否铺设缩短轨。当接头处应有缩短量减去此接头以前实际缩短量的累计值≥标准缩短轨缩短量的一半时，即需要铺设缩短轨。

第七栏中"B"表示标准轨，"S"表示缩短轨。

第八栏中填写的是布置缩短轨后实际缩短量的累计值。

第九栏是用以检查布置缩短轨后，接头的直角错距，它等于应有缩短量（第五栏）减去实际缩短量的累计值（第八栏）。正号表示内股钢轨接头超前，负号表示内股钢轨接头滞后。

7.4 曲线整正

曲线轨道在列车的动力作用下，变形不断累积，易出现方向错乱。为确保行车平稳和安全，需对曲线方向定期检查，必要时进行曲线整正，将它恢复到原设计位置。

曲线整正计算的方法较多，主要采用坐标法和绳正法两种。在线路大修平面设计时常采用坐标法，而日常维修的曲线整正拨道计算则常采用绳正法。绳正法应用渐伸线原理，计算现有曲线各点和设计曲线各对应点的渐伸线长度，依渐伸线长度差计算拨道量。

7.4.1 渐伸线原理

渐伸线的几何意义如图 7-9 所示。曲线 AB 表示轨道中线，设有一柔软且无伸缩性的细线紧贴在曲线 AB 上，A 端固定，另一端 B 沿轨道中线的切线方向拉离原位，拉开的直线始终与曲线 AB 相切，则 B 点的移动轨迹 B_1、$B_2\cdots B'$ 就是 B 点相对于曲线 AB 的渐伸线。BB' 弧长就是 B 点相对于切线 AB' 的渐伸线长。

渐伸线的两个特性：

① 渐伸线的法线 B_1N_1、$B_2N_2\cdots$ 是对应点上原曲线的切线。

② 渐伸线上任意两点曲率半径之差等于对应点上原曲线弧长的增量。如渐伸线上 B_1 与 B_2 两点的曲率半径 N_1B_1 与 N_2B_2 之差，等于原曲线的弧长 N_1N_2。

根据渐伸线的定义和特性，曲线拨动时作两点假定：

① 曲线上任一点拨动时都是沿渐伸线移动的；

② 曲线拨动前后其长度不变。

第一点假定为拨距计算提供了依据，如图 7-10 所示，既有曲线 B 点的渐伸线长度为 E_J，设计曲线上与 B 点相对应的渐伸线长度为 E_S，则拨距即为两渐伸线长度之差：

$$\Delta e = E_J - E_S \tag{7-8}$$

$\Delta e > 0$，曲线外挑；$\Delta e < 0$，曲线内压。

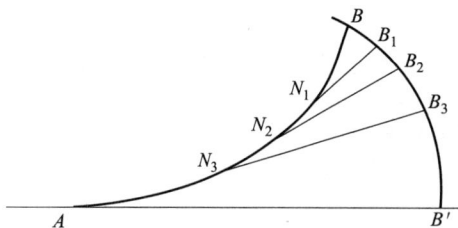

图 7-9　曲线的渐伸线

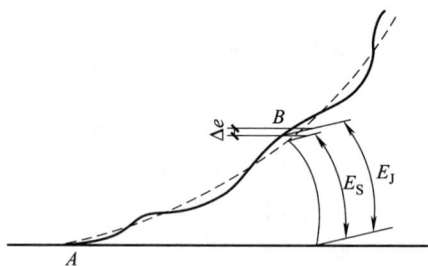

图 7-10　拨道前后的渐伸线

第二点假定是对曲线拨动后长度变化的一种近似，因为在曲线拨动时有挑有压，长度变化不大，这种近似能满足拨量计算的精度要求。

7.4.2 曲线整正计算

用一根不易变形的 20m 长的弦线，两端紧贴外轨内侧轨顶线下 16mm 处，在弦的中点量出弦线与外轨侧面的距离，称为"实测正矢"，并规定实测正矢与"计划正矢"之差、实测正矢连续差及实测正矢最大最小值之差的限值，如发现实测正矢超过误差规定值（见表 7-7），则曲线需要整正。

表 7-7　曲线正矢误差规定值

曲线半径 R/m		缓和曲线的正矢与计划正矢差/mm			圆曲线正矢连续差/mm			圆曲线正矢最大最小值差/mm		
		作业验收	日常保持		作业验收	日常保持		作业验收	日常保持	
			正线及到发线	其他站线		正线及到发线	其他站线		正线及到发线	其他站线
$R \leqslant 250$		6	7	8	12	14	16	18	21	24
$251 < R \leqslant 350$		5	6	7	10	12	14	15	18	21
$351 < R \leqslant 450$		4	5	6	8	10	12	12	15	18
$451 < R \leqslant 800$		3	4	5	6	8	10	9	12	15
$R > 800$	$v_{max} \leqslant 120\text{km/h}$	3	3	4	6	6	8	9	9	12
	$v_{max} > 120\text{km/h}$	2			4			6		

注：曲线正矢用 20m 弦在钢轨顶面下 16mm 处测量。

(1) 计划正矢的计算

圆曲线上各点（始、终点除外）的正矢应相等。半径为 R 弧长为 L 时的圆曲线正矢为

$$f_y = \frac{L^2}{8R} \qquad (7\text{-}9)$$

缓和曲线正矢的计算图示如图 7-11 所示。设 y_1，y_2，y_3…为各测点的支距，则有

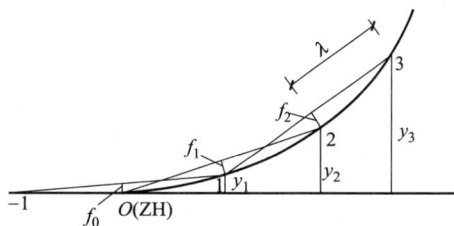

图 7-11　缓和曲线正矢计算图

$$f_0 = \frac{1}{2}f_1, \quad f_1 = \frac{1}{2}y_2 - y_1, \quad f_2 = \frac{y_1 + y_3}{2} - y_2, \cdots$$

对于常用缓和曲线，各点正矢可表示为：

$$f_0 = \frac{1}{6}f_d, \quad f_1 = f_d, \quad f_2 = 2f_d, \quad f_3 = 3f_d, \cdots \qquad (7\text{-}10)$$

式中　f_d——缓和曲线的正矢递增率，当 n 为缓和曲线分段数时，则有 $f_d = \dfrac{f_y}{n}$。

当 HY 点正好落在测点上时，其正矢为 $f_y - f_0$，但由于圆曲线一般都不是 10m 的整数倍，因此 YH 或 HZ 点就不可能恰好落在测点上，其正矢要作为特殊情况进行计算。如图 7-12 所示，设 HZ 点左右测点分别为 b（缓和曲线上）、a（直线上），距 HZ 点的距离分别为 B、A，且 $\lambda = L/2$，则两测点的正矢为：

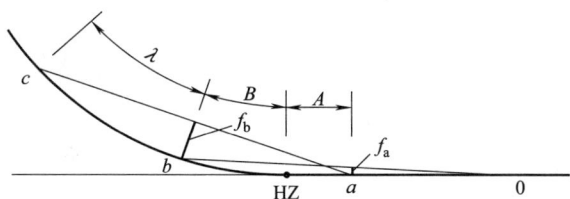

图 7-12　缓和曲线正矢计算图（HZ 点不在测点上）

$$f_a = \frac{1}{6}f_d\left(\frac{B}{\lambda}\right)^3 = \alpha_a f_d, \quad f_b = \left(\frac{B}{\lambda} + \frac{A^3}{6\lambda^3}\right)f_d = \alpha_b f_d \qquad (7\text{-}11)$$

同样，设 YH 点左右测点分别为 a（圆曲线上）、b（缓和曲线上），距 YH 点分别为 A、B，则有：

$$f_a = f_y - \alpha_a f_d, \quad f_b = f_y - \alpha_b f_d \qquad (7\text{-}12)$$

缓和曲线上其他各测点的计划正矢，可根据各点至 ZH 点的距离按比例求得。

(2) 拨量计算

曲线上各测点的渐伸线长度计算如图 7-13 所示，其中 0，1…k…n 分别表示曲线上各个测

点，相应的实测正矢为 f_0，f_1，$f_2 \cdots f_k \cdots f_n$，相应的渐伸线长度为 E_0，$E_1 \cdots E_k \cdots E_n$，则

$$E_k = 2[kf_0 + (k-1)f_1 + (k-2)f_2 + \cdots + f_{k-1}] = 2\sum_{i=0}^{k-1}\sum_{j=0}^{i} f_j \qquad (7\text{-}13)$$

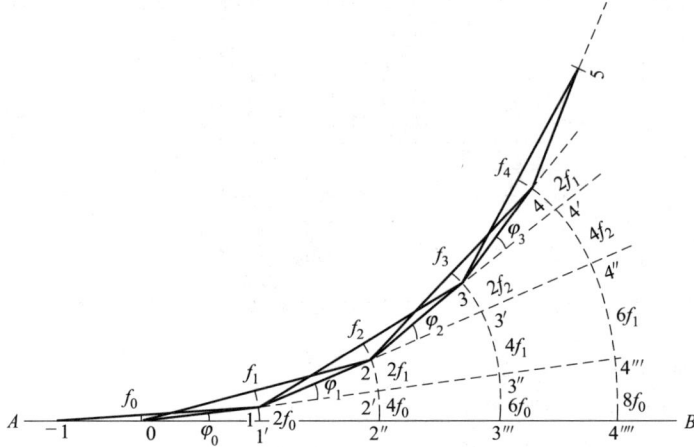

图 7-13　渐伸线长度计算图

也就是说，第 k 点的渐伸线长度 E_k，等于到其前一点 $k-1$ 为止的正矢累积的合计数的两倍。同样，可求得正矢为计划正矢 f' 的设计曲线上 k' 的渐伸线长度为：

$$E'_k = 2\sum_{i=0}^{k-1}\sum_{j=0}^{i} f'_j$$

$$e_k = 2\sum_{i=0}^{k-1}\sum_{j=0}^{i}(f_j - f'_j) = 2\sum_{i=0}^{k-1}\sum_{j=0}^{i}\mathrm{d}f_j$$

由此可得到 k 点的拨量为：

$$e_k = 2\sum_{i=0}^{k-1}\sum_{j=0}^{i}\mathrm{d}f_j \qquad (7\text{-}14)$$

拨道完成后，第 k 测点的实际正矢应为：

$$f'_k = f_k + e_k - \frac{e_{k-1} + e_{k+1}}{2} \qquad (7\text{-}15)$$

(3) 拨道计算的限制条件

① 保证曲线整正前后两端的切线方向不变。要求计划正矢的总和必须等于实测正矢的总和，即 $\displaystyle\sum_{i=0}^{n} f'_i = \sum_{i=0}^{n} f_i$。

② 保证曲线整正前后始终点位置不变。要求曲线终点拨量为零，即 $\displaystyle\sum_{i=0}^{k-1}\sum_{j=0}^{i}\mathrm{d}f_j = 0$。

③ 保证曲线上某些控制点 k（如小桥、道口等）因受具体条件限制而不能拨动之处的拨量为零，即使得控制点上 $\displaystyle\sum_{i=0}^{k-1}\sum_{j=0}^{i}\mathrm{d}f_j = 0$。

在曲线地段，目前已研制生产出了"铁路曲线圆顺度检测仪"，集测量、计算、打印于一体，由一人操作，即可对曲线正矢进行检测，并完成拨道量的计算，可大幅度提高工作效率。

【例 7-2】 表 7-8 为一曲线整正计算的实例。其中曲线半径 $R = 600\mathrm{m}$，两端缓和曲线长 $l_0 = 50\mathrm{m}$，第 9 点为小桥，不允许拨动曲线。计算过程详见表 7-8。

表 7-8　绳正法整正曲线计算表

测点号 一	实测正矢 f 二	计划正矢 f' 三	正矢差 df 四	差累计 ∑df 五	第一次修正					第二次修正					全拨量 e 十六	拨后正矢 十七	备注 十八
					正矢修正量 a 六	计划正矢 f' 七	正矢差 df 八	正矢差累计 ∑df 九	半拨量 ∑∑df 十	正矢修正量 十一	计划正矢 f" 十二	正矢差 df 十三	正矢差累计 ∑df 十四	半拨量 ∑∑df 十五			
1	0	0	0	0		0	0	0	0		0	0	0	0	0	0	
2	5	3	2	2		3	2	2	0		3	2	2	0	0	3	ZH
3	10	17	−7	−5	−1	16	−6	−4	2	1	17	−7	−5	2	4	17	
4	40	34	6	1	−1	33	7	3	−2	1	34	6	1	−3	−6	34	
5	45	50	−5	−4		50	−5	−2	1	−1	49	−4	−3	−2	−4	49	
6	75	67	8	4		67	8	6	−1		67	8	5	−5	−10	67	
7	77	81	−4	0		81	−4	2	5	−1	80	−3	2	0	0	80	HY
8	81	85	−4	−4		85	−4	−2	2		85	−4	−2	2	4	85	
9	101	85	16	12		85	16	14	5		85	16	14	0	0	85	小桥
10	71	85	−14	−2		85	−14	0	19		85	−14	0	14	28	85	
11	86	85	1	−1		85	1	1	19	−1	84	2	2	14	28	84	
12	90	85	5	4		85	5	6	20		85	5	7	16	32	85	
13	76	85	−9	−5		85	−9	−3	26		85	−9	−2	23	46	85	
14	97	85	12	7		85	12	9	23		85	12	10	21	42	85	
15	71	85	−14	−7		85	−14	−5	32		85	−14	−4	31	62	85	
16	73	81	−8	−15		81	−8	−13	27	1	82	−9	−13	27	54	82	YH
17	82	67	15	0	1	68	14	1	14		68	14	1	14	28	68	
18	43	50	−7	−7		50	−7	−6	15		50	−7	−6	15	30	50	
19	40	34	6	−1	1	35	5	−1	9		35	5	−1	9	18	35	
20	10	17	−7	−8		17	−7	−8	8		17	−7	−8	8	16	17	
21	11	3	8	0		3	8	0	0		3	8	0	0	0	3	HZ
22	0	0	0	0		0	0	0	0		0	0	0	0	0	0	
Σ	1184	1184	0	−29	0	1184	0	0		0	1184	0	0			1184	

7.5　曲线轨道加强

机车车辆通过曲线轨道时，转向架上的轮对挤压外股钢轨，产生较大的横力，此横向力可使外股钢轨在轨枕上产生横向位移，使轨距扩大，严重时能使混凝土枕挡肩破坏，甚至推动钢轨连同轨枕一起在道床中横移，使线路在平面上的位置失常。另外，由于轮缘与外轨轨头侧面的摩擦阻力增大，加剧了轨头的侧面磨耗。为了使曲线轨道保持正确位置和良好状态，并延长曲线钢轨的使用寿命，应对曲线轨道采取加强措施。

7.5.1　铺设耐磨合金轨或重型轨

根据我国铁路对小半径曲线轨道钢轨磨耗所进行的研究，当曲线半径小于 800m 时，钢轨的磨耗迅速增加，大于 800m 时，磨耗速度趋于缓和，半径为 400m 的曲线轨道，其外轨磨耗可达半径为 800m 的曲线轨道的四倍。我国小半径曲线轨道上的钢轨，有 98% 由于磨耗超限而报废。采用耐磨合金轨，可显著减少钢轨的磨耗，其使用寿命比普通碳素钢轨延长 3 倍左右，因此规定正线半径为 450m 及以下的曲线地段，宜采用同级的耐磨合金轨。

在曲线上铺设较直线上为重的钢轨，能显著增加线路的强度和横向刚度，既可减少钢轨在轨枕上的横移，又能增加抵抗钢轨与轨枕在道床中横向位移的阻力。另外，由于重型钢轨的轨头截面较大，其侧面容许磨耗的面积也较大，因而可延长钢轨的使用寿命。

7.5.2　增铺轨枕和加强扣件

增加每节钢轨下的轨枕根数，可增大钢轨在轨枕上移动的阻力及轨枕在道床中横向移动的阻力。轨枕铺设得密一些，轨距和方向都易于保持，但也不宜太密，否则不经济，而且因枕间净距过小，在一定程度上会影响捣固质量。因此规定：半径为800m及以下的曲线地段，按轨道类型每公里增铺混凝土枕80根、木枕160根。

对于木枕线路，半径为800m及以下的曲线轨道，应将五孔铁垫板钉足五个道钉。对于混凝土枕地段，半径为800m及以下的正线轨道和半径为450m及以下的站线曲线轨道所使用的扣件，应在钢轨外侧配用加宽铁座加宽缓冲绝缘垫片。对于整体道床的线路，在曲线地段应采用效果较好的TFY型弹条扣件。

7.5.3　增大曲线外侧道床的肩宽

为增大道床抵抗轨枕向曲线外侧横移的阻力，半径为800m及以下的正线曲线轨道，外侧道床肩宽应加宽0.1m。并应将轨枕盒内及轨枕两端的道砟夯实。

7.5.4　安设轨距杆和轨撑

列车通过曲线时对轨道的横向作用力，能使钢轨横移或向外倾倒，使轨距扩大。为避免上述弊端，防止轨距扩大，保持曲线轨道的稳定，应安设轨距杆或轨撑。轨距杆能将左右两股钢轨连接固定以保持轨距。轨撑安设在钢轨外侧，能提高钢轨的抗倾覆力。

轨距杆分为普通轨距杆和绝缘轨距杆。按行业标准《铁路轨距杆》（TB/T 1780—2023）的规定，43kg/m、50kg/m的钢轨，采用直径为$\phi30$mm的轨距杆；60kg/m钢轨，采用直径为$\phi36$mm的轨距杆；75kg/m钢轨，采用直径为$\phi38$mm的轨距杆。轨撑有与铁垫板连为一体的和与铁垫板分开的两种。

铺设木枕时，正线半径为800m及以下和站线半径为450m及以下的曲线，按表7-9的规定安设轨距杆或轨撑。半径350m及以下的曲线和道岔导曲线，可根据需要同时安装轨距杆和轨撑，如图7-14所示。

表 7-9　轨距杆或轨撑安装数量

曲线半径/m	轨距杆/根		轨撑/对	
	25m 钢轨	12.5m 钢轨	25m 钢轨	12.5m 钢轨
$R \leqslant 350$	10	5	14	7
$350 < R \leqslant 450$	10	5	10	5
$450 < R \leqslant 600$	6～10	3～5	6～10	3～5
$600 < R \leqslant 800$	根据需要安装			

图 7-14　轨撑及轨距杆

铺设混凝土枕时，在行驶电力机车区段半径为600m及以下的曲线，其他区段半径为350m及以下的曲线，可根据需要比照表7-9的规定安装轨距杆或轨撑。设有轨道电路的线路，应安装绝缘轨距杆。

7.5.5　安设放爬设备

铺设木枕的线路、道岔，采用分开式扣件时，如无爬行，可不安装防爬设备。采用道钉联结时，正线、到发线上的线路和道岔应安装防爬设备，正线线路防爬器安装数量和方式见表 7-10；正线、到发线上的道岔、绝缘接头、桥梁前后各 75m 地段及驼峰线路，应增加防爬设备数量；其他站线的线路、道岔，应根据爬行情况，适当安装防爬设备。线路防爬设备如图 7-15 所示。

表 7-10　木枕正线线路防爬器安装数量和方式

线路及运营特征	安装方向	非制动地段/对		制动地段/对	
		25m 钢轨	12.5m 钢轨	25m 钢轨	12.5m 钢轨
复线单方向运行线路	顺向/逆向	6/2	3/1	8/2	4/1
复线两方向运量接近	顺向/逆向	4/4	2/2	6/4	3/2
单线两方向运量显著不同	运量大/运量小	6/2	3/1	8/2	4/1
	运量小/运量大	—	—	4/6	2/3

注：1. 表中分子表示制动方向安装对数，分母表示另一方向安装对数。

2. 到发线比照正线处理。

3. 非标准长度钢轨，可比照本表安装。

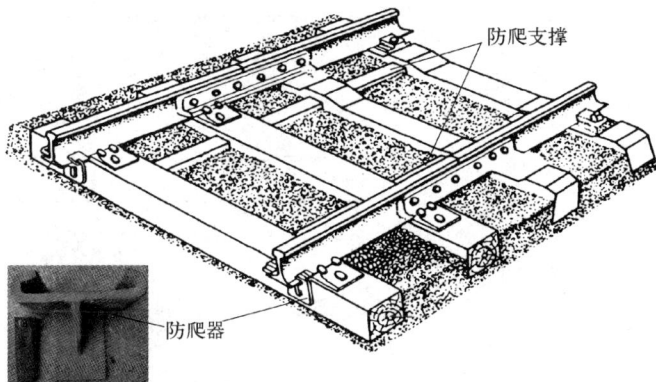

图 7-15　防爬设备示意图

铺设混凝土枕的线路、道岔，采用弹条扣件时，可不安装防爬设备；采用其他扣件时，对线路坡度大于 6‰ 地段、制动地段、驼峰线路和正线及到发线上的道岔、绝缘接头、桥梁（明桥面）前后各 75m 地段，可按具体情况适当安装防爬设备。

复习思考题

7-1　为何要了解机车车辆的走行部分？试举例说明。什么是固定轴距与全轴距？

7-2　何谓直线轨道的轨距、水平、高低、轨向、轨底坡？它们的标准及允许误差各是多少？

7-3　何谓三角坑？有何危害？

7-4　为何要对轨道高低、轨向进行检查？怎样检查？

7-5　怎样判断轨底坡是否设置适当？如何进行调整？

7-6　为什么要设置轨底坡？如何设置？

7-7　简述缩短轨配置的基本方法。

7-8　简述绳正法整正曲线的基本过程。

在线习题

第 8 章
道岔

8.1 道岔的类型

　　道岔是机车车辆从一股轨道转入或越过另一股轨道时必不可少的线路设备，是铁路轨道的一个重要组成部分。道岔具有数量多、构造复杂、使用寿命短、限制列车速度、行车安全性低、养护维修投入大等特点，与曲线、接头并称为轨道的三大薄弱环节。它的基本形式有三种：线路的连接、交叉、连接与交叉的组合。常用的线路连接有各种类型的单式道岔和复式道岔；交叉有直交叉和菱形交叉；连接与交叉的组合有交分道岔和交叉渡线等，如图 8-1 所示。

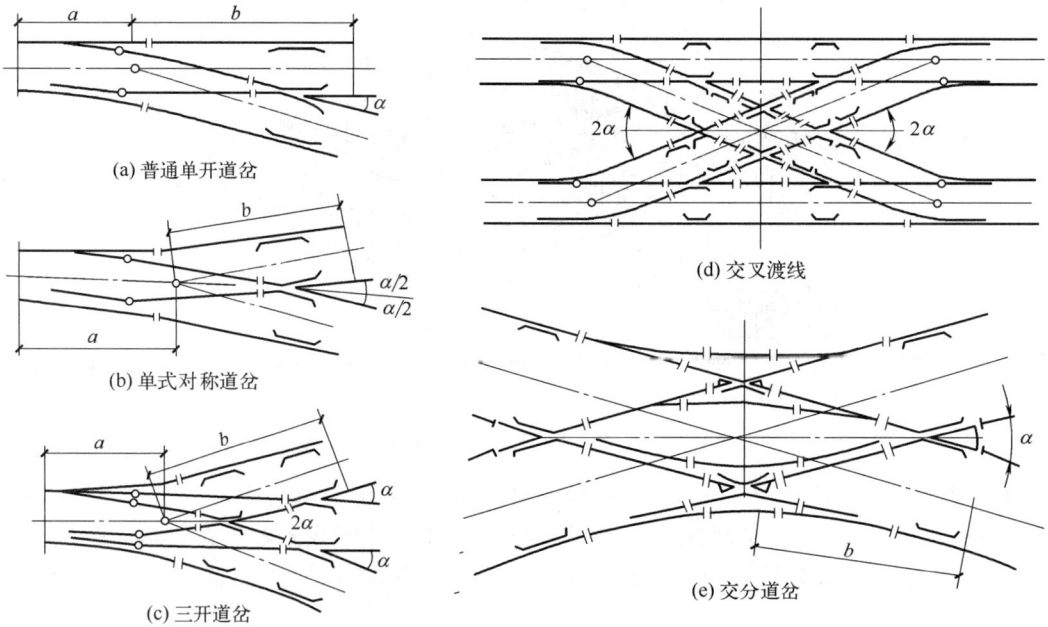

图 8-1　道岔类型

a—道岔前长；b—道岔后长；α—辙叉角

　　我国铁路上使用最多的道岔是普通单开道岔，简称单开道岔，其主线为直线，侧线由主线向左侧（称左开道岔）或右侧（称右开道岔）岔出，其数量占道岔总数的 90% 以上。单开道岔构造相对简单，具有一定代表性，了解和掌握这种道岔的基本特征，对各类道岔的设计、制造、铺设、养护均有十分重要的意义。

　　对称道岔是单开道岔的一种特殊形式，整个道岔对称于主线的中线或辙叉角的中分线，列车通过时无直向及侧向之分。尖轨长度相同时，尖轨作用边和主线方向所成的交角约为单开道岔之半；导曲线半径相等时，对称道岔的长度要比单开道岔短，其他条件相同时，导曲线半径约为单开道岔的两倍；在曲线半径和长度保持不变时，可采用比单开道岔更小号数的辙叉。因此，在道岔长度固定的条件下，使用对称道岔可获得较大的导曲线半径，能提高过岔速度；在保持相同过岔速度的条件下，对称道岔能缩短道岔长度，从而缩短站坪长度，增加股道的有效长度。对称道岔的这些特点使得它在驼峰下、三角线上获得应用，并被应用于工业铁路线和城市轻轨线上。

三开道岔，又称复式异侧对称道岔，是复式道岔中不常用的一种形式。它相当于两组异侧顺接的单开道岔，但其长度却远比两组单开道岔的长度之和短。因此，常用于铁路轮渡桥头引线、驼峰编组场以及地形狭窄又有特殊需要的地段。三开道岔由一组转辙器、一组中间辙叉和两组同号数的后端辙叉组成。该道岔构造比较复杂，维修较困难，运行条件较差，非十分困难时，不宜采用。

交分道岔有单式、复式之分。复式交分道岔相当于两组对向铺设的单开道岔，能实现不平行股道的交叉，但具有道岔长度短、开通进路多及两个主要行车方向均为直线等优点，因而能节约用地，提高调车能力并改善列车运行条件。交分道岔由菱形交叉、转辙器和连接曲线等部分组成。菱形交叉一般是直线与直线的交叉，由二副锐角辙叉、二副钝角辙叉和连接钢轨组成。

交叉渡线由 4 组类型和号数相同的单开道岔和一组菱形交叉，以及连接钢轨组成，用于平行股道之间的连接，仅在个别特殊场合使用。

单开道岔常以它的钢轨每米质量及道岔号数来分类。目前我国的钢轨有 75kg/m、60kg/m、50kg/m 和 43kg/m 等类型，标准道岔号数（用辙叉号数来表示）有 6、7、9、12、18、24、38、42 和 62 号等，其中 6、7 号仅用于工矿企业内部铁路、城市轨道交通或驼峰，其他各号则适用于铁路正线和站线，并以 9 号、12 号及 18 号最为常用。新建和改建铁路的正线道岔，其轨型应与正线轨型一致。列车以高速通过的正线单开道岔号数不得小于12 号，在侧线通过高速列车的地段，则需铺设 18、42、62 号等大号码道岔。

8.2 单开道岔的构造

有砟轨道单开道岔由转辙器、辙叉及护轨、连接部分和岔枕等组成，如图 8-2 所示。

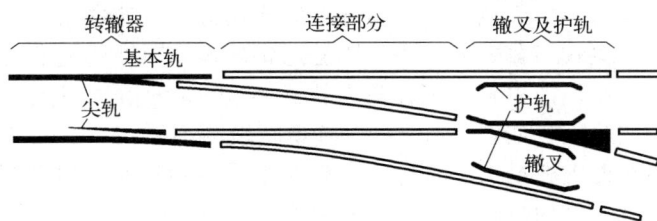

图 8-2 单开道岔组成

8.2.1 转辙器

单开道岔的转辙器，是引导机车车辆沿主线方向或侧线方向行驶的线路设备，由两根基本轨、两根尖轨、各种联结零件及道岔转换设备组成。

(1) 基本轨

基本轨是由标准断面钢轨制成的，主股为直线，侧股按转辙器各部分的轨距在工厂事先弯折成规定的折线或曲线形。通常，道岔中不设轨底坡，为改善钢轨的受力条件，提速及高速道岔中基本轨设有 1∶40 轨底坡。基本轨除承受车轮的垂直压力外，还与尖轨共同承受车轮的横向水平力。为防止基本轨的横向移动，可在其外侧设置轨撑。为了增加钢轨表面硬度，提高耐磨性并保持与尖轨良好的密贴状态，基本轨头顶面一般还进行淬火处理。

（2）尖轨

尖轨是转辙器中的重要部件，依靠尖轨的扳动，将列车引入正线或侧线。尖轨在平面上可分为直线型和曲线型。直线型尖轨制造简单，便于更换，尖轨前端的刨切较少，横向刚度大，尖轨的摆度和跟端轮缘槽较小，可用于左开或右开，但这种尖轨的转辙角较大，列车对尖轨的冲击力大，尖轨尖端易于磨耗和损伤。我国新设计的 12 号及以上的大号码道岔直向尖轨为直线型，侧向尖轨为曲线型。这种尖轨冲击角较小，导曲线半径大，列车进出侧线比较平稳，有利于机车车辆的高速通过。但曲线型尖轨制造比较复杂，前端刨切较多，并且左右开不能通用。曲线型尖轨又分为切线型、半切线型、割线型、半割线型四种，我国铁路主要采用半切线型和半割线型曲线尖轨。

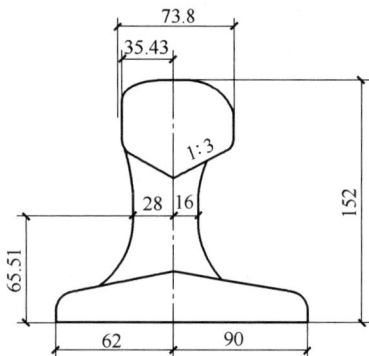

图 8-3　60AT 特种断面钢轨（mm）

尖轨可用普通断面钢轨或特种断面钢轨制成。用普通断面钢轨制成的尖轨，一般在尖轨前端加补强板以提高其横向刚度。用特种断面钢轨制成的尖轨，其断面粗壮、整体性强、刚度大、稳定性好。特种断面尖轨还有对称与不对称、设轨顶坡和不设轨顶坡之分。为便于跟端与连接部分联结，特种断面尖轨跟部要加工成普通钢轨断面。我国已广泛使用矮型特种断面钢轨（简称 AT 轨，图 8-3），取消了普通钢轨尖轨 6mm 抬高量，减小了列车过岔时的垂直不平顺，有利于提高过岔速度，同时可采用高滑床台扣住基本轨轨底，增加基本轨的稳定性和道岔整体性。

尖轨的长度随道岔号数和尖轨的形式不同而异。在我国铁路上，CHN60 轨 9 号道岔的尖轨最短长度为 6.45m，12 号道岔直线型尖轨长度为 7.7m，曲线型尖轨长度为 11.3～14.25m，18 号道岔的尖轨长度为 15.68～22.01m。

为使转辙器正确引导列车的行驶方向，尖轨尖端必须细薄，且与基本轨紧密贴合。从尖轨尖端开始，尖轨断面逐渐加宽，其非作用边一侧与基本轨作用边一侧应紧密贴合，保证直向尖轨作用边为一直线，侧向尖轨作用边与导曲线作用边为一圆曲线。尖轨与基本轨的贴靠方式通常有两种，即贴尖式与藏尖式。当采用普通钢轨刨切时，为避免对基本轨和尖轨刨切过多，一般将头部经过刨切的尖轨置于较基本轨高出 6mm 的滑床板上，使尖轨叠盖在基本轨的轨底，形成贴尖式尖轨，如图 8-4 所示。基本轨轨颚不刨切，加工简单，备品方便。

当采用矮型特种断面钢轨加工尖轨时，一般在轨头下颚轨距线以下做 1∶3 或 1∶4 的斜切，使尖轨尖端藏于基本轨的轨距线之下，形成藏尖式结构（图 8-5）。这样就保护了尖轨尖端不被车轮轧伤，并使尖轨在动荷载作用下保持良好的竖向稳定性。

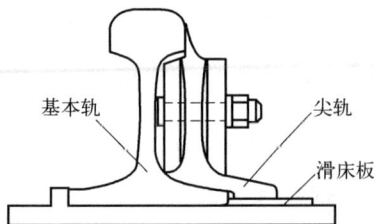

图 8-4　贴尖式尖轨

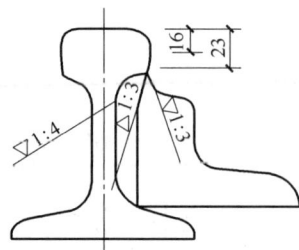

图 8-5　藏尖式尖轨

为保证尖轨具有承受车轮压力的足够强度，规定尖轨顶宽大于 50mm（高速铁路道岔大于 40mm）时方能完全受力，而在尖轨顶宽 20mm 以下部分，则应完全由基本轨受力。尖轨顶宽 20～50mm 的部分为车轮轮载转移的过渡段。为此，尖轨与基本轨之间应保持必要的轨顶面相对高差，对尖轨各个断面的高度都有具体的规定。

当用普通断面钢轨制作尖轨时，将尖轨较基本轨抬高 6mm，如图 8-6 所示。这时尖轨尖端较基本轨顶面低 23mm，可以避免具有最大垂直磨耗的车轮轮缘爬上尖轨。尖轨顶宽 20mm 以下部分完全由基本轨受力。在尖轨整断面往后的垂直刨切终点处，尖轨顶面高出基本轨顶面 6mm，尖轨顶宽 50mm 以上部分完全由尖轨受力。

当采用高型或矮型特种断面钢轨加工尖轨时，尖轨顶宽 50mm 以后部分与基本轨是等高的，尖轨顶宽 20～50mm 这一段为过渡段，如图 8-7 所示。

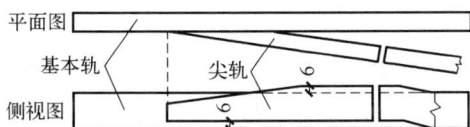

图 8-6　顶面高出基本轨的尖轨

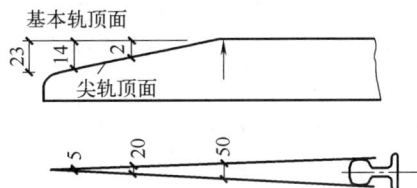

图 8-7　顶面与基本轨等高的尖轨

尖轨与导曲线钢轨连接的一端称为尖轨跟端。尖轨的跟部结构必须保证尖轨能根据不同的转辙要求在平面上左右摆动，又要坚固稳定，制造简单，维修方便。我国的道岔主要采用间隔铁鱼尾板式和弹性可弯式跟端结构。

间隔铁鱼尾板式结构主要由跟端大垫板、间隔铁、跟端夹板、跟端轨撑、防爬卡铁及联结螺栓等组成，如图 8-8 所示。在钢轨为 75kg/m 的道岔中，防爬卡铁已改为内轨撑。这种结构零件较少，尖轨扳动灵活，所需转换力小。但稳定性较差，容易出现病害。

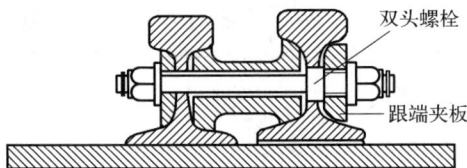

图 8-8　间隔铁鱼尾板式跟端结构

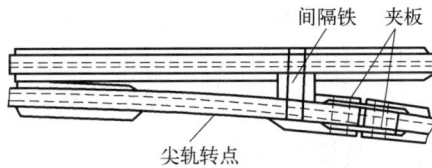

图 8-9　弹性可弯式跟端结构

在新设计的 60kg/m 钢轨 12 号道岔及大号码道岔上采用了弹性可弯式跟端结构（图 8-9）。弹性可弯式尖轨在跟端前 2～3 根轨枕处，将轨底削去一部分，使之与轨头同宽，形成柔性部位，使尖轨具有能从一个位置扳到另一位置的足够的弹性。提速道岔中未对尖轨跟端轨底作刨切，虽增加了尖轨的扳动力，但有利于保持尖轨跟端强度。

在无缝道岔中，为限制尖轨尖端的伸缩位移，在尖轨跟部的基本轨和尖轨轨腰上可安装数个限位器，如图 8-10 所示，将过大的温度力传递给外侧基本轨。

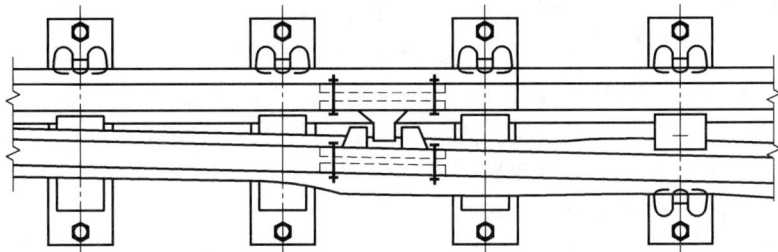

图 8-10　限位器结构

(3) 转辙器上的零配件

① 滑床板

在整个尖轨长度范围内的岔枕面上，有承托尖轨和基本轨的滑床板。滑床板有分开式和不分开式两类。不分开式是用道钉或锚固螺栓将轨撑、滑床板直接与岔枕联结；分开式是先由轨撑垂直螺栓与滑床板联结，再用道钉或锚固螺栓将垫板与岔枕联结。尖轨放置于滑床板上，与滑床板间无扣件联结。为降低尖轨转换中的摩擦力，可在滑床台上喷涂聚四氟乙烯、镍铬镀层等减摩材料以降低表面摩擦系数，或通过设置辊轮机构实现滚动摩擦。

② 轨撑

轨撑可以防止基本轨倾覆、扭转和纵横向移动，安装在基本轨的外侧。它用螺栓与基本轨相连，并用两个螺栓与滑床板连接。轨撑有双墙式和单墙式之分。提速道岔及高速道岔中由于扣件扣压力足够大，未设轨撑。

③ 顶铁

尖轨刨切部位紧贴基本轨，而在其他部位则依靠安装在尖轨外侧腹部的顶铁，将尖轨承受的横向水平力传递给基本轨，以防止尖轨受力时不正常弯曲，并保持尖轨与基本轨的正确位置。

④ 各种特殊形式的垫板

如普通道岔中铺设在尖轨之前的辙前垫板和之后的辙后垫板，铺设在尖轨尖端和尖轨根端的通长垫板，为保持导曲线的正确位置而设置的支距垫板等。

⑤ 道岔拉杆和连接杆

道岔拉杆连接两根尖轨，并与转辙设备相连，以实现尖轨的摆动，故又称为转辙杆。连接杆为连接两根尖轨的杆件，其作用是加强尖轨间的联系，提高尖轨的稳定性。

⑥ 转辙机械

最常用的道岔转换设备的种类有机械式和电动式。若按操纵方式分类，则有集中式和非集中式两类。机械式转换设备可为集中式或非集中式，电动式转换设备则为集中式。道岔转换设备必须具备转换（改变道岔开向）、锁闭（锁闭道岔，在转辙杆中心处尖轨与基本轨之间不允许有 4mm 以上的间隙）和显示（显示道岔的正位或反位）三种功能。

8.2.2 辙叉及护轨

辙叉是使车轮由一股钢轨越过另一股钢轨的设备。辙叉由叉心、翼轨和联结零件组成。按平面形式分，辙叉有直线辙叉和曲线辙叉两类；按构造类型分，有固定辙叉和活动辙叉两类。单开道岔上，以直线式固定辙叉最为常用，在提速线路上多为可动式辙叉。

(1) 固定辙叉

直线式固定辙叉分为整铸辙叉和钢轨组合式辙叉两种。

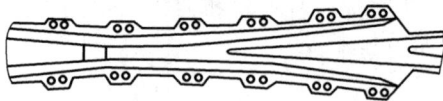

图 8-11　整铸辙叉

整铸辙叉是用高锰钢浇铸的整体辙叉，如图 8-11 所示。高锰钢是一种锰、碳元素较高的合金钢（含锰约 12.5%，碳 1.2%），具有较高的强度和良好的冲击韧性，经热处理后，在冲击荷载作用下，会很快产生硬化，使表面具有良好的耐磨性能，同时，由于心轨和翼轨同时浇铸，整体性和稳定性好，可以不设辙叉垫板而直接铺设在岔枕上。这种辙叉还具有使用寿命长、维修工作量小的优点。由于高锰钢与普通钢轨的焊接技术较为复杂，且难以探伤，当其用于无缝道岔时，一般在辙叉两端采用冻结接头。

合金钢组合辙叉是 2000 年以后逐步发展起来的一种固定型辙叉结构形式，主要由翼轨、合金钢心轨、叉跟轨通过高强螺栓联结而成，如图 8-12 所示。其中叉心采用高强度合金钢锻造而成，具有强度高、耐磨性好的特点，使用寿命也较长。同时翼轨、叉跟轨均采用普通钢轨制造，方便了与线路钢轨的焊接而得到了广泛的应用。

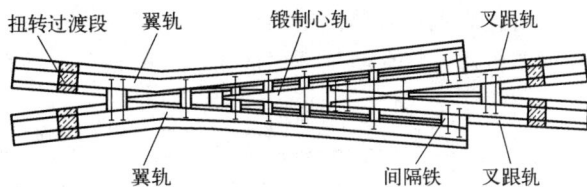

图 8-12　组合辙叉

随着合金钢辙叉技术的发展，其结构形式也不断增多，目前可分为锻制合金钢心轨组合辙叉、镶嵌翼轨式合金钢组合辙叉、合金钢钢轨组合辙叉等多种形式。

叉心两侧作用边之间的夹角称辙叉角 α，其交点称辙叉理论中心（理论尖端）。由于制造工艺，实际上辙叉尖端有 6～10mm 宽度，称辙叉实际尖端。

辙叉角 α 愈小，道岔号数 N 愈大，两者之间的关系为

$$N = \cot\alpha \tag{8-1}$$

我国道岔号数与辙叉角的对应值见表 8-1。

表 8-1　道岔号数与辙叉角的关系

道岔号数 N	6	7	9	12	18	30	42
辙叉角 α	9°27′44″	8°07′48″	6°20′25″	4°45′49″	3°10′47″	1°59′33″	1°21′50″

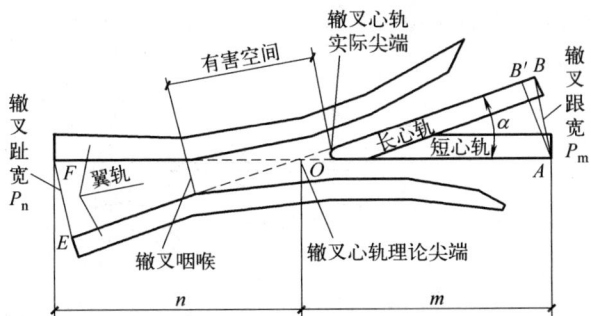

图 8-13　辙叉组成

翼轨由普通钢轨弯折刨切而成，用间隔铁及螺栓和叉心联结在一起，与辙叉间形成必要的轮缘槽，引导车轮行驶。翼轨作用边开始弯折处称为辙叉咽喉，是两翼轨作用边之间的距离最窄处。从辙叉咽喉至心轨实际尖端之间，有一段轨线中断的空隙，称为道岔的"有害空间"，如图 8-13 所示。道岔号数愈大，辙叉角愈小，有害空间愈大。车轮通过较大的有害空间时，叉心容易受到撞击。为保证车轮安全通过有害空间，必须在辙叉相对位置的两侧连接钢轨内侧设置护轨，借以引导车轮的正确行驶方向。

单开道岔中，辙叉角小于 90°，所以将这类辙叉称为锐角辙叉。

单开道岔辙叉从其趾端到跟端的长度 FA 或 EB，称辙叉全长。从辙叉趾端到理论中心的距离 FO 或 EO，称辙叉趾距，用 n 表示。从辙叉跟端到理论中心的距离 AO 或 BO，称辙叉跟距，用 m 表示。辙叉趾端翼轨作用边间的距离 EF 和辙叉跟端叉心作用边间距 AB，分别称辙叉前开口 P_n 及辙叉后开口 P_m。我国常用的标准道岔的辙叉尺寸见表 8-2。

表 8-2　标准道岔的辙叉尺寸　　　　　　　　　　　单位：mm

钢轨类型/(kg/m)	道岔号数	辙叉全长	n	m	P_n	P_m
75、60	18	12600	2851	9749	258	441
75、60	12	5927	2127	3800	177	317
50	12	4557	1849	2708	154	225
60	9	4309	1538	2771	171	308
50	9	3588	1538	2050	171	228

当车轮沿翼轨向叉心方向滚动时，由于车轮踏面是锥形的，车轮逐渐下降，当车轮离开翼轨完全滚到心轨后，又恢复到原来的高度，因此，产生了垂直不平顺。为了消除垂直不平

顺,并防止心轨在其前端断面过分削弱部分承受车轮荷载,采用了提高翼轨顶面和降低心轨前端顶面的做法,将翼轨顶面做成1:20的横坡,使翼轨和心轨顶面之间保持必要的相对高差。

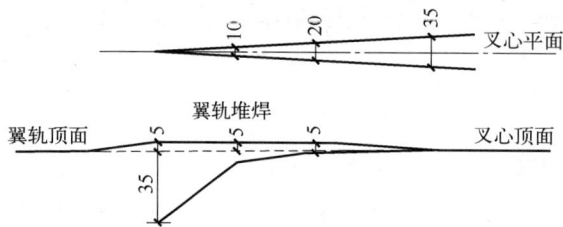

图 8-14   整铸辙叉顶面(单位:mm)

对高锰钢整铸辙叉,规定叉心顶面35mm及其以上部分承受全部车轮压力,而在 20mm 及其以下部分则完全不受压力。因此,将翼轨顶面从辙叉咽喉到叉心顶宽 35mm 一段以堆焊法加高。为防止车轮撞击心轨尖端,应使该处叉心顶面低于翼轨顶面 35mm,如图 8-14 所示。

对组合式辙叉,规定叉心顶面 40mm及其以上部分承受全部车轮压力,而在 30mm 及其以下部分则完全不受压力。由于在工厂制作时堆焊翼轨有困难,因此,采用如图 8-15 所示降低心轨顶面的办法,保持必要的相对高差。

护轨设于固定辙叉的两侧,用于引导车轮轮缘,使之进入适当的轮缘槽,防止与叉心碰撞。目前我国道岔的护轨类型主要有钢轨间隔铁型、H 型和槽型三种。护轨的防护范围,应包括辙叉咽喉至叉心顶宽50mm 的一段长度,并要求有适当的余裕。辙叉护轨由中间平直段、两端缓冲段和开口段组成,如图 8-16 所示。护轨平直段是实际起着防护作用的部分,缓冲段及开口段起着将车轮平顺地引入护轨平直段的作用。缓冲段的冲击角应与列车允许的通过速度相配合。

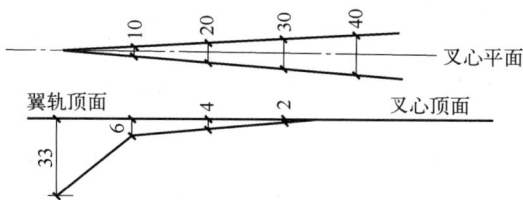

图 8-15   组合辙叉顶面(单位:mm)

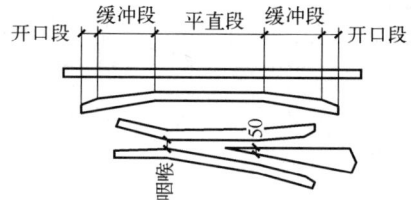

图 8-16   护轨

(2) 可动心轨式辙叉

可动心轨式辙叉的心轨在翼轨框架范围内转换,以保证列车过岔时轨线连续。消除固定辙叉存在的有害空间,并取消护轨,同时辙叉在纵断面上的几何不平顺也可以大大减小,从而显著地降低辙叉部位的轮轨相互作用,提高运行的平稳性,延长辙叉的使用寿命。长期运营实践和动态测试结果表明,可动心轨辙叉的使用寿命为同型号高锰钢整铸辙叉的 6~9 倍,养护维修工作量减少 40%,极大减少了机车车辆通过时的冲击力,提高了过岔容许速度和旅行舒适度。

由于可动心轨辙叉结构较为复杂,其长度一般长于固定型辙叉,并且可动心轨的定反位转换需另设转换设备,因此可动心轨辙叉主要用于高速铁路的正线、到发线道岔和时速160km 及以上的城际铁路、客货共线铁路的正线道岔。

可动心轨辙叉包括两根翼轨、长心轨、短心轨、叉跟尖轨、转换设备及各种联结零件,如图 8-17 所示。对于大号码道岔,心轨一般采用双肢弹性可弯结构,取消了叉跟尖轨,将短心轨直接延于辙叉根端。

心轨跟端有铰接式和弹性可弯式两种。铰接式心轨跟端通过高强螺栓固定在翼轨的间隔铁上,能保证心轨与翼轨的相对位置,并传递水平力。这种辙叉便于铸造,转换力较小,可以保持原有固定式辙叉的长度。铺设这种可动心轨辙叉时不致引起车站平面的变动,因此,尤其适用于既有线站场的技术改造,但是易在辙叉范围内出现活接头,不如弹性可弯式结构

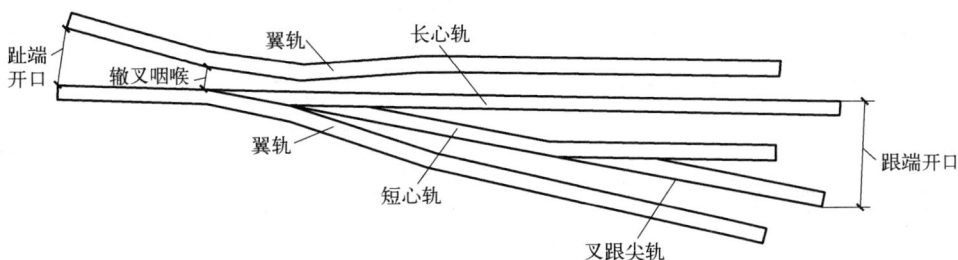

图 8-17　可动心轨辙叉示意图

稳妥可靠。

弹性可弯式跟部结构有两种形式，即心轨的一肢跟端为弹性可弯式，另一端为活动铰接式；或是心轨的两肢均为弹性可弯式。前一种结构不仅联结可靠，而且构造简单，辙叉转换力也较小，我国研制的可动心轨辙叉选用的就是这种形式。后一种结构在转换时长短心轨接合面上将产生少量的相对滑动，这种心轨较长，且转换力要求较大。

我国从 1972 年开始，先后在一些主要干线上试铺了 12 号弹性可弯式心轨活动辙叉道岔，其中技术含量最高的为可动心轨式提速道岔，其直向通过速度可达到 160km/h，并可用于跨区间无缝线路中。该道岔采用长翼轨结构，心轨末端与翼轨间采用间隔铁及高强度螺栓联结，区间温度力可通过间隔铁的摩阻力在长心轨与翼轨间传递。长心轨跟端为弹性可弯式，短心轨跟端为滑动端。直向不设护轨，侧向因防止心轨侧面磨耗影响直股密贴设置有防磨护轨。长短心轨均用 60AT 轨制造，长心轨第一牵引点在轨底下部设有转换凸缘。翼轨用 60kg/m 普通钢轨制造，对应长心轨转换凸缘部位，翼轨内侧轨底需进行刨切，为此在外侧轨腰上设有补强板，下部设有桥板，来保证翼轨强度。提速道岔为我国主要干线普遍提速作出了巨大贡献。

8.2.3　连接部分

连接部分是转辙器和辙叉之间的连接线路，包括直股连接线和曲股连接线（亦称为导曲线）。直股连接线与区间线路构造基本相同。我国大部分单开道岔的导曲线均为圆曲线，当转辙器尖轨或辙叉为曲线型时，尖轨或辙叉本身就是导曲线的一部分，确定导曲线平面形式时应将尖轨或辙叉平面一并考虑。圆曲线两端一般不设缓和曲线。导曲线由于长度及限界的限制，一般不设超高和轨底坡，但在构造及条件允许的情况下可设置不大于 15mm 的超高。提速道岔及高速道岔中设置了 1∶40 轨底坡。

为防止导曲线钢轨在动荷载作用下的外倾和轨距扩大，可设置一定数量的轨撑或轨距杆。也可以在导曲线范围内设置一定数量的防爬器及防爬支撑，以减少钢轨的爬行。在提速道岔及高速道岔中因采用混凝土岔枕及弹性扣件，未设轨距杆及防爬器。

连接部分一般配置 8 根钢轨（图 8-18），直股连接线 4 根，曲股连接线 4 根。配轨时要考虑轨道电路绝缘接头的位置和满足对接接头的要求，并尽量采用 12.5m、25m 或 100m 长的标准钢轨。连接部分使用的短轨，一般不短于 6.25m，在困难的情况下，不短于 4.5m。

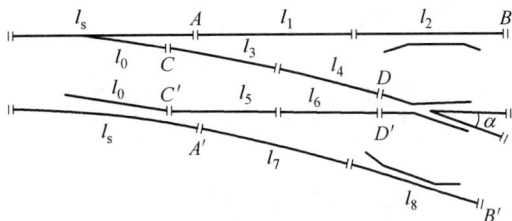

图 8-18　道岔连接部分

我国标准的 9、12 及 18 号道岔连接部分钢轨长度见表 8-3。

表 8-3　标准道岔钢轨长度　　　　　　　单位：mm

N	9	12	18	N	9	12	18
L_1	5324	11791	10226	L_5	6836	12500	16574
L_2	11000	12500	18750	L_6	9500	9385	12500
L_3	6894	12500	16903	L_7	5216	11708	10173
L_4	9500	9426	12500	L_8	11000	12500	18750

8.2.4　岔枕

在我国铁路上，岔枕有木岔枕和混凝土岔枕两种，部分岔枕采用钢岔枕。

木岔枕断面为 260mm×160mm，长度分为 12 级，最短为 2.60m，最长为 4.80m，级差为 0.2m，采用螺纹道钉与垫板联结。

预应力混凝土岔枕断面顶宽 260mm、底宽 300mm、高 220mm，长度为 2.6～4.8m，级差为 0.1m。混凝土岔枕与Ⅲ型混凝土枕具有相当的有效支承面积，采用无挡肩形式，岔枕顶面平直，岔枕中还预埋有塑料套管，通过螺栓固定铁垫板。

为了不让转换设备占用枕木空间，适应大型养路机械设备的需要，提速道岔中还设计并采用了钢岔枕。钢岔枕内腔应满足电务转换设备的安装要求，同时考虑允许尖轨或心轨±15mm 的伸缩量。钢岔枕外宽要控制，以保证与相邻岔枕间形成足够的捣固空间。钢岔枕自身还应有足够的刚度，在轮载作用下尽可能减小挠度，保证为上部构件及转换设备提供良好的支承条件。钢岔枕与垫板、外锁闭设备间设有绝缘部件。钢岔枕底部焊有不规则条块，增大与道床间的摩擦系数。

为使道岔的轨下基础具有均匀的刚性，岔枕的间距应尽可能保持一致。转辙器和辙叉范围内的岔枕间距，通常采用 0.9～1 倍区间线路的轨枕间距。设置转辙杆的一孔，其间距应适当增大。道岔钢轨接头处的岔枕间距应与区间线路同类型钢轨接头处轨枕间距保持一致，并使轨缝位于间距的中心。

铺设在单开道岔转辙器及连接部分的岔枕，均应与道岔的直股方向垂直。辙叉部分的岔枕，应与辙叉角的角平分线垂直，从辙义趾前第二根岔枕开始，逐渐由垂直于直股的方向转到垂直于角平分线方向。岔枕的间距，在转辙器部分按直线上股计量，在导曲线及转向过渡段按直线下股计量，在辙叉部分按角平分线计量。为改善列车直向过岔时的运行条件，提速道岔中所有的岔枕均按垂直于直股方向布置，间距均匀一致，均为 600mm。

岔枕长度在道岔各个部位差别很大。岔枕端部伸出钢轨工作边的距离 M 应与区间线路基本保持一致，即 $M = \dfrac{2500-1435}{2} = 532.5\text{mm}$。按 M 值要求计算出的岔枕长度各不相等，为减少道岔上出现过多的岔枕长度级别，需要集中若干长度相近者为一组，误差不应超过岔枕标准级差的二分之一。

8.3　单开道岔的几何尺寸

8.3.1　道岔各部分轨距

直线轨道的轨距为 1435mm，曲线轨道轨距应根据曲线半径、运行速度及机车车辆的通过条件等因素来确定。

单开道岔中，需要考虑的轨距加宽部位有：基本轨前端接头处轨距 S_1、尖轨尖端轨距 S_0、尖轨跟端直股及侧股轨距 S_h、导曲线中部轨距 S_c、导曲线终点轨距 S。

道岔各部位的轨距，按机车车辆以正常强制内接条件加一定的余量计算，计算公式为：

$$S = q_{\max} + (f_0 - f_i) + \frac{1}{2}\delta_{\min} - \sum\eta \tag{8-2}$$

式中　$q_{\max}$——最大轮对宽度；

　　　f_0——外轨与外轨线形成的矢距；

　　　f_i——内轨与内轨线形成的矢距；

　　　$\delta_{\min}$——轮轨间的最小游间；

　　　$\sum\eta$——机车车辆轮轴可能的横动量之和。

根据对我国铁路上使用的各种机车车辆的检算，我国铁路标准道岔上各部位的轨距值见表 8-4。

表 8-4　标准道岔部分轨距尺寸　　　　　　单位：mm

N	9	12		18
		直线尖轨	曲线尖轨	
S_1	1435	1435	1435	1435
S_0	1450	1445	1435	1437
S_h	1439	1439	1435	1435
S_c	1450	1445	1435	1435

道岔各部分的轨距加宽，应有适当的递减距离，以保证行车的平稳性。尖轨尖端的轨距加宽，应按不大于 6‰的递减率向基本轨接头递减。S_0 与 S_h 的差数，应在尖轨范围内均匀递减。导曲线中部轨距加宽的递减距离，直尖轨时，至尖轨跟端为 3m，至辙叉前端为 4m。尖轨跟端直股轨距 S_h 加宽部分向辙叉方向的递减距离为 1.5m。

我国新设计的道岔中，如提速道岔，除尖轨尖端宽 2mm 处因刨切引起的轨距构造加宽外，其余部分轨距均为 1435mm。

道岔各部分的轨距应符合标准规定，如有误差，不论是正线、到发线、站线或专用线，一律不得超过 +3mm 或 -2mm，有控制锁的尖轨尖端不超过 ±1mm，较一般轨道有更严格的要求。同时还需要考虑道岔轨距在列车作用下将有 2mm 的弹性扩张，由此可以计算出道岔各部分的最小、正常和最大轨距值。

8.3.2　转辙器几何尺寸

道岔转辙器上需要确定的几何尺寸主要有最小轮缘槽 $t_{\min}$ 和尖轨动程 d_0。

(1) 尖轨的最小轮缘槽 $t_{\min}$

当使用曲线尖轨直向过岔时，应保证在最不利条件下，即具有最小宽度的轮对一侧车轮轮缘紧贴直股尖轨时，另一侧车轮轮缘能顺利通过而不冲击尖轨的非工作边，如图 8-19 所示。此时，曲线尖轨在其最突出处的轮缘槽，较其他任何一点的轮缘槽为小，称曲线尖轨的最小轮缘槽 $t_{\min}$。要保证轮对顺利通过该轮缘槽，而不以轮对的轮缘撞击尖轨的非工作边，轮缘槽的宽度应取以下最不利组合时的数值：

$$t_{\min} \geqslant S_{\max} - (T+d)_{\min} \tag{8-3}$$

式中　T——轮对的轮背内侧距离，mm；

　　　d——轮缘厚度，mm；

　　　$S_{\max}$——曲线尖轨突出处直向线路轨距的最大值，计算时还应考虑轨道的弹性扩张和轨道公差。以提速道岔为例，采用车辆轮，代入具体值，求得

$$t_{\min} \geqslant 1435 + 3 - (1350 + 22 - 2) = 68\text{mm}$$

我国实际采用的 $t_{min} \geqslant 68mm$。同时 t_{min} 也是控制曲线尖轨长度的因素之一,为缩短尖轨长度,不宜规定得过宽,根据经验,t_{min} 可减少至 65mm。

对于直线尖轨来说,t_{min} 发生在尖轨跟端。尖轨跟端轮缘槽 t_0 应不小于 74mm。这时跟端支距 $y_g = t_0 + b$,如图 8-20 所示。b 为尖轨跟端钢轨头部的宽度。取 $b = 70mm$,代入有关数据,可得 $y_g = 144mm$。

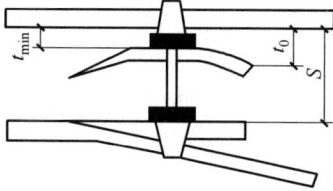

图 8-19　曲线尖轨轮缘槽

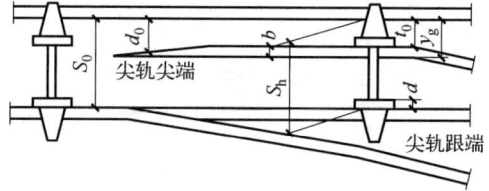

图 8-20　直线尖轨与根端

(2) 尖轨动程 d_0

尖轨动程为尖轨尖端非作用边与基本轨作用边之间的拉开距离,规定在距尖轨尖端的第一道岔拉杆中心处量取。尖轨动程应保证尖轨扳开后,具有最小宽度的轮对对尖轨非作用边不产生侧向挤压。曲线尖轨的动程由 t_{min}、曲线尖轨最突出处的钢轨顶宽、曲线半径 R 等因素确定。对直线尖轨要求尖轨尖端开口不小于 $(y_g + S_0 - S_h)$。由于目前各种转辙机的动程已定型,故尖轨的动程应与转辙机的动程配合。目前大多数转辙机的标准动程为 152mm,因此《修规》规定:尖轨在第一拉杆中心处的最小动程,直尖轨为 142mm,曲尖轨为 152mm;AT 型弹性可弯尖轨 12 号普通道岔为 180mm,12 号提速道岔为 160mm;18 号道岔允许速度大于 160km/h 时为 160mm,允许速度不大于 160km/h 时为 160mm 或 180mm(具体按标准图或设计图规定办理);其他型号道岔按标准图或设计图办理。

8.3.3　导曲线支距

导曲线部分需要确定的几何尺寸,主要是导曲线外轨工作边上各点以直向基本轨作用边

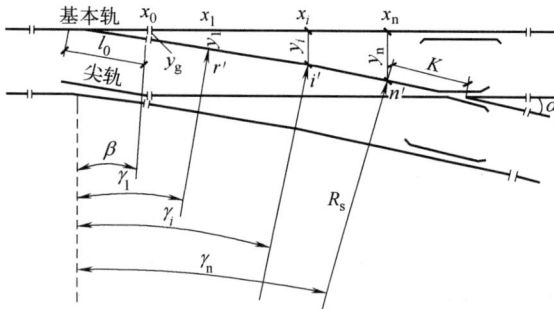

图 8-21　导曲线支距

为横坐标轴的垂直距离,也称导曲线支距。它对正确设置导曲线并经常保持其圆顺度起着十分重要的作用。

计算导曲线支距的方法有多种,下面以曲线尖轨、圆曲线形导曲线为例,进行计算。取直股基本轨上正对尖轨跟端的 0 点为坐标原点,如图 8-21 所示。这时,导曲线始点的横坐标 x_0 和支距 y_0 分别为:

$$x_0 = 0, \quad y_0 = y_g \qquad (8\text{-}4)$$

在导曲线的终点,其横坐标 x_n 和支距 y_n 则分别为:

$$x_n = R(\sin\gamma_n - \sin\beta)$$
$$y_n = y_g + R(\cos\beta - \cos\gamma_n) \qquad (8\text{-}5)$$

式中　R——导曲线外轨半径;

　　　β——尖轨跟端处曲线尖轨作用边与基本轨作用边之间形成的转辙角;

　　　γ_n——导曲线终点 n 所对应的偏角,显然 $\gamma_n = \alpha$。

令导曲线上各支距测点 i 的横坐标为 x_i(依次为 2m 的整数倍),则其相应的支距 y_i 为

$$y_i = y_g + R(\cos\beta - \cos\gamma_i) \qquad (8\text{-}6)$$

式中的 γ_i 可用以下近似公式求得：

$$\sin\gamma_i = \sin\beta + \frac{x_i}{R} \tag{8-7a}$$

$$\gamma_i = \arcsin\left(\sin\beta + \frac{x_i}{R}\right) \tag{8-7b}$$

最后计算得到的 y_n，可用式（8-8）进行校核：

$$y_n = S - K\sin\alpha \tag{8-8}$$

式中　K——导曲线后插直线长。

计算时，可按表 8-5 的计算格式进行。

表 8-5　导曲线各点支距 y_i 的计算格式

x_i	x_i/R	$\sin\gamma_i=\sin\beta+x_i/R$	$\cos\gamma_i$	$\cos\beta-\cos\gamma_i$	$R(\cos\beta-\cos\gamma_i)$	$y_i=y_g+R(\cos\beta-\cos\gamma_i)$

8.3.4　辙叉及护轨几何尺寸

(1) 固定辙叉及护轨

固定辙叉及护轨需要确定的几何形位主要是辙叉咽喉轮缘槽 t_1、查照间隔 D_1 及 D_2（D_2 亦称护背距离）、护轨轮缘槽 t_g、翼轨轮缘槽 t_w 和辙叉有害空间 l_h。

① 辙叉咽喉轮缘槽 t_1

辙叉咽喉轮缘槽确定的原则是保证具有最小宽度的轮对一侧车轮轮缘紧贴基本轨时，另一侧车轮轮缘不撞击辙叉的翼轨，如图 8-22 所示。这时最不利的组合为

$$t_1 \geqslant S_{max} - (T+d)_{min} \tag{8-9}$$

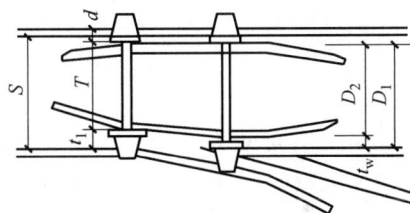

图 8-22　查照间隔

考虑到道岔轨距允许的最大误差为 3mm，轮对车轴弯曲后，内侧距减小 2mm，取车辆轮为计算标准，则

$$t_1 \geqslant (1435+3)-(1350-2)-22=68(\text{mm})$$

t_1 不宜规定过宽，否则将不必要地增大有害空间。

② 查照间隔 D_1 及 D_2

护轨作用边至心轨作用边的查照间隔 D_1 确定的原则是具有最大宽度的轮对通过辙叉时，一侧轮缘受护轨的引导，而另一侧轮缘不冲击叉心或滚入另一线，如图 8-22 所示。这时最不利的组合为：

$$D_1 \geqslant (T+d)_{max} \tag{8-10}$$

考虑到车轴弯曲使轮背内侧距增大 2mm，代入具体值，取 $(T+d)$ 较车辆轮更大的机车轮为计算标准，求得

$$D_1 \geqslant (1356+2)+33=1391(\text{mm})$$

护轨作用边至翼轨作用边的查照间隔 D_2 确定的原则是具有最小宽度的轮对直向通过时不被卡住，必须有：

$$D_2 \leqslant T_{min} \tag{8-11}$$

代入具体值，取 T 较机车轮更小的车辆轮为计算标准，并考虑车辆轴上弯后轮对内侧距的减小值 2mm，则

$$D_2 \leqslant 1350-2=1348(\text{mm})$$

显然，D_1 只能有正误差，不能有负误差，容许变化范围为 1391～1394mm。同样，D_2

只能有负误差，不能有正误差，容许变化范围为 1346～1348mm。

③ 护轨中间平直段轮缘槽 t_{g1}

如图 8-23 所示，护轨中间平直段轮缘槽 t_{g1} 应确保 D_1 不超出规定的容许范围，计算公式为

$$t_{g1} = S - D_1 - 2 \qquad (8\text{-}12)$$

式中   2mm——护轨侧面磨耗限度。

取 $S = 1435mm$，$D_1 = 1391～1394mm$，得 $t_{g1} = 39～42mm$，一般取 42mm。

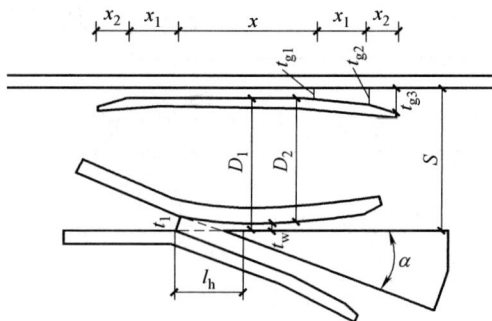

图 8-23 护轨尺寸

为使车轮轮缘能顺利进入护轨轮缘槽内，护轨平直段两端应分别设置缓冲段及开口段。终端轮缘槽 t_{g2} 应保证有和辙叉咽喉轮缘槽相同的通过条件，即 $t_{g2} = t_1 = 68mm$。在缓冲段的外端，再各设开口段，开口段终端轮缘槽 t_{g3} 应能保证线路轨距为最大允许值时，具有最小宽度的轮对能顺利通过，而不撞击护轨的终端开口，由此得

$$t_{g3} = 1456 - (1350 + 22 - 2) = 86mm$$

实际采用 $t_{g3} = 90mm$，用把钢轨头部向上斜切的方法得到。

护轨平直部分长 x，相当于辙叉咽喉起至叉心顶宽 50mm 处止，外加两侧各 $100～300mm$。缓冲段长 x_1 按两端轮缘槽宽计算确定，开口段长 $x_2 = 150mm$。

④ 辙叉翼轨平直段轮缘槽 t_w

根据图 8-23，辙叉翼轨平直段轮缘槽 t_w 应保证两查照间距不超出规定的容许范围，计算公式为

$$t_w = D_1 - D_2 \qquad (8\text{-}13)$$

采用不同的 D_1、D_2 组合，得到 t_w 的变化范围为 $43～48mm$。我国规定采用 46mm，从辙叉心轨尖端至心轨宽 50mm 处，t_w 均应保持此宽度。

辙叉翼轨轮缘槽也有过渡段与开口段，其终端轮缘槽宽度、缓冲段的转折角与护轨相同。辙叉翼轨各部分长度可比照护轨做相应的计算。

⑤ 有害空间 l_h

辙叉有害空间长度 l_h 可采用下式计算

$$l_h = \frac{t_1 + b_1}{\sin\alpha} \qquad (8\text{-}14)$$

式中 b_1——叉心实际尖端宽度，通常可取为 10mm。

因 α 很小，可近似地取 $\dfrac{1}{\sin\alpha} = \dfrac{1}{\tan\alpha} = \cot\alpha = N$，所以，式 (8-14) 可改写成

$$l_h \approx (t_1 + b_1)N \qquad (8\text{-}15)$$

取 $t_1 = 68mm$，$b_1 = 10mm$，则 9 号、12 号及 18 号道岔的有害空间分别为 702mm、936mm 及 1404mm。

(2) 可动心轨辙叉及护轨

可动心轨辙叉的主要几何形位有辙叉咽喉轮缘槽与翼轨端部轮缘槽。可动心轨辙叉与固定式辙叉不同，其咽喉宽度不能用最小轮背距和最小轮缘厚度进行计算，而应根据转辙机参数来决定。现有电动转辙机的动程为 152mm，调整密贴的调整杆的轴套摆度最小可达 90mm，因此，可动心轨辙叉咽喉的理论宽度 t_1 不应小于 90mm，且不大于 152mm。60kg/m 钢轨 12 号可动心轨辙叉中，这个数值采用 120mm。

翼轨端部的轮缘槽宽度 t_2 不应小于固定式的辙叉咽喉宽度（68mm），一般采用 $t_2 >$ 90mm。若可动心轨辙叉中设置有防磨护轨，护轨轮缘槽确定的原则为确保心轨不发生侧面磨耗而影响心轨与翼轨的密贴。

8.4　单开道岔的总布置图

道岔的设计一般分为两种情况。

第一种情况是给出钢轨类型、侧向容许通过速度、机车类型等条件进行道岔设计。这时必须按规定的容许离心加速度、加速度时变率及撞击动能损失的容许值来确定所需要的道岔号数、导曲线半径、各部分轨距，并进行整个道岔的设计。

第二种情况是在生产实际中大量遇到的情况，已知钢轨的类型和道岔号数、导曲线半径、转辙器类型、辙叉类型及长度，来计算道岔布置总图。本节将对这一情况进行介绍。

单开道岔总图计算，包括以下几项主要内容：道岔主要尺寸计算、配轨计算、导曲线支距的计算、各部分轨距的计算、岔枕布置、绘制道岔布置总图、提出材料数量表。

8.4.1　曲线尖轨、直线辙叉单开道岔的计算

（1）转辙器计算

曲线尖轨大多采用圆曲线型，其形式有切线型、半切线型、割线型和半割线型等，其中以半切线型尖轨最为常用，如图 8-24 所示。

半切线型尖轨曲线的理论起点与基本轨相切，在尖轨顶宽为 b_1 处（通常为 $20 \sim 40$mm）开始，将曲线改为切线，为避免尖轨尖端过于薄弱，在顶宽 $3 \sim 5$mm 处再做一斜边。这种形式的曲线尖轨的侧向行车条件较直线尖轨好，且尖轨比较牢固，加工也比较简单，是我国目前大号码道岔的标准尖轨形式。

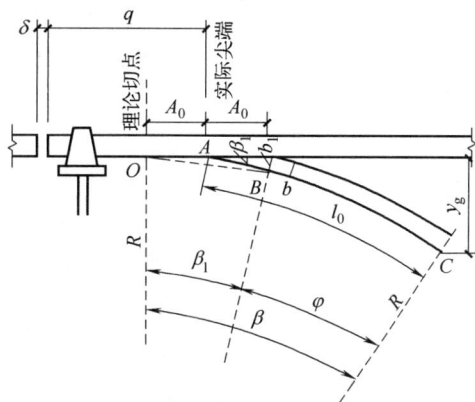

图 8-24　半切线型尖轨

曲线尖轨转辙器中的主要尺寸包括：曲线尖轨长度 l_0、直向尖轨长度 l_0'、基本轨前端长 q、基本轨后端长 q'、尖轨曲线半径 R、尖轨尖端角 β_1、尖轨转辙角 β 和尖轨根端支距 y_g。

尖轨曲线半径通常与导曲线半径相同，以保持转辙器与导曲线的容许通过速度一致，并使道岔全长较短。设侧股轨道中心线的半径为 R_0，则尖轨工作边的曲率半径为 $R = R_0 + 717.5$mm。

尖轨尖端角为导曲线实际起点的半径与垂直线的夹角，又叫始转辙角。由图 8-24 可得

$$\beta_1 = \arccos \frac{R - b_1}{R} \tag{8-16}$$

图 8-24 中 AB 线为 B 点的切线，理论切点 O 与 A、B 点所形成的三角形中，有 $OA = AB$，由于始转辙角极小，可近似认为尖轨实际尖端至理论起点的距离与尖轨实际尖端至尖轨顶宽 b_1 处的距离相等。则 A_0 可采用下式计算：

$$A_0 = R \tan \frac{\beta_1}{2} \tag{8-17}$$

基本轨前端长是道岔与连接线路或另一组道岔之间的过渡段。为使两组道岔对接时，道

岔侧线的理论顶点能设置在道岔前端接头处，尖轨尖端前部基本轨的长度 q 应不小于 $A_0 - \delta/2$（δ 为基本轨端部轨缝）。同时，q 值还应满足轨距递变的限值，即 $q \geqslant (S_0 - S)/i$，S_0 为尖轨尖端轨距值，S 为正常轨距值，i 为容许的轨距递变率，i 不应大于 $6‰$，q 值的长短还应考虑岔枕的布置。

然后计算曲线尖轨的长度，尖轨跟部所对的圆心角为 β，称转辙角，其值为

$$\beta = \arccos \frac{R - y_g}{R} \tag{8-18}$$

由图 8-24 可知，曲线尖轨的长度为

$$l_0 = AB + BC = A_0 + \frac{\pi}{180} R(\beta - \beta_1) \tag{8-19}$$

曲线尖轨扳开后，与基本轨之间所形成的最小轮缘槽的位置在尖轨中部的某个位置上，如图 8-25 所示，这个宽度应满足最小轮缘槽的要求。因此，所算得的尖轨长度还应根据该尖轨扳开时所形成的轮缘槽的宽度来进行调整。这时可变更尖轨跟端支距 y_g，重新计算 l_0，并校核轮缘槽宽度，直至符合要求。最小轮缘槽的计算公式见式（8-3）。

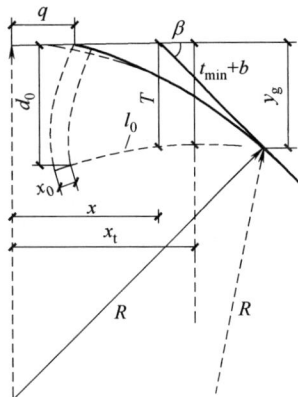

图 8-25 半切线型尖轨

设尖轨跟端支距为 y_g，尖轨转辙杆安装在离尖轨尖端 x_0 处，尖轨的动程为 d_0。尖轨扳开后，尖轨突出处距尖轨理论起点的距离为 x，这时该处尖轨工作边与基本轨工作边之间的距离为 T，根据图 8-25，利用曲边三角形的关系，有公式：

$$T \approx \frac{x^2}{2R} + \frac{d_0(l_0 + q - x)}{l_0 - x_0} + b \tag{8-20}$$

令 $\dfrac{dT}{dx} = 0$，则可得到尖轨最突出处距尖轨理论起点的距离 x_t 为

$$x_t = \frac{d_0 R}{l_0 - x_0} \tag{8-21}$$

因此尖轨非工作边与基本轨工作边之间的轮缘槽宽为

$$t_{min} = \frac{x_t^2}{2R} + \frac{d_0(l_0 + q - x_t)}{l_0 - x_0} \tag{8-22}$$

尖轨的长度还与跟部的构造有关。如尖轨跟部为间隔铁式，则 l_0 可按式（8-19）计算。如果是弹性可弯式跟部结构，则按公式求得的尖轨长度还需要增加 $1.0 \sim 2.0\,\text{m}$，作为尖轨跟部的固定部分。

转辙器的另一根尖轨为直尖轨。直尖轨以曲线尖轨实际尖端与跟端在水平方向的投影长作为其长度，这样可保持两尖轨的尖端及跟端对齐。直尖轨长 l_0' 为：

$$l_0' = A_0 + R(\sin\beta - \sin\beta_1) \tag{8-23}$$

基本轨后端长 q' 主要取决于尖轨跟端连接结构、岔枕布置及配轨要求。

如 $60\,\text{kg/m}$ 钢轨 12 号提速单开道岔（专线 4249）转辙器中采用的是半切线型尖轨，从尖轨顶宽 $30\,\text{mm}$ 处开始，将曲线改为切线，并在尖轨尖端顶宽 $3\,\text{mm}$ 处做补充刨切，使尖端藏于基本轨轨线以内。其主要尺寸的计算原理与切线尖轨是一致的，基本参数如下：

$R = 350717.5\,\text{mm}$，$q = 4391\,\text{mm}$，$b_1 = 30\,\text{mm}$，$b_2 = 3\,\text{mm}$，$y_g = 311\,\text{mm}$，$l_0 = 12400\,\text{mm}$，$l_0' = 12400\,\text{mm}$，尖轨尖端轨距加宽值为 $0\,\text{mm}$，导曲线理论起点离尖轨实际尖端为 $2361\,\text{mm}$，导曲线实际起点离尖轨实际尖端为 $2226\,\text{mm}$。尖轨尖端的详图及转辙器部位的主要尺寸如图 8-26 所示。

（2）锐角辙叉主要几何尺寸

锐角辙叉的主要尺寸包括趾距、跟距及辙叉全长。趾距影响道岔连接部分及配轨的长度，跟距决定道岔后端接头的位置，直接影响道岔的全长。

直线锐角辙叉的长度，应根据给定的钢轨类型、辙叉角或辙叉号数进行计算。首先，根据辙叉的构造要求，即根据我国夹板的孔型布置，能使各个夹板螺栓顺利穿入为控制条件，计算辙叉的容许最小长度，再按岔枕布置及护轨长度等条件进行调整，最后确定其采用值。我国铁路标准 9、12 及 18 号道岔直线辙叉的长度见表 8-2。如 60kg/m 钢轨 12 号提速道岔中锰钢固定式辙叉的长度是 $n = 2038\text{mm}$，$m = 3954\text{mm}$。

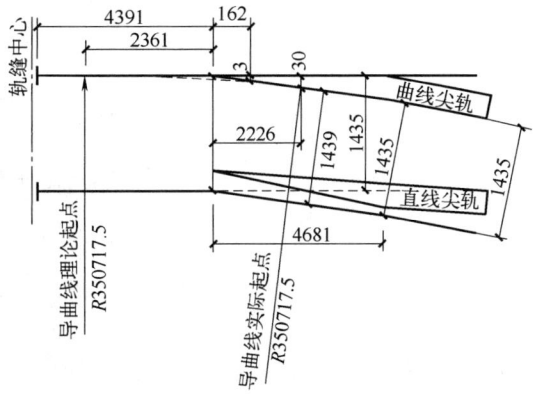

图 8-26　60kg/m 轨 12 号提速道岔
转辙器前端（单位：mm）

（3）道岔主要尺寸

半切线型尖轨、直线辙叉单开道岔的主要尺寸如图 8-27 所示，图中各项符号的意义如下：

道岔号数 N 或辙叉角 α，轨距 S，轨缝 δ，转辙角 β，尖轨长 l_0、l_0'，尖轨跟端支距 y_g，基本轨前端长 q，辙叉趾距 n，辙叉跟距 m，导曲线外轨半径 R，导曲线后插直线长 K。

O 点为道岔直股中心线与侧线辙叉部分中心线的交点，又称道岔中心。

需要计算的尺寸如下：

道岔前长 a（道岔前轨缝中心到道岔中心的距离），道岔后长 b（道岔中心到道岔后轨缝中心的距离）；

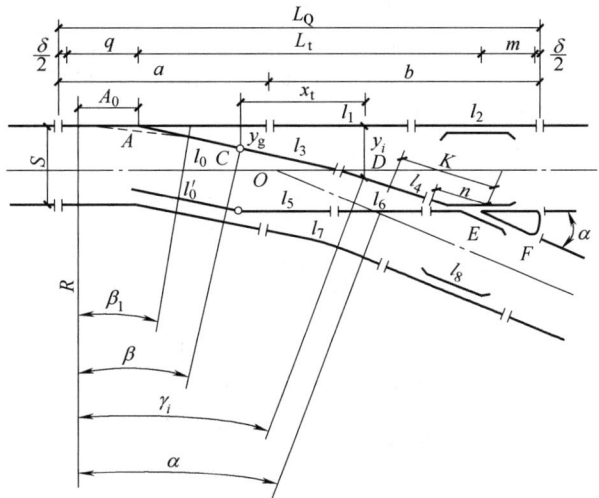

图 8-27　单开道岔总图

道岔理论全长 L_t（尖轨理论尖端至辙叉理论尖端的距离）；

道岔实际全长 L_Q（道岔前后轨缝中心之间的距离）；

导曲线后插直线长 K（当 R 为已知时）或导曲线外轨半径 R（当 K 已知时）。

导曲线后插直线段是为了减少车辆对辙叉的冲击作用，避免车轮与辙叉前接头相撞，而使辙叉两侧的护轨完全铺设在直线上，一般要求 K 长为 2～4m，最短不得小于辙叉趾距 n 加上夹板长度 l_H 的半数，即 $K_{min} \geqslant n + \dfrac{l_H}{2}$。

为求得道岔的有关数据，把侧线外股作用边 $ACDEF$ 投影到直股中线上，得

$$L_t = R\sin\alpha + K\cos\alpha - A_0 \tag{8-24}$$

再把它投影到直股中线的垂直线上，得

$$S = y_g + R(\cos\beta - \cos\alpha) + K\sin\alpha \tag{8-25}$$

由此得道岔各主要尺寸的计算公式为

$$K = \frac{S - R(\cos\beta - \cos\alpha) - y_g}{\sin\alpha} \tag{8-26}$$

或者

$$R = \frac{S - K\sin\alpha - y_g}{\cos\beta - \cos\alpha} \tag{8-27}$$

$$L_Q = q + L_t + m + \delta \tag{8-28}$$

$$b = \frac{S}{2\tan\frac{\alpha}{2}} + m + \frac{\delta}{2} \tag{8-29}$$

$$a = L_Q - b \tag{8-30}$$

【例 8-1】 图 8-28 所示为 60kg/m 钢轨 12 号提速道岔，采用曲线尖轨、固定型直线辙叉。$N = 12$，$R = 350717.5\text{mm}$，$n = 2038\text{mm}$，$m = 3954\text{mm}$，曲线尖轨长 $l_0 = 12400\text{mm}$，直线尖轨长 $l_0' = 12400\text{mm}$，基本轨前端长 $q = 4391\text{mm}$，$S = 1435\text{mm}$，跟端支距 $y_g = 311\text{mm}$，$\delta = 8\text{mm}$，导曲线理论起点离尖轨实际尖端 2361mm，导曲线实际起点离尖轨实际尖端 2226mm。试计算该道岔导曲线后插直线长、道岔理论全长、实际全长及道岔前长和后长。

解 有关计算结果如下：

$$\beta = 2°24'47'', \cos\beta = 0.9991132$$

$$\alpha = 4°45'49'', \cos\alpha = 0.99654580, \sin\alpha = 0.08304495$$

$$\tan\frac{\alpha}{2} = 0.0415931$$

$$K = \frac{S - R(\cos\beta - \cos\alpha) - y_g}{\sin\alpha}$$

$$= \frac{1435 - 350717.5 \times (0.9991132 - 0.99654580) - 311}{0.08304495} = 2692(\text{mm})$$

$$L_t = R\sin\alpha + K\cos\alpha - A_0$$

$$= 350717.5 \times 0.08304495 + 2692 \times 0.99654580 - 2361 = 29447(\text{mm})$$

$$L_Q = q + L_t + m + \delta = 4391 + 29447 + 3954 + 8 = 37800(\text{mm})$$

$$b = \frac{S}{2\tan\frac{\alpha}{2}} + m + \frac{\delta}{2} = \frac{1435}{2 \times 0.04159431} + 3954 + 4 = 21208(\text{mm})$$

$$a = L_Q - b = 37800 - 21208 = 16592(\text{mm})$$

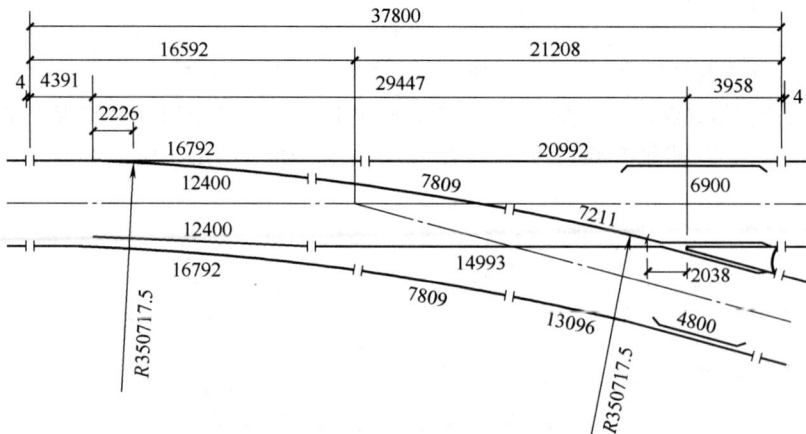

图 8-28　12 号固定型辙叉提速道岔平面主要尺寸（单位：mm）

（4）配轨计算

一组单开道岔，除转辙器、辙叉及护轨外，一般有 8 根连接轨，分 4 股，每股 2 根。所谓配轨就是计算这 8 根钢轨的长度并确定其接头的位置。

配轨时应考虑如下原则：

① 转辙器及辙叉的左右基本轨长度应尽可能一致，以减少基本轨备件的数量，并有利于左右开道岔的互换；

② 连接部分的钢轨不宜过短，小号码道岔一般不小于 4.5m，大号码道岔不小于 6.25m；

③ 配轨时应保证对接接头，并尽量使岔枕布置不发生困难，同时要考虑安装轨道电路绝缘接头的可能性；

④ 充分利用整轨、缩短轨、整轨的整分数倍的短轨，做到少锯切，少废弃，选用钢轨利用率高的方案。

单开道岔配轨计算公式为（见图 8-27）：

$$l_1 + l_2 = L_Q - l_j - 3\delta$$

$$l_3 + l_4 = \left(R + \frac{b_0}{2}\right)(\alpha - \beta)\frac{\pi}{180} + K - n - 3\delta$$

$$l_5 + l_6 = L_t - l_0' - n - 3\delta$$

$$l_7 + l_8 = q + A_0 - S_0\tan\beta_1 + \left(R - S - \frac{b_0}{2}\right)(\alpha - \beta_1)\frac{\pi}{180} + K + m - l_j - 2\delta$$

式中　b_0——钢轨轨头宽度；

　　　　S_0——尖轨尖端处的轨距；

$S_0\tan\beta_1$——曲线尖轨外轨起点超前内轨起点的距离；

　　　　l_j——基本轨的长度。

【例 8-2】　仍对 60kg/m 钢轨 12 号提速单开道岔进行计算，基本轨长 $l_j = 16792$mm，其他数据采用以上的计算结果。

解　　　　　$l_1 + l_2 = 37800 - 16792 - 3 \times 8 = 20984$（mm）

取　　　　$l_1 = 7809$mm，$l_2 = 13175$mm；或 $l_1 = 0$mm，$l_2 = 20992$mm

$l_3 + l_4 = (350717.5 + 35.4) \times 2.35056456° \times 0.01745329 + 2692 - 2038 - 3 \times 8 = 15020$（mm）

取　　　　　　　　$l_3 = 7809$mm，$l_4 = 7211$mm

$$l_5 + l_6 = 29447 - 12400 - 2038 - 3 \times 8 = 14985（mm）$$

取　　　　$l_5 = 7770$mm，$l_6 = 7215$mm；或 $l_5 = 0$mm，$l_6 = 14993$mm

$$\beta_1 = \arccos\frac{R - b_1}{R} = \arccos\frac{350717.5 - 30}{350717.5} = 0.749415437°$$

$$\tan\beta_1 = 0.013080513，\alpha - \beta_1 = 4.014226253°$$

$l_7 + l_8 = 4391 + 2226 - 1435 \times 0.0130805 + (350717.5 - 1435 - 35.4) \times 4.0142263°$

　　　　$\times 0.0174533 + 2692 + 3954 - 16792 - 2 \times 8 = 20905$（mm）

取　　　　　　　　$l_7 = 7809$mm，$l_8 = 13096$mm

（5）导曲线支距计算

导曲线支距计算已在前边作了介绍。现仍对 60kg/m 钢轨 12 号提速单开道岔进行计算。

【例 8-3】　已知的参数为：$\beta = 2°24'47''$，$\alpha = 4°45'49''$，$y_g = 311$mm。

解　支距计算起始点为 $x_0 = 0$mm，$y_0 = y_g = 311$mm。

支距计算终点坐标为：

$$x_n = R(\sin\gamma_n - \sin\beta) = 350717.5 \times (0.08304495 - 0.0421047) = 14359 \text{(mm)}$$
$$y_n = S - K\sin\alpha = 1435 - 2692 \times 0.08304495 = 1211 \text{(mm)}$$

其余各点支距可按式（8-6）及表8-5的格式进行计算。

8.4.2 直线尖轨转辙器的计算

直线尖轨、直线辙叉与上述的曲线尖轨、直线辙叉单开道岔的计算方法和步骤基本一致。在计算时需要考虑如下一些特点：

① 两根尖轨都是直线型的，因此冲击角、始转辙角和转辙角都是一样的，同时尖轨也比较短；

② 尖轨的跟部结构通常采用间隔铁鱼尾板式，尖轨非工作边与基本轨工作边之间的最小距离发生在尖轨辙跟处；

③ 一般在导曲线前设置前插直线 K，以减少车轮对尖轨辙跟的冲击；

④ 侧股线路的轨距加宽要比曲线尖轨的大。

8.4.3 可动心轨辙叉的计算

(1) 主要参数

可动心轨的主要参数有：心轨转换过程中不发生弯折的长度 l_1，弹性肢长 l_2，转辙机必需的扳动力 P，心轨角 β，第一、第二转辙杆处的心轨动程 t_1 和 t_2 等，如图8-29所示。

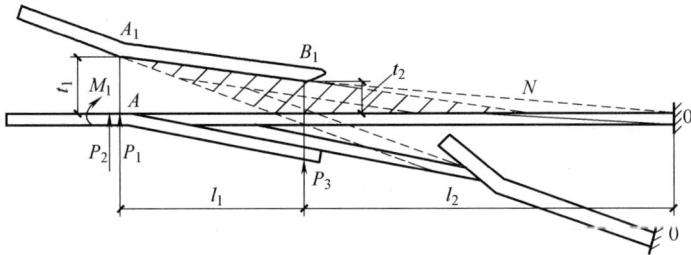

图8-29 可动心轨辙叉

在计算这些参数时，心轨 l_1 段为绝对刚体，l_2 段为弹性可弯的一端固定的梁，在第一、第二转辙杆处作用有 P_1 和 P_3 力。根据这样的力学模型便可得到这些参数的一系列计算公式。但是上述参数都是互相关联的未知量，无法直接计算出来。实用的工程方法是先假定某几个值，计算其他的量，从而得到一系列曲线。在此曲线上查找合适的数据，同时考虑构造上的要求及岔枕布置，最后定出合理的参数。

如果可动心轨只设一根转辙杆，其参数的选择主要取决于转辙设备的动程、功率的大小、心轨截面及可弯部分在心轨转换时的弯曲应力值。通常可根据经验，参照转辙器部分尖轨的转换条件进行选定。

(2) 心轨摆动部分的长度

心轨实际尖端至弹性可弯中心的一段（图8-29中的 AN）为心轨摆动部分。心轨摆动部分的长短与转辙机的扳动力及摆度、心轨危险截面的弯曲应力等因素有关。心轨摆动部分的长度加长，对上述各项指标有利。

(3) 辙叉趾距 n

可动心轨辙叉不能采用固定式辙叉趾端接头，因此，可动心轨辙叉的最小趾距不能按构造计算的方法确定，而只能按趾端的稳定性、道岔配轨、岔枕布置等因素确定。

(4) 辙叉跟距 m

辙叉跟距是指辙叉轨距线交点至辙叉跟端的距离。当叉跟不设置伸缩接头时，辙叉跟距指轨距线交点至心轨跟端的距离，这时

$$m_{\min} \geqslant L + l_1 + \frac{t_1}{2\tan\frac{\alpha}{2}} \tag{8-31}$$

式中　L——长心轨的尖端到可弯中心的距离；

　　　l_1——心轨可弯中心到辙叉跟端的距离，此值不应小于 2m；

　　　t_1——心轨尖端处的咽喉宽度。

复习思考题

8-1　道岔有什么功能？有哪些种类？

8-2　我国常用的道岔类型主要有哪几种？

8-3　什么是道岔号数？

8-4　单开道岔主要由哪几部分组成？各有什么作用？

8-5　画图表示单开道岔的构造，并标出道岔主要尺寸。

8-6　辙叉有哪几种类型？

8-7　单开道岔中需要考虑轨距加宽的部位有哪些？

8-8　何为辙叉咽喉、有害空间、查照间隔。

在线习题

第 8 章

第 9 章
无砟轨道

9.1 概述

无砟轨道是以混凝土或沥青混合料等取代散粒道砟道床而组成的轨道结构。无砟轨道结构的出现是为了解决传统有砟轨道结构稳定性差、维修工作量大的缺点，为高速度、高密度的铁路运输提供一种少维修、高可靠性、轨道结构轻、建筑高度低的轨道结构形式。

20 世纪 60 年代，世界各国开始研究无砟轨道，从室内试验、现场试铺到在高速铁路上的普遍推广，历经 60 余年，形成了具有各国特色的系列化、标准化产品。如日本新干线的板式，德国高速铁路的雷达（Rheda）型、博格（Bögl）型、旭普林（Züblin）型，英国的 PACT 型、英吉利海峡隧道的弹性支承块（LVT）式，法国的 STEDEF 型等。高速铁路采用无砟轨道结构形式已被很多国家接受。

我国对无砟轨道的研究始于 1956 年。1965 年开始在长大山岭隧道内推广应用混凝土整体道床，主要有支承块式、短木枕式、整体灌注式整体道床和沥青道床，以及桥上无砟、无枕轨道结构等。20 世纪 90 年代开始，为适应我国铁路高速行车和发展高速铁路的需要，针对高速铁路无砟轨道技术进行了试验研究，提出了几种高速铁路无砟轨道结构形式（板式、支承块式、轨枕埋入式等），先后在秦岭隧道铺设了弹性支承块式无砟轨道，在秦沈客运专线沙河、狗河、双河桥上及渝怀线鱼嘴 2 号隧道、赣龙线枫树排隧道内分别试验铺设了轨枕埋入式和板式无砟轨道，取得了成功的经验。

2004 年，在遂渝线开展了成区段无砟轨道综合试验。结合试验段工程系统，研究解决了不同类型无砟轨道结构、无砟轨道与谐振式轨道电路的适应性、路基沉降控制、测量控制、扣件、道岔、施工工艺、施工装备等关键技术问题。2006 年，在长期科学研究和试验成果积累及引进技术的基础上，在无砟轨道设计理论体系、结构设计、接口技术、工程材料、制造施工成套装备及工艺、质量控制、实车试验、长期观测和维修与养护技术等方面开展系统技术再创新，通过武广高铁武汉综合试验段和哈大高铁成高子严寒试验段的工程验证，形成了拥有自主知识产权并具有世界一流水平的无砟轨道成套技术。

9.1.1 无砟轨道主要技术特点

9.1.1.1 无砟轨道结构优点

① 轨道稳定性好，几何形位能持久保持，线路养护维修工作量显著减少。

无砟轨道维修工作量大大减小，被称为"省维修"轨道，为延长线路的维修周期以及客运专线列车的高密度、准点正常运行提供重要保障。

无砟轨道采用整体式轨下基础，与采用散粒体结构的有砟道床基础相比，在列车荷载作用下不会产生道砟颗粒磨耗、粉化、相对错位所引起的道床结构变形；在列车荷载反复作用下不会产生变形积累，使轨道几何尺寸的变化基本控制在轨下胶垫、扣件及钢轨的松动和磨损等因素之内，从而大大降低轨道几何状态变化的速率，减少养护维修工作量，延长维修周期和轨道使用寿命。

② 长波平顺性好，轨道弹性均衡稳定，可提高乘坐舒适度。

有砟轨道采用均一性较差的天然道砟材料，在列车荷载作用下其道床肩宽、砟肩堆高、道床边坡、轨枕间距及轨枕在道床中的支承状态相对易于变化，并导致轨道几何形变。

无砟轨道的下部基础、底座、道床板（或 CA 砂浆调整层）均为现场工业化浇筑；双块式轨枕、轨道板、微孔橡胶垫层、轨下胶垫、扣件、钢轨等均为工厂预制件或标准产品，可以保证其性能有较好的均一性。由此组成的轨道整体结构与有砟轨道相比具有更好的结构连续性和弹性均匀性，为提高轨道的平顺性、改善乘车质量提供了有利条件。

③ 耐久性好，轨道使用寿命长（60 年以上）。

无砟轨道结构中，作为无缝线路稳定性计算参数的轨道横向阻力、轨道纵向阻力不再依赖材质和状态多变的有砟道床，其整体式轨下基础可为无缝线路提供更高和更恒定的轨道纵、横向阻力，具有更好的耐久性和更长的使用寿命。

④ 横向阻力提高（有砟轨道为 12kN/枕，无砟轨道为 25kN/枕），可获得高运营安全性。

⑤ 结构高度低，自重轻，可降低隧道净空，减少桥梁二期恒载。

⑥ 通过少维修，提高线路使用率，减少对运输的干扰，从而减少事故隐患。

⑦ 道床整洁美观，避免道砟飞散带来的一系列问题。

我国秦沈客运专线在线路开通之前进行的行车试验表明：行车速度达到 250km/h 时，道心道砟出现飞溅现象，造成车辆转向架部分的车轴、制动缸等被道砟打击的现象（这种飞砟现象与线路开通前道砟表面细砟、粉尘较多也有一定关系）。根据法国 TGV 铁路的运营经验，有砟轨道在列车速度达到 350km/h 时，出现较严重的道砟飞溅现象。将速度降低到 320km/h 时，飞溅现象才有所改善。此外，在严寒冬季，冻结在车体下部的冰块融化时，冰块打在道砟上，溅起的道砟会打坏钢轨踏面。另外，在进行道床维修施工作业后，由于表层道砟松散，粉粒较多，也会产生飞砟，此时要求限速 170km/h 行车。法国 TGV 铁路在严寒多雪地区，为了防止下雪天因道砟表面裹雪被列车风吹起，曾采用过在道床表面喷洒乳胶和雪天降速运行等措施。

采用无砟轨道后，就可以完全免除道砟飞溅的隐患。

9.1.1.2　无砟轨道结构存在的问题

(1) 初期投资和综合效益问题

初期投资大。无砟轨道初期投资与有砟轨道初期投资的比例，日本一般在 1.3～1.5 之间；德国 Rheda 型无砟轨道一般在 1.5～1.7 之间。

无砟轨道相对于有砟轨道的经济效益仅能从有砟轨道需要增加的维修费用上计算得到。如果按无砟轨道结构寿命周期 60 年计算，一般在 10～12 年内可以实现收支平衡。

但是，影响无砟轨道初期投资和经济效益的因素比较多。由于无砟轨道建设和维修都没有达到自动化程度，无砟轨道质量需要高水平的施工技术及养护措施提供保障。另外，在路基上铺设时，路基处理深度也比有砟轨道深。

此外，现在有砟轨道结构的维修在很大程度上已实现了大型养路机械化和自动化。无砟轨道同样需要维修，如钢轨打磨等。尤其是结构一旦损坏可能引起线路关闭，其修复工作比较复杂，需要大量费用和时间，同时还应考虑无砟轨道达到寿命周期后高昂的再建费用。

所以，无砟轨道初期投资与经济效益是一个复杂的问题，必须结合工程实际进行分析。但是，可以肯定的是，隧道内的无砟轨道相对于有砟轨道具有良好的经济效益，桥上和路基上的无砟轨道经济效益往往较差。

（2）噪声问题

在高速铁路上，相对于有砟轨道来说，无砟轨道噪声水平要高5dB，传播范围比较大。一般来说，结构噪声在250～1000Hz频率范围内显著增加，空气噪声在无砟轨道表面未采取吸声措施时增大5dB。因此，必须采取有效降噪措施。

（3）轨道弹性问题

有砟轨道的弹性主要由道床提供，无砟轨道的弹性主要由扣件提供。由于有砟轨道道床的散粒体特点，保持纵向轨道弹性均匀性非常困难，而无砟轨道可以在扣件结构设计、材料选用和技术标准上严格要求，实现轨道弹性的均衡稳定，从而对扣件设计提出了更高的要求。

各类过渡段是影响纵向轨道弹性均匀性的重要因素。过渡段轨道弹性的差异将造成轨道变形的差异，形成较大的不平顺，对行车舒适性和轨道稳定性都有显著的影响，需要采取相应措施予以解决。

（4）与信号系统匹配问题

如果采用谐振式轨道电路，道床泄漏电阻以及无砟轨道钢筋网与轨道电路间的电磁作用对信号系统影响比较大，需要采取措施增大扣件绝缘电阻，减小钢筋网与轨道电路的感应电阻。

（5）修理与修复问题

无砟轨道作为刚性结构，在后期运营阶段仅允许少量的改善，如调整轨道几何状态，一般只能靠扣件来实现，当发生较大的变化时，调整不仅十分困难，而且要付出高昂的代价。特别是采用混凝土层的无砟轨道，达到承载强度极限时将产生断裂，轨道几何尺寸将发生急剧和难以预见的恶化。

无砟轨道严重损坏的修复代价也比较大。混凝土承载层无砟轨道由于混凝土的养护和硬化需要很长时间，修复时需要关闭线路时间比较长，对运输影响比较大。

9.1.2 无砟轨道的类型

无砟轨道的结构形式繁多，技术上也各有特点，目前国际上还没有统一的分类方法，但各种无砟轨道结构形式的主要区别在于：

① 是否保留轨枕。若有轨枕，支承轨枕的方式是埋入道床中、支承在道床板上还是嵌入道床板中；若无轨枕，道床板是预制还是现浇。

② 扣件支承方式为离散还是连续。

③ 道床板材料是混凝土还是沥青。

④ 道床纵向是连续的还是单元板式的。

我国高速铁路主要采用的轨道结构形式分类如图9-1所示。

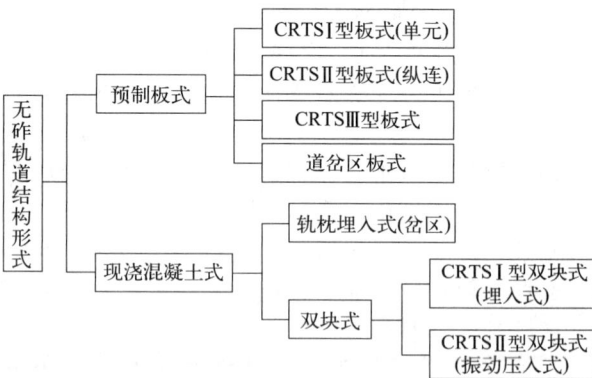

图 9-1 我国无砟轨道分类

9.2 板式无砟轨道结构

板式无砟轨道是一种由混凝土底座、CA砂浆层、轨道板、扣件和钢轨等部分组成的新型轨道结构。我国目前采用的板式无砟轨道主要包括CRTSI型、CRTSII型和CRTSIII型三种结构形式。

9.2.1　CRTSⅠ型板式无砟轨道

(1) CRTSⅠ型板式无砟轨道基本构造

CRTSⅠ型板式无砟轨道结构由钢轨、弹性扣件、轨道板、水泥乳化沥青砂浆充填层、底座、凸形挡台及其周围填充树脂等组成。预制轨道板通过水泥沥青砂浆调整层，铺设在现场浇筑的钢筋混凝土底座上，由凸形挡台限位。其有板与板之间不纵连，不设横向挡块的特点。图 9-2 为 CRTSⅠ型板式无砟轨道横断面图。图 9-3 为哈齐高铁采用的 CRTSⅠ型板式无砟轨道。

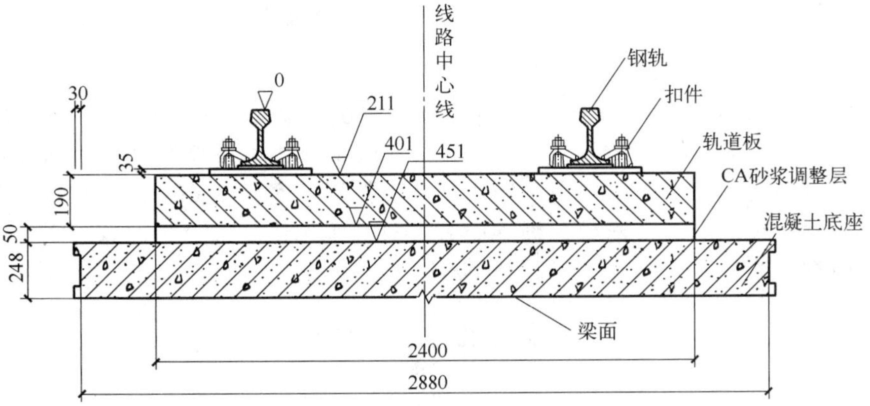

图 9-2　CRTSⅠ型板式无砟轨道横断面图（单位：mm）

(2) 结构及形式尺寸

CRTSⅠ型轨道板结构类型可分为预应力整体板（P）、预应力框架板（PF）和普通混凝土框架板（RF）。轨道板类型应根据环境条件和下部基础合理选用。

标准轨道板长度为 4962mm，宽度为 2400mm，厚度不小于 190mm。轨道板两端设半圆形缺口，半径宜为 300mm，每块轨道

图 9-3　哈齐高铁 CRTSⅠ型板式无砟轨道

板 8 个扣件节点，节点间距 629mm。轨道板外侧的底座顶面应设置横向排水坡。

水泥乳化沥青砂浆充填层厚度为 50mm，减振型板充填层厚度 40mm。水泥乳化沥青砂浆及原材料的性能应符合相关规定，采用袋装灌注法施工。

混凝土底座采用钢筋混凝土结构，混凝土强度等级为 C40。底座的外形尺寸根据设计荷载计算确定，曲线地段底座内侧厚度不应小于 100mm。

凸形挡台按固定于混凝土底座上的悬臂构件设计，形状分圆形和半圆形，半径为 260mm，高度 250mm，混凝土强度等级为 C40。凸形挡台和轨道板之间填充树脂材料，设计厚度为 40mm。填充树脂应采用袋装灌注法施工，其性能应符合相关规定。

(3) 路基地段 CRTSⅠ型板式无砟轨道

路基地段 CRTSⅠ型板式无砟轨道（图 9-4）结构高度 787mm，水泥乳化沥青砂浆充填层设计厚度 50mm。底座在基床表层上分段设置，每 2～4 块轨道板长度设置 20mm 伸缩缝，并绕过凸形挡台。底座伸缩缝及底座与线下结构间接缝用嵌缝材料填充。线路两侧及线间路基表面用沥青混凝土或 C25 素混凝土封闭。线间排水应结合线路纵坡、桥涵等线路条件具体设计。采用集水井方式时，集水井设置间隔应根据汇水面积和当地气象条件计算确定。严寒地区线间排水设计应考虑防冻措施。

第9章

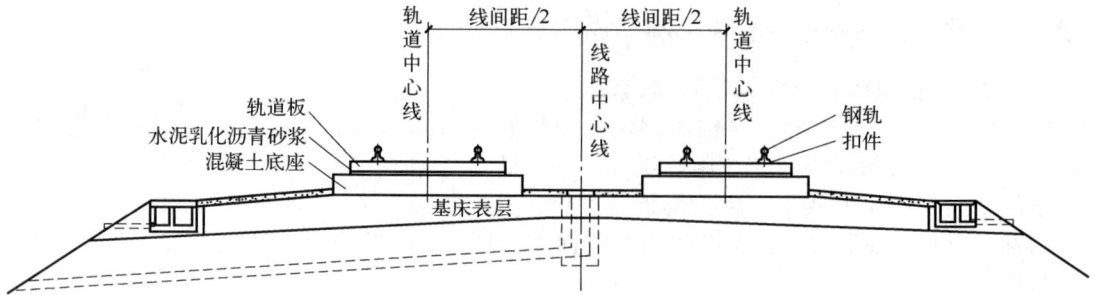

图 9-4　路基地段 CRTSⅠ型板式无砟轨道横断面示意图

（4）桥梁地段 CRTSⅠ型板式无砟轨道

桥梁地段 CRTSⅠ型板式无砟轨道（图 9-5）轨道结构高度 687mm，砂浆充填层设计厚度 50mm。桥上混凝土底座在梁面上分段设置，对应每块轨道板长度设置 20mm 伸缩缝，且与板缝间隔对齐。底座范围内梁面不设防水层和保护层，底座 2.6m 范围内的梁面应进行拉毛处理。通过梁体预埋套筒植筋或预埋钢筋方式与底座连接。桥上扣件纵向阻力及梁端扣件结构形式应根据计算确定。

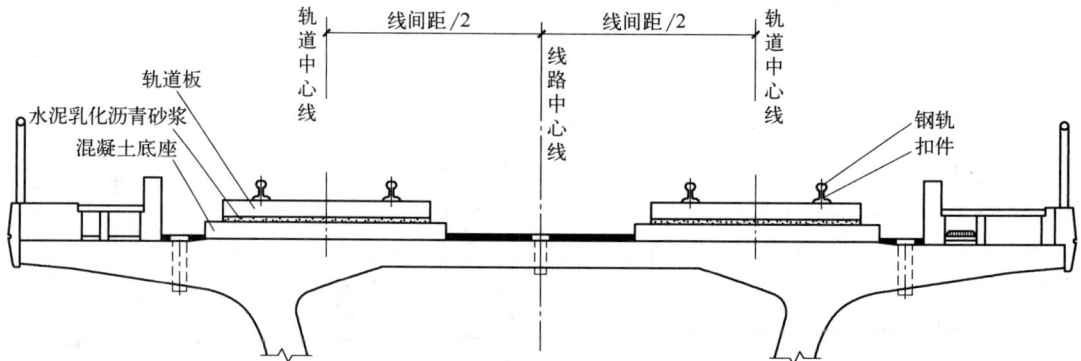

图 9-5　桥梁地段 CRTSⅠ型板式无砟轨道横断面示意图

（5）隧道地段 CRTSⅠ型板式无砟轨道

隧道地段 CRTSⅠ型板式无砟轨道（图 9-6）结构高度 687mm（无仰拱 845mm）。砂浆充填层设计厚度 50mm。底座在隧道基底上分段设置，每 2 块板单元设置 20mm 伸缩缝，伸缩缝与板缝间隔对齐且绕过凸形挡台，底座在隧道沉降缝位置，应设置伸缩缝。在底座宽度范围内，仰拱回填层表面应进行拉毛处理。无仰拱隧道底座与隧道底板应合并设置并连续铺设。当位于曲线地段时，超高一般在底座面上设置。

距隧道洞口 100m 范围内，基底与底座间设置连接钢筋。

9.2.2　CRTSⅡ型板式无砟轨道

（1）CRTSⅡ型板式无砟轨道基本构造

CRTSⅡ型板式无砟轨道是通过水泥乳化沥青砂浆调整层，将预制轨道板铺设在现场摊铺的混凝土支承层或现场浇筑的钢筋混凝土底座上，具有板与板之间纵连且没有横向挡块的结构特点。

CRTSⅡ型板式无砟轨道由钢轨、扣件、轨道板（6450mm×2550mm×200mm）、乳化沥青水泥砂浆调整层及下部支承体系（混凝土底座或水硬性支承层）等组成。

(a) 有仰拱隧道

(b) 无仰拱隧道

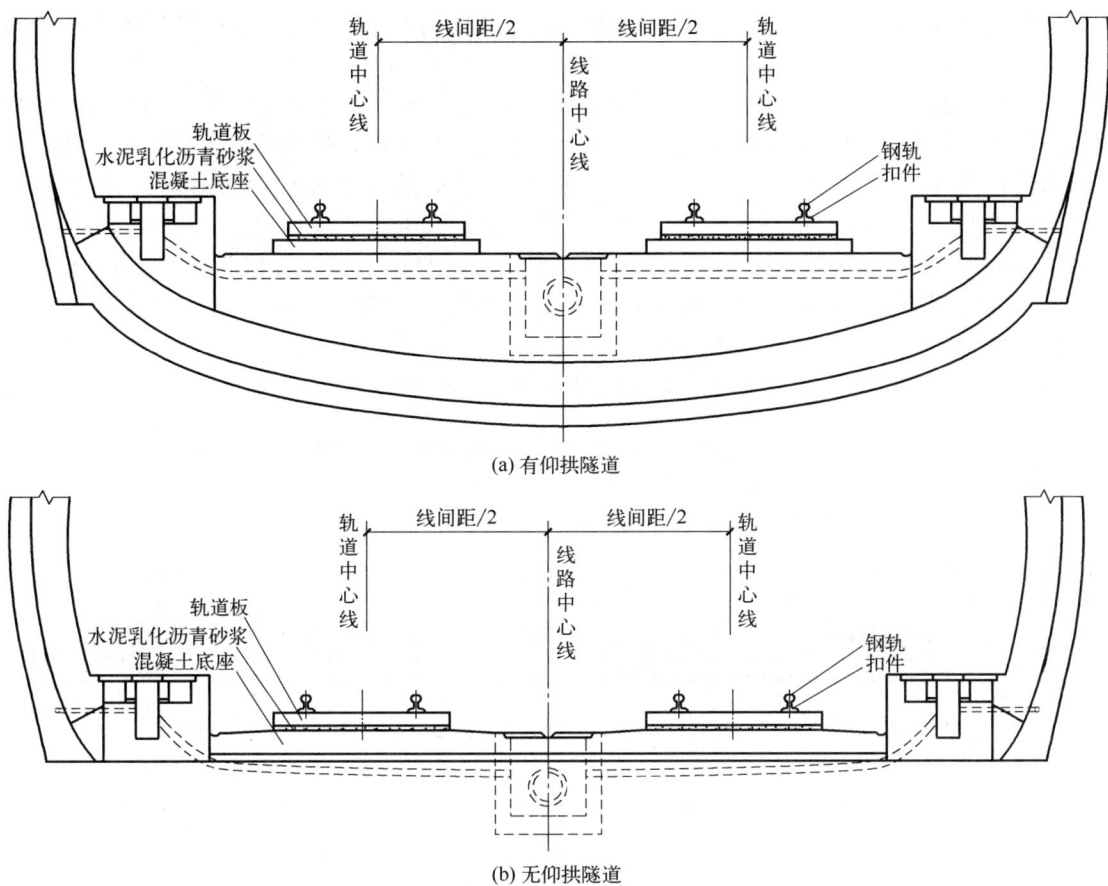

图 9-6　隧道地段 CRTS I 型板式无砟轨道横断面示意图

　　轨道板采用预应力混凝土结构,混凝土强度等级为 C55,轨道板上设承轨台,为有挡肩结构。采用弹性扣件,扣件节点间距为 0.65m,每块轨道板设置 20 组。板顶面设置深度 38mm、宽度小于 0.2mm 的预裂缝,相邻预裂缝间距离 0.65m。砂浆应与轨道板和支承层或底座板间填充 30mm 厚水泥乳化沥青调整层。

　　相邻轨道板端部通过张拉锁件将精轧螺纹钢筋连接在一起,接缝处设置横向钢筋笼,后浇筑混凝土填筑接缝,使轨道板形成纵连结构。

(2) 路基地段 CRTS II 型板式无砟轨道

　　CRTS II 型板式无砟轨道的标准断面如图 9-7 所示。为了将工后沉降控制在允许范围内,必要时应对地基进行加固处理。

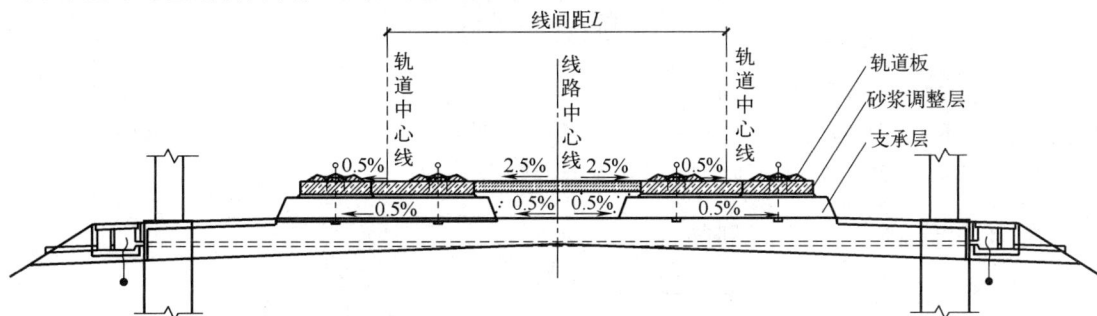

图 9-7　路基上 CRTS II 型板式无砟轨道横断面示意图

轨道结构高度（内轨轨顶面至支承层底面）为779mm，曲线超高在路基基床表层上设置。支承层顶面宽度2950mm、底面宽度3250mm、厚度300mm。

在路基上铺设轨道板（板间隔50mm），首先使用调高装置对轨道板进行调整和精确定位，再将轨道板与水硬性材料支承层之间的间隙进行密封处理，灌浆后密封灌浆孔。接下来进行轨道板的连接，先窄缝处灌浆，然后用张拉锁件连接张拉轨道板两端露出的螺纹钢筋，使接缝处始终处于压应力状态下，最后在宽接缝处浇筑混凝土，起到保护作用。

线间支承层间填筑级配碎石，顶面采用C25混凝土封闭，最小厚度为150mm。直线地段线间封层上用人字坡向线路两侧排水，曲线地段利用线间集水井排水。

（3）桥上 CRTSⅡ型板式无砟轨道

桥上 CRTSⅡ型板式无砟轨道的标准断面如图9-8所示。

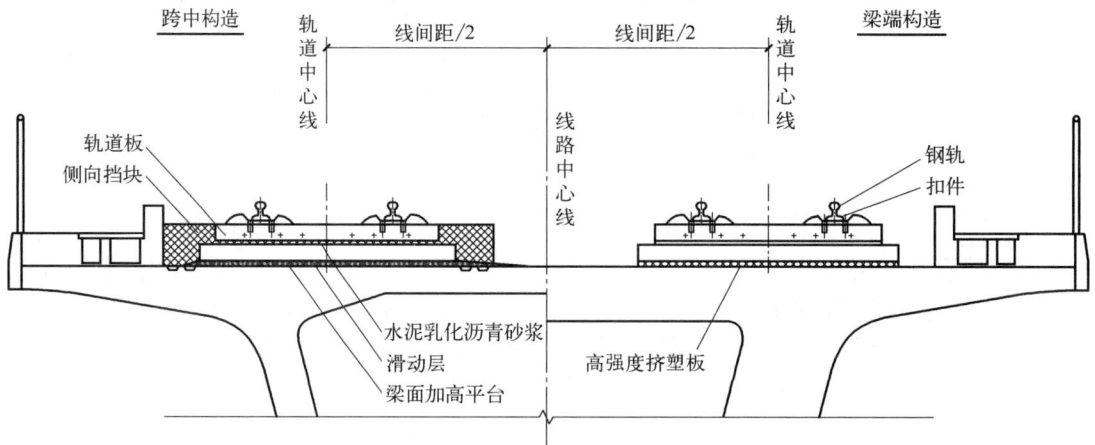

图9-8　桥上 CRTSⅡ型板式无砟轨道横断面示意图

轨道系统由钢轨、扣件、轨道板、砂浆充填层、连续底座板、滑动层、侧向挡块等部分组成。一般情况下，每孔梁固定支座上方设置剪力齿槽，梁缝处设置高强度挤塑板，台后路基上设置摩擦板、端刺及过渡板等结构。

图9-9为桥上 CRTSⅡ型板式无砟轨道现场施工图。

图9-9　桥上 CRTSⅡ型板式无砟轨道现场施工图

（4）隧道内 CRTSⅡ型板式无砟轨道

隧道内 CRTSⅡ型板式无砟轨道的标准断面如图9-10所示。轨道系统由钢轨、弹性扣件、预制轨道板、砂浆调整层及混凝土支承层等部分组成。

9.2.3　CRTSⅢ型板式无砟轨道

（1）CRTSⅢ型板式无砟轨道基本构造

CRTSⅢ型板式无砟轨道是在现浇的钢筋混凝土底座或混凝土支承层上铺装预留连接钢

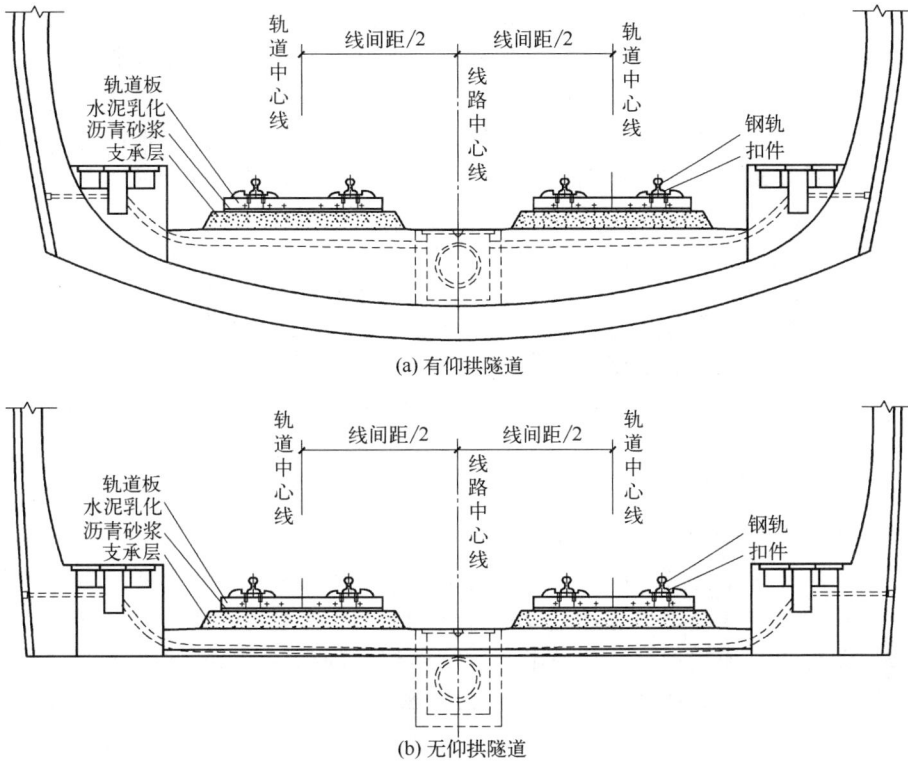

(a) 有仰拱隧道

(b) 无仰拱隧道

图 9-10　隧道内 CRTS Ⅱ 型板式无砟轨道标准断面示意图

筋的预制混凝土轨道板，中间设置自密实混凝土层的无砟轨道结构形式。图 9-11 为 CRTS Ⅲ 型板式无砟轨道结构。

CRTS Ⅲ 型无砟轨道主要由钢轨、扣件、轨道板、自密实混凝土填充层、隔离层、弹性缓冲层以及具有限位结构的钢筋混凝土底座等部分组成。路基、桥梁、隧道地段轨道结构高度分别为 842mm、742mm、742mm。

轨道板为带挡肩的双向预应力结构，混凝土强度等级为 C60，轨道板宽度 2500mm，厚度 210mm。标准轨道板长度分别为 5600mm、4925mm 和 4856mm。轨道板下设门形钢筋，自密实混凝土灌注后，通过门形钢筋使轨道板和自密实混凝土层连接成为一体，形成"复合板"结构。

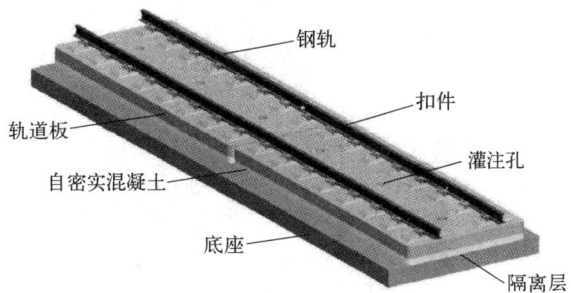

图 9-11　CRTS Ⅲ 型板式无砟轨道结构

自密实混凝土层为单元结构，长度和宽度同轨道板，厚 100mm，强度等级为 C40，配置单层 CRB550 级冷轧带肋钢筋焊网。每块轨道板范围内的自密实混凝土层设置两个凸台，与底座上设置的凹槽相互结合。

自密实混凝土层与底座间设置 4mm 或 2mm 厚的土工布隔离层。除凸台四周外，隔离层应覆盖自密实混凝土层范围，实现自密实混凝土层与底座的良好隔离。除底座凹槽处外，每块轨道板下的隔离层按一整块设置。

底座混凝土强度等级为 C40。底座内配置双层 CRB550 级冷轧带肋钢筋焊网或设置普通钢筋。底座对应自密实混凝土凸台位置设置凹槽。底座凹槽周围设置防裂钢筋。

(2) 路基地段 CRTSⅢ型板式无砟轨道

路基地段 CRTSⅢ型无砟轨道采用纵连板式轨道结构。在基床表层上铺底座支承层，底座宽度 3100mm，直线地段厚度 280mm。每 2～4 块轨道板范围对应底座为一个单元，单元间设置 20mm 伸缩缝，伸缩缝处设传力杆并填充聚乙烯泡沫塑料板，顶部采用聚氨酯材料密封。底座上铺设轨道板，轨道板与底座之间设置自密实混凝土层，如图 9-12 所示。

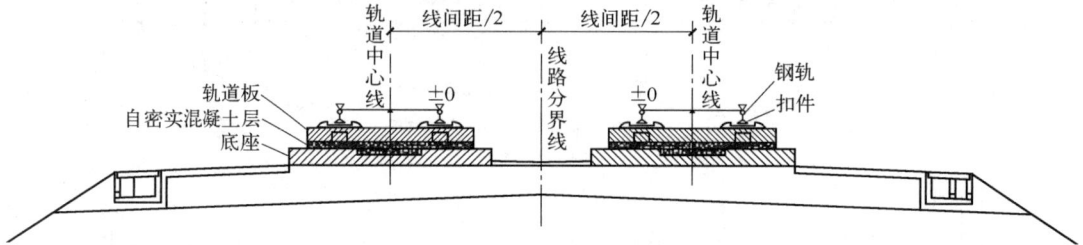

图 9-12 路基地段 CRTSⅢ型板式无砟轨道横断面示意图

(3) 桥上 CRTSⅢ型板式无砟轨道

桥上 CRTSⅢ型无砟轨道采用单元式轨道结构，轨道板采用与路基相同的外形尺寸。在桥面上设置钢筋混凝土底座，底座通过梁面预埋钢筋与梁连接在一起。底座上设置两个限位凹槽，限制轨道的纵、横向位移。底座隔离层与轨道板间灌注自密实混凝土作为调整层，形成复合板结构。为了方便养护维修，在底座与自密实混凝土层之间设置隔离层，如图 9-13 所示。

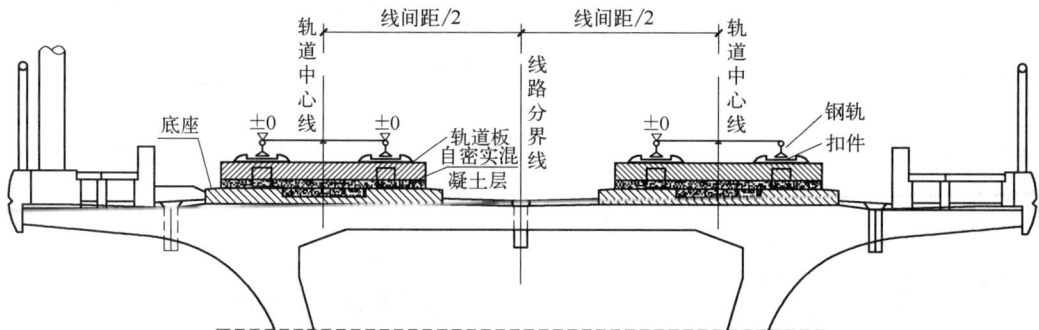

图 9-13 桥上 CRTSⅢ型板式无砟轨道横断面示意图

(4) 隧道内 CRTSⅢ型板式无砟轨道

隧道地段与桥梁地段相比，基础刚度相近，因此采用与桥梁地段相近的结构（图 9-14），

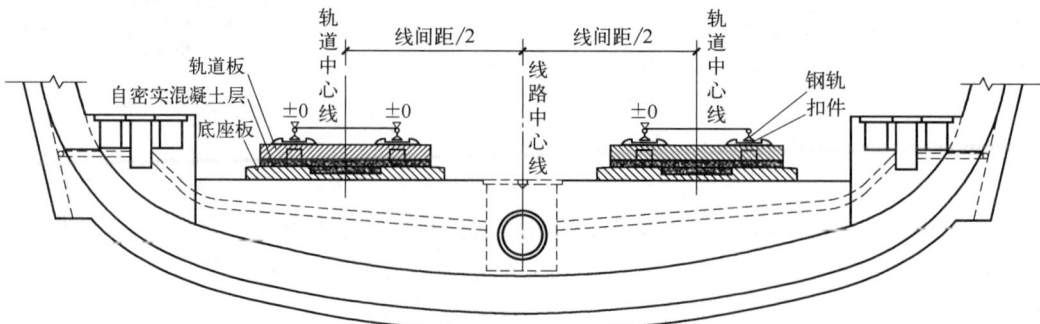

(a) 有仰拱隧道

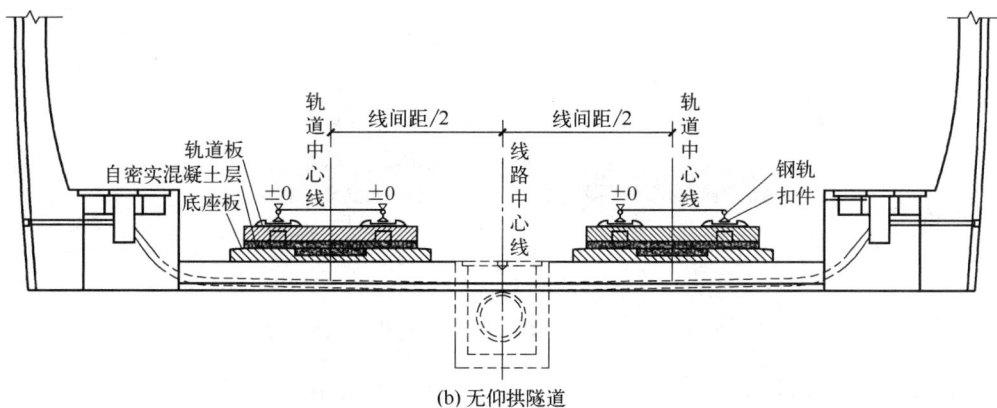

(b) 无仰拱隧道

图 9-14　隧道地段 CRTSⅢ型板式无砟轨道横断面示意图

轨道结构高度、轨道部件布置、超高设置均相同。由于隧道内温差较小，因此除隧道洞口200m 范围内设置底座与隧道底部连接钢筋外，隧道内其余地段不设预埋钢筋。

9.3　轨枕埋入式无砟轨道

9.3.1　CRTSⅠ型双块式无砟轨道

(1) CRTSⅠ型双块式无砟轨道基本构造

CRTSⅠ型双块式无砟轨道由钢轨、弹性扣件、双块式轨枕、道床板、底座板/支承层等组成，是将预制的双块式轨枕组装成轨排，以现场浇筑混凝土方式将轨枕浇入均匀连续的钢筋混凝土道床内的无砟轨道结构形式，如图 9-15 所示。

图 9-15　CRTSⅠ型双块式无砟轨道结构

双块式轨枕采用 C60 混凝土，混凝土抗冻性满足 F300 要求。双块式轨枕两个混凝土轨枕块用两组桁架连接，轨枕块内设置箍筋，箍筋与钢筋采用固定件定位。轨枕块内预埋套管周围设置螺旋钢筋，螺旋钢筋定位于套管上。

双块式轨枕根据匹配的扣件分为两种结构形式，即与 WJ-7 型扣件匹配的无挡肩轨枕SK-1 型，与 WJ-8 型扣件匹配的有挡肩轨枕 SK-2 型。

(2) 路基地段 CRTSⅠ型双块式无砟轨道

路基地段 CRTSⅠ型双块式无砟轨道如图 9-16 所示。

直线路基上轨道结构高度为 815mm。轨枕间距一般取 650mm，不宜小于 600mm。道

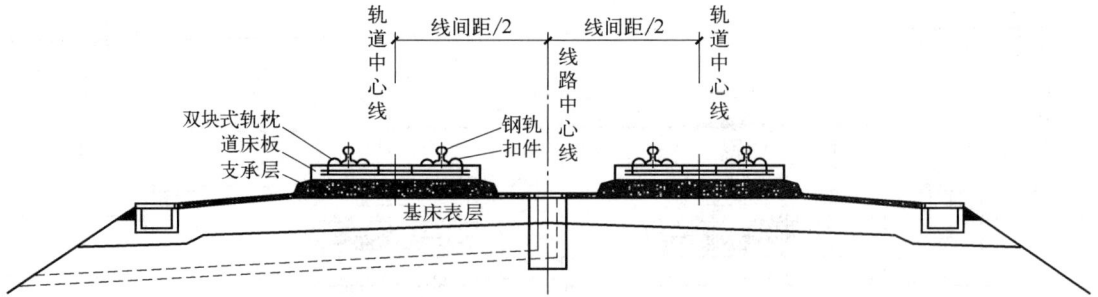

图 9-16　路基地段 CRTSⅠ型双块式无砟轨道横断面示意图

床板采用连续浇筑，宽度为 2800mm，厚度为 260mm，道床板内钢筋采用连续铺设，双层配筋。

在路基基床表层铺设水硬性支承层，困难条件下可采用 C15 混凝土支承层，支承层底面宽度为 3400mm，厚度为 300mm，支承层两侧设置 3：1 的斜坡；支承层应连续摊铺并每隔不大于 5m 设一深度约 105mm 的横向伸缩假缝；支承层浇筑完成后应在其道床板宽度内的表面进行拉毛。

为了加强道床板端部的稳定性，道床板端部设置两个端梁。端梁设置在轨枕正下方，并与道床板浇筑成一个整体。同时，在路基上连续道床板的起（终）点至第二个端梁向道床板中部方向 20m 范围内，在道床板下设置钢筋混凝土底座。两个端梁之间以及第二个端梁至道床板中部方向 20m 范围内的钢筋混凝土底座与道床板之间采用门形钢筋进行联结。

路基地段无砟轨道排水采用线间设置集水井或线间填充级配碎石方式，在直线地段的道床板需在道床板表面设置横向排水坡，以避免道床板表面积水。为了保证表面积水不进入路基基床表层，道床板侧面与封闭层间的纵向缝必须采用硅酮胶、聚氨酯等进行封闭。

曲线段超高在路基面上实现，曲线超高在缓和曲线范围内直线内插。

（3）桥梁地段 CRTSⅠ型双块式无砟轨道

桥梁地段 CRTSⅠ型双块式无砟轨道如图 9-17 所示，由钢轨、弹性扣件、双块式轨枕、道床板、隔离层、底座及凹槽周围弹性垫层等组成。

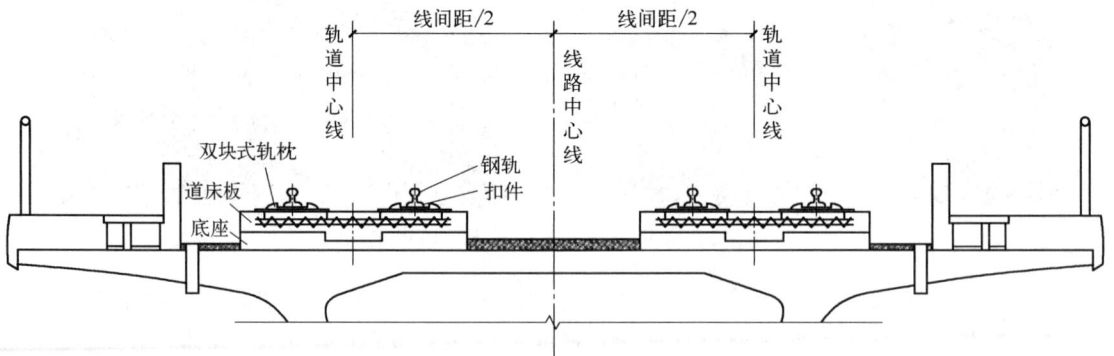

图 9-17　桥梁地段 CRTSⅠ型双块式无砟轨道横断面示意图

直线桥上轨道结构高度为 725mm。道床板采用分块浇筑，长度一般为 5.0～7.0m，相邻道床板及底座的间隔缝为 100mm，道床板采用双层配筋。混凝土底座直接浇筑在桥面上，并与桥面用预埋连接钢筋或预埋套筒连接，底座采用分块式结构，底座长度和宽度与道床板相同，高度为 210mm。道床板与底座之间设置聚丙烯土工布隔离层。

桥梁地段采用在桥梁两侧设泄水孔的两列排水方式。泄水孔的纵向位置位于道床板板缝的对应位置。在直线地段的道床板需在表面设置横向排水坡，以避免道床板表面积水。

（4）隧道地段 CRTS I 型双块式无砟轨道

隧道地段 CRTS I 型双块式无砟轨道由钢轨、弹性扣件、双块式轨枕、道床板等组成。如图 9-18 所示。

直线隧道内轨道结构高度为 515mm。道床板采用连续浇筑，道床板有距洞口 200m 范围内和距洞口大于 200m 的两种配筋方式。仰拱回填层或钢筋混凝土底座板表面需要进行拉毛处理，并在隧道进出口距离连续浇筑道床板端部 15m 的范围内，道床板与隧道仰拱回填层或钢筋混凝土底板间采用预埋钢筋或者销钉连接。

隧道内曲线超高设置在道床板上，采用外轨抬高方式。隧道内一般采用线间设排水沟槽、线路两侧设线路纵坡的排水方式。直线地段的道床板需在表面设置横向排水坡，以避免道床板表面积水。

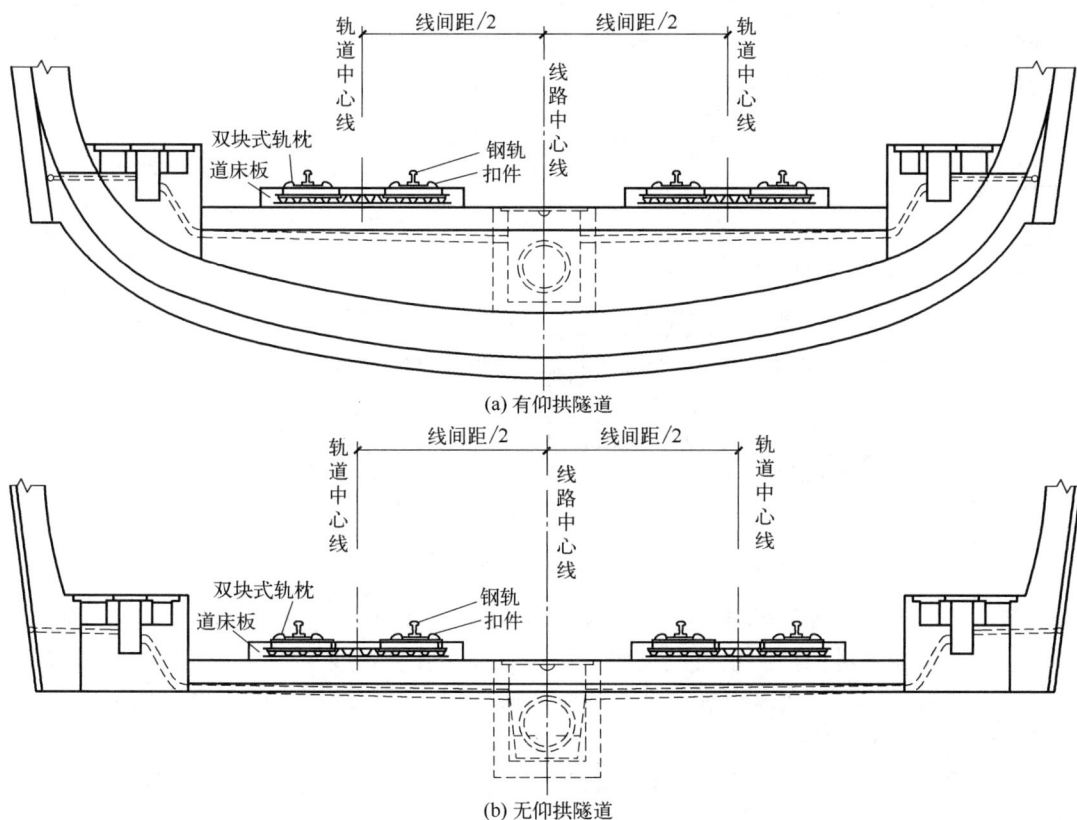

图 9-18　隧道地段 CRTS I 型双块式无砟轨道横断面示意图

9.3.2　CRTS II 型双块式无砟轨道

CRTS II 型双块式无砟轨道与 CRTS I 型双块式无砟轨道相似，由钢轨、扣件、双块式轨枕、道床板、支承层（路基地段）、底座和保护层（桥梁地段）组成，都是在水硬性混凝土支承层上铺设双块埋入式无砟轨道，但采用的施工工艺不同。其特点是以现场浇筑混凝土的方式，将预制的双块式轨枕通过机械振动嵌入均匀连续的钢筋混凝土道床内，如图 9-19 所示。

图 9-19　CRTSⅡ型双块式无砟轨道结构及施工图

9.3.3　弹性支承块式无砟轨道

弹性支承块式无砟轨道是在双块式轨枕（或两个独立支承块）的下部及周围设橡胶套靴，在块底与套靴间设橡胶弹性垫层，在双块式轨枕周围及下部灌注混凝土而成形的，为减振型轨道。弹性支承块式无砟轨道由钢轨、扣件、钢筋混凝土支承块、橡胶套靴、块下垫板、道床板等部分组成，如图 9-20 所示。

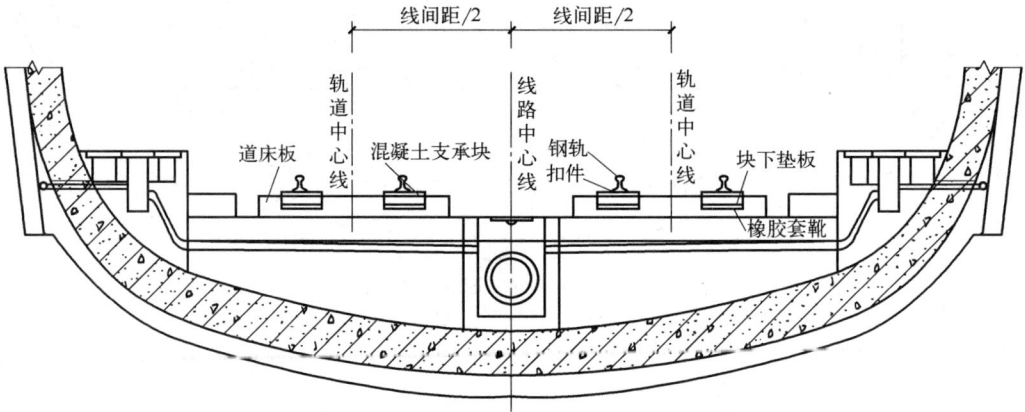

图 9-20　弹性支承块式无砟轨道横断面示意图

支承块混凝土强度等级不应低于 C50。道床板可为分块式或纵向连续式钢筋混凝土结构。道床板直接在隧道仰拱回填层或底板上构筑，并应在隧道变形缝处断开。道床板混凝土强度等级不应低于 C40。在道床板宽度范围内，仰拱回填层或底板表面应进行拉毛或凿毛处理。曲线超高宜在道床板上设置。

我国西康线秦岭隧道、兰新线乌鞘岭隧道内采用了弹性支承块式无砟轨道，现在使用状况良好。

9.4　道岔区无砟轨道结构

9.4.1　道岔区板式无砟轨道

9.4.1.1　结构组成

道岔用板式无砟轨道是满足道岔区列车运营安全性、平顺性、稳定性，及美观经济等要求的新型轨道结构形式。该轨道结构在桥上和路基上都可以应用，岔区板式无砟轨道结构组成如图 9-21 所示（以路基上结构为例），自上而下依次为：道岔钢轨件、扣件系统、预制混凝土道岔板、底座（自密实混凝土）、找平层等，轨道结构高度为 779mm（直股内轨顶至找平层底）。

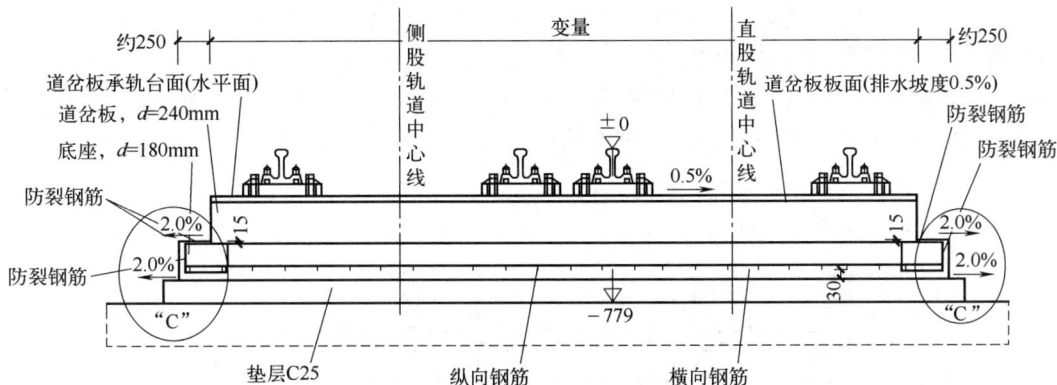

图 9-21　岔区板式无砟轨道结构示意图

(1) 道岔板

道岔板采用 C55 普通钢筋混凝土结构。道岔板受力结构钢筋分上下两层，层间距在 100～120mm 之间。在路基上，道岔板采用板底预设多排桁架钢筋与底座连接，同时道岔板底部保留粗糙面（或拉毛），使其与下部底座自密实混凝土牢固连接。

道岔板厚度为 240mm（包括承轨台高度 20mm）。道岔板的横向宽度沿线路纵向随着外侧钢轨的变化由小到大逐步变化。沿线路纵向，道岔板间连接缝宽度取 100mm。为方便现场制板和运输，在板的长、宽尺寸中，至少有一个尺寸不大于 3100mm。

(2) 底座

底座采用流动性较好的自密实混凝土，强度等级为 C40。底座厚度为 180mm，单侧横向宽度较相应的道岔板宽 250mm。突出的边缘向轨道系统外侧设置 2% 的排水坡，亦可以根据具体情况而定。

(3) 找平层

找平层混凝土强度等级为 C25，可不配筋，厚度为 130～200mm，单侧横向宽度较相应的底座宽 150mm。

(4) 门形桁架钢筋

道岔板板底预留门形桁架钢筋植入底座，从而将道岔板和底座连接为整体。通过道岔板和底座的黏结力、摩擦力以及门形桁架钢筋的抗剪作用来保证轨道结构的稳定。

在桥上使用时，在混凝土底座上进行道岔板状态精调，在道岔板和底座之间灌注充填层，在道岔板和底座钻孔，植入销钉，通过销钉的抗剪作用实现轨道结构的纵、横向限位。

9.4.1.2　结构特点

① 道岔板的结构高度低，现场施工简单，混凝土现浇量少，施工进度快。

② 道岔板与扣件连接的套管定位精度高，在现场施工时，钢轨精调效率高，所用的轨距调整块数少，调整快速，便于施工组织。

③ 在道岔板结构上应用套管预埋技术，这种方式具有结构稳定性好、保持力强等特点。

④ 岔区板式无砟轨道结构，路基上用门形钢筋，桥上用填充层加销钉的方式来进行道岔板的纵、横向限位，有效地增强了道岔板与下部结构的连接性能，提高了结构的强度和耐久性。

9.4.2 道岔区轨枕埋入式无砟轨道

9.4.2.1 结构组成

路基地段轨枕埋入式无砟轨道由道岔钢轨件、扣件、岔枕、钢筋混凝土道床板、底座或支承层组成，其结构图如图 9-22 所示。轨道结构高度 860mm，其中道床板上部结构高 560mm，底座厚 300mm。桥上轨枕埋入式无砟轨道由钢轨、扣件、岔枕、道床板、隔离层、底座及凹槽周围弹性垫层组成，轨道结构高度 710mm。

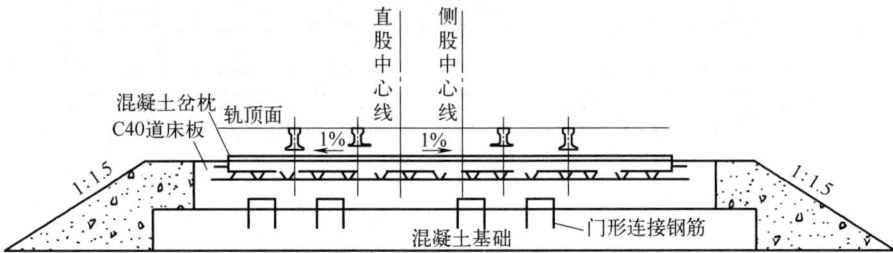

图 9-22　道岔区轨枕埋入式无砟轨道结构示意图

（1）混凝土岔枕

混凝土岔枕为梯形截面，内部设置有纵、横向普通钢筋和预应力钢筋。岔枕（图 9-23）承轨面不设轨底坡。道岔前后过渡段轨枕可采用 2.6m 岔枕。不同长度岔枕的截面及预应力配筋相同。

（2）道床板

道床板采用 C40 混凝土现场纵向连续浇筑而成。道床板内钢筋除接地钢筋纵横向交叉及搭接处采用焊接外，其余钢筋交叉或搭接处均采用绝缘卡绝缘。在道岔转辙机牵引点所在位置

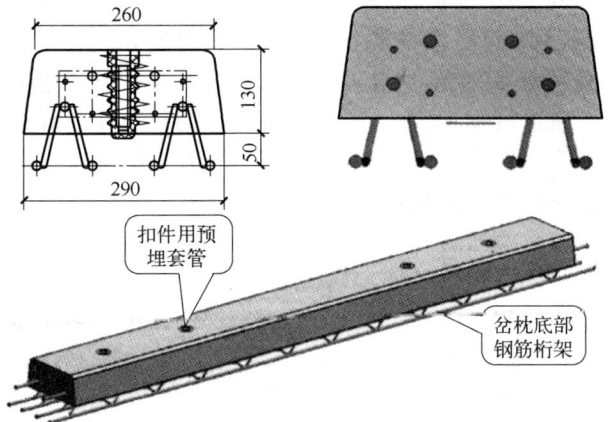

图 9-23　混凝土岔枕示意图

的道床板上设置横向贯通的拉杆槽，槽底距离钢轨底不得小于 225mm，槽宽按照岔枕间隔控制。道床板的宽度变化要尽量连续，使整个岔区道床板侧边顺畅、美观。道床板高度考虑线路排水的要求，设计有坡度。

（3）道床板下部基础

路基地段道床板下设置支承层，支承层厚 300mm，可采用水硬性混合料，也可采用低塑性混凝土。支承层纵向连续铺筑，每 5m 左右设置深度约为 105mm 的横向伸缩假缝，在气温高于 20℃条件下施工时，应每隔 4m 进行切缝，切缝应在支承层硬化前进行。

桥梁底座采用 C40 混凝土在桥面现场浇筑而成，通过植筋与桥面相连。底座分段长度与道床板一致，宽度比道床板两侧各宽 250mm。底座顶面水平，道床板外侧 250mm 范围内设 1‰横向排水坡。底座内钢筋按照绝缘设计，所有钢筋搭接及交叉处设置绝缘卡。

9.4.2.2 结构特点

① 无砟岔枕截面为梯形，内部设有纵、横向普通钢筋和预应力钢筋，其中非预应力钢筋侧面通过焊接 S 形连接筋与轨底的非预应力钢筋连接组成桁架结构。

② 无砟岔枕通过枕底的桁架钢筋、枕端部伸出钢筋以及转辙机位置岔枕侧面伸出的锚固钢筋等方式与混凝土道床、支承层（底座）构成轨道结构。

③ 无砟岔枕端角在竖向做成带圆弧的结构形式（图9-24），可改善预制岔枕与后灌注道床板混凝土之间新老结合问题，减小岔枕端部混凝土道床应力集中造成裂纹出现的可能。

④ 在无砟岔枕中预埋设施工套管，满足施工时调整轨道几何形位的要求。

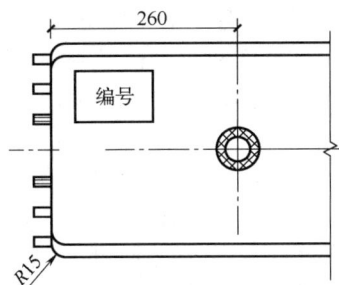

图 9-24　无砟岔枕端部圆角示意图（单位：mm）

9.5　无砟轨道扣件

无砟轨道基础刚度较大，不能像有砟轨道那样可进行起道拨道，因此对钢轨扣件提出了更高的要求。要求扣件必须有足够的扣压力，以确保钢轨与道床的可靠连接；具有一定的弹性，以缓冲列车荷载的冲击；具有一定的调整量，以调整高低、水平、方向和轨距。具体要求有：

① 具有较大的调整轨道几何形位的能力。轨道在使用过程中出现的轨距、轨向、高低等几何形位的改变一般只能通过扣件来调整。如高架上的无砟轨道，由于预应力混凝土梁的徐变上拱，调整轨面高低的能力就更为重要，如上海轨道交通 3 号线设计使用的扣件高低调整量为 +40mm，轨距调整量为 ±20mm。

② 应具有较大的弹性。为使无砟轨道与有砟轨道具有相当的弹性，通常要求扣件节点刚度在 50kN/mm 以下。而在减振降噪要求较高的地段，更需要采用特殊的轨道结构和高弹性扣件，如采用浮置板结构或进一步降低轨道结构的刚度。

③ 用于桥上和高架桥上的无砟轨道的扣件，其阻力应控制在一定范围内，以减小桥梁伸缩和挠曲对无缝线路长钢轨纵向力的影响。

④ 要求扣件具有良好的绝缘性能，结构简单，制造和维修方便，造价尽可能低廉。

无砟轨道上通常用的扣件有如下几种形式：普通型扣件、分开式扣件、小阻力扣件和减振型扣件。

9.5.1　WJ-1 型扣件

WJ-1 型扣件（图 9-25）为带铁垫板的弹性分开式扣件。由预埋于混凝土支承块中的塑料套管和锚固螺栓配合紧固铁垫板，铁垫板上设有 T 形螺栓座，扣压件采用弹片形式，由 T 形螺栓紧固弹片扣压钢轨，轨下使用粘贴不锈钢板的复合胶垫，铁垫板与承轨台间设置 5mm 厚的绝缘缓冲垫板。WJ-1 型扣件钢轨调高量 40mm，通过在铁垫板下和轨下垫入调高垫板实现。单股钢轨左右位置调整量 ±10mm，通过移动带有长圆孔的铁垫板来实现，为连续无级调整。弹片扣压件设计扣压力 4kN，前端弹程 7mm，T 形螺栓螺母扭矩 80N·m。

由于弹片扣压件工作时主要利用材料的弯曲变形性能，加工相对简易，造价也往往较低，但由于为螺栓紧固而开孔，在该部位容易出现应力集中，而且弯矩最大处恰恰是截面削弱最大处。在九江长江大桥上使用时也发现有弹片开裂现象，后来采取在弹片上附加一小弹片的措施以缓冲弹片在扣压件螺栓孔处的应力。

9.5.2　WJ-2 型扣件

针对上海市轨道交通明珠线和秦沈客运专线工程的需要，在 WJ-1 型小阻力弹性扣件基础上研制了 WJ-2 型小阻力弹性扣件（图 9-26）。WJ-2 型扣件按 60kg/m 钢轨设计，适用于要求钢轨高低和左右位置调整量大，并铺设焊接长钢轨的预应力混凝土梁的无砟轨道结构。这种小阻力扣件已铺设在秦沈客运专线部分桥梁的长枕埋入式无砟轨道结构上，经受了速度为 321km/h 的高速列车试验，性能良好。

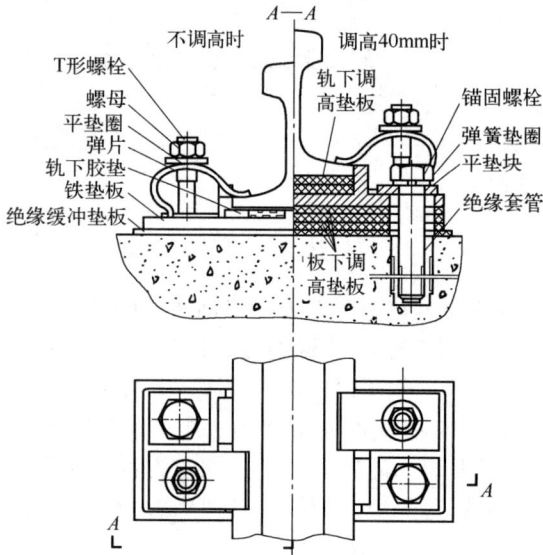

图 9-25　WJ-1 型扣件

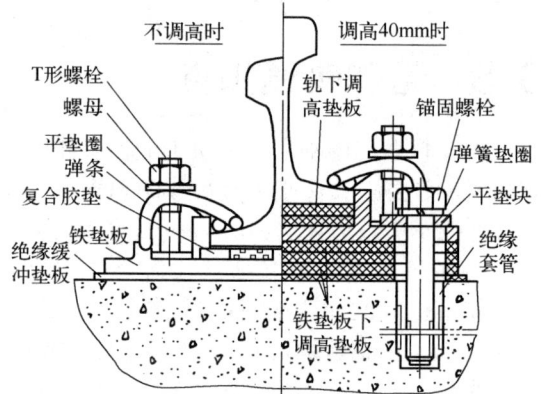

图 9-26　WJ-2 型扣件

该扣件结构与 WJ-1 型扣件相似，只是将弹片扣压件改为弹条扣压件。弹条扣压件工作时，既利用材料的弯曲变形性能，又利用材料的扭转变形性能（尤其是圆形截面弹条），因而弹性较好，同时基本上无截面削弱，材料利用效率较高。该弹条设计扣压力为 4kN，前端弹程为 11.5mm。以下是 WJ-2 型扣件主要设计参数及特点：

① 扣件调高量 40mm，钢轨高低调整通过在轨下、铁垫板下垫入调高垫板实现，轨下调整量 10mm，铁垫板下 30mm。

② 扣件左右位置调整量每轨 ±10mm，调整轨距通过移动带有长圆孔的铁垫板来实现，为连续无级调整。

③ 扣件设计最大承受横向力为 50kN（疲劳荷载），混凝土承轨台不设挡肩。

④ 铁垫板上设置 1：40 轨底坡。

⑤ 扣件节点刚度为 40～60kN/mm。

⑥ 扣件 T 形螺栓的螺母不采用松紧搭配方式布置，要求松紧程度一致，使扣件均匀受力，T 形螺栓的螺母扭矩为 90～100N·m。

⑦ 锚固螺栓拧紧扭矩为 300N·m。

⑧ 预埋绝缘套管抗拔力大于 100kN。

9.5.3　WJ-3 型扣件

WJ-3 型扣件（又称弹条Ⅱ型弹性分开式扣件）结构为带铁垫板的弹性分开式扣件，如图 9-27 所示。该结构在我国提速道岔和隧道整体道床轨道中广泛采用，其主要结构为：

① 钢轨与铁垫板间及铁垫板与基础间均设橡胶垫板，双层减振。

② 采用Ⅱ型弹条作为扣压件，扣压力 10kN，弹程 10mm；也可安装Ⅰ型扣件 B 型弹

条，扣压力 9kN，弹程 8mm。

③ 铁垫板上设 T 形螺栓插入铁座，通过拧紧 T 形螺栓的螺母而紧固弹条。

④ T 形螺栓插入铁座与钢轨间设置轨距块以调整轨距，轨距调整量为 $-8\sim+4$mm。

⑤ 铁垫板上开有螺栓孔，锚固螺栓与预先埋设于混凝土基础中的绝缘套管配合紧固铁垫板。

⑥ 螺栓与铁垫板间设置弹簧垫圈。

⑦ 钢轨高低调整通过在轨下及铁垫板下垫入调高垫板实现，轨下调整量 10mm，铁垫板下调整量 10mm，总计可调整量 20mm。

9.5.4　WJ-7 型扣件

遂渝铁路无砟轨道综合试验段采用的 WJ-7 型扣件即针对 250km/h 客运专线开发的扣件，其结构形式及实物如图 9-28 所示。

WJ-7 型扣件为有螺栓扣件，用于无挡肩的混凝土轨枕或轨道板式无砟轨道。扣件由 T 形螺栓、螺母、平垫圈、弹条、绝缘块、铁垫板、轨下垫板（橡胶垫板或复合垫板）、绝缘缓冲垫板、重型弹簧垫圈、平垫块、锚固螺栓和预埋套管组成。此外，为了钢轨高低位置调整的需要，还包括轨下调高垫板和铁垫板下调高垫板，其部件组成见图 9-29。

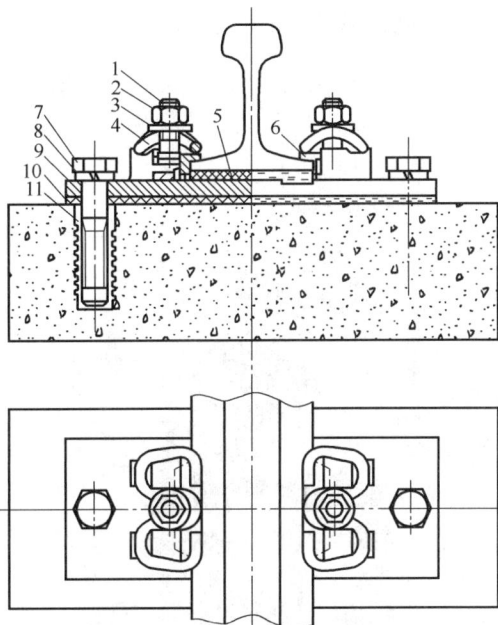

图 9-27　WJ-3 型扣件

1—T 形螺栓；2—螺母；3—平垫圈；4—弹条；
5—轨下胶垫；6—轨距块；7—锚固螺栓；
8—弹簧垫圈；9—铁垫板；
10—铁垫板下橡胶垫板；11—绝缘套管

图 9-28　WJ-7 型扣件结构

弹条分 W1 型和 X2 型两种，一般地段采用 W1 型（弹程 14mm），小阻力地段采用 X2 型（弹程 12mm）。W1 型弹条紧固扭矩为 $100\sim140$N·m，X2 型弹条紧固扭矩为 $70\sim90$N·m。锚固螺栓拧紧扭矩为 $300\sim350$N·m。

轨下垫板分 A、B 两类，每一类垫板又分橡胶垫板和复合垫板两种，一般地段采用橡胶垫板，小阻力地段采用复合垫板。A 类橡胶垫板和复合垫板的静刚度应为 $30\sim40$kN/mm，B 类橡胶垫板和复合垫板的静刚度应为 $20\sim30$kN/mm。其中 A 类弹性垫板仅限于既有已使用 A 类垫板的高速铁路维修时使用。

每组扣件（采用 W1 型弹条和橡胶垫板）钢轨纵向阻力不应小于 9kN，组装扣压力不应小于 18kN；小阻力配置时（采用 X2 型弹条和复合垫板）每组扣件钢轨纵向阻力为 4.0kN$\pm$1.0kN，组装扣压力不应小于 6kN。轨距调整量$\pm$12mm、钢轨高低调整量-4mm$\sim+26$mm。

9.5.5　WJ-8 型扣件

WJ-8 型扣件为有螺栓扣件，用于有挡肩的混凝土轨枕或轨道板式无砟轨道。扣件由螺旋道钉、平垫圈、弹条、绝缘轨距块、轨距挡板、轨下垫板（橡胶垫板或复合垫板）、铁垫板、铁垫板下弹性垫板和预埋套管组成，还包括轨下微调垫板和铁垫板下调高垫板，其扣件组成如图 9-30 所示。

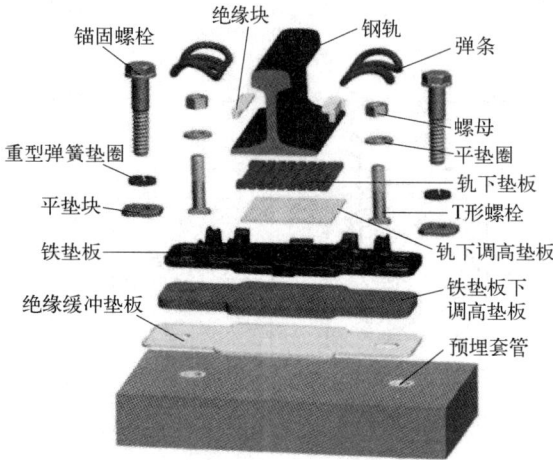

图 9-29　WJ-7 型扣件部件组成

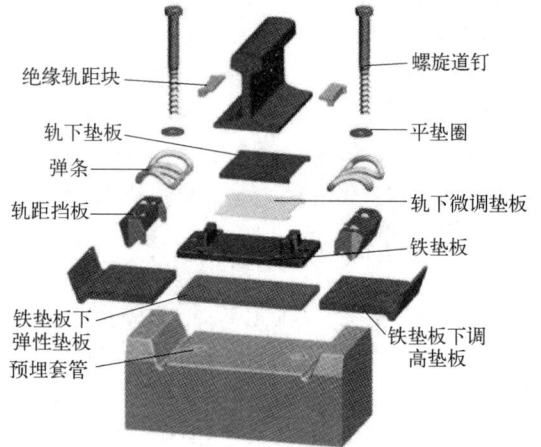

图 9-30　WJ-8 型扣件部件组成

弹条与 WJ-7 型扣件的 W1 型和 X2 型弹条相同。W1 型弹条紧固扭矩为 $140\sim180$N·m，X2 型弹条紧固扭矩为 $90\sim120$N·m。弹性垫板分 A、B 两类，A 类橡胶垫板和复合垫板的静刚度应为 $30\sim40$kN/mm，B 类橡胶垫板和复合垫板的静刚度应为 $20\sim26$kN/mm。A 类弹性垫板仅限于既有已使用 A 类垫板的高速铁路维修时使用。

每组扣件（采用 W1 型弹条和橡胶垫板）钢轨纵向阻力不应小于 9kN，组装扣压力不应小于 18kN；小阻力配置时（采用 X2 型弹条和复合垫板）每组扣件钢轨纵向阻力为 4.0kN±1.0kN，组装扣压力不应小于 6kN。轨距调整量 ±10mm、钢轨高低调整量 -4mm$\sim+26$mm。

9.5.6　弹性整体道床用弹性扣件

秦岭、乌鞘岭隧道整体道床采用弹性支承块式轨道结构，混凝土支承块周围设橡胶套靴，支承块底部设有缓冲减振垫层，为弹性整体道床结构。混凝土支承块上扣件结构为无挡肩不分开式弹性扣件，如图 9-31 所示。扣压件采用圆形截面的 ω 形弹条，钢轨与混凝土支承块间设橡胶垫板，固定螺栓的预埋铁座预埋在混凝土支承块中，用 T 形螺栓紧固弹条，轨距挡板起到支承弹条和调整轨距作用，绝缘轨距块既起绝缘作用又可调整轨距，该扣件可

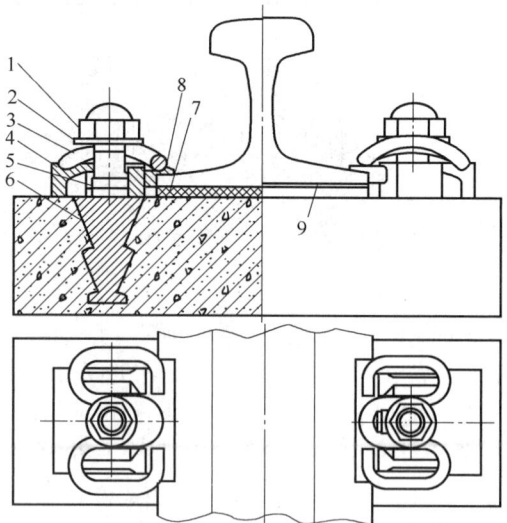

图 9-31　弹性整体道床用弹性扣件

1—盖形螺母；2—平垫圈；3—弹条；
4—轨距挡板；5—T 形螺栓；6—预埋铁座；
7—橡胶垫板；8—绝缘轨距块；9—调高垫板

承受横向力 60kN，钢轨调高量 10mm，轨距调整量为 $-12\sim+8$mm。

《铁路轨道设计规范》规定：

① 无砟轨道应采用与设计速度、轴重匹配的扣件，扣件应与无砟轨道结构接口协调。扣件技术性能应符合相关规定。

② 变形不易控制的特殊地质条件地段可采用调高量较大的弹性扣件，大跨度桥梁可根据无缝线路设计要求采用小阻力扣件，沿海或酸雨腐蚀严重的地区、隧道内应采用相应具有防腐蚀措施的扣件。

③ 无砟轨道扣件类型可根据运营条件及无砟轨道结构类型按表 9-1 选用。

表 9-1　我国常用无砟轨道扣件主要技术性能

铁路等级	无砟轨道结构类型	采用扣件类型
高速铁路	CRTS 双块式	WJ-7B、WJ-8B
	CRTS Ⅰ 型板式	WJ-7B
	CRTS Ⅱ 型板式	WJ-8
	CRTS Ⅲ 型板式	WJ-8B
城际铁路	CRTS 双块式	WJ-7B、WJ-8B
	CRTS Ⅰ 型板式	WJ-7B
	CRTS Ⅲ 型板式	WJ-8B
	弹性支承块式	弹性扣件
客货共线铁路 重载铁路	CRTS 双块式	WJ-7A、WJ-8A
	弹性支承块式	弹条Ⅶ型扣件 预埋铁座式扣件
	长枕埋入式	WJ-12 型扣件(重载) WJ-13 型扣件(客货共线)

注：新型及其他类型扣件应符合相关技术标准及准入规定。

复习思考题

9-1　无砟轨道有哪些类型？

9-2　无砟轨道的主要技术特点是什么？

9-3　什么是板式无砟轨道？

9-4　简述 CRTS Ⅰ 型和 Ⅱ 型板式无砟轨道的系统结构组成。

9-5　简述 CRTS Ⅰ 型和 Ⅱ 型双块式无砟轨道的系统结构组成及主要区别。

9-6　对无砟轨道的扣件有哪些具体要求？

9-7　我国无砟轨道采用的扣件系统主要有哪些？

在线习题

第 10 章
无缝线路

10.1 概述

10.1.1 铺设无缝线路的意义

　　无缝线路是指把定尺长钢轨连续焊接或胶接超过两个伸缩区长度的轨道，又称焊接长钢轨线路。无缝线路被公认为是 20 世纪轨道结构最突出的改进与创新。

　　在普通线路上，钢轨接头是轨道的薄弱环节之一，由于接缝的存在，列车通过时会发生冲击和振动，并伴随打击噪声，冲击力可达非接头区的 3 倍以上。接头冲击力影响行车的平稳和旅客的舒适，并促使道床破坏、线路状态恶化、钢轨及联结零件的使用寿命缩短、维修劳动及费用增加。养护线路接头区的费用占养护总经费的 35％以上；钢轨因轨端损坏而抽换的数量较其他部位高 2～3 倍；重伤钢轨 60％发生在接头区。随着列车轴重、行车速度和密度的不断增长，上述缺点更加突出，更不能适应现代高速重载运输的需要。

　　为了改善钢轨接头的工作状态，人们从 20 世纪 30 年代开始至今，一直致力于这方面的研究与实践，采用各种方法把钢轨焊接起来构成无缝线路。这中间首先遇到了接头焊接质量问题；其次是长轨在列车动力和温度力共同作用下的强度和稳定问题；还有无缝线路设计、长轨运输、铺设施工、养护维修等一系列理论和技术问题。随着上述一系列问题的逐步解决，无缝线路在世界各国得到广泛的应用。无缝线路由于消灭了大量的接头，因而具有行车平稳、旅客舒适，同时机车车辆和轨道的维修费用减少、使用寿命延长等一系列优点。有资料表明，从节约劳动力和延长设备寿命方面计算，无缝线路比有缝线路可节约维修费用30％～70％。图 10-1 为换铺无缝线路现场。

图 10-1　换铺无缝线路现场

10.1.2 无缝线路的类型

　　无缝线路根据钢轨内部温度应力处理方式的不同，可分为温度应力式和放散温度应力式两种类型。

　　温度应力式无缝线路是由一根焊接长钢轨及其两端 2～4 根标准轨组成的，并采用普通接头的形式。无缝线路铺设锁定后，焊接长钢轨因受线路纵向阻力的抵抗，两端自由伸缩受到一定的限制，中间部分完全不能伸缩，因而在钢轨内部产生很大的温度应力，其值随轨温变化而异。温度应力式无缝线路结构简单，铺设、维修方便，因而得到了广泛应用。对于直线轨道，铺设 50kg/m 和 60kg/m 钢轨，每公里配置 1840 根混凝土枕时，铺设温度应力式无缝线路允许的轨温差分别为 100℃ 和 108℃。

放散温度应力式无缝线路，又分为自动放散式和定期放散式两种，适用于年轨温差较大的地区。自动放散式为了消除和减少钢轨内部的温度力，允许长轨条自由伸缩，在长轨两端设置了钢轨伸缩接头，为了防止钢轨爬行，在长轨中部使用了特制的中间扣件。但结构复杂，已不使用。定期放散式无缝线路的结构形式与温度应力式相同。根据当地轨温条件，把钢轨内部的温度应力每年春、秋两季调整放散 1～2 次。放散时，封闭线路，松开焊接长钢轨的全部扣件，使它自由伸缩，放散内部温度应力，应用更换缓冲区不同长度调节轨的办法，保持必要的轨缝。每次放散应力需耗费大量人力，作业很不方便。放散温度应力式无缝线路曾在苏联和我国年温差较大的地区试用，目前已不使用。

现今世界各国主要采用温度应力式无缝线路，以下简称无缝线路，本章也主要介绍温度应力式无缝线路。

根据无缝线路铺设位置、设计要求的不同，可分为路基无缝线路（有砟或无砟轨道）、桥上无缝线路、岔区无缝线路等；根据无缝线路轨条长度、是否跨越车站，可分为普通无缝线路、全区间无缝线路和跨区间无缝线路；根据长钢轨接头的连接形式，可分为焊接无缝线路和冻结无缝线路（又称为"准无缝线路"）。

10.2　无缝线路纵向受力分析

10.2.1　线路纵向阻力

无缝线路纵向阻力包括接头阻力、扣件阻力及道床纵向阻力。

(1) 接头阻力

钢轨两端接头处由钢轨夹板通过螺栓拧紧产生阻止钢轨纵向位移的阻力，称接头阻力。接头阻力由钢轨夹板间的摩阻力和螺栓的抗剪力提供。为了安全，我国接头阻力 P_H 仅考虑钢轨与夹板间的摩阻力。

$$P_H = nS$$

式中　S——钢轨与夹板间对应一枚螺栓的摩阻力；

　　　n——接头一端的螺栓数。

摩阻力的大小主要取决于螺栓拧紧后的张拉力 P 和钢轨与夹板之间的摩擦系数 f。图 10-2 为夹板的受力情况。

接头螺栓拧紧后产生的张拉力 P 在夹板的上、下接触面产生分力。图 10-2 中 T 为水平分力；N 为法向分力，它垂直于夹板的接触面；R 为 N 与 T 的合力，它与 N 的夹角等于摩擦角 φ。

由图 10-2 可知，$T = P/2$，则有：

$$R = \frac{P}{2\cos\theta} = \frac{P}{2\sin(\alpha+\varphi)}$$

式中　P——一枚螺栓拧紧后的张拉力，kN；

　　　α——夹板接触面的倾角，$\tan\alpha = i$；

　　　i——轨底顶面接触面斜率，对于 50kg/m、75kg/m 钢轨，$i = 1/4$，对于 43kg/m、

60kg/m 钢轨，$i=1/3$。

当钢轨发生位移时，夹板与钢轨接触面之间将产生摩阻力 F，F 将阻止钢轨的位移。

$$F=Nf=Rf\cos\varphi=\frac{Pf}{2\sin(\alpha+\varphi)}\cos\varphi$$

一枚螺栓对应有四个接触面，其上所产生的摩阻力之和 S 为

$$S=4F=\frac{2Pf}{\sin(\alpha+\varphi)}\cos\varphi \tag{10-1}$$

接头一端有三枚螺栓，因此接头阻力 P_H 应为

$$P_H=3S=\frac{6f\cos\varphi}{\sin(\alpha+\varphi)}P$$

图 10-2　夹板受力图

对应于一枚螺栓所提供的摩阻力可作如下分析：钢的摩擦系数一般为 0.25，而 $f=\tan\varphi$，则有 $\varphi=\arctan0.25$；又有 $\alpha=\arctan i$。将以上相应值代入式（10-1），可得 50kg/m、75kg/m 钢轨：

$$S=1.03P$$

43kg/m、60kg/m 钢轨：

$$S=0.90P$$

以上分析表明，一枚螺栓的张拉力接近它所产生的接头阻力。在此情况下，接头阻力 P_H 的表达式，可写成

$$P_H=nP \tag{10-2}$$

式中　P_H——接头阻力，kN；

P——一枚螺栓的张拉力，kN；

n——接头一端螺栓枚数，我国铁路 $n=3$。

接头阻力与螺栓材质、直径、拧紧程度和夹板孔数有关。在其他条件均相同的情况下，螺栓的拧紧程度是保持接头阻力的关键。扭矩 T 与螺栓拉力的关系可用经验公式表示为

$$T=KDP$$

式中　T——拧紧螺帽时的扭矩，N·m；

K——扭矩系数，$K=0.18\sim0.24$；

P——螺栓拉力，kN；

D——螺栓直径，mm。

列车通过钢轨接头时产生的振动，会使扭矩下降，进而降低接头阻力值。根据国内外资料，接头阻力值可降低到静力测定值的 40%～50%。所以，定期检查扭矩，重新拧紧螺帽，保证接头阻力值在长期运营过程中保持不变是一项十分重要的措施。《修规》规定无缝线路钢轨接头必须采用不低于 10.9 级螺栓，扭矩应保持在 700～1100N·m。表 10-1 所示为计算时采用的接头阻力值。

表 10-1　接头阻力 P_H 　　　　　　　　　　　　单位：kN

扭矩/(N·m)	300	400	500	600	700	800	900	1 000
43kg/m 钢轨，$\phi22$mm 螺栓	140	180	220	260	—		—	—
50kg/m 钢轨，$\phi24$mm 螺栓	150	200	250	300	370	430	490	—
60kg/m 钢轨，$\phi24$mm 螺栓	130	180	230	280	340 (390)	400 (450)	460 (510)	(570)

注：在年轨温差大于或接近 90℃ 地区的 60kg/m 钢轨无缝线路缓冲区，为能按标准预留轨缝，可采用表中括号内的 P_H 值。

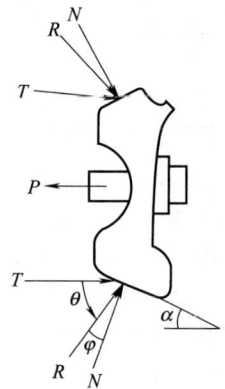

(2) 扣件阻力

中间扣件和防爬设备抵抗钢轨沿轨枕面纵向位移的阻力，称扣件阻力。扣件阻力由钢轨与轨枕垫板面之间的摩阻力和扣压件与轨底扣着面之间的摩阻力组成。为了防止钢轨爬行，要求扣件阻力必须大于道床的纵向阻力。

摩阻力的大小取决于扣件扣压力和摩擦系数，扣压力的大小则取决于扣件扭矩的大小。为此《修规》规定：扣板扣件扭矩保持在 $80\sim140$N·m；弹条扣件扭矩保持在 $80\sim150$N·m，基本能够满足无缝线路铺设要求。不同扣件阻力，计算时建议按表 10-2 取值。

表 10-2　扣件阻力值　　　　　　　　　　　单位：kN

扣件类型	弹条 I 型扣件	弹条 II 型扣件	弹条 III 型扣件	扣板式扣件	K 形扣件	防爬器
一个扣件节点的阻力/kN	9	9.3	16	4	7.5	15
扭矩/(N·m)	$80\sim150$	$80\sim150$	—	—	$100\sim140$	—

(3) 道床纵向阻力

道床纵向阻力系指道床抵抗轨道框架纵向位移的阻力。一般以每根轨枕的阻力 R，或每延毫米分布阻力 r 表示。它是抵抗钢轨伸缩，防止线路爬行的重要参数。

道床纵向阻力受道砟材质、颗粒大小及级配、道床断面、捣固质量、脏污程度、轨道框架重量等因素的影响。只要钢轨与轨枕间的扣件阻力大于道床抵抗轨枕纵向移动的阻力，则无缝线路长钢轨的温度应力和温度应变的纵向分布规律将完全由接头阻力和道床纵向阻力确定。

道床纵向阻力由轨枕与道床之间的摩阻力和枕木盒内道砟抗推力组成。图 10-3 为实测得到的单根轨枕在正常轨道状态下，道床纵向阻力与关系曲线。由图可以看出：道床纵向阻力值随位移的增大而增大，当位移达到一定值之后，轨枕盒内的道砟颗粒之间的结合被破坏，在此情况下，即使位移再增加，阻力也不再增大；在正常轨道条件下，钢筋混凝土轨枕位移小于 2mm，木枕位移小于 1mm，道床纵向阻力呈斜线增长，钢筋混凝土枕轨道道床纵向阻力大于木枕轨道。

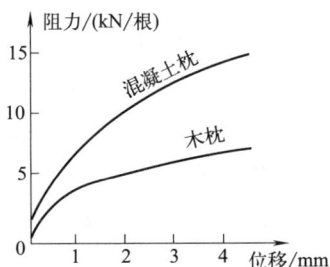

图 10-3　道床纵向阻力与位移的关系曲线

在无缝线路设计中，采用轨枕位移为 2mm 时相应的道床纵向阻力值。《铁路无缝线路设计规范》规定：有砟轨道采用 III 型混凝土轨枕或 XII 型混凝土轨枕时，单位长度道床纵向阻力可按表 10-3 取值。铺设 XII 型混凝土、III 型混凝土轨枕时有砟轨道道床纵向阻力如图 10-4 和图 10-5 所示。

表 10-3　有砟轨道道床纵向阻力　　　　　　　　　单位：N/mm/轨

轨枕类型	有载(挠曲力计算)		无载(伸缩力计算)	图示
	机车下	车辆下		
II 型混凝土轨枕(1760 根/km)	$r=6.8x$　$x\leqslant2.0$mm $r=13.6$　$x>2.0$mm	$r=4.4x$　$x\leqslant2.0$mm $r=8.8$　$x>2.0$mm	$r=4.4x$　$x\leqslant2.0$mm $r=8.8$　$x>2.0$mm	图 10-4
III 型混凝土轨枕(1667 根/km)	$r=11.6x$　$x\leqslant2.0$mm $r=23.2$　$x>2.0$mm	$r=7.5x$　$x\leqslant2.0$mm $r=15.0$　$x>2.0$mm	$r=7.5x$　$x\leqslant2.0$mm $r=15.0$　$x>2.0$mm	图 10-5

注：x 为轨枕纵向位移。

10.2.2　钢轨温度力与锁定轨温

无缝线路的特点是轨条长，当轨温变化时，钢轨会产生伸缩，但由于有约束作用，钢轨不能自由伸缩，在钢轨内部会产生很大的轴向温度力。为保证无缝线路的强度和稳定，需要了解长轨条内温度力及其变化规律。为此，首先要分析温度力、伸缩位移与轨温变化及阻力

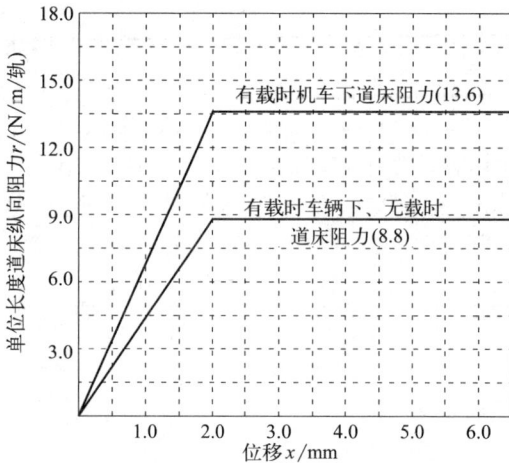

图 10-4　铺设 XⅡ 型混凝土轨枕时
有砟轨道道床纵向阻力

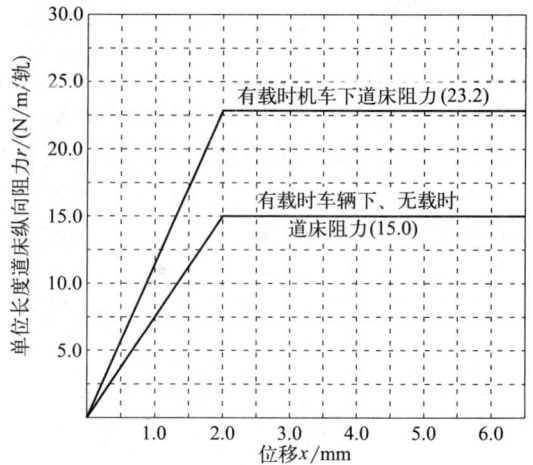

图 10-5　铺设 Ⅲ 型混凝土轨枕时
有砟轨道道床纵向阻力

之间的关系。

一根长度为 l 可自由伸缩的钢轨，当轨温变化 Δt 时，其伸缩量为

$$\Delta l = \alpha l \Delta t \tag{10-3}$$

式中　α——钢轨的线膨胀系数，取 $11.8 \times 10^{-6} / ℃$；

l——钢轨长度，mm；

Δt——轨温变化幅度，℃。

如果钢轨两端完全被固定，不能随轨温变化而自由伸缩，则将在钢轨内部产生温度应力。根据胡克定律，温度应力 σ_t 为：

$$\sigma_t = E \varepsilon_t = E \frac{\Delta l}{l} = E \alpha \Delta t \tag{10-4}$$

式中　E——钢的弹性模量，$E = 2.1 \times 10^5$ MPa；

ε_t——钢的温度应变。

将 E、α 的值代入式（10-4），则温度应力（单位：MPa）为

$$\sigma_t = 2.1 \times 10^5 \times 11.8 \times 10^{-6} \Delta t = 2.48 \Delta t \tag{10-5}$$

一根钢轨所受的温度力 P_t（单位：N）为

$$P_t = \sigma_t F = 2.48 \Delta t F \tag{10-6}$$

式中　F——钢轨断面积，mm^2。

式（10-3）、式（10-4）、式（10-6）即为无缝线路温度应力和温度力计算的基本公式。由此可得知：

① 在两端固定的钢轨中所产生的温度力，仅与轨温变化幅度有关，而与钢轨本身长度无关。因此，从理论上讲，钢轨可焊成任意长，且对轨内温度力没有影响。控制温度力大小的关键是如何控制轨温变化幅度 Δt。

② 对于不同类型的钢轨，同一轨温变化幅度产生的温度力大小不同。对于 75kg/m、60kg/m、50kg/m 钢轨，轨温变化 1℃ 所产生的温度力分别为 23.6kN、19.2kN、16.3kN。

③ 无缝线路钢轨伸长量与轨温变化幅度 Δt，轨长 l 有关，与钢轨断面积无关。

为降低长轨条内的温度力，需选择一个适宜的锁定轨温，又称零应力状态的轨温。在铺无缝线路的过程中，将长轨条始、终端落槽就位时的平均轨温称为施工锁定轨温。施工锁定

轨温应在设计锁定轨温允许变化范围之内。锁定轨温是决定钢轨温度力水平的基准，因此根据强度、稳定条件确定锁定轨温是无缝线路设计的主要内容之一。

钢轨温度不同于气温。影响轨温的因素比较复杂，它与气候变化、风力大小、日照强度、线路走向和所取部位等均有密切关系。根据多年观测，最高轨温 T_{max} 要比当地的最高气温高 18～25℃，最低轨温 T_{min} 比当地的最低气温低 2～3℃。计算时通常取最高轨温等于当地最高气温加 20℃，最低轨温等于最低气温。其中中间轨温 t_z 定义为 $t_z =（T_{max} + T_{min}）/2$，由中间轨温 t_z 升至最高轨温 T_{max} 和降至最低轨温 T_{min} 时的轨温差幅值相等，也即若在中间轨温 t_z 时锁定钢轨，当轨温分别到最高轨温 T_{max} 或最低轨温 T_{min} 时，钢轨内产生的温度压力和温度拉力是相等的，这样可保证钢轨不承受过大的拉力或过大的压力。表 10-4 为我国主要地区的轨温资料。

表 10-4　全国主要地区最高、最低及中间轨温表　　　　　单位：℃

地区	最高轨温	最低轨温	中间轨温	地区	最高轨温	最低轨温	中间轨温
北京	61.9	−27.4	17.3	银川	59.8	−30.6	14.6
天津	63.5	−22.9	20.3	中卫	57.6	−29.2	14.2
上海	60.9	−10.3	25.3	西安	62.9	−20.6	21.2
重庆	64.5	−1.8	31.4	延安	59.7	−25.4	17.2
哈尔滨	59.2	−38.1	10.6	郑州	63.0	−17.9	22.6
齐齐哈尔	60.8	−39.5	10.7	济南	62.5	−19.7	21.4
长春	58.0	−36.5	10.8	青岛	58.9	−14.3	22.3
吉林	56.6	−40.3	8.2	南京	60.7	−14.0	23.4
沈阳	58.3	−32.9	12.7	杭州	61.9	−9.6	26.2
大连	55.5	−21.1	17.2	合肥	61.1	−20.6	20.3
呼和浩特	58.9	−32.8	13.1	南昌	60.6	−9.7	25.5
满洲里	60.5	−43.8	8.4	武汉	61.3	−18.1	21.6
包头	60.4	−31.4	14.5	长沙	60.6	−10.3	25.2
石家庄	63.7	−19.8	22.0	福州	61.8	−1.7	30.0
唐山	60.1	−25.2	17.5	广州	59.1	0.0	29.6
太原	61.1	−25.5	17.8	南宁	60.4	−2.1	29.2
大同	59.2	−29.1	15.1	成都	63.4	−5.9	28.8
乌鲁木齐	62.1	−41.5	10.3	昆明	52.8	−7.8	22.5
喀什	60.1	−24.4	17.9	贵阳	57.5	−7.8	24.9
吐鲁番	67.8	−28.0	19.9	拉萨	50.4	−16.5	17.0
西宁	58.7	−26.6	16.1	日喀则	49.0	−25.1	12.0
格尔木	59.1	−33.6	12.8	海口	61.0	2.8	31.9
兰州	59.8	−21.7	19.1	台北	59.7	−2.0	28.9
敦煌	63.6	−30.5	16.6	香港	56.1	0.0	28.1

10.2.3　温度力图

温度力沿长钢轨的纵向分布，常用温度力图来表示，温度力图实质是钢轨内力图。温度力图的横坐标轴表示钢轨长度，纵坐标轴表示钢轨的温度力（拉力为正，压力为负）。钢轨内部温度力和钢轨外部阻力随时保持平衡是温度力纵向分布的基本条件。一根焊接长钢轨沿其纵向的温度力分布并不是均匀的，它不仅与阻力和轨温变化幅度等因素有关，而且还与轨温变化的过程有关。

10.2.3.1　约束条件

（1）接头阻力的约束

为简化计算，通常假定接头阻力 P_H 为常量，见表 10-1。无缝线路长轨条锁定后，当轨温发生变化，由于有接头的约束，长轨条不产生伸缩，只在钢轨全长范围内产生温度力 P_t，这时有多大温度力作用于接头上，接头就提供相等的阻力与之平衡。当温度力 P_t 大于接头阻力 P_H 时，钢轨才能开始伸缩。因此，在克服接头阻力阶段，温度力的大小等于接头阻力，即

$$P_t = 2.48 \Delta t_H F = P_H$$

$$\Delta t_H = \frac{P_H}{2.48F} \tag{10-7}$$

式中 Δt_H——接头阻力能阻止钢轨伸缩的轨温变化幅度，℃；

P_H——接头阻力，N，接头螺栓扭矩不应小于 900N·m，接头阻力采用 400kN；

F——钢轨断面面积，mm^2。

（2）道床纵向阻力的约束

接头阻力被克服后，当轨温继续变化时，道床纵向阻力开始阻止钢轨伸缩。但道床纵向阻力的产生体现在道床对轨枕的位移阻力，随着轨枕位移根数的增加，相应的阻力也增加。为计算方便，常将单根轨枕的阻力换算为钢轨单位长度上的阻力 r，并取为常量。由上述特征可见，道床纵向阻力是以阻力梯度 r 的形式分布。故在克服道床纵向阻力阶段，钢轨有少量伸缩，钢轨内部分温度力以位移的形式得到部分放散，因而发生位移的钢轨各截面的温度力并不相等，以斜率 r 分布。

10.2.3.2 基本温度力图

无缝线路锁定以后，轨温单向变化时，温度力沿钢轨纵向分布的规律，称为基本温度力图。现以降温为例，图 10-6 即为基本温度力图。

① 当 $\Delta t = t - t_0 = 0$，即轨温 t 等于锁定轨温 t_0 时，钢轨内部无温度力，即 $P_t = 0$，如图中 A、A' 点。

② 当 $\Delta t = t_0 - t < \Delta t_H$ 时，轨端无位移，温度拉力在整个长轨条内均匀分布，$P_t = 2.48F\Delta t$。

③ 当 $\Delta t = \Delta t_H$ 时，轨端无位移，温度拉力在整个长轨条内均匀分布，$P_t = P_H$，如图中 B、B' 线。

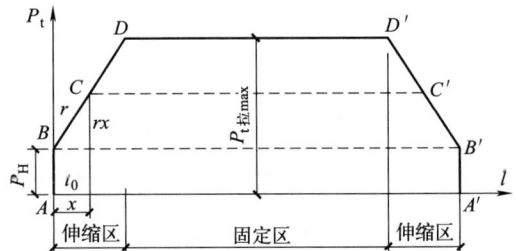

图 10-6   基本温度力图

④ 当 $\Delta t > \Delta t_H$ 时，道床纵向阻力开始发挥作用，轨端开始产生收缩位移，在钢轨发生纵向位移的长度范围内放散部分温度力，图中 BC、$B'C'$ 范围内任意截面的温度力

$$P_t = P_H + rx$$

式中 P_t——发生位移的钢轨任一截面的温度力，N；

P_H——接头阻力，N；

r——单位道床纵向阻力，N/mm；

x——轨端至发生纵向位移的钢轨任一断面之间的距离，mm。

长轨条中部未发生纵向位移时的钢轨内部温度力为

$$P_{t拉} = 2.48F\Delta t$$

⑤ 当 $\Delta t = \Delta t_{降max}$，即 t 降到最低轨温 T_{min} 时，钢轨内产生最大温度拉力 $P_{t拉max}$，这时发生纵向位移的钢轨长度达到最大值 l_s，即为伸缩区长度。此时 $P_{t拉max}$ 和 l_s 可按下式计算：

$$P_{t拉max} = 2.48F\Delta t_{降max} \tag{10-8}$$

$$l_s = \frac{P_{t拉max} - P_H}{r} \tag{10-9}$$

式中　$P_{t拉max}$——钢轨最大温度拉力，N；

　　　l_s——伸缩区长度，mm，应根据年轨温差幅值、道床纵向阻力、钢轨接头阻力等参数计算确定，一般为 $50\sim100$m；

　　　$\Delta t_{降max}$——钢轨最大温降幅度，℃，$\Delta t_{降max} = t_0 - T_{min}$。

同理，当轨温从锁定轨温变化到最高轨温时，长轨内温度力的分布与图 10-6 相仿，不同的是轨温升高时，钢轨内将产生温度压力，其最大值为

$$P_{t压max} = 2.48F\Delta t_{升max} = 2.48F(T_{max} - t_0)$$

【例 10-1】　某地区铺设 60kg/m 钢轨无缝线路，已知该地区年最高轨温为 65.2℃，最低轨温为 −20.6℃，道床阻力梯度为 8.8N/mm，接头阻力为 400kN，当锁定轨温为当地中间轨温加 5℃时，试计算：

(1) 克服接头阻力所需轨温的变化；

(2) 固定区最大拉、压温度力；

(3) 伸缩区长度；

(4) 绘制轨温从锁定轨温单向变化到最高、最低温度时的温度力图，并标注有关数据。

解　查表 6-1，60kg/m 钢轨断面面积为 7745mm²。

(1) 由式 (10-7) 得：$\Delta t_H = \dfrac{P_H}{2.48F} = \dfrac{400 \times 10^3}{2.48 \times 7745} = 20.8$（℃）

(2) 锁定轨温 $t_0 = (T_{max} + T_{min})/2 + 5 = (65.2 - 20.6)/2 + 5 = 27$（℃）

由式 (10-8)，固定区最大温度拉力

$P_{t拉max} = 2.48F\Delta t_{降max} = 2.48 \times 7745 \times (27 + 20.6) = 914282$（N）$= 914.282$（kN）

固定区最大温度压力

$P_{t压max} = 2.48F\Delta t_{升max} = 2.48 \times 7745 \times (65.2 - 27) = 733730$（N）$= 733.73$（kN）

(3) 由式 (10-9)，收缩区长度

$$l_{s1} = \frac{P_{t拉max} - P_H}{r} = \frac{(914.282 - 400) \times 10^3}{8.8} = 58441 \text{（mm）} = 58.44 \text{（m）}$$

伸长区长度 $l_{s2} = \dfrac{P_{t压max} - P_H}{r} = \dfrac{(733.73 - 400) \times 10^3}{8.8} = 37923$（mm）$= 37.92$（m）

伸缩区长度 l_s 取 75m。

(4) 根据以上计算结果，绘制基本温度力图（图 10-7）

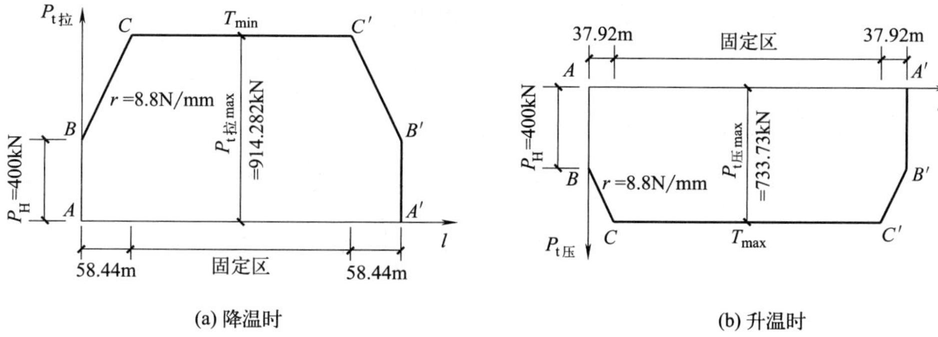

(a) 降温时　　　　　　　　　　　　(b) 升温时

图 10-7　轨温单向变化时基本温度力图

10.2.3.3 轨温反向变化时长轨的温度力图

上面分析了轨温从 t_0 下降到 T_{min} 时，温度力纵向变化的情况。实际上轨温是要随气温循环往复变化的，这时温度力的变化会与前述单向变化有所不同，且与锁定轨温 t_0 的取值有关。t_0 可能有大于、等于或小于当地中间轨温 t_z 的三种情况，则温度力分布图也会有三种不同情况。

$$t_z = \frac{1}{2}(T_{max} + T_{min})$$

现以常见的 $t_0 > t_z$ 情况进行分析。如图 10-8 所示，轨温由 t_0 下降到了 T_{min} 时，温度力图为 BDD'（由于温度力图左右对称，图中仅画出了左侧部分）。当轨温开始回升时，温度力的变化情况如下：

① 当温升 $t - T_{min} < \Delta t_H$ 时，这时轨温回升，钢轨试图伸长，但首先遇到接头阻力的抵抗，钢轨全长范围内温度拉力减小，温度力图平行下移，固定区仍为温度拉力，其值为 $P_{t拉} = P_{拉max} - 2.48F(t - T_{min})$。

② 当 $t - T_{min} = \Delta t_H$ 时，温度力图从 T_{min} 时平行下移 P_H 值，接头处温度拉力变为零。温度力分布如图中 AEE'，固定区仍为温度拉力，其值为 $P_{t拉} = P_{t拉max} - P_H$。

③ 当 $\Delta t_H < t - T_{min} < 2\Delta t_H$ 时，这时接头阻力反向起作用，温度力图继续平行下移，此时接头处承受温度压力，固定区仍为温度拉力，其值为 $P_{t拉} = P_{t拉max} - 2.48F(t - T_{min})$。

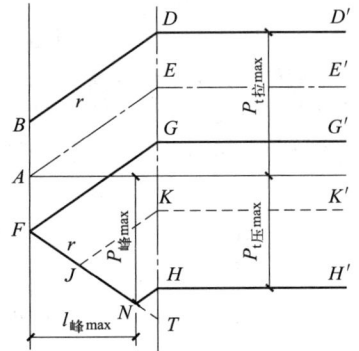

图 10-8 轨温反向变化
时的温度力图

④ 当 $t - T_{min} = 2\Delta t_H$ 时，这时接头阻力反向起作用，温度力图从 T_{min} 时平行下移 $2P_H$ 值，此时接头处承受温度压力，固定区仍为温度拉力，如图中 FGG' 所示，固定区仍为温度拉力，其值为 $P_{t拉} = P_{t拉max} - 2P_H$。

⑤ 当 $t - T_{min} > 2\Delta t_H$ 时，假设接头阻力无限大，则轨端无伸长，整个温度力图平行下移，接头承受的压力不断增大。而实际上接头阻力是有限的，当 $t - T_{min} > 2\Delta t_H$ 时，反向接头阻力已被完全克服，接头阻力小于轨端处的温度压力，于是钢轨伸长，轨道框架发生纵向位移，这时道床纵向阻力开始发挥作用，阻止钢轨伸长，以保证钢轨内部温度力与线路纵向阻力相平衡。钢轨在伸长时克服道床纵向阻力，同时也释放了部分温度力。温度压力在接头处等于 P_H，接头处往里，以单位道床纵向阻力 r 为斜率增加，同时在伸缩区出现温度压力峰，如图中 $FJKK'$ 所示。

⑥ 当 $t = T_{max}$ 时，固定区温度压力达到 $P_{t压max}$。这时由于 $\Delta t_{拉max} > \Delta t_{压max}$，固定区温度力平行下移到 HH'，则 HN 与 FT 的交点，出现了温度压力峰的最大值 $P_{峰max}$，其值大于固定区的温度压力。温度压力峰的最大值等于固定区最大温度拉力与最大温度压力的平均值，即

$$P_{峰max} = \frac{1}{2}(P_{t拉max} + P_{t压max}) \tag{10-10}$$

上式说明，温度压力峰的大小与锁定轨温无关。

$$
\begin{aligned}
l_{峰max} &= \frac{(P_{t拉max} + P_{t压max}) - 2P_H}{2r} \\
&= \frac{2.48F(\Delta t_{拉max} + \Delta t_{压max}) - 2P_H}{2r} \\
&= \frac{2.48F\Delta t_z - P_H}{r}
\end{aligned} \tag{10-11}
$$

上式说明，温度压力峰的位置相当于中间轨温锁定时的伸缩区终点。

当取锁定轨温等于或小于中间轨温时，则不会在伸缩区出现温度压力峰。

10. 2. 3. 4　轨端伸缩量计算

从温度力图中可知，无缝线路长轨条中部承受大小相等的温度力，钢轨不能伸缩，称为固定区。在两端，温度力是变化的，在克服道床纵向阻力阶段，钢轨有少量的伸缩，称为伸缩区。伸缩区两端的调节轨，称为缓冲区。在设计中要对缓冲区的轨缝进行计算，因此需对长轨及标准轨端的伸缩量进行计算。

(1)　长轨一端的伸缩量

由温度力图 10-9 可见，其中阴影线部分为克服道床纵向阻力阶段释放的温度力，从而实现了钢轨伸缩。由材料力学可知，轨端伸缩量与阴影线部分面积的关系为

$$\Delta_{\text{长}} = \frac{S_{\triangle ABC}}{EF} = \frac{r l_s^2}{2EF} = \frac{(P_{\text{tmax}} - P_{\text{H}})^2}{2EFr} \tag{10-12}$$

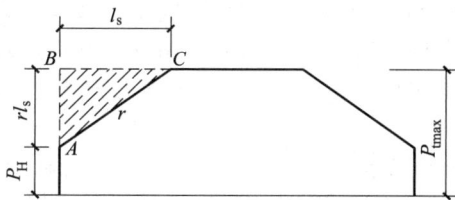

图 10-9　长轨条轨端伸缩量计算图

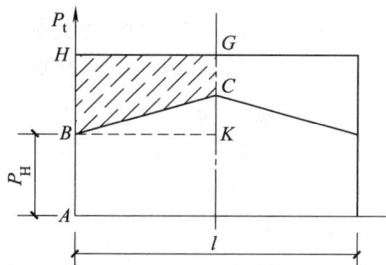

图 10-10　标准轨轨端伸缩量计算图

(2)　标准轨一端的伸缩量

标准轨轨端伸缩量 $\Delta_{\text{短}}$ 的计算方法与 $\Delta_{\text{长}}$ 基本相同。标准轨的温度力图如图 10-10 所示。由于标准轨长度短，随着轨温的变化，在克服完接头阻力后，在克服道床纵向阻力时，由于轨枕根数有限，很快被全部克服，以后，钢轨可以自由伸缩，温度力得到释放。在标准轨内最大的温度力只有 $P_{\text{H}} + rl/2$（l 为标准轨长度）。标准轨一端温度力释放的面积为阴影线部分 $BCGH$。

同理，可得到轨端伸缩量 $\Delta_{\text{短}}$ 计算公式

$$\Delta_{\text{短}} = \frac{S_{BKGH}}{EF} - \frac{S_{BKC}}{EF} = \frac{(P_{\text{tmax}} - P_{\text{H}})l}{2EF} - \frac{rl^2}{8EF} \tag{10-13}$$

式中　P_{tmax}——从锁定轨温到最低或最高轨温时所产生的温度力。

10. 3　无缝线路稳定性分析

10. 3. 1　稳定性的概念

无缝线路的最大特点是，在高温季节，钢轨内部存在巨大的温度压力，容易引起轨道横向变形。当钢轨升温幅度过大时，轨道发生横向鼓出变形（胀轨）直到发生突发大变形（跑道）的现象称为胀轨跑道。这一现象会严重危及行车安全。

无缝线路稳定性计算的主要目的是研究轨道胀轨跑道的发生规律，分析其产生的力学条件及主要影响因素的作用，计算出保证线路稳定的允许温度压力。因此，稳定性分析对无缝线路的设计，铺设及养护维修具有重要的理论和实践意义。

大量室内模型轨道和现场实际轨道的稳定试验以及现场事故的观察分析表明，轨道胀轨跑道的发展过程基本上可分为三个阶段，即持稳阶段、胀轨阶段和跑道阶段，如图 10-11 所

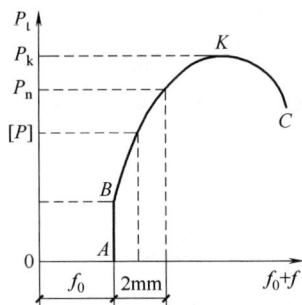

图 10-11　无缝线路
胀轨跑道过程

示。图中纵坐标为钢轨温度压力，横坐标为轨道弯曲变形矢度 f_0+f，f_0 为初始弯曲矢度。胀轨跑道总是从轨道的薄弱地段（即具有原始弯曲的不平顺）开始。在持稳阶段（AB），轨温升高，温度压力增大，但轨道不变形。胀轨阶段（BK），随着轨温的增加，温度压力也随之增加，此时轨道开始出现微小变形，此后，温度压力的增加与横向变形之间呈非线性关系。当温度压力达到临界值 P_k 时，这时轨温稍有升高或稍有外部干扰时，轨道将会突然发生鼓曲，道砟抛出，轨枕裂损，钢轨发生较大横向变形，轨道受到严重破坏，此为跑道阶段（KC），至此稳定性完全丧失。

国内外对稳定性计算公式进行了长期深入的研究，提出了许多计算公式。比较有影响的公式如米辛柯公式、沼田实公式、科尔公式等。我国在 1977 年提出了"统一无缝线路稳定性计算公式"（简称统一公式），并得到推广应用，对促进我国无缝线路的发展起了重要作用。统一公式是假定变形曲线波长与初始波长相等，并取变形为 2mm 时对应的温度压力 P_n，再除以安全系数，即为保证无缝线路稳定的允许温度压力 $[P]$，如图 10-11 所示。

2013 年 5 月 1 日开始实施的《铁路无缝线路设计规范》（TB 10015—2012）明确指出，有砟轨道的允许温升受无缝线路稳定性控制，可采用"统一无缝线路稳定性计算公式"或"不等波长稳定性计算公式"计算。

10.3.2　影响无缝线路稳定性的因素

10.3.2.1　保持稳定的因素

(1) 道床横向阻力

道床抵抗轨道框架横向位移的阻力称道床横向阻力，它是防止无缝线路胀轨跑道、保证线路稳定的主要因素。

道床横向阻力是由轨枕两侧及底部与道砟接触面之间的摩阻力和枕端的砟肩阻止横移的抗力组成。木枕轨道中，道床肩部占 30%～32%，轨枕两侧占 35%～53%，轨枕底部占 14%～22%。道床横向阻力可用单根轨枕的横向阻力 Q 和道床单位横向阻力 q 表示。$q=Q/a$（单位：N/cm），a 为轨枕间距。

图 10-12 为实测得到的道床横向阻力与轨枕位移的关系曲线。由图可见：随着轨枕质量的增加，横向阻力增大；横向阻力与轨枕横向位移呈非线性关系，阻力随位移的增大而增大，当位移达到一定值时，阻力接近常量，位移继续增大，道床即破坏。

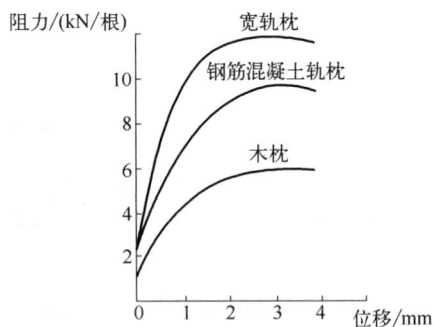

图 10-12　道床横向阻力与轨枕位移关系曲线

实测得到正常轨道道床横向阻力的最小值表达式：

$$q=q_0-By^Z+Cy^{\frac{1}{N}} \tag{10-14}$$

式中　　　　　q——道床横向阻力的最小可能值，N/m；

q_0——初始道床横向阻力，N/m；

y——轨枕横向位移，cm；

B、C、Z、N——阻力系数，见表 10-5。

表 10-5　道床横向阻力各项系数

线路特征	q_0	B	C	Z	$1/N$
Ⅱ型,1760 根/km,道床肩宽 40cm	11.6	214.8	597.5	1	3/4
Ⅱ型,1840 根/km,道床肩宽 40cm	12.1	225.1	624.6	1	3/4
Ⅲ型,1667 根/km	14.6	357.2	784.7	1	3/4
Ⅲ型,1760 根/km	15.4	366.6	819.7	1	3/4
宽枕,1760 根/km	4.8	1440	36000	1	1/2

影响道床横向阻力的因素很多，下面主要从道床的材料、肩宽以及维修作业等方面进行分析。

① 道床材料。道床是由道砟堆积而成，道床的饱满程度和道砟的材质及粒径尺寸对道床横向阻力都有影响。饱满的道床可以提高道床的横向阻力。道砟的材质不同，提供的阻力也不一样。据国外资料，砂砾石道床比碎石道床阻力低 30%～40%。道床粒径较大提供的横向阻力也较大，例如粒径由 25～65mm 减小到 15～30mm，横向阻力将降低 20%～40%。

② 道床肩部。适当的道床肩宽可以提供一定的横向阻力，但并不等于肩宽愈大，横向阻力总会增大。轨枕端部的横向阻力是轨枕横移挤动砟肩道砟棱体时的阻力。由图 10-13 可以看到，轨枕挤动道床，最终形成破裂面 BC，且与轨枕端面的夹角为 $45°+\varphi/2$。滑动体的重量决定了横向阻力的大小，即在滑动体之外的道床对枕端横向阻力不起作用。滑动体的宽度 b 可用下式计算：

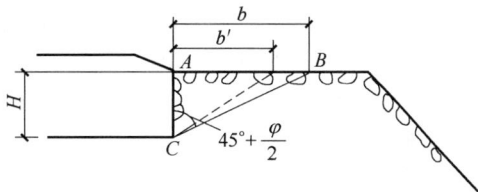

图 10-13　枕端道床破裂面示意图

$$b=H\tan\left(45°+\frac{\varphi}{2}\right)$$

式中　H——轨枕端埋入道床的深度，mm；

φ——摩擦角，一般 $\varphi=35°～50°$。

以Ⅱ型混凝土枕为例，取 $H=200$mm，$\varphi=50°$，则有 $b=549$mm。试验也表明，道床肩宽从 300mm 增加到 550mm，总阻力增加 16%，若再加宽，阻力值就不增大了。

在道床肩部堆高道砟，加大了滑动体的重量，这无疑是提高道床横向阻力最经济有效的方法。道床肩部堆高形式如图 10-14 所示。道床横向阻力提高，肩部堆高比肩部加宽效果更明显，且节约道砟。

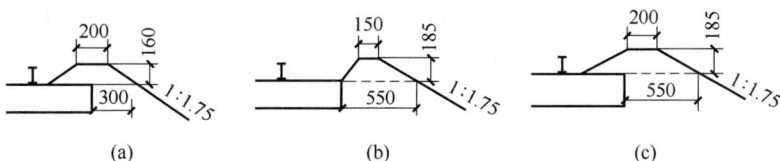

图 10-14　道床肩部堆高示意图（单位：mm）

③ 线路维修作业的影响。维修作业中，凡扰动道床，如起道捣固、清筛等改变道砟间或道砟与轨枕间的接触状态，都会导致道床阻力的下降。线路维修作业前后道床横向阻力的变化情况，如表 10-6 所示。

表 10-6　维修作业前后道床横向阻力

作业项目	作业前	扒砟	捣固	回填	夯拍	逆向拨道 10mm
道床横向阻力/(kN/根)	8.48	7.52	5.44	6.0	6.4	2.48
比值/%	100	89	64	71	75	29

线路中修破底清筛，整个道床被扰动，道床阻力下降最大，清筛过后阻力才逐渐恢复，清筛后道床横向阻力的变化如表 10-7 所示。

表 10-7　破底清筛前后道床横向阻力

破底清筛作业情况	清筛前	起道一遍捣固两遍	当天取消慢行后	作业后第二天
道床横向阻力/(kN/根)	8.66	2.56	3.26	4.05
比值/%	100	30	36	47

应当指出，在列车动荷载的作用下，每根轨枕所提供的横向阻力是不同的。这是因为轨道框架在轮载作用点下产生正挠曲，而在距车辆 $x=\dfrac{3\pi}{k}$ 至 $x=\dfrac{7\pi}{4k}$（k 为刚比系数）长度范围内会出现负挠曲，使两转向架之间的轨道框架最大抬高量可达 $0.1\sim0.3\text{mm}$，从而大大削弱这一范围内轨枕所能提供的横向阻力。

(2) 轨道框架刚度

轨道框架刚度是反映其自身抵抗弯曲能力的参数。轨道框架刚度愈大，其抵抗弯曲变形的能力愈大，所以是保持轨道稳定的重要因素。轨道框架刚度，在水平面内，等于两股钢轨的水平刚度及钢轨与轨道框架节点扭矩之和。

① 两股钢轨的水平刚度（即横向刚度）$EI_y'=2EI_y$（I_y 为一根钢轨在水平面内对垂直轴的惯性矩，见表 6-1）。

② 节点扭矩与轨枕类型、扣件类型、扣压力及钢轨相对于轨枕的转角有关。扭矩 M 可以表示为钢轨相对轨枕转角 β 的幂函数：

$$M=H\beta^{\frac{1}{\mu}} \tag{10-15}$$

式中　H、μ——扭矩系数。

根据北京交通大学的试验结果，当转角 β 达到 $10\times10^{-3}\text{rad}$ 后，节点扭矩接近一常数 M。各类弹条扣件的 M 值如下：

弹条Ⅰ型扣件（螺母扭矩 150N·m）：$M=1.6\text{kN·m}$；

弹条Ⅱ型扣件（螺母扭矩 150N·m）：$M=2.1\text{kN·m}$；

弹条Ⅲ型扣件：$M=2.5\text{kN·m}$。

10.3.2.2　丧失稳定的因素

丧失稳定的主要因素是温度压力与轨道初始弯曲。由于温升引起的钢轨轴向温度压力是构成无缝线路稳定问题的根本原因，而初始弯曲是影响稳定的直接因素，胀轨跑道多发生在轨道的初始弯曲处。因而控制初始弯曲的大小，对保证轨道稳定有重要作用。

初始弯曲一般可分为弹性初始弯曲和塑性初始弯曲。现场调查表明，大量塑性初始弯曲矢度为 $3\sim4\text{mm}$，波长为 $4\sim7\text{m}$。塑性初弯矢度约占总初弯矢度的 83%。

10.3.3　统一无缝线路稳定性计算公式

(1) 基本原理

① 无缝线路轨道原始弯曲呈多波形状，仅取其中最不利的一个半波作为计算对象。

② 轨道原始弯曲由原始弹性弯曲 y_{oe} 和原始塑性弯曲 y_{op} 两部分组成，如图 10-15 所示。

轨道原始弹性弯曲为正弦曲线，可用式（10-16）表示：

$$y_{oe} = f_{oe} \sin \frac{\pi x}{l_0} \tag{10-16}$$

式中　y_{oe}——轨道原始弹性弯曲函数；

$\quad\quad f_{oe}$——弹性初弯矢度，mm；

$\quad\quad l_0$——原始弹性初弯半波长，mm。

轨道原始塑性弯曲为半径为 R_{op} 的圆曲线，可用式（10-17）表示：

$$y_{op} = \frac{(l_0 - x)x}{2R_{op}} \tag{10-17}$$

式中　y_{op}——轨道原始塑性弯曲函数。

图 10-15 中，轨道原始弯曲矢度 f_o 由原始弹性弯曲矢度 f_{oe} 和原始塑性弯曲矢度 f_{op} 两部分组成，即 $f_o = f_{oe} +$

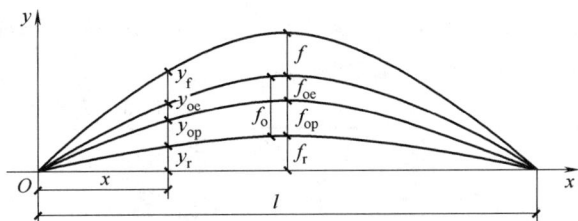

图 10-15　轨道弹性塑性弯曲曲线

f_{op}；f_r 为线路曲率半径为 r 的圆曲线在弦长为 l 时所对应的矢度；y_r 为线路曲率半径为 r 的圆曲线各点至弦长的距离。

③ 在温度压力作用下，轨道变形曲线为正弦曲线，可用式（10-18）表示：

$$y_f = f \sin \frac{\pi x}{l} \tag{10-18}$$

式中　y_f——轨道变形函数；

$\quad\quad f$——轨道弯曲变形矢度，可取 0.2cm；

$\quad\quad l$——轨道弯曲半波长，$l = l_0$。

④ 道床单位横向阻力 $q(x)$ 采用以下三项式表示：

$$q(x) = q_0 - q_1 y_f^z + q_2 y_f^n$$

式中　q_0、q_1、q_2、n、z——道床阻力系数，根据实测资料并进行数理统计后确定。

(2) 计算临界温度压力 P_w

根据势能驻值原理，两股钢轨的计算温度压力 P_w 可按下列统一稳定性计算公式计算：

$$P_w = \frac{2\beta EI_y \pi^2 \dfrac{f + f_{oe}}{l^2} + \dfrac{4}{\pi^3} Q l^2}{f + f_{oe} + \dfrac{4l^2}{\pi^3 R'}} \tag{10-19}$$

$$l^2 = \frac{\omega + \sqrt{\omega^2 + \left(\dfrac{4Q}{\pi^3} - \dfrac{\omega t}{f}\right) 2f\beta EI_y \pi^2}}{\dfrac{4Q}{\pi^3} - \dfrac{\omega t}{f}} \tag{10-20}$$

$$\frac{1}{R'} = \frac{1}{R} + \frac{1}{R_{op}}$$

$$\omega = 2\beta EI_y \pi^2 \left(t + \frac{4}{\pi^3 R'}\right)$$

式中　β——轨道框架刚度系数，有砟轨道可取 1.0；

$\quad\quad l$——轨道弯曲变形半波长，$l = l_0$；

$\quad\quad f$——轨道弯曲变形矢度，取 0.2cm；

Q——等效道床横向阻力，可按表 10-8 取值；

R——曲线半径；

R_{op}——钢轨原始塑性弯曲半径，$1/R_{op}=8f_{op}/l^2=1.39639\times10^{-5}$；

t——轨道原始弹性弯曲的相对曲率，$t=f_{oe}/l_0^2$。

根据现场调查资料统计分析，轨道原始弯曲相对曲率 $f_o/l^2=2.103\times10^{-6}$，其中塑性弯曲占 83%，弹性弯曲占 17%，即轨道原始塑性弯曲的相对曲率 $f_{op}/l^2=0.83f_o/l^2=0.83\times2.103\times10^{-6}=1.74549\times10^{-6}$，轨道原始弹性弯曲的相对曲率 $f_{oe}/l^2=0.17f_o/l^2=0.17\times2.103\times10^{-6}=3.575\times10^{-7}$。

表 10-8　等效道床横向阻力　　　　　　　　单位：kN/m

轨枕类型		等效道床横向阻力
ⅩⅡ型混凝土枕	1760 根/km	8.5
	1840 根/km	8.9
Ⅲ型混凝土枕	1667 根/km	11.5

根据式（10-20）计算轨道稳定性临界波长 l 及弹性弯曲矢度 $f_{oe}(f_{oe}=tl^2)$，将其代入式（10-19）即可计算临界温度压力 P_w。

（3）计算允许温升幅度

① 两股钢轨的允许温度压力 $[P]$ 可按式（10-21）计算：

$$[P]=\frac{P_w}{K} \tag{10-21}$$

式中　K——安全系数，可取 $K=1.3$。

② 允许温升 $[\Delta T_\mu]$ 可按式（10-22）计算：

$$[\Delta T_\mu]=\frac{[P]}{2E\alpha F} \tag{10-22}$$

式中　α——钢轨钢线膨胀系数，取 $\alpha=1.18\times10^{-5}$/℃。

在进行桥上无缝线路、无缝道岔地段轨道稳定性检算时，允许温升 $[\Delta T_\mu]$ 应考虑桥上无缝线路伸缩力和挠曲力及无缝道岔基本轨附加纵向力的影响，可按式（10-23）计算：

$$[\Delta T_\mu]=\frac{[P]-2P_f}{2E\alpha F} \tag{10-23}$$

式中　P_f——桥上无缝线路伸缩力（压力）和挠曲力（压力）的最大值，无缝道岔为基本轨附加纵向力（压力）的最大值。

【例 10-2】　某铁路曲线地段拟铺设温度应力式无缝线路，已知：60kg/m 钢轨，Ⅱ型混凝土枕按 1840 根/km 配置，最小曲线半径 $R=460$m。试计算该地段允许温升幅度 ΔT_μ。

解　塑性原始弯曲及圆曲线的合成曲率为

$$\frac{1}{R_{op}}=8\frac{f_{op}}{l^2}=1.39639\times10^{-5}\ (\text{cm}^{-1})$$

$$\frac{1}{R'}=\frac{1}{R}+\frac{1}{R_{op}}=\frac{1}{460\times10^2}+1.39639\times10^{-5}=3.57\times10^{-5}\ (\text{cm}^{-1})$$

轨道框架刚度系数，有砟轨道 $\beta=1.0$，线路容许弯曲变形矢度 $f=0.2$cm，等效道床横向阻力 $Q=89$N/cm，单根钢轨对垂直轴惯性矩 $I_y=524$cm^4，钢轨断面积 $F=77.45$cm^2。

$$2\beta EI_y\pi^2=2\times1\times21\times10^6\times524\times9.87=2.172\times10^{11}\ (\text{N}\cdot\text{cm}^2)$$

$$t=\frac{f_{oe}}{l^2}=3.575\times10^{-7}\ (\text{cm}^{-1})$$

$$\omega = 2\beta EI_y \pi^2 \left(t + \frac{4}{\pi^3 R'}\right) = 2.172 \times 10^{11} \times (3.575 \times 10^{-7} + 4 \times 0.0322515 \times 3.57 \times 10^{-5})$$

$$= 1077967 \text{（N・cm）}$$

$$\frac{4Q}{\pi^3} - \frac{\omega t}{f} = \frac{4 \times 89}{\pi^3} - \frac{1077967 \times 3.575 \times 10^{-7}}{0.2} = 9.55468 \text{（N/cm）}$$

验算变形曲线长度 l：

$$l^2 = \frac{\omega + \sqrt{\omega^2 + \left(\frac{4Q}{\pi^3} - \frac{\omega t}{f}\right) 2f\beta EI_y \pi^2}}{\frac{4Q}{\pi^3} - \frac{\omega t}{f}} = \frac{1077967 + \sqrt{1077967^2 + 9.55468 \times 0.2 \times 2.172 \times 10^{11}}}{9.55468}$$

$$= 244255 \text{（cm}^2\text{）}$$

因此根据新的 $l^2 = 244255 \text{cm}^2$ 求解新的弹性初弯，有

$$t = \frac{f_{oe}}{l^2} \Rightarrow f_{oe} = tl^2 = 3.575 \times 10^{-7} \times 244255 = 0.08732116 \text{（cm）}$$

将 $f_{oe} = 0.08732116 \text{cm}$ 代入式（10-19），求得温度压力 P_w

$$P_w = \frac{2\beta EI_y \pi^2 \dfrac{f + f_{oe}}{l^2} + \dfrac{4}{\pi^3} Ql^2}{f + f_{oe} + \dfrac{4l^2}{\pi^3 R'}} = \frac{2.172 \times 10^{11} \times \dfrac{0.2 + 0.08732116}{244255} + \dfrac{4}{\pi^3} \times 89 \times 244255}{0.2 + 0.08732116 + \dfrac{4}{\pi^3} \times 244255 \times 3.57 \times 10^{-5}}$$

$$= 2166711 \text{（N）}$$

取安全系数 $K = 1.3$，则容许温度压力 $[P]$ 为

$$[P] = \frac{P_w}{K} = \frac{2166711}{1.3} = 1666700 \text{（N）}$$

允许温升 $[\Delta T_\mu]$ 按式（10-22）计算，有

$$[\Delta T_\mu] = \frac{[P]}{2E\alpha F} = \frac{1666700}{2 \times 21 \times 10^6 \times 1.18 \times 10^{-5} \times 77.45} = 43.4 \text{（℃）}$$

10.4　无缝线路设计

　　无缝线路设计应根据线路、运营、气候条件及轨道类型等因素进行轨道强度、稳定性、断缝安全性等检算，其核心是确定合理的锁定轨温范围。

10.4.1　确定设计锁定轨温

　　设计锁定轨温亦称为中和温度。

　　(1) 根据强度条件确定允许的降温幅度

　　无缝线路钢轨应有足够的强度，以保证在动弯应力、温度应力及其他附加应力共同作用下能正常工作，不会被破坏。此时，要求钢轨所承受的各种应力的总和不超过规定的容许应力 $[\sigma]$，即

$$\sigma_d + \sigma_t + \sigma_c + \sigma_z \leqslant [\sigma]$$

式中　σ_d——钢轨最大动弯应力，MPa，取轨底拉应力为计算值；

　　　　σ_t——钢轨最大温度应力，MPa；

　　　　σ_c——钢轨最大附加应力，主要考虑桥梁、道岔的附加应力；

σ_z——钢轨牵引（制动）应力，一般按 10MPa 计算，重载铁路另行计算；

$[\sigma]$——钢轨容许应力，它等于钢轨的屈服强度 σ_s（按表 10-9 取值）除以安全系数 K，即 $[\sigma] = \sigma_s / K$，安全系数 K 取 1.3。

表 10-9　我国主要钢种钢轨屈服强度　　　　　　　　　　　　　　单位：MPa

钢种	U71Mn、U71MnG	U75V、U75VG、U76NbRE、U77MnCr、U78CrV
σ_s	457	472

允许的降温幅度 $[\Delta T_d]$ 由下式计算：

$$[\Delta T_d] = \frac{[\sigma] - \sigma_{gd} - \sigma_c - \sigma_z}{E\alpha} \qquad (10\text{-}24)$$

式中　σ_{gd}——钢轨底部下缘动弯应力。

（2）根据稳定条件确定允许的升温幅度

根据稳定条件求得允许温度压力 $[P]$ 后，按式（10-22）或式（10-23）计算钢轨允许温升幅度 $[\Delta T_\mu]$。

（3）设计锁定轨温的确定

设计锁定轨温 t_0 按图 10-16 计算：

$$t_0 = \frac{T_{max} + T_{min}}{2} + \frac{[\Delta T_d] - [\Delta T_u]}{2} \pm \Delta T_k \qquad (10\text{-}25)$$

式中　T_{max}、T_{min}——铺轨地区的最高、最低轨温；

ΔT_k——温度修正值，可根据当地具体情况取 0~5℃。

（4）施工锁定轨温范围的确定

无缝线路铺设时，允许施工的锁定轨温应有一个范围，一般取设计锁定轨温 ±5℃，困难情况下取 ±3℃，则

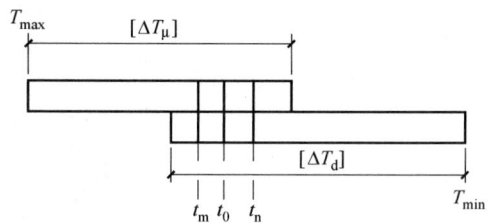

图 10-16　设计锁定轨温计算图

施工锁定轨温上限　　　　　$t_m = t_0 + (3~5)$℃

施工锁定轨温下限　　　　　$t_n = t_0 - (3~5)$℃

且须满足以下条件：　　　　$T_{max} - t_n \leqslant [\Delta T_\mu]$

　　　　　　　　　　　　　$t_m - T_{min} \leqslant [\Delta T_d]$

（5）钢轨断缝检算

确定锁定轨温范围后，需要进行钢轨断缝检算，钢轨断缝检算按照式（10-26）进行。

$$\lambda = \frac{EF(\alpha \Delta T_{dmax})^2}{r} \leqslant [\lambda] \qquad (10\text{-}26)$$

式中　λ——钢轨断缝，mm；

$[\lambda]$——钢轨断缝容许值，mm，一般情况取 70mm，困难条件下取 90mm；

ΔT_{dmax}——最大降温幅度，℃。

10.4.2　无缝线路结构计算

（1）轨条长度

跨区间和区间无缝线路单元轨节的布置，应根据线路条件、工点情况、施工工艺及养护维修等因素综合研究确定。区间单元轨节长度宜为 1000~2000m，最短不应小于 200m。对于无缝道岔、钢轨伸缩调节器及其前后线路、长大桥梁及两端线路护轨梭头范围之内、长度

超过 1000m 的隧道及小半径曲线地段宜单独设计为一个或多个单元轨节。

在长轨之间、道岔与长轨之间、普通绝缘接头处，需设置缓冲区，缓冲区一般设置 2~4 对同类型定尺长为 25m 的钢轨。

（2）伸缩区长度

伸缩区长度 l_s 按式（10-9）计算。伸缩区长度一般取 50~100m，宜取为标准轨长度的整倍数。

（3）预留轨缝

长轨条一端的伸缩量 $\Delta_长$ 按式（10-12）计算，标准轨一端的伸缩量 $\Delta_短$ 按式（10-13）计算。

确定预留轨缝的原则与普通线路轨缝的确定原则相同。缓冲区标准轨之间的预留轨缝与普通线路相同。长轨与标准轨之间的预留轨缝的计算方法如下：

按冬季轨缝不超过构造轨缝 a_g 的条件，可算得预留轨缝上限 $a_上$ 为

$$a_上 = a_g - (\Delta_长 + \Delta_短) \tag{10-27}$$

按夏季轨缝不顶严的条件，其下限为

$$a_下 = \Delta'_长 + \Delta'_短 \tag{10-28}$$

式中　$\Delta_长$、$\Delta_短$——从锁定轨温至当地最低轨温时，长轨、短轨一端的缩短量；

$\Delta'_长$、$\Delta'_短$——从锁定轨温至当地最高轨温时，长轨、短轨一端的伸长量。

则预留轨缝 a_0 为：

$$a_0 = \frac{a_上 + a_下}{2} \tag{10-29}$$

若钢轨绝缘接头采用胶接绝缘接头，则允许缓冲区轨缝挤紧。

（4）位移观测桩布置

无缝线路位移观测桩可按以下原则进行布置：

① 跨区间无缝线路、区间无缝线路按单元轨节等距离设置位移观测桩，且桩间距离不宜大于 500m。单元轨节位移观测桩可按图 10-17 设置，单元轨节长度不足 500m 的整数倍时，可适当调整桩间距离。

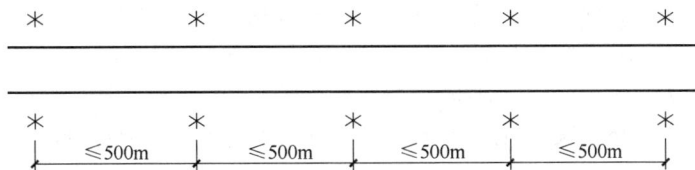

图 10-17　单元轨节位移观测桩布置图

② 跨区间无缝线路、区间无缝线路距长轨条起、终点 100m 处应分别设置一组位移观测桩。

③ 普通无缝线路的长轨条长度不大于 1200m 时，可按图 10-18 设置五组位移观测桩；长轨条长度大于 1200m 时，应适当增设位移观测桩，且桩间距离不大于 500m。

④ 无缝道岔宜按图 10-19 在道岔始端和终端、尖轨跟端（或限位器处）分别设置一组钢轨位移观测桩，18 号及以上的大号码道岔在心轨处加设一组位移观测桩。

⑤ 钢轨伸缩调节器基本轨一侧距离基本轨接头 100~150m 处应设置一组位移观测桩。

⑥ 长大桥梁两端、长大隧道的洞口处应设置一组位移观测桩。

⑦ 新建铁路可选择在线路一侧或两侧设置位移观测桩。

⑧ 位移观测桩应预先埋设牢固，或设置在线路两侧的固定构筑物上，并在单元轨节两端就位后即进行标记。

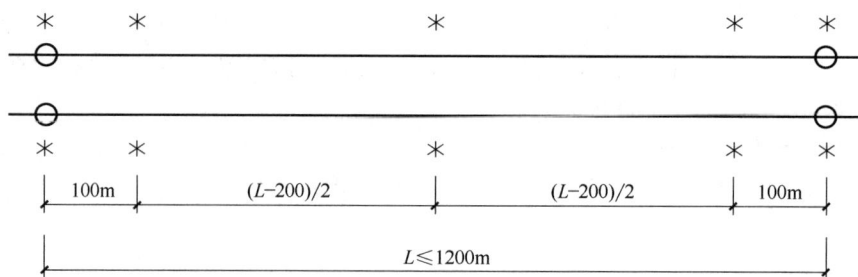

图 10-18   普通无缝线路观测桩设置图

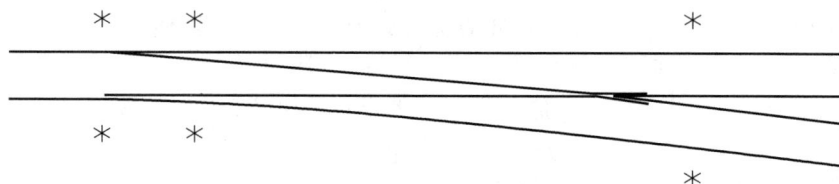

图 10-19   无缝道岔位移观测桩布置图

10.5 跨区间无缝线路

10.5.1 概述

(1) 跨区间无缝线路发展简况

跨区间无缝线路是指轨条长度跨越区间，轨条与道岔直接连接的无缝线路。

根据无缝线路受力原理，理论上无缝线路的轨条长度可以无限长。目前在普通无缝线路上，由于各种原因，轨条长度一般在 1～2km 左右。所以线路上还存在大量的缓冲区，无缝线路的优越性没有得到充分发挥。随着高速重载运输的发展，必须强化轨道结构，全面提高线路的平顺性和整体性。普通无缝线路仍有许多缓冲区，存在较多接头，若将区间内线路钢轨焊接为一根长轨条，两端通过缓冲区与道岔相连，则形成全区间无缝线路。若无缝线路轨条继续延长，与道岔焊连成一体，则成为跨区间无缝线路。跨区间无缝线路最大限度地减少了钢轨接头，实现了线路的无缝化，消除了缓冲区和伸缩区的影响，这是当代无缝线路的重要发展。

国内外都对跨区间无缝线路进行了研究并取得了一定进展。如德国铁路把区间无缝线路长轨条与站内道岔直接焊接起来，焊接道岔数达 11 万组之多；法国在巴黎—里昂—马赛、巴黎—勒芒、巴黎—莫城等高速铁路上，多条无缝线路长轨条贯穿区间，其中最长一段长达 50km；俄罗斯在顿涅茨铁路上，一段无缝线路长轨条长达 17.5km，在科沃夫铁路线上一段长轨条长 10.5km；日本青函隧道全长 53.83km，在 12‰ 的坡道上铺设的无缝线路长轨条，全长 53.78km。我国自 20 世纪 80 年代开始研究和铺设跨区间无缝线路。在京广线和京沪线的两段无缝线路长度分别为 140km 和 104km，上海至南京段铺设的跨区间无缝线路长达 303km。随着铺设跨区间无缝线路技术的日益成熟，我国铁路正线正在大力推广跨区间无缝线路，同时新建的客运专线铁路要求正线轨道一次性铺设 60kg/m 钢轨的跨区间无缝线路。

(2) 跨区间无缝线路的结构特点

跨区间无缝线路从本质上说与普通无缝线路没有什么区别，但其在结构、铺设、养护维修等方面也具有不同的特点，并将带来很多新的技术问题。

① 用胶接绝缘接头替代了原有缓冲区的绝缘接头。整体性好、强度高、刚度大、绝缘性能好、寿命长、养护少的胶接绝缘接头的研制成功是跨区间无缝线路得以发展的重要保证。对这种胶接接头的使用寿命要求应该达到与基本轨同步的水平。目前美、日、俄、法等国胶接接头的质量水平较高。近年来，我国从国外引进胶接材料进行试验研究，提高了连接质量，能满足跨区间无缝线路的要求。同时还要注意到胶接接头与焊接接头本质上不一样，它不能承受撕裂力，且缺少弹性，不能承受过大的弯曲和撞击。实验室试验表明，其疲劳强度低于焊接接头。所以在运输和铺设过程中，要尽量避免发生剧烈撞击、摔打或弯曲等行为。

② 跨区间无缝线路在现场的焊接和施工。跨区间无缝线路由于施工技术条件和运营条件所限，不可能在一个天窗时间内一次铺设完成（一次仅能铺设 1～3km），只能把跨区间无缝线路分成若干单元轨条。通常把一次铺设的轨条叫单元轨条。道岔区及前后约 200m 的线路作为一单元，两单元间的焊接必须在线路上进行。而且要求每单元长轨在焊连后的锁定轨温相同，这就需要配备有较大拉伸能力的焊接设备或性能良好的拉伸机。由于跨区间无缝线路不是一次完成铺设，要使整个轨条温度力均匀，即锁定轨温一致。在铺设施工中，如何组织施工队伍，安排施工程序，使得铺设、焊接、放散应力、锁定等工作有序进行，且保证锁定轨温符合要求，成为施工中一个关键问题。

③ 跨区间无缝线路的维修养护方法。如前所述，跨区间无缝线路的基本原理与普通无缝线路是一致的，因此原有的普通无缝线路维修养护方法还适用。但现有的普通无缝线路存在缓冲区，如对无缝线路进行较长区段的破底清筛，或抽换轨枕作业，尤其进行大修作业或出现温度力不均匀等情况时，往往可以放散应力后作业。跨区间无缝线路实施起来就比较困难，这时作业的轨温条件可能就会控制得很严，同时应配备快速切割、拉轨方便、焊接简便等相应的施工设备，便于处理各种应急情况。另外，在道岔区由于钢轨受力状态较为复杂，而道岔的各部件和各部位的尺寸要求也较严，在有温度力状态下如何作业尚没有经验。这些都有待进一步研究和实践总结。

④ 道岔区轨道受力情况。道岔区两股轨道交叉在一起，接头很多，转辙器的尖轨是可以自由活动的，辙叉是整体性的，而目前已经投入运营应用的可动心轨辙叉，情况更复杂。当将道岔焊连成无缝道岔后，岔内钢轨温度力的分布、伸缩位移的大小、强度和稳定等问题，都有待进一步研究完善。

总的来说，需要建立一套跨区间无缝线路（包括道岔区在内）的设计、铺设施工、维修养护的方法和规则。

10.5.2　跨区间无缝线路的设计

跨区间无缝线路不论是在新线还是在运营线结合大修铺设，其线路平纵断面设计与普通无缝线路设计一样。

跨区间无缝线路与普通无缝线路不同的是轨条贯通整个区间或区段，其长轨条不可能一次铺成，为此将长轨条分成若干个单元轨条，然后分次焊连铺入。一般单元轨条含有胶接接头时，要把胶接接头设置在离单元轨条端 200m 以外。单元轨条长度多长为合理，需要进行设计。此外，还包括单元轨条的锁定轨温、轨条位移观测桩的设置、道岔区温度纵向力分布、轨道稳定和强度检算等内容。

(1) 单元轨条长度设计

跨区间无缝线路长轨条长度的设计，与普通无缝线路不同，跨区间无缝线路长轨条长度的设计是一次铺设长度的设计，即单元铺设长度的设计。单元轨条长度的合理定量，就是单元铺设长度设计的主要内容。跨区间无缝线路单元轨条长度的设计，受施工天窗长短、线路平面条件、铺设技术、铺设方法、焊接技术、轨温变化状态、施工组织、人员素质等诸多因素的制约，同时要考虑到各路局的具体情况和铺设现场存在的问题来确定。按目前现有的技术能力应以 2~2.5km 为基数，争取 2.5~3.0km。

（2）锁定轨温和单元轨条之间焊连温度的选择

跨区间无缝线路设计锁定轨温的确定与普通无缝线路的设计方法和原则是一致的，一根轨条一个设计锁定轨温。但跨区间无缝线路是由在不同时间铺设的各单元轨条焊连成的，如何保证其全长内温度力均匀分布是一个关键问题。普通无缝线路考虑到铺设实际情况，一般铺设时锁定轨温容许有±5℃变化范围，如果强度和稳定得到保证，在特殊情况下可适当放宽到±8℃，但这并不意味着一根轨条的锁定轨温可有这一变化范围。因此跨区间无缝线路在各个单元轨条焊接时，最好选择在设计锁定轨温时间，且两相邻单元之间的锁定轨温差在±5℃内来进行，并在焊接前后采用拉轨机将轨条应力调整均匀。最终焊接必须选择在靠近设计锁定轨温的温度下进行，并做好局部应力放散。

（3）无缝道岔单元轨条设计

无缝道岔单元轨条是把一组或几组道岔及其前后 50m 以上的线路焊连成一个单元轨条，以便同时铺设（或放散）、同时锁定，按同一锁定轨温管理。

无缝道岔单元是跨区间无缝线路很重要的单元，道岔单元中接头多，钢轨纵向力分布复杂，同时还会遇到不同材质的钢轨焊接问题，所以对无缝道岔的接头焊连设计、岔内钢轨纵向力分布、强度和稳定性检算，是跨区间无缝线路设计的重要组成部分。

① 无缝道岔的接头焊连设计。目前我国跨区间无缝线路焊接的道岔一般有两种类型：一种是 60kg/m 钢轨 AT 尖轨可动心轨 12 号单开道岔；另一种是 60kg/m 钢轨 AT 尖轨整铸锰钢辙叉 12 号单开道岔。无缝道岔直基本轨接头焊接，曲基本轨接头焊接或冻结。

② 无缝道岔钢轨纵向力分析、强度和稳定性检算等内容见下面有关介绍。

10.5.3　无缝道岔

跨区间无缝线路中的道岔应当是没有任何轨缝的道岔，道岔中所有的钢轨接头都应焊接或胶接起来，道岔两端也需要与直股或与直股和侧股的无缝线路长轨条焊接在一起，这样的道岔称为无缝道岔。

无缝道岔是跨区间无缝线路的一个重要组成部分，它与长轨条一样要承受无缝线路温度力的作用。道岔中的钢轨不但承受巨大的温度力作用，而且里侧轨线两端受力状况不同，这种不平衡的温度力状态使无缝道岔中的钢轨受力与变形位移发生变化，是无缝道岔设计、铺设、维修养护中需要处理的核心问题。

（1）无缝道岔里轨伸缩位移

由于温度力的作用，无缝道岔的尖轨与可动心轨要发生纵向位移，尖轨或可动心轨尖端的伸缩位移为跟端处钢轨伸缩位移与自由伸缩长度之和，通常在尖轨尖端与可动心轨尖端钢轨伸缩位移最大，为了不致影响转辙机械的扳动，钢轨的最大伸缩位移不能超过容许限值。

不同的道岔类型、不同的辙跟结构、不同的翼轨结构、直股与侧股的不同焊接情况、不同的岔枕类型等条件下，跟端处钢轨伸缩位移不同，但基本计算原理是相同的。

间隔铁辙跟结构将会把里轨温度力传递到基本轨。同钢轨接头阻力一样，辙跟摩阻力由钢轨与间隔铁间的摩阻力和螺栓的抗弯力或抗剪力提供，计算方法与接头阻力类似。辙跟若为限位器结构，则在轨温升高或降低的初始阶段，道岔里股钢轨将不会通过辙跟传递温度力。待辙跟处里股钢轨有了一定的伸缩位移（7～10mm），限位器结构部件相互接触后才传递温度力，并且可传递很大的温度力，此时可认为辙跟处里股钢轨不再进一步产生伸缩位移。

道岔中由于岔枕长度不同，里外轨间距不同，钢轨在每一根岔枕处的道床纵向阻力均不相同，岔枕单位长度的纵向阻力一般应通过实测获得。

当道岔钢轨扣件足够强固时，四轨线岔枕在里轨温度力的作用下将产生弯曲变形，其上的里轨将不会自由伸缩，岔枕的弯曲刚度则相当于钢轨的一种纵向阻力阻止其自由伸缩。对于直股与侧股均焊接的无缝道岔，里股钢轨均要承受无缝线路温度力，钢轨相对于岔枕发生纵向位移，通过扣件使岔枕承受作用力。对于仅有直股焊接的无缝道岔，直股里轨承受无缝线路温度力的作用；侧股里轨为普通线路，温度力较小，可忽略不计。

岔枕承受里股钢轨所传递的温度力若大于扣件的推移阻力，则里股钢轨传递给岔枕的作用力将保持不变，等于里股钢轨扣件的推移阻力。

（2）无缝道岔基本轨附加温度力

无缝道岔基本轨焊接后，相当于无缝线路的固定区，在不受外力作用时不会发生伸缩位移。而道岔里股钢轨焊接后，相当于无缝线路的伸缩区，它将释放的温度力转换成伸缩位移。由于构造原因，道岔基本轨通过岔枕、辙跟间隔铁等部件与里轨相连，参与里轨阻止在温度力作用下的伸缩位移，从而使道岔基本轨承受了道岔里轨传来的附加温度力。无缝道岔设计的一项重要内容，就是计算道岔外侧基本轨承受的附加温度力，把它与基本轨承受的初始温度力叠加，进而检算基本轨的强度以及道岔前二轨线地段的无缝线路稳定性。

计算中首先求得间隔铁结构及每一根岔枕传递于基本轨上的作用力，然后叠加基本轨下的道床阻力即可得到该处基本轨所承受的附加温度力。由于无缝道岔基本轨处于无缝线路的固定区，在道岔两端足够远的钢轨上无任何伸缩位移，当无缝道岔基本轨承受附加温度力后将产生伸缩位移，附加力造成的钢轨拉伸与压缩变形是相等的，即基本轨附加温度力图上拉力区面积与压力区面积相等，以保证道岔两端足够远处钢轨位置不变。采用与桥上无缝线路伸缩附加力计算类似的试算方法，按附加温度力的方向逐点叠加形成无缝道岔基本轨附加温度力图。图 10-20 即为一典型的固定辙叉无缝道岔基本轨附加温度力图。

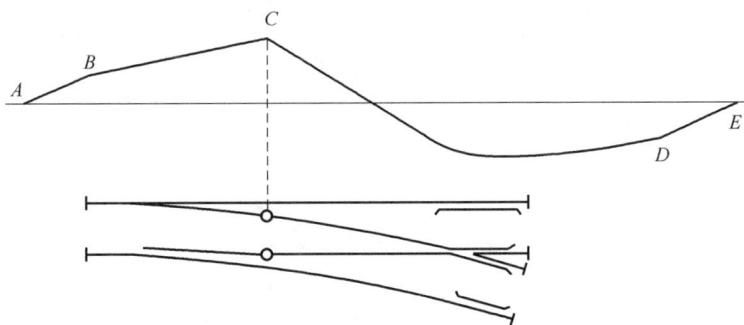

图 10-20　固定辙叉无缝道岔基本轨附加温度力图

（3）无缝道岔检算

无缝道岔的检算包括钢轨强度检算和岔前线路稳定性检算两项内容。

在相对辙跟与可动心轨弹性可弯中心处的基本轨上会出现附加温度力峰值，该处的钢轨应进行强度检算。若无缝道岔钢轨不能满足强度条件时，应采取措施提高钢轨强度，尤其要保证基本轨焊接接头质量。若仍不能满足强度条件，应适当调整无缝道岔的锁定轨温。

岔前线路稳定性检算可采用普通无缝线路稳定性计算公式进行计算。需要说明的是，由于岔前线路温度力并非均匀分布，因而需确定一个恰当的检算位置。一般取尖轨尖端前 4m

处作为稳定性检算的位置。岔前线路若不能满足无缝线路稳定性要求，则需要采取提高无缝线路稳定性的措施，例如：保持道床饱满、密实及足够的道砟肩宽；在砟肩适当堆高石砟；按规定拧紧钢轨扣件等。在仍不能满足稳定性要求的条件下，可适当提高无缝道岔及区间线路的锁定轨温。

复习思考题

在线习题

10-1　无缝线路的类型有哪些？

10-2　什么是施工锁定轨温、设计锁定轨温和中间轨温？

10-3　为什么说无缝线路的长轨条可以无限长？

10-4　线路的纵向阻力主要有哪些、各有什么作用、受什么因素影响？

10-5　伸缩区和固定区是如何定义的？

10-6　如何绘制温度力图？

10-7　轨端伸缩量如何计算？

10-8　无缝线路胀轨跑道的过程主要有几个阶段？各有什么特征？

10-9　影响无缝线路稳定性的因素主要有哪些？

10-10　如何确定设计锁定轨温？

10-11　什么是跨区间无缝线路？有哪些铺设方法？

10-12　上海地区铺设无缝线路，已知：采用 60kg/m 钢轨，弹性模量 $E = 2.1 \times 10^5$ MPa，线性膨胀系数 $\alpha = 11.8 \times 10^{-6}/℃$，横截面积 $F = 77.45$cm²；混凝土轨枕，接头阻力 $P_H = 400$kN，道床纵向阻力 $r = 8.8$N/mm。当地最高轨温 60.9℃，最低轨温 −12.1℃，锁定轨温为 26℃；缓冲区标准轨长度为 25m，构造轨缝为 18mm。试计算：①伸缩区长度；②压力峰位置及压力峰大小；③预留轨缝值。

第 11 章 路基

11. 1　概述

铁路路基是铁路线路的基础结构，是经开挖或者填筑而形成的直接支承轨道结构的土工结构物，它承载着轨道和机车车辆的重量及其运行产生的荷载，并将这些荷载均匀地传递到地基深处。铁路路基主要由路基本体、排水系统和防护设施组成，其中路基本体包括路基面、路肩、边坡、基床、基底等。

11. 1. 1　路基作用及特点

（1）路基的作用

铁路路基是确保铁路安全、高效运行的基础，其设计和施工质量直接关系到铁路的使用寿命和运行安全。

① 承载：铁路路基承载着轨道、列车以及各种附属设施的荷载，为它们提供稳定和支持。它必须能够承受列车的动态荷载，确保轨道不变形，保障列车安全运行。

② 传递荷载：路基将轨道和列车的荷载传递到下面的土壤或岩石层，通过合理的设计和施工，确保荷载能够均匀分布，避免局部沉降。

③ 稳定轨道：良好的路基结构可以保持轨道的几何形状，如轨距、轨向、高低等，确保列车运行平稳。

④ 排水功能：路基设计中通常包括排水系统，如侧沟、渗水层等，以排除路基和轨道上的积水，防止水分对路基和轨道的侵蚀，保证路基的稳定性。

⑤ 防护作用：路基还能起到一定的防护作用，如防止滑坡、水土流失等自然灾害对铁路线路的影响。

⑥ 适应地形：路基设计需要考虑地形地貌，适应不同的地质条件，如在山区、平原、沙漠等不同地形中，路基的结构和施工方法有所不同。

（2）路基的特点

① 建筑在天然地面上。路基修筑在土石地基上，并以土石为建筑材料。填筑高于天然地面的为路堤，自地面向下开挖修筑的为路堑。

② 完全置身于自然之中。路基工程常常面临多样化的地形地貌、地质结构、气候变化、水文状况以及其他自然因素的影响，这些因素可能导致路基出现各种问题。因此，在路基的设计、施工及养护过程中，必须紧密结合具体的自然环境条件，进行深入细致的调查与研究。借助工程地质学、水文地质学等领域的理论知识与技术手段，能使其能够更好地应对自然灾害，有效减轻或消除路基病害，确保路基的稳定性与耐久性。

③ 承受复合荷载。路基同时承受来自轨道及其附属设施自身产生的静荷载，列车或者施工机械运行产生的动荷载，在这种复合荷载的作用下，路基容易产生累积变形，从而造成路基或者基床病害。

（3）路基的要求

① 平顺的路基。路基的平顺性是铁路工程中的核心要求，意味着路肩的高程和平面位置必须严格遵循线路的平面与纵断面设计。路基的平面位置通过其中心线来标识，而路肩高程则是新建铁路设计中的关键参数，是铁路线路、桥梁、隧道及车站等基础设施设计的基础。因此，确保路基的平顺状态对于铁路的安全与稳定运行具有决定性的意义。

② 坚固稳定的路基。路基必须具备足够的强度和稳定性，以防止因基底土体压缩或填筑不密实导致的下沉。因此在设计阶段，应精确估算总下沉量，并采取措施减少运营期间的下沉量。同时，必须确保路基在任何情况下都不会丧失稳定性或产生超出容许范围的变形。

③ 技术经济平衡。路基建设不仅要考虑初始投资，还要综合评估未来的维护成本。此外，还应遵循国家政策，节约耕地，促进工农业发展，并提高民众生活的便利性。

④ 规范合规。铁路路基设计必须符合《铁路路基设计规范》（TB 10001－2016）的要求，确保在平面上与桥隧等结构无缝连接，形成连续的线路。在纵断面上，路基要满足高程要求；在横断面上，路基面宽度要足够，上方空间要保证行车安全及便于维护。当路基附近有建筑物时，应确保其位于规定的安全界限之外。此外，路基设计还需考虑轨道铺设、附属结构设置及线路维护的需求，并采用规范的铁路荷载进行竖向计算。

⑤ 环境保护。路基工程设计应注重环境保护、水土保持和文物保护，确保工程与自然环境和谐共存。

综上所述，路基建设是一个综合性工程，要求在技术上确保可行性，经济上追求合理性，同时追求建设周期的效率和结构的稳定性，并与相关工程保持协调一致。

11.1.2 路基分类

11.1.2.1 按承载线路数目划分

路基根据其上承载的正线或到发线的数量进行分类，主要分为单线路基、双线路基和多线路基。

（1）单线路基

这种路基只承载一条线路，通常用于单线铁路区间或者双线铁路中上下行线路分开建设的地段。我国在改革开放之前，客货共线铁路中单线路基的比例是最高的。

（2）双线路基

双线路基承载两条线路，适用于双线铁路区间。新中国成立以来，双线路基的比例逐年上升。例如，1950 年时双线路基占比不足 4%，到了 1976 年这一比例约为 15%，2000 年达 36.5%，而目前这一比例已经超过了 60%。

（3）多线路基

多线路基是指在同一地段上承载三条或更多条线路的路基结构，这种类型的路基通常应用于三线、四线铁路或者车站区域。相比于单线和双线路基，多线路基在设计和施工上需要考虑更多的因素，以确保多条线路的安全和稳定运行。除了满足一般路基的基本要求外，多线路基还需要特别关注横向及纵向排水系统的建设，以有效排除多余的水分，防止路基受到水浸损害，从而保证铁路线路的长期稳定和安全运营。

11.1.2.2 按路基横断面形式划分

根据横断面上路基面与天然地面的相对关系可以分为以下几种形式。

（1）路堤

当路基面高于天然地面时，路基通过填筑方式构成，这种路基称为路堤。路堤是指在原地面上使用土、石等材料进行填筑的路基，如图 11-1（a）所示。

（2）路堑

当路基面低于天然地面时，路基从原地面向下开挖，这种路基称为路堑，如图 11-1（b）所示。

（3）半路堤

当天然地面横向倾斜，路堤的路基边线与天然地面相交时，路堤体在地面和路基面相交线以上部分无填筑工程量，这种路堤称为半路堤，如图 11-1（c）所示。

（4）半路堑

当天然地面横向倾斜，路堑路基面的一侧无开挖工作量时，这种路基称为半路堑，如图 11-1（d）所示。

（5）半路堤半路堑

当天然地面横向倾斜，路基一部分通过填筑方式构成而另一部分通过开挖方式构成时，这种路基称为半路堤半路堑，如图 11-1（e）所示。

（6）不填不挖路基

当路基的路基面和经过清理后的天然地面平齐，路基无填挖土方时，这种路基称为不填不挖路基，如图 11-1（f）所示。

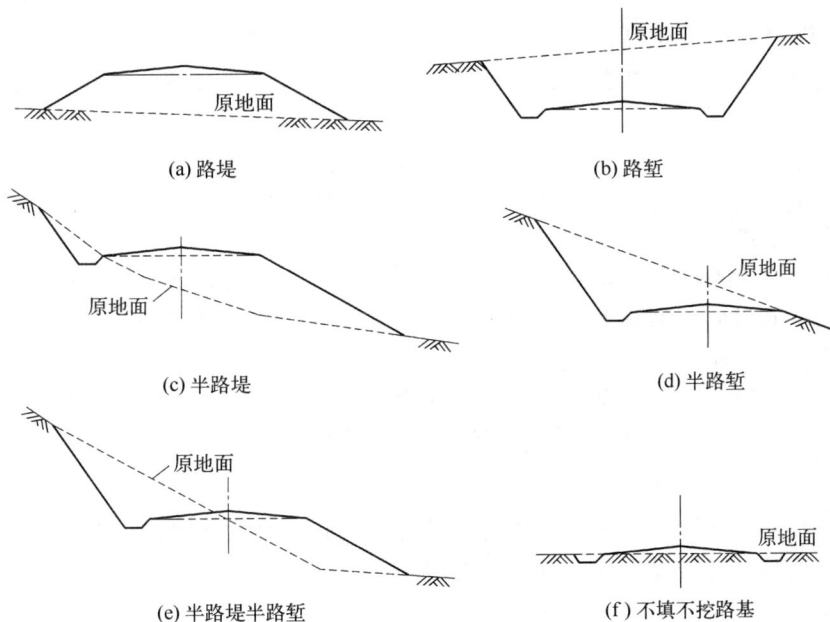

(a) 路堤　　　　　　　　　　(b) 路堑

(c) 半路堤　　　　　　　　　(d) 半路堑

(e) 半路堤半路堑　　　　　　(f) 不填不挖路基

图 11-1　路基横断面基本形式

11.1.2.3　按照基床材料划分

路基可以根据基床填料的天然性质进行分类。

（1）渗水土路基

渗水土指的是细粒土含量小于 10%、渗透系数大于 1×10^{-5} m/s 的巨粒土及粗粒土（除细砂外）。渗水土路基具有良好的渗水性，因此路基病害较少。

（2）非渗水土路基

非渗水土包括细粒土或粉粒含量大于等于 10% 的碎石类土和砂砾土。这种材料的路基渗水性能较差，因此路基病害较多。

（3）其他

除了上述的天然土质路基之外，在一些渗水性能较差的地段，需要对路基填料进行改良，形成改良土路基。

11.1.2.4　按照路基填料改良情况划分

路基可以根据其填料是否经过改良来划分。

（1）普通填料路基

这是指使用普通填料（如普通的土和石）直接填筑的路基。

（2）物理改良土路基

原填料经过破碎、筛分或掺入砂、砾（碎）石等材料并拌和均匀，以改变填料的颗粒级配、改善工程性能的混合土料路基。

（3）化学改良土路基

通过在原土料中掺入石灰、水泥、粉煤灰等无机材料改变填料的化学成分，以改善其工程性能的混合料路基。

（4）级配碎石路基

不同粒径的碎石、砾石集料和石屑按一定比例配制的混合料路基，其颗粒组成、材质符合规定要求。

11.1.2.5　按照基底材质划分

根据路基基底材料是天然的还是采取工程加固措施的，可划分为以下3类。

（1）土质基底路基

这是指坐落在天然土质基底之上的路基。高速铁路需要对土质路基进行基底处理，客货共线铁路及重载铁路需要对软弱土基底进行处理，以增强其承载能力，减少基底沉降。

（2）石质基底路基

这是指坐落在天然的石质基底之上的路基。这种路基的承载能力强、基底沉降少，是比较理想的路基基底材质，但其工程费用较大。

（3）基底加固路基

主要包括两种情况：一种是对软弱土基底进行换填处理；另一种是采取加固措施，比如设置CFG桩等，以提高基底的承载力、减少地基沉降。

11.1.2.6　按照填挖高度划分

路基填挖高度是指铁路中心线与所对应的天然地面之间的高度差。根据高度差，路基可以划分为普通路基、高路堤和深路堑三种类型。

（1）普通路基

普通路基是指填挖高度在0～20m范围内的路基，通常按《铁路路基设计规范》的有关规定进行设计。

（2）高路堤

高路堤是指路基填土边坡高度大于20m的路堤。由于高路堤的填方数量大，占地面积多，为了确保路基的稳定性和横断面的经济合理性，需要进行单独设计。

（3）深路堑

深路堑是指土质边坡垂直挖方高度超过20m，或岩质边坡垂直挖方高度超过30m的路堑。这种路堑需要单独设计以确保其稳定性。

11.1.2.7　按照环境划分

根据路基所处的地质、水文等天然环境的不同，路基可以划分为以下3种类型。

（1）普通路基

普通路基是指处于普通岩土和正常条件下的路基，一般不需要进行特殊设计。

（2）特殊岩土路基

特殊岩土路基包括软土路基、膨胀土（岩）路基、黄土路基、盐渍土路基等，一般需要进行单独设计。

（3）特殊条件路基

特殊条件路基是指位于不良地质地段的路基，包括冻土地区路基、风沙地区路基、雪害地区路基、滑坡地段路基、危岩落石和崩塌地段路基、岩溶地段路基、浸水路基、水库路基等。这些路基通常需要进行单独设计或特殊设计。

11.1.2.8　按应用区段划分

铁路线路分为区间线路和站场线路，据此，路基也划分为区间路基和站场路基。

（1）区间路基

区间路基一般为单线路基或双线路基，大部分铁路路基为区间路基。区间路基的路基面宽度较窄，但列车运行速度较高，列车的动力作用较大。

（2）站场路基

站场路基位于站场范围内，一般为多线路基，路基的宽度较宽。除了满足一般地段的路基要求之外，还需要做好排水设计，以确保站场路基的正常运行和维护。

11.1.3　路基组成

路基主要由路基本体、排水系统以及防护和加固设施组成，其中路基本体包括路基面、路肩、边坡、基床、基底等内容，如图 11-2 所示。

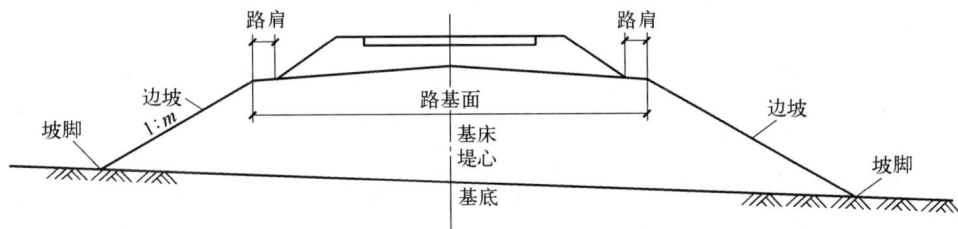

图 11-2　路基本体（路堤）

（1）路基面

路基面是指铁路线路中，直接支承轨道的基础结构的上表面。它是铁路路基工程的一部分，位于路基的最上层，直接与轨道结构接触，承担着传递列车荷载、保持轨道几何形状和稳定性的重要功能。路基面两侧路肩外缘之间的水平距离为路基面宽度 B。

（2）路肩

路基面两侧无道床覆盖的部分称为路肩。路肩外缘的高程称为路肩高程，新建铁路设计高程以路肩高程表示。

（3）基床

路基基床是指路肩高程以下，受列车荷载作用影响显著的路基上部结构，它是路基的重要组成部分，主要负责将轨道的荷载传递到更深层的路基和地基中。基床通常由经过压实的土、石材料构成，其设计需考虑承载能力、排水性能和耐久性。基床包括基床表层和基床底层。路堤基床以下部分称为基床下部或堤心。

(4) 边坡

路基边坡是指在路堤的路肩边缘以下和在路堑路基面两侧的侧沟外，因填挖而形成的斜坡面，主要用于支撑和稳定路基，防止土体滑坡和侵蚀。边坡的设计和施工需要考虑地质条件、水文条件、气候条件以及工程经济性等因素。

(5) 基底

路基基底是指路基的底部结构，它是路基的基础部分，直接承受来自上部结构（如轨道）的荷载，并将这些荷载传递到下方的地基或土层中。

(6) 排水系统

路基排水系统是指铁路路基中用于排除降雨、地下水或其他水源的系统，其目的是保持路基的干燥和稳定，防止水分对路基结构造成损害。路基排水系统的设计和布置对于确保铁路的安全性、耐久性和使用寿命至关重要。

(7) 防护和加固设施

路基防护和加固设施是指为了保障铁路路基结构稳定、延长铁路使用寿命以及提高安全性能而设置的遮挡建筑物、拦截建筑物、坡面防护及冲刷防护、地基加固等一系列工程设施。这些设施主要用于防止路基受到水流冲刷、风蚀、冻融等自然因素的破坏，同时也用于增强路基的承载能力和稳定性。

11.1.4 路基标准横断面图

在路基设计中，经常会遇到设计线不同地段的条件相同或相似的情况，为了减少重复性工作，提高设计效率，将这些有共性条件的路段，采用相同的设计图式，形成路基标准横断面图。路基标准横断面图是对路基边坡高度与坡率、地面排水设施、路基基底处理、路堤取土坑与路堑弃土堆位置等关键设计要素进行系统研究后制订的，为工程实施提供了便捷的参考依据。

路基标准横断面图适用于工程地质和水文地质条件良好、土质均匀、边坡高度在规定范围内，并采用常规施工方法的新建铁路路基。

(1) 路堤

路堤的标准设计断面是根据土壤类型、地面横向坡度以及边坡高度等因素综合考虑后确定的。如图 11-3（a）所示，为边坡高度 $H \leqslant 8m$，且地面横坡 i 不大于 1:10 的一般土质路堤标准横断面。图 11-3（b）为地面横坡介于（1:5）~（1:2.5）之间的土质路堤的标准设计断面。

在路堤设计中，地面排水设施，如排水沟或取土坑的设置至关重要。当地面存在明显横坡时，排水沟或用于排水的取土坑应设置在路堤的迎水一侧；若地面横坡不明显，则可考虑在路堤两侧设置。排水沟或取土坑与路堤坡脚之间应保持一定距离，这一区域被称为护道，其宽度通常不小于 2.0m。设置护道的目的是确保排水沟或坑内的水不会对路堤的稳定性造成影响。此外，在没有设置排水沟或取土坑的一侧，同样需要设置护道，以防止雨水在坡脚滞留或农田积水对路堤产生不利影响。

(2) 路堑

路堑的标准横断面根据不同的土质条件，呈现出多种形式。图 11-4 为一侧有天沟的土质路堑标准横断面。

路基面两侧的排水沟称为侧沟，其主要功能是引导和排放路基面及边坡上的地面水。路堑顶缘称为路堑堑顶，位于堑顶的弃土应被合理地堆成弃土堆。为了确保路堑边坡的稳定性，弃土堆应远离堑顶，且应置于山坡下侧。

在沿河弃土的情况下，必须特别注意防止下游路基和河岸受到冲刷，同时避免弃土阻塞

(a) 一般地段

(b) 地面横坡较陡地段

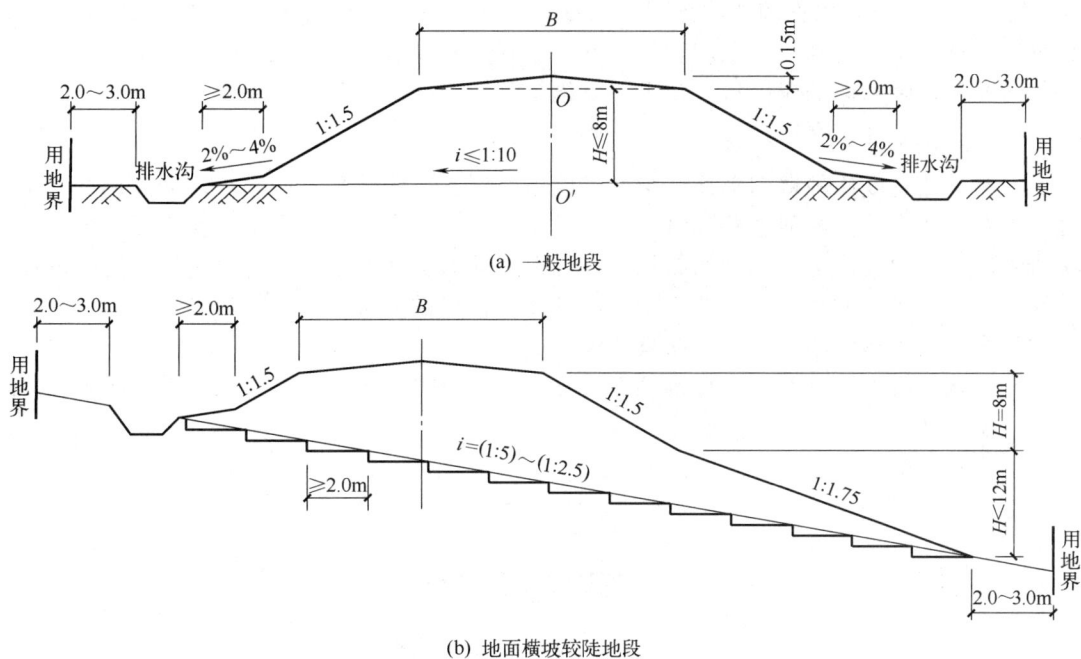

图 11-3　路堤标准横断面图

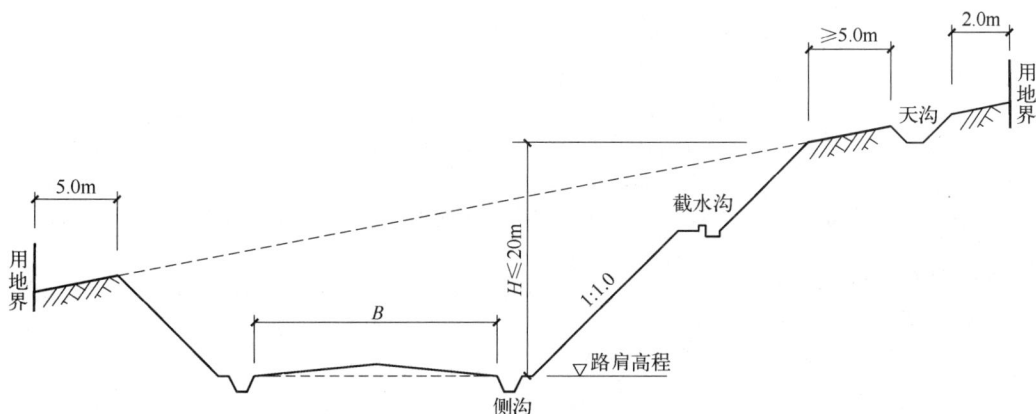

图 11-4　路堑标准横断面图

或污染河道。必要时，应设置相应的挡护设施。此外，桥头弃土时，务必确保不会对桥墩造成挤压，也不会阻塞桥孔，以保障桥梁的安全与畅通。

11.2　路基设计

11.2.1　路基面

11.2.1.1　路基面形状

不同类型的铁路，其路基的形状设计各异。对于有砟轨道，其路基面形状应设计成三角形，由路基中心线向两侧形成不小于 4‰ 的横向排水坡，确保排水顺畅。无砟轨道支承层（或底座）底部范围内的路基面可水平设置，支承层（或底座）外侧的路基两侧应设置不小于 4% 的横向排水坡，以保障排水效果。路基面设计成三角形可以使积聚在路基面上的水较快地排出，有利于保持基床的强度和稳定性。不管是有砟轨道还是无砟轨道路基面，在曲线加宽的情况下，路基面仍应保持三角形，以维持其结构稳定性和排水功能。

11.2.1.2　路基面宽度

区间路基面宽度应根据列车设计速度、轨道类型、正线数目、线间距、曲线加宽、路肩宽度、养路形式以及接触网立柱类型和基础类型等多重因素经计算得出。在必要情况下，还需综合考虑电缆槽及声屏障基础的布局，以确保路基面宽度的精准性与实用性。这一过程是对铁路工程细致入微的考量，旨在为未来的铁路运营提供坚实的基础保障。

(1) 客货共线单线非电气化铁路直线地段

非电气化单线铁路直线地段标准横断面示意图如图 11-5 所示。标准路基面宽度应按式 (11-1)、式 (11-2) 计算。

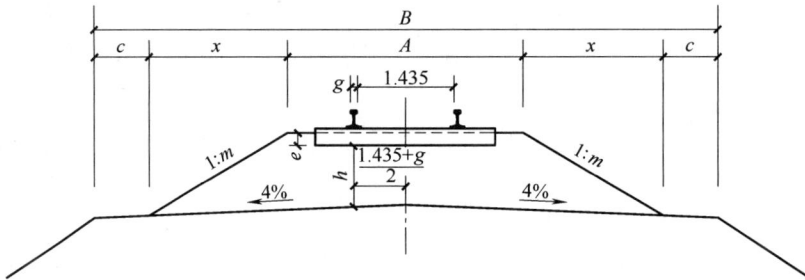

图 11-5　非电气化单线铁路直线地段标准横断面示意图

$$B = A + 2x + 2c \tag{11-1}$$

$$x = \frac{h + \left(\dfrac{A}{2} - \dfrac{1.435 + g}{2}\right) \times 0.04 + e}{\dfrac{1}{m} - 0.04} \tag{11-2}$$

式中　B——路基面宽度，m；

A——道床顶面宽度，m；

x——砟肩至砟脚的水平距离，m；

c——路肩宽度，m；

m——道床边坡坡率，正线道床一般取 1.75；

h——钢轨中心的轨枕底以下的道床厚度，m；

e——轨枕埋入道砟深度，m，Ⅲ 型混凝土轨枕取 0.185m，Ⅱ 型混凝土轨枕取 0.165m；

g——轨头宽度，m，75kg/m 轨取 0.075m，60kg/m 轨取 0.073m。

(2) 客货共线双线非电气化直线地段

非电气化双线铁路直线地段标准横断面示意图如图 11-6 所示。双线标准路基面宽度应按式 (11-3) 计算。

$$B = 2\left(c + x + \frac{A}{2}\right) + D \tag{11-3}$$

式中　D——双线线间距，m。

此处 x 的计算同式 (11-2)，其中 h 为靠近路基面中心侧的钢轨中心处轨枕底以下的道床厚度，m；其余参数同式 (11-2)。

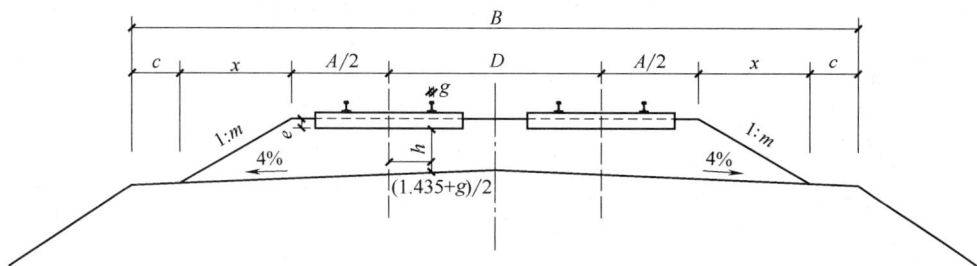

图 11-6　非电气化双线铁路直线地段标准横断面示意图

常用客货共线非电气化铁路直线地段标准路基面宽度可按表 11-1 取值。

表 11-1　客货共线非电气化铁路直线地段标准路基面宽度

项目		Ⅰ级铁路							Ⅱ级铁路	
设计速度/(km/h)		200		160			120		≤120	
双线线间距/m		4.4		4.2			4.0		4.0	
单线道床顶面宽度/m		3.5		3.4			3.4		3.4	
道床结构		单	双	单		双	单		双	单
道床厚度/m		0.35	0.30	0.50	0.35	0.30	0.50	0.35	0.30	0.45	0.30
路基面宽度/m	单线	7.7	7.5	7.8	7.2	7.0	7.8	7.2	7.0	7.5	7.0
	双线	12.3	12.1	12.2	11.6	11.4	12.0	11.4	11.2	11.7	11.2

注：表中路基面宽度按无缝线路轨道、60kg/m 钢轨；Ⅰ级铁路采用Ⅲ型混凝土枕，Ⅱ级铁路采用ⅩⅡ型混凝土枕计算。

(3) 电气化铁路

客货共线电气化铁路直线地段标准路基面宽度，还需考虑接触网支柱以及基础在路基面处的宽度，应按式 (11-4) 和图 11-7 计算确定，当计算值小于非电气化铁路路基面宽度时，按非电气化铁路路基面宽度取值。常用电气化铁路直线地段标准路基面宽度可按表 11-2 取值。

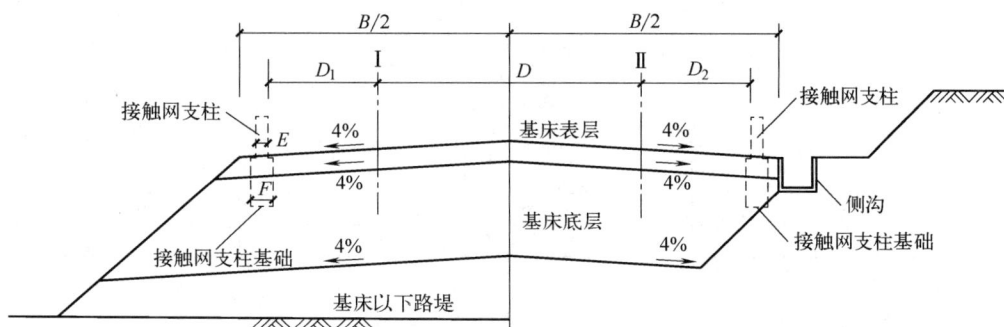

图 11-7　电气化双线铁路直线地段标准横断面示意图

$$B = 2\left(D_1 + \frac{E}{2} + \frac{F}{2} + 0.25\right) + D \tag{11-4}$$

式中　D_1——路基面处接触网支柱内侧至线路中心的距离，m；

　　　E——接触网支柱在路基面处的宽度，m；

　　　F——接触网支柱基础在路基面处的宽度，m；

　　　D——双线线间距，m。

高速铁路、城际铁路、重载铁路标准路基面宽度可按《铁路路基设计规范》取值。

表 11-2　客货共线电气化铁路直线地段标准路基面宽度

项目		Ⅰ级铁路								Ⅱ级铁路	
设计速度/(km/h)		200		160			120			≤120	
双线线间距/m		4.4		4.2			4.0			4.0	
单线道床顶面宽度/m		3.5		3.4			3.4			3.4	
道床结构		单	双	单		双	单		双	单	
道床厚度/m		0.35	0.30	0.50	0.35	0.30	0.50	0.35	0.30	0.45	0.30
路基面宽度/m	单线	8.1 (7.7)	8.1 (7.7)	8.1 (7.8)	8.1 (7.7)	8.1 (7.7)	8.1 (7.8)	8.1 (7.7)	8.1 (7.7)	8.1 (7.7)	8.1 (7.7)
	双线	12.5 (12.3)	12.5 (12.1)	12.3 (12.2)	12.3 (11.9)	12.3 (11.9)	12.1 (12.0)	12.1 (11.7)	12.1 (11.7)	12.1 (11.8)	12.1 (11.7)

注：1. 表中路基面宽度按路基面处接触网支柱内侧至线路中心的距离为 3.1m；无缝线路轨道、60kg/m 钢轨；Ⅰ级铁路采用Ⅲ型混凝土枕，Ⅱ级铁路采用ⅩⅡ型混凝土枕计算。

2. 括号外为采用横腹杆式接触网支柱时路基面宽度，括号内为采用环形等径支柱时路基面宽度。

客货共线电气化铁路路基面设置电缆槽时，单线铁路路基电缆槽与接触网支柱宜分侧设置；双线铁路路堑电缆槽宜设置于侧沟平台；双线铁路路堤电缆槽设置于路肩，路基面宽度应根据电缆槽尺寸及与接触网支柱的位置关系计算确定。

（4）曲线地段路基面宽度

在曲线地段，外轨需设置超高。外轨超高是靠加厚外轨枕下道砟的厚度来实现的。由于道砟加厚，道床坡脚外移，因而在曲线地段的路基宽度亦应随超高的不同而相应加宽，才能保证路肩所需的标准宽度。客货共线铁路区间单、双线曲线地段的路基面宽度，在曲线外侧按表 11-3 的数值进行加宽。

表 11-3　客货共线铁路曲线地段路基面加宽值

设计速度/(km/h)	曲线半径/m	路基面外侧加宽值/m
200	2800≤R<3500	0.4
	3500≤R≤6000	0.3
	R>6000	0.2
160	1600≤R≤2000	0.4
	2000<R<3000	0.3
	3000≤R<10000	0.2
	R≥10000	0.1
120	800≤R<1200	0.4
	1200≤R<1600	0.3
	1600≤R<5000	0.2
	R≥5000	0.1

11.2.2　路肩

（1）路肩功能

路肩的主要功能是保护路堤的核心部分免受外力冲击，同时防止道砟流失，确保路基面能够有效地进行横向排水。此外，路肩还为养护维修人员提供了安全的作业空间，供其避车时使用，并可用于存放养护机具。在防洪抢险的情况下，路肩还能临时堆放砂石料。不仅如此，路肩上还设置了各种线路标志、通信信号以及电力给水设备等，以确保铁路的正常运维。

（2）路肩高程

路肩高程不仅要确保路基不被洪水淹没，还要防止地下水位升高，毛细水上升至路基面而引发冻胀或翻浆冒泥等潜在病害。因此对路肩高程的要求经综合优化得出。

路肩高程受洪水位或潮水位控制时，滨河、河滩路堤、水库路基、滨海路堤、地下水水位或地面积水水位较高地段的路基、季节性冻土地区路基、盐渍土路基等路肩高程均应满足《铁路路基设计规范》的相关规定。

（3）路肩宽度

路肩宽度是指道床坡脚至路基面边缘的水平宽度。有砟轨道两侧路肩宽度应根据设计速度、边坡稳定、养护维修、路肩上设备设置要求等条件综合确定，并满足以下规定。

① 客货共线设计速度 200km/h 铁路不应小于 1.0m，设计速度 200km/h 以下铁路不应小于 0.8m。

② 高速铁路双线不应小于 1.4m，单线不应小于 1.5m。

③ 城际铁路不应小于 0.8m。

④ 重载铁路路堤不应小于 1.0m，路堑不应小于 0.8m。

11.2.3　基床

基床是指路肩高程以下、受列车荷载作用影响显著的路基上部结构。基床应满足强度和变形的要求，保证其在列车荷载、降水、干湿循环及冻融循环等因素的影响下具有长期稳定性。

（1）基床结构

路基基床由基床表层和基床底层构成（如图 11-8 所示），其厚度应满足在列车荷载作用下基床表层动应力、基床表层动变形及基床底层动应变等符合规范要求。各级铁路路基基床结构厚度见表 11-4。基床底层的顶部和基床以下填料顶部应设不小于 4% 的人字排水横坡。

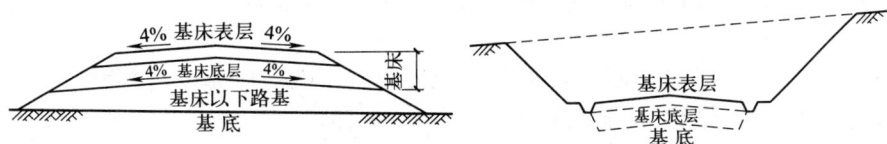

图 11-8　基床结构示意图

表 11-4　各级铁路路基基床结构厚度

铁路等级		基床表层/m	基床底层/m	总厚度/m
客货共线铁路		0.6	1.9	2.5
城际铁路	有砟轨道	0.5	1.5	2.0
	无砟轨道	0.3	1.5	1.8
高速铁路	有砟轨道	0.7	2.3	3.0
	无砟轨道	0.4	2.3	2.7
重载铁路	设计轴重 250kN、270kN	0.6	1.9	2.5
	设计轴重 300kN	0.7	2.3	3.0

（2）基床填料

路基基床表层及底层填料应根据铁路等级、设计速度以及轨道类型等按表 11-5、表 11-6 确定。

表 11-5　基床表层填料选择标准

铁路等级及设计速度		粒径限值	可选填料类别
客货共线铁路及城际铁路	200km/h	≤60mm	级配碎石
	160km/h	≤100mm	宜选用砾石类、碎石类中的 A1、A2 组填料；当缺乏 A1、A2 组填料时，经经济比选后可采用级配碎石
	≤120km/h	≤100mm	优先用砾石类、碎石类中的 A1、A2 组填料；其次为砾石类、碎石及砂类土中的 B1、B2 组填料，有经验时可采用化学改良土
	无砟轨道	≤60mm	级配碎石

续表

铁路等级及设计速度	粒径限值	可选填料类别
高速铁路	≤60mm	级配碎石
重载铁路	≤60mm	应采用级配碎石及 A1、A2 组填料

注：1. 有砟轨道及非冻土地区无砟轨道基床表层采用Ⅰ型级配碎石。

2. 冻结深度大于 0.5m 的冻土地区以及多雨地区无砟轨道基床表层采用Ⅱ型级配碎石。

表 11-6　基床底层填料选择标准

铁路等级及设计速度		粒径限值	可选填料类别
客货共线铁路及城际铁路	200km/h	≤100mm	砾石类、碎石类及砂类土中的 A、B 组填料或化学改良土
	160km/h	≤200mm	砾石类、碎石类及砂类土中的 A、B 组填料或化学改良土
	≤120km/h	≤200mm	砾石类、碎石类及砂类土中的 A、B、C1、C2 组填料或化学改良土
	无砟轨道	≤60mm	砾石类、砂类土中的 A、B 组填料或化学改良土
高速铁路		≤60mm	砾石类、砂类土中的 A、B 组填料或化学改良土
重载铁路		≤100mm	砾石类土、碎石类土及砂类土中的 A、B 组填料或化学改良土

注：1. 无砟轨道及严寒寒冷地区有砟轨道冻结深度影响范围内基床底层填料的细粒含量不应大于 5%，渗透系数应大于 5×10^{-5} m/s。

2. 在有可靠资料和工程经验的情况下，采取加固或封闭措施，设计速度 160 km/h 铁路基床底层可采用 C 组填料。

(3) 基床压实标准

路基基床填料的压实程度采用以下指标进行控制。

① 无砟轨道铁路、高速铁路及重载铁路采用的级配碎石、砾石类、碎石类及砂类土应采用压实系数、地基系数、动态变形模量作为控制指标；

② 其余铁路采用的级配碎石、砾石类、碎石类及砂类土应采用压实系数、地基系数作为控制指标；

③ 化学改良土应采用压实系数及 7d 饱和无侧限抗压强度作为控制指标。

基床表层及底层填料压实标准按表 11-7、表 11-8 确定。

表 11-7　基床表层填料的压实标准

铁路等级及设计速度			填料	压实标准			
				压实系数 K	地基系数 K_{30} /(MPa/m)	7d 饱和无侧限抗压强度 /kPa	动态变形模量 E_{vd} /MPa
客货共线铁路及城际铁路	200km/h		级配碎石	≥0.97	≥190	—	—
	160km/h		级配碎石	≥0.95	≥150	—	—
		A1、A2 组	砾石类、碎石类	≥0.95	≥150	—	—
	120km/h	A1、A2 组	砾石类、碎石类	≥0.95	≥150	—	—
		B1、B2 组	砾石类、碎石类	≥0.95	≥150	—	—
			砂类土(粉细砂除外)	≥0.95	≥110	—	—
			化学改良土	≥0.95	—	≥500(700)	—
	无砟轨道		级配碎石	≥0.97	≥190	—	≥55
高速铁路			级配碎石	≥0.97	≥190	—	≥55
重载铁路			级配碎石	≥0.97	≥190	—	≥55
		A1 组	砾石类	≥0.97	≥190	—	≥55

注：括号内数值为严寒地区化学改良土考虑冻融循环作用所需强度值。

路基高度小于 2.5m 的低路堤，基床底层范围内天然地基基本承载力，设计速度 200km/h 及以上的有砟轨道铁路、无砟轨道铁路及重载铁路均不小于 180kPa，设计速度 200km/h 以下的有砟轨道铁路不小于 150kPa。基床底层土质及天然密实度应满足表 11-6、表 11-8 的要求。

表 11-8　基床底层填料的压实标准

铁路等级及设计速度		填料		压实标准			
				压实系数 K	地基系数 K_{30} /(MPa/m)	7d 饱和无侧限抗压强度 /kPa	动态变形模量 E_{vd} /MPa
客货共线铁路及城际铁路	200km/h	A、B 组	粗砾土、碎石类	≥0.95	≥150	—	—
			砂类土(粉细砂除外)细砾土	≥0.95	≥130	—	—
		化学改良土		≥0.95	—	≥350(550)	—
	160km/h	A、B 组	砾石类、碎石类	≥0.93	≥130	—	—
			砂类土(粉细砂除外)	≥0.93	≥100	—	—
		化学改良土		≥0.93	—	≥350(550)	—
	120km/h	A、B 组	砾石类、碎石类	≥0.93	≥130	—	—
		C1、C2 组	砂类土、细粒土	≥0.93	≥100	—	—
		化学改良土		≥0.93	—	≥350(550)	—
	无砟轨道	A、B 组	粗砾土、碎石类	≥0.95	≥150	—	≥40
			砂类土(粉细砂除外)细砾土	≥0.95	≥130	—	≥40
		化学改良土		≥0.95	—	≥350(550)	—
高速铁路		A、B 组	粗砾土、碎石类	≥0.95	≥150	—	≥40
			砂类土(粉细砂除外)细砾土	≥0.95	≥130	—	≥40
		化学改良土		≥0.95	—	≥350(550)	—
重载铁路		A、B 组	粗砾土、碎石类	≥0.95	≥150	—	≥40
			砂类土(粉细砂除外)细砾土	≥0.95	≥130	—	≥40
		化学改良土		≥0.95	—	≥350(550)	—

注：括号内数值为严寒地区化学改良土考虑冻融循环作用所需强度值。

11.2.4　边坡

边坡作为路基横断面两侧的人工构筑物，其核心功能在于确保路基的稳固与安全。边坡的设计是否科学合理，直接关系到路基的长期稳定性。通常结合具体的地质条件，通过稳定检算来评估边坡的可靠性。在实际应用中，还需综合考虑诸多无法通过计算完全涵盖的外部因素，如雨水冲刷、人畜的走行等，这些都可能对边坡造成潜在的损害。因此，在边坡设计中，必须兼顾理论计算与实际环境的复杂性，以确保其持久稳定。

(1) 路堤边坡

路堤边坡形式和坡率应根据轨道类型和列车荷载、填料的物理力学性质、边坡高度及地基工程地质条件等由稳定分析计算确定。地基条件良好，边坡高度、边坡形式和坡率可按表 11-9 采用。

表 11-9　路堤边坡形式和坡率

填料名称	边坡高度/m			边坡坡率		边坡形式
	全部高度	上部高度	下部高度	上部坡率	下部坡率	
细粒土、易风化的软块石土	20	8	12	1：1.50	1：1.75	折线形或台阶形
粗粒土(细砂、粉砂除外)、漂石土、卵石土、碎石土、不易风化的软块石土	20	12	8	1：1.50	1：1.75	折线形或台阶形
硬块石土	20	—	—	1：1.30		直线形
	8	—	—	1：1.50		直线形

边坡高度较高时可采用台阶形。当路基浸水或填料为粉细砂、膨胀土、盐渍土等时，其边坡形式和坡率应符合《铁路特殊路基设计规范》（TB 10035—2018）的相关规定。

路堤坡脚外应设置宽度不小于 2m 的护道。在经济作物区段，可设宽度不小于 1m 的人工护道或坡脚墙。

（2）路堑边坡

相比路堤，路堑作为挖方形成的路基结构，设计更具复杂性。挖方的特殊性在于，它不仅受限于线路通过地段的既定地层构造，还易受气候、地质及其他多种因素的影响。路堑边坡高度应根据地层岩性、岩体破碎程度、水文条件等综合因素确定，不宜超过 30m。

土质、软质岩及强风化的硬质岩路堑应设置侧沟平台，宽度不宜小于 0.5m；路堑边坡在土石分界、透水和不透水层交界面处宜设置边坡平台，宽度不宜小于 2m。

土质路堑边坡形式及坡率应根据工程地质、水文地质和气象条件、边坡高度、防排水措施、施工方法等，结合自然稳定山坡和人工边坡的调查及力学分析综合确定。土质路堑边坡高度小于 20m 时，边坡坡率可按表 11-10 确定。当存在不利地层分界面、滑动面、地下水出露等特殊情况时，需通过稳定分析计算确定。

表 11-10   土质路堑边坡坡率

土的类别		边坡坡率
黏土、粉质黏土、塑性指数大于 3 的粉土		（1∶1.00）～（1∶1.50）
中密以上的中砂、粗砂、砾砂		（1∶1.50）～（1∶1.75）
漂石土、卵石土、碎石土、粗砾土、细砾土	胶结和密实	（1∶0.50）～（1∶1.25）
	中密	（1∶1.25）～（1∶1.50）

岩石路堑边坡形式及坡率应根据工程地质、水文地质和气象条件、岩性、边坡高度、施工方法，并结合岩体结构、结构面产状、风化程度及自然稳定边坡和人工边坡的调查等因素综合确定，必要时可进行稳定分析方法予以检算。岩石路堑边坡高度小于 20m 时，边坡坡率可按表 11-11 确定。

表 11-11   岩石路堑边坡坡率

岩石类别	风化程度	边坡坡率
硬质岩	未风化、微风化	（1∶0.1）～（1∶0.5）
	弱风化、强风化	（1∶0.3）～（1∶0.75）
	全风化	（1∶0.75）～（1∶1.0）
软质岩	未风化、微风化	（1∶0.3）～（1∶0.75）
	弱风化、强风化	（1∶0.5）～（1∶1.0）
	全风化	（1∶0.75）～（1∶1.5）

土质路堑和岩石路堑边坡高度大于 20m 时，边坡坡率、形式等应通过稳定性分析计算确定。黄土、膨胀土、风沙等特殊土路堑设计应符合《铁路特殊路基设计规范》的相关规定。

11.2.5 基底

基底作为路堤的根基，不仅承载着填土的自重，还需应对轨道及列车运行带来的静、动态负荷。基底部分土体的稳定性对整个路基乃至轨道的稳定性具有至关重要的影响，尤其是在软弱土基底上修建路堤时，必须对基底进行妥善处理，以确保行车安全和正常运营。

在路堤工程中，当地基表层位于稳定斜坡地段时，地面坡率缓于 1∶5 时，应清除地表植被，并满足规定承载力后方可进行填筑。当地面坡率为 （1∶5）～（1∶2.5） 时，应在原地表挖台阶，台阶宽度不应小于 2m。当基岩面上的覆盖层较薄时，宜先清除覆盖层后再挖台阶；覆盖层较厚且稳定时，可直接在原地面挖台阶。

对于地面横坡陡于 1∶2.5 的陡坡路堤，必须检算路堤整体沿基底及基底下软弱层滑动的稳定性，抗滑稳定安全系数不得小于 1.25。若符合要求，应在原地面设计台阶；否则应采取改善基底条件或设置支挡结构物等防滑措施。

当地基表层为松散土层且其天然密度小于规范规定值时，若松土厚度小于 0.3m，可将原地表碾压密实；若松土厚度大于 0.3m，应将松土翻挖，分层回填并采取固结措施，碾压后的密度应满足规范要求。当地基表层为软弱土层时，应根据软弱土层的性质、厚度、含水率等因素，采取排水疏干、挖除换填、抛石挤淤或填砂砾石等地基加固措施。

在路堑工程中，路堑基床表层范围内的天然地基土必须符合填料标准。若其粒径级配未能达到规定要求，可借助重型碾压机械进行碾压处理。当基床土无法满足填料及压实度要求时，基床表层需进行换填处理。基床底层也可选择换填，或在施工过程中加入石灰、水泥、砂、粉煤灰等掺合料，以改良土质或进行地基处理，从而确保工程质量与稳定性。

11.3　路基防排水

水对土体的软化、侵蚀以及冲刷作用，往往是导致路基病害发生和发展的关键因素之一。为了确保路基始终处于干燥、坚固且稳定的状态，必须建立完善、畅通的路基防排水系统，有效实施地面与地下排水。

11.3.1　地面排水

(1) 地面水的危害

地面水渗入路基本体，会导致土体抗剪强度降低；地面水的流动也会造成路基边坡坡面和坡脚冲刷；当地面水渗入含易溶盐的土体（如黄土）时，会产生溶蚀作用，进而形成陷穴；在气温下降时，地面水也常常成为引发冻害的重要因素。多种情况都说明地面水会给路基的施工和运营带来诸多困难和危害。因此，对于可能危害路基的地面水，必须采取有效措施进行拦截和引排，确保路基的稳定性。

(2) 地面排水设施设置原则

① 符合将路基范围内的地面水引排至路基以外的要求。

② 与桥涵、隧道、车站等排水设施衔接配合，与水土保持及农田水利的综合利用相结合。

③ 结合电缆槽、接触网支柱、声屏障等具体工程条件，适当加强路基的横向排水能力。

(3) 地面排水设施的类型及作用

地面排水系统用于拦截路基范围外、汇集路基范围内的地面径流并使其通畅排出路基范围，防止地表水对路基的侵蚀。在地面排水系统中应充分利用地形和既有排水体系，形成完善的排水系统。路基地面排水设施常见的类型有：侧沟、天沟、排水沟、截水沟、急流槽（包括吊沟）、跌水、排水槽等，具体作用见表 11-12。

表 11-12　地面排水设施类型表

类型	位置	作用	附注
侧沟	在路堑及零填路基的两侧路肩外设置	用以排除路基面及路堑边坡坡面的水流	

续表

类型	位置	作用	附注
天沟	在路堑的单侧或双侧堑顶外一定距离,视情况需要设置一道或几道	用以截住山坡坡面流向路基的水流,防止其对路堑边坡的冲刷与破坏	
排水沟	在斜坡路堤上方、平地路堤的单侧或双侧天然护道外设置(高产农田区排水困难者除外)	排除地表及路堤坡面的水流(也可利用取土坑排水),保护路堤坡脚	
截水沟	在路堑边坡的分级台阶上,或上述部位外的区域必须截排地表水处设置	截住部分路堑坡面水或地表水	
急流槽(含吊沟)	在高差较大、距离较短、坡度较陡的需要排水地段设置,多连接桥涵建筑物或在特殊情况下连接侧沟	除用于陡峻地面排水外,还用于需加大水流速度的水沟出口处	特点为坡率大、水流急,但要求水流不离沟底
跌水	同急流槽(含吊沟)	用于地形陡峻地区的地面排水	特点为台阶形沟底(单级或多级),水流呈瀑布形式通过
排水槽	在较平缓地段设置	用于地层不稳或场地受限地段,可兼排或降低地下水	特点为沟的深度较大

(4) 地面排水设施加固

一般地区土质、软质岩、强风化或全风化的硬质岩石地段的侧沟、天沟和排水沟,必须采取有效的加固措施,以防止冲刷和渗漏现象的发生。对于设计时速 200km 及以上的铁路应采用混凝土浇筑或预制构件拼装,以确保排水系统的稳固性和耐久性。在特殊地区,路基排水设备的加固则需根据具体的地质条件和环境特点进行相应的调整和优化。

11.3.2 地下排水

11.3.2.1 地下水危害

埋藏于地层深处的地下水,通常可分为两种状态:束缚水(即吸附水)与自由水。束缚水数量微小,主要作用于局部土体的软化,对工程危害相对有限。而自由水则种类繁多,包括毛细水、上层滞水、潜水、承压水、裂隙水、溶洞水以及多年冻土地区的地下水等,它们在重力驱动下自由流动,对路基的强度与稳定性构成显著威胁。因此,排除地下水的设施设计,主要针对的是自由水。

路基范围内的地下水及其活动往往引起各种路基病害,主要有以下几种。

① 浸湿软化:地下水浸湿路基土体,导致其强度显著下降。在动、静荷载的共同作用下,路基可能出现翻浆冒泥、下沉外挤、边坡表土溜坍、坡体滑坍,甚至路堤沿倾斜基底面滑动等严重病害。

② 冻胀及盐渍化:毛细水在冻结过程中,会吸引并集聚大量水分,形成冻结层,导致路基冻胀变形。而当冻层融化时,又会引发翻浆冒泥现象。此外,在地下水含盐量较高的地区,路基土体易发生盐渍化,进而导致路基膨胀等病害。

③ 潜蚀:地下水溶解土中的易溶盐类,并带走细颗粒,导致地基土强度降低,甚至形成地下洞穴。这种现象在黄土层及其他松散层中尤为显著,可能引发地表塌陷,进而导致路基下沉、坍塌等严重后果。

④ 流砂及液化:在粉细砂地层中,地下水饱和后可能导致砂土随水流动,或在列车荷载作用下发生液化,引发路基下沉、滑动等病害。

为确保路基的坚固与稳定,必须设置有效的地下排水设备,拦截、引排并疏干土体内的自由水,降低地面以下自由水的水位,从而有效预防上述病害的发生。

11.3.2.2 地下排水设施设置原则

① 在规划地下排水系统之前,首先需要对线路所处位置的地形地貌进行详尽的调查,同时深入了解地表水与地下水的分布情况。为最大限度地减少地下水的补给,要采取有效措施排除地表水,为后续的地下排水设施设置奠定基础。

② 了解含(隔)水地层的组成情况与性质,包括岩性、成分、结构及孔隙等特征,以及各层之间的相互关系,是进行地下水资源管理的基础。同时,掌握地下水的平面分布、埋深及其运动规律,如水位、流速、流向、流量、补给来源、承压状态及出露情况,对于制订合理的排水策略至关重要。此外,气象资料的收集,如雨季与雨量、冻结期及冻结深度也是不可或缺的。在选择地下排水设施时,应根据具体情况灵活选用平式、立式或平立结合的方案。对于地下水埋藏较浅或无固定含水层的情况,明沟、排水槽及渗水暗沟等措施是较为适宜的选择。而对于地下水埋藏较深或存在固定含水层的情况,则可考虑采用渗水隧洞、渗井、渗管及水平钻孔等排水手段。

③ 对于可能影响路基边坡或山体稳定性的地下水活动,由于其水文地质条件通常较为复杂,因此在实施治理之前,必须进行广泛而细致的调查、勘探及试验工作。通过这些深入的研究,能够准确识别出主要的影响因素。在此基础上,经过多方案的比较与优化,最终选择并实施一套综合性的治理措施,以确保问题的有效解决。

④ 综合考量地下排水设施的设置对周边环境条件(如农田水利、工业及居民生活用水、道路及其他建筑物等)的潜在影响,采取适当的协调与配套措施,以确保各方面的平衡与和谐。

⑤ 地下排水设施流水面纵坡坡度不应小于 5‰,困难情况下不应小于 2‰,出口部分宜采用较陡纵坡。

11.3.2.3 地下排水设施的类型及适用条件

地下排水设施一般有明沟、排水槽、边坡渗沟(含引水、截水渗沟)、支撑渗沟、渗水暗沟、渗井、渗管、检查井等类型。

(1)明沟及槽沟

明沟及槽沟主要排除土体中的上层滞水或埋藏很浅的潜水,同时兼排地面水。其中明沟沟深一般不超过 1.2m,超过时采用槽沟,槽沟沟深一般不超过 2.0m。明沟及槽沟设有反滤层、泄水孔,一般采用矩形、梯形等形式,沟壁采用混凝土浇筑或浆砌片石砌筑(图 11-9)。

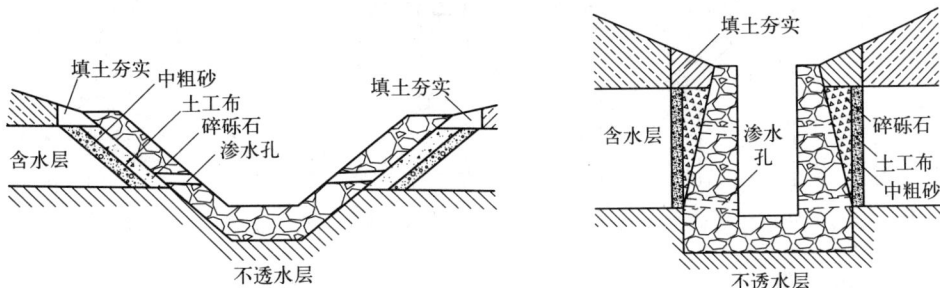

图 11-9 明沟、槽沟横断面

(2)渗沟

渗沟采用渗透方式将较深含水层内的地下水汇集于沟内,并通过沟底通道将水排至指定地点。它的作用是降低地下水位或拦截地下水,疏干滑体中的水。渗沟通常采用明挖法施工。渗沟按其设置位置和作用可分为渗水暗沟、边坡渗沟和支撑渗沟等。

① 渗水暗沟

渗水暗沟又称盲沟，用于降低路堑范围内的地下水位，疏干其附近土体，是在侧沟下或侧沟旁设置的一种排水设施。渗水暗沟设有不透水层、排水层、滤水层和封闭层，排水层一般采用钢筋混凝土花管或PVC花管（图11-10）。渗水暗沟通过与其他排水设施相连，将水排出。

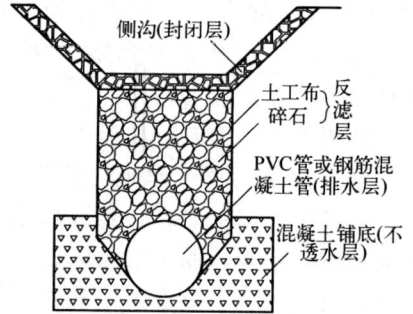

图11-10　渗水暗沟示意图

② 边坡渗沟

边坡渗沟用于疏干边坡或引排从边坡出露的上层滞水、泉水，以稳定边坡、疏干土体或降低地下水位，也可用于加固潮湿的容易发生表土坍滑的土质路堤边坡。常用边坡渗沟处理的土质路堑边坡坡度应不大于1∶1。山坡上有地下水出露地点或低洼的湿地及其边缘地带适用引水渗沟。在山坡上或陡坎下较平缓的台地上，尽可能垂直于地下水流方向设置截水渗沟。

边坡渗沟的平面形状有I形、Y形、树枝形和拱形等。对于较小范围的局部湿土或泉水出露处，宜用I形布置；对于较大范围的局部湿土，宜用Y形布置，如图11-11所示；当边坡表土普遍潮湿时，宜用拱形布置。边坡渗沟应垂直嵌入边坡，其布置方式、结构构造、出口处理等均需根据具体情况确定。边坡渗沟的沟底宜设置在含水层以下较坚实的土层上，其纵断面如图11-12所示。断面宜采用矩形，宽度不宜小于1.2m，深度视边坡潮湿土层的厚度而定。由于边坡渗沟集引的地下水流量较小，故可只在其底部用大粒径石料作为排水通道，其外周设置适当的反滤层，渗沟内部的其余空间可用筛洗干净的小颗粒渗水材料填充。渗沟顶部一般用单层干砌片石覆盖，其表面大致与边坡面齐平；渗沟下部的出水口一般采用干砌片石垛，用于支挡渗沟内部填料并将渗沟集引的土中水或地下水排入路堑侧沟或路堤排水沟，寒冷地区应采取措施防止出水口积冰；坡体不稳定时，出口片石垛应具备抗滑能力。

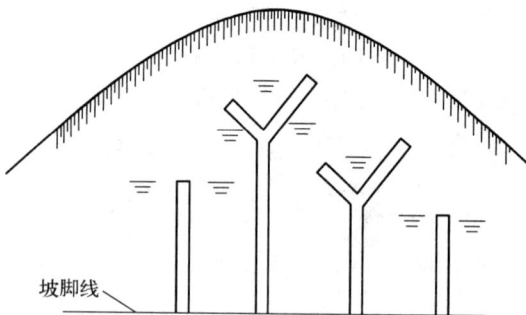

图11-11　I形、Y形边坡渗沟正视图

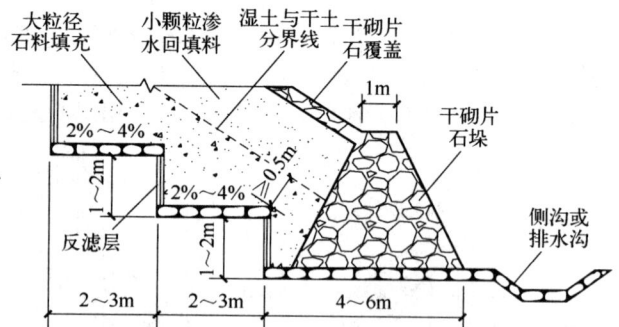

图11-12　边坡渗沟纵断面示意图

③ 支撑渗沟

支撑渗沟用以支撑可能滑动的不稳定土体或山坡，并排除滑动带附近活动的地下水、疏干潮湿土体；不稳定土体范围成群设置的支撑渗沟也可和抗滑挡土墙配合使用，如图11-13（a）所示。通常使其轴线与滑动方向基本平行，布置成平行的条带状，支沟方向可与滑坡移动方向呈30°~45°角。

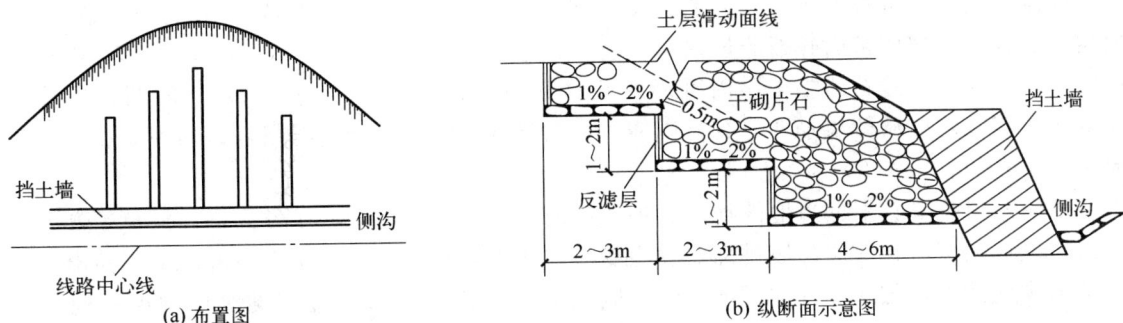

(a) 布置图
(b) 纵断面示意图

图 11-13　支撑渗沟与挡土墙配合示意图

支撑渗沟的埋置深度应根据疏干地下水的深度确定。若用于整治可能的坍塌，渗沟底应置于土体（或山体）滑动面以下稳定土层或岩层内至少 0.5m；在需考虑冻结要求时，沟底应置于冻结深度以下至少 0.4m。在纵向可以顺滑动面的形状做成阶梯形，最下一个台阶的长度宜较大，以提高其抗滑能力，基底应铺砌防渗。支撑渗沟与抗滑挡土墙配合使用时，其出水口可在挡土墙下部设置若干泄水孔，将集引的地下水排入墙外的排水沟内，如图 11-13（b）所示；当支撑渗沟单独使用时，其出水口采用干砌片石垛。

（3）暗沟

暗沟是指设置在地面以下用于引排集中水流的沟渠。路基范围内有泉水出露地段，一般在泉眼与出水口之间修建暗沟，将泉水引至填方坡脚以外或路堑侧沟排出。其形式主要有钢筋混凝土圆管暗沟和盖板暗沟两种，盖板暗沟一般采用浆砌沟身、钢筋混凝土盖板，如图 11-14 所示。

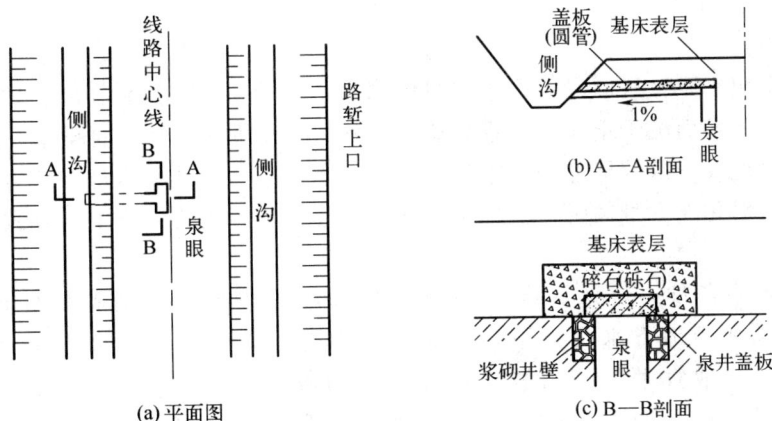

(a) 平面图
(b) A—A剖面
(c) B—B剖面

图 11-14　盖板暗沟示意图

（4）渗水隧洞

处理滑坡及其他路基病害中的地下水时，当地下水埋藏较深，在 10～20m 时，深埋渗沟的开挖工程太大，施工困难，常以坑道形式排水，称为渗水隧洞，如图 11-15 所示。渗水隧洞可与立式渗井配合使用，用以排除土体内多层含水层的地下水；单独使用时，只能排除隧洞能集引的含水土层中的水，而不能贯穿整个或多个含水地层。渗水隧洞的埋设深度应选择在欲截引的主要含水地层内，并应置于稳定地层上；滑坡区的隧洞，其顶部应置于滑动面以下不小于 0.5m。

隧洞断面形状可根据所在地层的性质不同，采用直墙式断面或曲墙式断面。一般在裂隙岩层或破碎岩层或中密的碎石土层内可用直墙式渗水隧洞，如图 11-15（a）所示。在松散的或夹有少量卵石、碎石的黏土层内可用曲墙式断面，如图 11-15（b）所示。隧洞拱顶及边墙的进水部分均应预留渗水孔，其外围应设置与渗水孔眼大小及隧洞所在地层性质相应的反滤层。

隧洞洞口位置宜根据当地的地形、地质情况及便于迅速排水的条件选择，洞口挖方不宜太深，以免因仰坡和两侧边坡过高而发生变形和病害，堵塞出口。出水口的底部宜高出当地天然河沟设计洪水位不小于 0.5m。洞口应采取封闭措施。渗水隧洞的纵坡坡度不应小于5‰，条件困难时也不应小于 2‰。

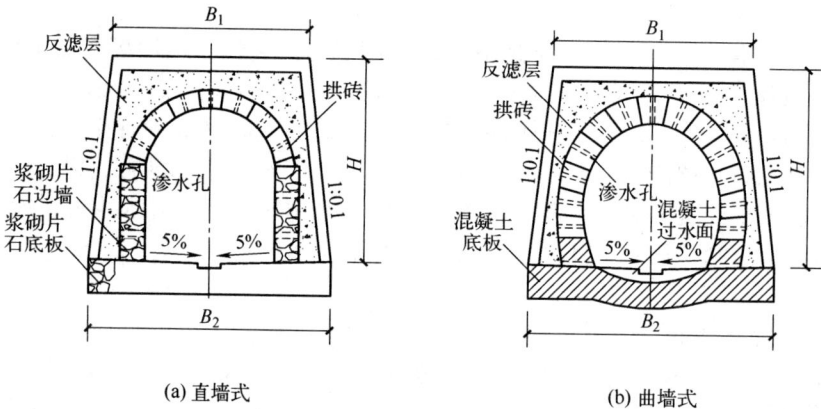

图 11-15　渗水隧洞

（5）排水斜孔

排水斜孔是用平卧钻机向滑体含水层打倾斜角不大的斜孔，然后在钻孔内插入软式透水管，用以排除地下水而疏干土体的工程设施，如图 11-16 所示。其主要排水功能是引排地层内的地下水及盆地或分散的局部凹地中聚集的地下水，或与立式集水渗井配合使用以疏干潮湿的土体。排水斜孔除本身集引一部分土中水外，还作为通道排除自上方立式设备收集的土中水。

依据水文地质条件，排水斜孔可平行排列或扇形排列。根据需要可布置一层或多层，但位置必须埋于地下水位以下，以有效地排除地下水，尽量扩大疏干范围。单独使用的排水斜孔一般宜垂直于山坡走向或土体边坡走向钻入；与立式渗井群配合，宜垂直于渗井群纵向布置的走向钻入，并尽可能多穿连几个渗井。排水斜孔的仰坡设计以能够迅速排水为原则，若穿过有可能沉落的土体时，还应考虑土体下沉的影响，一般采用 5%～15% 的仰角。靠近出水口不小于 0.6m 长的范围内应封堵钻孔与排水管之间的空隙。

（6）检查井

检查井主要用于渗沟的检查清理，一般采用直立式。检查井沿渗沟每隔 30m、渗水隧洞每隔 120m，以及平面转折、纵坡变坡点等处设置。其结构包括钢筋混凝土清淤池、清淤池盖板、井筒及井圈、井筒盖板四部分，井筒和清淤池内壁设置便于工作人员上下的梯磴，井口顶部宜高出附近地面 0.3～0.5m，如图 11-17 所示。

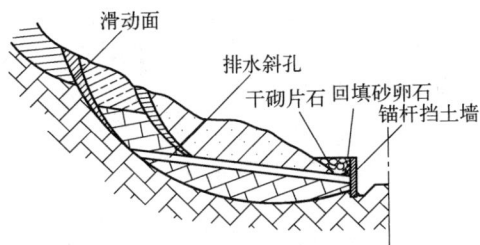

图 11-16　排水斜孔

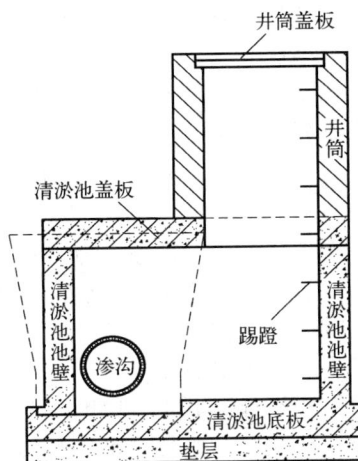

图 11-17　检查井

11.4　路基防护及支挡结构

11.4.1　路基防护设施

铁路路基几乎完全暴露于自然环境中，在铁路运行过程中，路基常常面临各种自然因素的侵蚀和地质灾害的影响，进而引发多种病害。因此，为了确保路基的稳定性、延长铁路使用寿命，并保障铁路运行的安全性，必须对路基实施有效的防护措施。路基防护包含路基边坡防护、风沙及雪害地段平面防护、路基保温防护等。

11.4.1.1　路基边坡防护

路基边坡防护应设置在稳定的边坡上，防护工程边坡坡率不应陡于岩土稳定边坡坡率。

(1) 植物防护

植物防护根据边坡岩土条件、种植基地、水源及周边环境条件等，分为植草（播撒草籽、喷播植草、客土植生、土工网垫客土植生、空心砖客土植生、生态袋、植生袋等）、植藤蔓植物、植草皮以及植树。

植草适用于坡度缓于 1∶1.25 的土质或风化的岩质边坡；植藤蔓植物适用于已修建的圬工砌体、挂网喷浆或护墙等防护处理以及坡率超过 1∶0.3 的岩石边坡；植草皮适用于各种土质边坡、严重风化的软质岩石边坡、边坡坡度不陡于 1∶1，局部可用在 1∶0.85 的边坡上且雨量较多适于草皮生长的地区；植树适用于土质边坡和严重风化的岩石边坡且坡度一般不陡于 1∶1，最陡不宜超过 1∶0.75。

植物种植前应对边坡坡面进行清理整平，清除有碍植物生长的杂物、危石，坡面应平整、密实、湿润。种植土壤应满足植物生长条件，必要时应进行改良或换土。

(2) 骨架防护

骨架护坡可用于路堤边坡和土质、全风化岩层及强风化软质岩层路堑边坡。骨架护坡可采用片石砌筑、混凝土浇筑或预制混凝土构件拼装。

骨架护坡宜采用带截水缘的拱形、人字形、方格形等，骨架间距宜采用 2～4m。骨架嵌入边坡的深度应结合边坡岩土性质和坡率、气候条件等综合确定，不应小于 0.4m。

骨架护坡可多级设置，边坡坡率不应陡于 1∶1，每级高度不宜大于 12 m。

骨架护坡内宜根据土质及环境条件采用铺设干（浆）砌片石、混凝土块、空心砖、种植草灌等防护措施。

锚杆框架梁护坡可用于土质、软质岩及风化硬质岩路堑边坡。锚杆框架梁护坡可多级设置，边坡坡率不宜陡于1∶0.75，单级高度不宜超过15m。锚杆框架梁应采用钢筋混凝土现浇，可按正方形或菱形布置，截面尺寸不宜小于0.3m×0.3m，混凝土强度等级应不低于C30。锚杆间距不宜小于2m，锚杆长度不宜小于5m。护坡起、讫点处各0.5m范围及护坡堑顶应采用现浇混凝土或浆砌片石砌筑镶边加固。护坡坡脚应设置混凝土或浆砌片石护脚。年平均降雨量超过600mm的地区，框架梁上应设置截水槽，边坡平台应设置截水沟。

（3）封闭式防护

封闭式防护主要有干（浆）砌片石护坡、挂网喷浆或挂网喷射混凝土、石笼挡土墙护坡、喷射钢丝纤维混凝土、喷浆类护坡、复合材料毯、勾缝与灌浆、抹面以及护墙。其主要用于风沙、浸水以及受河流冲刷地段的路堤边坡及河岸和水库岸坡等的防护，也可用于土质和易风化剥落的岩石路堑边坡防护。

（4）其他防护

在其他防护措施中，主要包括主动防护网、被动防护网以及边坡支撑渗沟。

主、被动网防护均适用于岩石边坡，尤其在坡体岩体易破碎、掉落，坡面主要表现为落石和风化剥落的情况。这两种防护措施对边坡的高度和坡度没有限制。主动防护网通常采用柔性网或绳网，但不适用于土质边坡。被动防护网则有多种结构形式，其中CX、RX和AX型主要用于防止坡面崩塌、落石和风化剥落等情况。被动防护网通过拦截落石等物体来避免危害，因此必须布置在落石等运动物体的运动轨迹上，通常设置在路堑边坡的坡脚或平台上。被动防护网作为一种成型、成套产品，主要由柔性网、支撑系统、固定与连接系统以及减压环构成。

路基边坡防护的选型应综合考虑坡面病害的类型、成因、工程地质与水文地质条件、气候温度变化以及路基所在地的材料供应和施工条件等因素。通常，最佳方案是多种防护方法的协同应用。

11.4.1.2 路基冲刷防护

河流的自然演变会导致河岸和河床周期性地受到水流的冲刷。在河滩或岸边修建铁路路基，不可避免地会干扰水流性质，从而加剧水流的冲刷作用。因此，必须采取有效的冲刷防护措施，以确保路基的稳固性。

在分析沿河地段水流对铁路路基的冲刷影响时，应综合考虑水流特性及其规律、河道周围的地貌与地质条件等因素，根据路基的具体位置，选择适宜的坡面防护、导流或改河工程。对于小流域范围内的积水、汇流对铁路路基边坡的冲刷影响，可根据积水时间、水流速度及冲刷程度，参照河流的冲刷作用，采取必要的防护措施。

路基冲刷防护工程可分为直接防护、间接防护和改河工程三种。

（1）直接防护

直接防护是一种对河岸或路堤边坡进行直接加固的方法，旨在有效抵御水流的冲刷和淘蚀。其特点是能够最大程度地保持或轻微干扰原有水流性质，实现对水流环境的最小影响。

在宽阔的河滩、凸岸、台地边缘以及流速较小、流向与河岸平行的区域，或是山区以垂直侵蚀为主的V形狭窄河谷地段，直接防护措施尤为适宜，能够更有效地保护河岸和路堤。

直接防护工程的类型丰富多样，主要包括植物防护、干（浆）砌片石护坡、混凝土护坡、抛石、石笼、大型砌块、浸水挡土墙以及土工合成材料防护等。这些防护措施的选择应综合考虑防护工程所在位置的流速、河床地质条件、建筑材料的获取难易程度以及防护工程的重要性等。

在防护地段较长，且河道水流性质变化较大的区域，可以采用多种不同的防护类型进行综合治理，并确保各防护措施的合理布置和衔接平顺。特别是在可能受到风浪影响的宽深河流上，还需对波浪的冲击破坏作用进行严格校核，以确保防护工程的长期稳定性和安全性。

(2) 间接防护

间接防护是通过导流或阻流的方式，调整水流的性质，如改变流向、降低流速、减少淤积等，从而间接地保护河岸或路基。

在河床宽阔、冲刷与淤积相对平衡、水流方向易变且具备设置导流建筑条件的河流中，间接防护尤为适用。设计时，需根据河道的地形地质条件和演变规律，精心规划导治线，以避免对河道上下游及对岸的建筑物和农田造成加剧冲刷的负面影响。

(3) 改河工程

当路堤对河床的侵占较为严重，或面临水流直冲威胁路基安全时，若地形地质条件允许，并经过与设桥方案的全面比较，可考虑采取改移河道的工程措施。然而，改移河道需严格依据水流特性及河道演变规律，顺应自然河势，慎重决策。特别是在峡谷、泥石流频发或河流稳定性较差的河段，更应进行深入论证，避免轻易改变河道，以确保工程的安全性与可持续性。

11.4.1.3　风沙及雪害地区平面防护

在风沙地区，路基两侧的防护措施应紧密结合当地丰富的治沙经验，采取固沙、阻沙、输沙以及封沙育草、保护天然植被等多种防护措施，构建起一套严密且整体性强的防沙体系。这一体系应从路堤（或路堑）的坡脚（或坡顶）向外依次设置防护带、植被保护带等，形成多层次的防护结构。

在防护带内，工程防护与植物防护应相互协调，彼此配合，发挥出最大整体效能。对于易燃材料如草类等，应在路基坡脚或堑顶外铺设防火带，选用卵石土、碎石土或粗砾土等材料，防火带的宽度需遵循《铁路工程设计防火规范》（TB 10063—2016）的规定。

根据沙源、风况、沙丘活动情况及天然植被状况等因素，路基两侧的防护带和植被保护带应分别按严重、中等和轻微风沙地段进行设置。防护类型的选择应综合考虑风沙活动特征、输沙量、地形条件及防护材料的性质，可采用平铺粗粒土、设置阻沙障碍、挡沙墙或高立式沙障等多种措施。

在有水源可利用或平均年降水量超过 250mm 的地区，应优先采用植物固沙措施。在平均年降水量为 100~250mm 且湿沙层含水率大于 3% 的地区，也宜采用植物固沙。固沙植物应具备生长良好、固沙能力强的特点，优先选择适应当地沙漠环境的植物种类。

雪害地区在规划防护措施时，需综合考虑地形、地貌、植被、气候、风向及积雪厚度等多重因素，并结合线路位置、路基高度等情况在路基一侧或两侧设计防护林带。防护林带宜采用乔、灌混交林。林带树种应根据当地土壤和气候条件，选用适合当地生长、易于成活、生长快的树种。

在防护林尚未完全发挥作用或不适宜种植的区域，可考虑在迎风一侧设置固定式或活动式防雪栅栏、防雪堤、防雪沟或导风板等，这些设施应与主导风向保持垂直，以最大化防雪效果。当地形开阔且积雪严重时，可采用防雪堤、防雪栅栏与灌木林带相结合的综合防护体系，形成多层次、全方位的防护屏障。

对于易发生线路掩埋的严重雪害或存在雪崩风险的地段，可采用更为坚固的防护措施，如明洞或棚洞等，以确保线路的安全。

11.4.1.4 路基保温防护

多年冻土地区路基应根据年平均地温、冻土类别、冻土含冰量、平面分布特征及路基的稳定状态综合分析，可采用保温层、通风管、热棒、遮阳板、保温护道等措施。青藏高原地区宜采用片石气冷路基，边坡设置片（碎）石护坡等措施。

多年冻土区路堤采用聚氨酯板、聚苯乙烯板或挤塑聚苯乙烯板等保温材料时，应根据路堤高度、地表地温、地层含水情况经热工计算确定。路基埋设通风管时，可采用预制钢筋混凝土管或钢管。采用热棒降温时，热棒直径和间距应根据热棒类型、所采用的工质和地-气温差等因素综合确定。高含冰量地段路基两侧或向阳一侧边坡可设遮阳板防护。路堤两侧应设置保温护道，护道材料可采用细粒土或在细粒土内埋设聚苯乙烯泡沫（EPS）保温板等，护道尺寸根据路堤边坡的朝向和护道材料综合确定。

多年冻土区采用片石气冷路基降温时，片石层厚度不宜小于 1.0m，片石粒径宜为 $0.1 \sim 0.3m$，并应在片石层顶部设置 0.2m 厚碎砾石层和 0.2m 厚中粗砂垫层，片石层底应采取防排水措施。采用片（碎）石护坡时，厚度不宜小于 0.8m，阳坡侧应适当加厚。

支挡结构物背后可采用工业保温材料保温，保温层设置应根据支挡结构物类型、厚度、当地气温、地层含水情况等综合确定。

11.4.2 路基支挡结构

路基支挡结构是指各种为使路基本体稳定，或者使与路基本体性质有关的周围土体稳定而修建的建筑物。

在路基工程中以下地段宜设置支挡结构：减少路堑边坡薄层开挖、路堤边坡薄层填方地段或加强路堤本体稳定地段的陡坡路基；避免大量挖方、降低边坡高度或加强边坡稳定性的路堑地段；不良地质条件下的地基、边坡、山体、危岩或落石地段；受水流冲刷影响路堤稳定的沿河、滨海路堤地段；节约用地、少占农田或保护重要的既有建筑物地段；保护生态环境地段；车站、景区等有需求的地段。

设置支挡结构的地段，应查明地质条件、地基承载力和锚固条件，合理确定岩土（或填料）物理力学参数。支挡结构设计应根据不同工况的荷载组合，按《铁路路基支挡结构设计规范》（TB 10025—2019）进行稳定性检算及结构构件设计。顶部设有防护栏杆、接触网立柱或声屏障基础时，应考虑结构物顶部外力作用的影响。

图 11-18 为常用路基支挡结构类型。支挡结构类型的选择应全面考虑荷载类型、地形条件、地质条件、周围环境、征地拆迁及工程投资等多重因素，并结合支挡结构自身的特点进行合理选定。必要时可采用两种或多种支挡结构相结合的形式，以实现最佳效果。

一般地区设置支挡结构应遵循以下原则：

① 铁路路堑支挡结构：宜选用重力式挡土墙、土钉墙、桩板式挡土墙、抗滑桩、预应力锚索及锚杆挡土墙等结构形式。

② 铁路路堤支挡结构：宜选择重力式挡土墙、悬臂式和扶壁式挡土墙、桩基托梁挡土墙、桩板式挡土墙、加筋土挡土墙及抗滑桩等结构形式。

③ 浸水地区铁路路堤支挡结构：宜选用重力式挡土墙、悬臂式挡土墙、桩基托梁挡土墙及桩板式挡土墙等结构形式。

④ 地震地区铁路支挡结构：路堑宜选择桩板式挡土墙、预应力锚索及重力式挡土墙；路堤则宜选择悬臂式挡土墙、桩板式挡土墙、加筋土挡土墙、抗滑桩及重力式挡土墙等结构形式。

⑤ 滑坡、岩堆、顺层等不良地质地段支挡结构：当推力较大时，宜选用抗滑桩、桩板

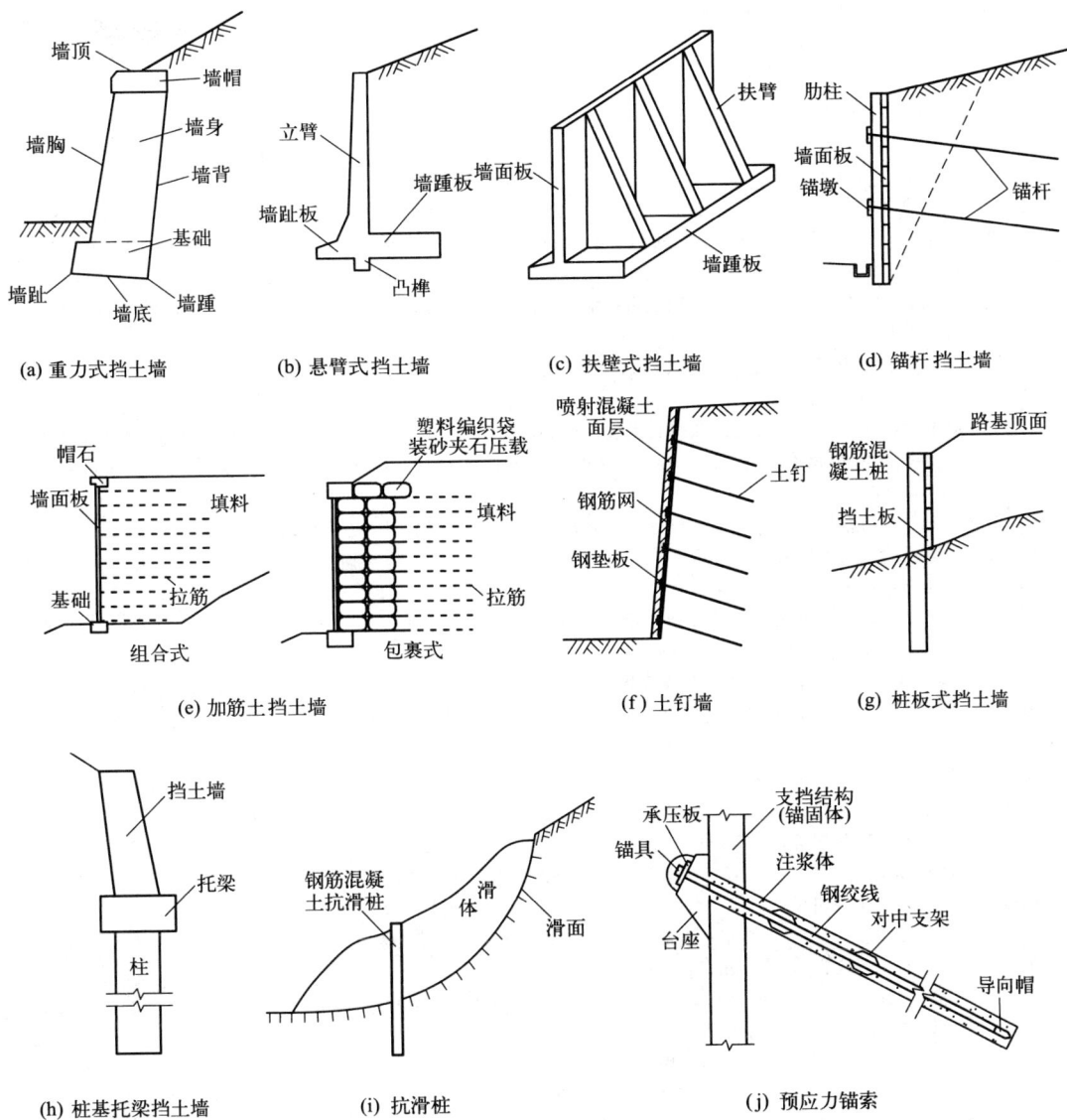

(a) 重力式挡土墙　　(b) 悬臂式挡土墙　　(c) 扶壁式挡土墙　　(d) 锚杆挡土墙

(e) 加筋土挡土墙　　(f) 土钉墙　　(g) 桩板式挡土墙

(h) 桩基托梁挡土墙　　(i) 抗滑桩　　(j) 预应力锚索

图 11-18　常用路基支挡结构类型

式挡土墙、预应力锚索及锚索桩；推力较小时，可采用重力式挡土墙。

⑥ 城市及风景区周边支挡结构：宜采用悬臂式和扶壁式挡土墙、加筋土挡土墙等与周围景观协调的轻型支挡结构，以保持环境美观。

复习思考题

11-1　铁路路基由哪几部分组成？

11-2　确定路基面的宽度要考虑哪些因素？

11-3　路基有哪些附属设施？

11-4　简述路基地面排水类型及作用。

11-5　路基边坡防护有哪些类型？

11-6　路基支挡建筑物有哪些类型？

在线习题

参考文献

[1] 中铁第一勘察设计院集团有限公司. 铁路线路设计规范：TB 10098—2017 [S]. 北京：中国铁道出版社，2017.

[2] 铁道第三勘察设计院集团有限公司，中铁第四勘察设计院集团有限公司. 高速铁路设计规范：TB 10621—2014 [S]. 北京：中国铁道出版社，2015.

[3] 铁道第三勘察设计院集团有限公司，中国铁道科学研究院. 重载铁路设计规范：TB 10625—2017 [S]. 北京：中国铁道出版社，2017.

[4] 铁道第三勘察设计院集团有限公司，中铁第四勘察设计院集团有限公司. 城际铁路设计规范：TB 10623—2014 [S]. 北京：中国铁道出版社，2015.

[5] 中铁第四勘察设计院集团有限公司. 铁路轨道设计规范：TB 10082—2017 [S]. 北京：中国铁道出版社，2017.

[6] 中铁第四勘察设计院集团有限公司. 铁路车站及枢纽设计规范：TB 10099—2017 [S]. 北京：中国铁道出版社，2017.

[7] 中国铁路总公司. 铁路技术管理规程：普速铁路部分 [M]. 北京：中国铁道出版社，2014.

[8] 中铁第一勘察设计院集团有限公司. 铁路建设项目预可行性研究、可行性研究和设计文件编制办法：TB 10504—2018 [S]. 北京：中国铁道出版社，2018.

[9] 中国铁道科学研究院机车车辆研究所. 列车牵引计算 第1部分：机车牵引式列车：TB/T 1407.1—2018 [S]. 北京：中国铁道出版社，2018.

[10] 中国铁路总公司工电部. 普速铁路线路修理规则：TG/GW 102—2019 [S]. 北京：中国铁道出版社，2019.

[11] 中铁第四勘察设计院集团有限公司. 铁路无缝线路设计规范：TB 10015—2012 [S]. 北京：中国铁道出版社，2013.

[12] 中铁第一勘察设计院集团有限公司. 铁路路基设计规范：TB 10001—2016 [S]. 北京：中国铁道出版社，2017.

[13] 中国铁路总公司运输局工务部. 铁路工务技术手册：轨道 [M]. 北京：中国铁道出版社，2016.

[14] 中国铁路总公司运输局工务部. 铁路工务技术手册：道岔 [M]. 北京：中国铁道出版社，2017.

[15] 易思蓉. 铁路选线设计 [M]. 4版. 成都：西南交通大学出版社，2017.

[16] 缪鲲，王保成. 铁路线路设计 [M]. 2版. 北京：人民交通出版社，2021.

[17] 王保成. 铁路选线设计 [M]. 北京：中国铁道出版社，2019.

[18] 韩峰. 铁道线路工程概论 [M]. 北京：中国铁道出版社，2010.

[19] 王保成，韩峰. 铁道线路工程概论 [M]. 2版. 北京：中国铁道出版社，2016.

[20] 李斌. 铁路轨道 [M]. 北京：中国铁道出版社，2023.

[21] 李成辉. 轨道 [M]. 北京：中国铁道出版社，2014.

[22] 李昌宁，戴宇，王亚国. CRTSⅢ型板式无砟轨道轨道板预制与铺设技术 [M]. 北京：中国铁道出版社，2015.

[23] 广钟岩，高慧安. 铁路无缝线路 [M]. 4版. 北京：中国铁道出版社，2005.

[24] 高亮. 高速铁路无缝线路关键技术研究与应用 [M]. 北京：中国铁道出版社，2012.

[25] 王保成，韩峰. 基于坐标测量的既有曲线整正计算优化方法研究 [J]. 兰州交通大学学报，2008 (01)：11-13.

[26] 朱颖. 铁路选线理念的创新与实践 [J]. 铁道工程学报，2009，26 (06)：1-5.

[27] 王申平. 西平铁路永寿梁越岭隧道地质选线 [J]. 铁道勘察，2008 (02)：49-52.

[28] 张煜. 水库地区铁路选线设计 [J]. 铁路工程造价管理，2009，24 (02)：32-34.

[29] 毛保华，李夏苗. 列车运行计算与设计 [M]. 北京：人民交通出版社，2013.

[30] 安国栋. 高速铁路无砟轨道技术标准与质量控制 [M]. 北京：中国铁道出版社，2009.

[31] 邓昌大，秦立朝. 高速铁路无砟轨道 [M]. 北京：中国铁道出版社，2012.

[32] 王永义. 高速铁路板式无砟轨道施工技术 [M]. 北京：中国铁道出版社，2012.

[33] 中华人民共和国交通运输部. 公路工程技术标准：JTG B01—2014 [S]. 北京：人民交通出版社，2015.

[34] 中华人民共和国住房和城乡建设部. 城市道路设计规范：2016年版；CJJ 37—2012 [S]. 北京：中国建筑工业出版社，2012.

[35] 国家铁路局. 铁路特殊路基设计规范：TB 10035—2018 [S]. 北京：中国铁道出版社，2018.

[36] 国家铁路局. 铁路工程设计防火规范：TB 10063—2016 [S]. 北京：中国铁道出版社，2017.

[37] 国家铁路局. 铁路路基支挡结构设计规范：TB 10025—2019 [S]. 北京：中国铁道出版社，2019.